国家社科基金后期资助项目"基于语料库的化境研究"
(13FYY008)结项成果

全译求化机制论

——基于钱锺书"化境"译论与译艺的考察

余承法 著

商务印书馆
创于1897 The Commercial Press

图书在版编目(CIP)数据

全译求化机制论:基于钱锺书"化境"译论与译艺的
考察/余承法著.—北京:商务印书馆,2022
ISBN 978-7-100-20566-5

Ⅰ.①全… Ⅱ.①余… Ⅲ.①翻译学—研究
Ⅳ.①H059

中国版本图书馆 CIP 数据核字(2021)第 272001 号

全译求化机制论

——基于钱锺书"化境"译论与译艺的考察

余承法 著

商 务 印 书 馆 出 版
(北京王府井大街36号 邮政编码100710)
商 务 印 书 馆 发 行
北 京 冠 中 印 刷 厂 印刷
ISBN 978-7-100-20566-5

2022 年 3 月第 1 版 开本 710×1000 1/16
2022 年 3 月北京第 1 次印刷 印张 22
定价:120.00 元

国家社科基金后期资助项目
出版说明

后期资助项目是国家社科基金设立的一类重要项目，旨在鼓励广大社科研究者潜心治学，支持基础研究多出优秀成果。它是经过严格评审，从接近完成的科研成果中遴选立项的。为扩大后期资助项目的影响，更好地推动学术发展，促进成果转化，全国哲学社会科学工作办公室按照"统一设计、统一标识、统一版式、形成系列"的总体要求，组织出版国家社科基金后期资助项目成果。

全国哲学社会科学工作办公室

一“化”而万“花”(序一)

余承法一直坚持翻译研究之本,在出版《全译方法论》之后,推出第二部专著《全译求化机制论——基于钱锺书“化境”译论与译艺的考察》(下称“《求化》”),也是其国家社科基金后期资助项目的结项成果。他一直顽固不“化”,锁定钱锺书的“化境说”,纵横表里,探究内外。一“化”引来万“花”,前后的关系已初绘其学术图景:或前后并列,或递进而行;或前后相继,或略有转折;或前后因果,或互为目的。他因立了学术之根,而开出了多彩之花。

一、解字而释化

罗新璋(1990)曾指出:“‘化境’说,称引颇多,但阐发得似不够,满足于钱氏本人的界说,或许与时下的翻译实绩和译事解会,与‘化境’尚存一段距离有关。”30多年过去了,“化境说”的研究现状如何?有何新进展新突破?

学术界对“化境说”的源流考镜,主要着眼于文字表述和理论渊源,较少基于说文解字和多科考释。《求化》梳理了学术史,认为学界对“化境”的称引仍然很多,阐发也在增多,评价也有新意,但在如何追求“化境”方面难有突破,鲜有共识,以往研究存在“十多十少”的不平衡现象。承法意识到这种不足,浸淫于历代辞书、哲学典籍和文艺书籍,分别探“化”寻“境”,考察“化境”之流变,对“化”展开文字学解构、哲学解析和美学解读,并结合钱氏自解,厘清他略有提及却未申发的“译”“诱”“媒”“讹”“化”“通”之间的辩证关系,提出“化”的译学新解,从哲学高度论证“化”体现为全译本质的五大特征。

二、求化而建构

承法不仅阐释了“化境”的内涵与实质,还总结了求化的规律与原则。释化与求化,前者是前提与基础,后者是重点与核心。释化是跟着钱氏说,接着他人说,是对现象层次的粗说,重在推陈;求化是说他人之未说,是对深层规律和原理的细说,旨在出新。承法不迷信古人,不追随洋人,不玩文字游戏,也不限于考辨之类,更不是综述,而是基于汉外语言文化对比,做专深

1

的研究,是实打实的专,力求寻"私"见,建构了一个完整、客观、能操作、可验证的全译求化机制体系,完善了全译"化境"理论体系,以期发扬光大中国传统译论。

《求化》沿着"表-里-值""语-思-文"的"两个三角"研究思路,遵循描写充分、观察充分和解释充分的"三个充分"研究要求,借助自建的"钱锺书作品全译语料库"的统计分析,建构了包含 7 种单一机制和 57 种组合机制的全译求化机制体系,进而建构了包括以求化原则为指导、求化过程为导向、求化机制为关键和核心的"化境"理论体系。全书采取总—分—总的结构顺序,在确立 7 种单一机制时采取内涵(WHAT)、理据(WHY)、类型(HOW)的层递顺序,在确立 57 种组合机制时采取由低到高、由简入繁的逻辑推衍,对"化境""化""境"等核心概念运用解构策略,对"化境说"理论体系采取建构策略,从而形成论述体系和理论体系的高度统一。

三、探源而顺流

50 年来,学术界整理钱氏翻译思想,聚焦其集大成的"化境说",阐释、重释、新释"化境"蔚然成风,但多为论文,且多为重复性、零散性探讨,系统、深入的挖掘不多,仅有 2 部专著。杨全红(2019)的专著重在搜集和整理钱氏关于译论、译艺的论述以及相关逸闻趣事,通过文献剖析,提出了自己独到的见解。于德英(2009)系统阐释了"化境说",基于"化境"来源,分析了文学翻译的起点、过程以及译文的诞生,尝试从中西哲学思维方式和中西译论的比较视角探讨"化境"的当代意义。承法则充分地吸收了上述专著以及其他相关研究成果,不断对"化境"进行探源、阐释、明理、析例,既采取"以钱解钱",又运用"以钱证钱",听其译言,观其译行,赏其译艺,揭示求化机制,探求"化境"理论体系。此时此刻,我耳旁不禁响起刘勰(2004:447)的话:"夫缀文者情动而辞发,观文者披文以入情,沿波讨源,虽幽必显。"

承法较好地处理了源与流的关系。他首先将"化境"探源延至翻译思想、翻译艺术和翻译(本体)理论等领域的研究,将钱氏翻译思想置于其学术思想和文学创作的大背景中,置于中西译论和文论交汇的语境下,试图践行钱氏倡导的"打通"治学理念。其次,他并未止步于钱氏"化境"译论和译艺的互动互证互识,而是踏上了更为广阔的"钱学"研究的新征程。2019 年,他获批了国家社科基金重点项目"海外'钱学'文献系统整理、研究与开发",旨在通过整理和翻译英、法、俄、德、意、日、韩、西、葡等语种世界的"钱学"研究文献,进行海外钱锺书学术史研究,总结钱氏及其作品"走出去""被引进去"的成功经验,探求中国文学文化作品翻译传播的新模式新路径。

当下的学术研究似乎存在一种悖论:研究对象离得越近,越常见越不受待见,却越离不开,越说不透;离得越远,反而说得越多,看似高大上,却不接地气,与实践有"隔"。承法与这种流弊离得较远,他注重译学童子功,既做个案细描,也做理论建构。他 20 余年在一个学术根据地深耕细作,结合钱氏翻译思想,从翻译本体出发,写足了博士论文(达 50 万字),发表了系列研究论文,找到了永生矿。他先将研究对象一分为二,继而一分为三,由机制走向方法论研究,由特性走向共性研究,由译学本体走向文化传播研究。在此,衷心祝愿他成果源源不断,研究之旅匀速推进,细水长流。

参考文献:

刘勰:《文心雕龙》,郭晋稀注译,长沙:岳麓书社,2004 年。
罗新璋:《钱锺书的译艺谈》,《中国翻译》,1990 年第 6 期。
杨全红:《钱锺书译论译艺研究》,北京:商务印书馆,2019 年。
于德英:《"隔"与"不隔"的循环:钱锺书"化境"论的再阐释》,上海:上海译文出版社,2009 年。

黄忠廉

2021 年仲夏

白云山麓三语斋

从释"化"到求"化"（序二）

年初，余承法教授给我留言，说他的国家社科基金后期资助项目的结项成果将在商务印书馆出版，并邀请我作序。我得知他潜心多年的"钱学"研究成果即将问世，欣然答应。

"化境说"作为钱锺书翻译思想的集大成，被视为我国自成体系的翻译理论的高级阶段（罗新璋，1984：19），被推崇为中国 20 世纪"十大学说思想"之一（王秉钦，2004：238—247），因此有人指出，"学界探讨钱钟书翻译思想，通常是始于'化境'，止于'化境'"（葛中俊，2017）。50 年来，学界在"化境说"的来源考辨、内涵诠释、功能评价、译艺鉴赏和平行比较等方面取得了一系列可喜成绩，但系统、深入研究的专著仅 2 部：于德英（2009）以"隔"和"不隔"为线索，细致、深入地阐释了"化境说"，并在中西思维方式和中西译论的比较视域下挖掘"化境说"的当代意义；杨全红（2019）首次系统、全面地搜集、整理和评析了钱锺书的译论译艺，并提出独到见解。余承法在综述和反思之后发现，"化境"研究存在"十多十少"的不平衡现象，突出表现在：思辨多而实证少，分歧多而共识少，重复多而原创少，浅尝多而深入少。为此，他恶补"钱学"知识，深化翻译基础研究，在阐释"化境"内涵和实质的基础上，通过自建"钱锺书作品全译语料库"，建构了包括 7 种单一机制和 57 种组合机制的全译求化机制体系，即将推出《全译求化机制论——基于钱锺书"化境"译论与译艺的考察》（以下简称"《求化机制论》"）。该著体现了四大特色：多维的研究视角、厚实的学术基础、缜密的逻辑思维、小心的假设求证，实现了从释"化"到求"化"的质变和飞跃，加深了"化境"译论与译艺的互动互参互证互识，推动了中国传统译论的现代阐释和创新发展，取得了翻译（理论）家研究和"钱学"研究的新突破。

一、多维的研究视角

研究视角作为研究思路或方法的一个重要组成部分，帮助读者预见和理解事实、认识和发掘客观规律。若无明确的研究视角，则研究对象无从谈起;若无多维的研究视角,则研究对象可能让人看不清、认不准、摸不透。作者在开篇即明确其多维的理论视角和关系视角:只有将"化境说"置于钱氏翻译思想之中,将钱氏翻译思想置于"钱学"体系之中,将"钱学"放在古今打通、中西打通、学科打通、文学创作和学术研究打通的学术背景中,进行宏观的理论思考、中观的逻辑推衍和微观的事实挖掘,才有可能发扬光大包括"化境说"在内的钱氏学术思想。为此,他基于多学科领域、多理论视角、多关系层面,从虚实相生的关系、过程与结果的辩证统一中提炼"化境"的内涵,从文字学、哲学、文艺美学、翻译学的不同领域探究"化"的源流演变,从汉唐以来的众多文献中寻出"境"的蛛丝马迹,从标准与理想、目的与手段、主体与客体、形式与内容、价值与使用价值的辩证关系中论证"化"体现为全译本质的五大基本特征。他从钱氏译艺与译论的互动考察中总结全译求化过程,从"表-里-值"和"语-思-文"两个三角的循环阐释中建构全译求化机制体系,将"化"纳入中国传统文化,从中西文论的核心概念中汲取新营养,在中西译论的新阐释中得到新灵感,从语料库翻译学的新进展中找到新思路,从海外"钱学"研究的新见解中寻找新课题,凸显了"化境"研究的长度、宽度、高度和厚度,弥补了以往研究考察不全、思考不周、挖掘不深等诸多弊端,从而丰富和完善了"化境说"体系。

二、厚实的学术基础

"钱学"是一门"博、大、精、深"的学问(敏泽,1999),不接受严格的童子功训练者,不读熟吃透钱氏论著者,就很难进入"钱学"研究领域,更难取得一定建树。承法的本科、硕士专业均为英语语言文学,博士阶段专攻中外语言比较,研究兴趣一直是翻译学,偏重语言学而非中国文学或比较文学,因此"钱学"于他是一个高深莫测的未知境地。他从本科生时因迷恋《围城》而膜拜钱锺书,硕士阶段因爱好翻译而阐释"化境",此后因痴迷"化境"而涉足"钱学",因模仿钱氏的"打通"理念而将"化"纳入全译研究的范畴,因搜集和整理钱氏精彩译例而系统研读《管锥编》《谈艺录》《七缀集》等,最终将钱氏翻译思想研究延伸到更广阔更深邃的"钱学"领域。他聚焦"化境",研习"钱学",取得了一系列丰硕的前期成果:先后完成了释"化"、求"化"的硕士和博士学位论文,发表了有关"化境"研究的系列论文,出版了多部译学著作,主持了跟"钱学"相关的国家社科基金项目 2 项、国家社科基金重大项目子课题 1 项、省部级项目 8 项。他通过研读相关文献,发现"化境"研究尚未深入的问题,从"化境"译艺的表象深入到译论的内核,进而触及全译研究的本质,追及全译研究的核心和关键——求化机制,再从译学研究扩展到"钱学"

研究和文化传播研究。学术研究源于兴趣爱好,贵在持之以恒,践行于心无旁骛的匀速前进,落实在一步一个脚印的"滚雪球"之中。《求化机制论》记录了作者从释"化"到求"化"的心路历程,见证了他"十年磨一剑"的艰辛探索,也是他 20 余年深耕翻译本体研究、精研"钱学"的结晶。

三、缜密的逻辑思维

逻辑思维是人类借助概念、判断、推理等思维形式反映客观事物的本质与规律的认识过程,具有明确性、连贯性、条理性和理据性。全书紧紧围绕"化境"这个基础概念,推断出"化境"是以求"化"为过程、入"境"为结果的全译行为,核心和重点在于求"化",并通过一系列的概念厘定、事实归纳、理论推衍和语料验证,确立了全译求化机制体系。为了推进这种逻辑思维体系,全书采取总—分—总的表述顺序,绪论部分(第一章)通过概述"化境说"的研究现状和不足,提出研究问题、思路和方法,主体部分(第二至五章)分别阐释"化境"的实质、求化原则、求化单一机制和求化组合机制,由表及里、由浅入深、环环相扣地回答 WHAT(何为"化")、WHY("化"为何)、HOW(如何"化"),结论部分(第六章)总结单一机制组合的差异性和组合机制运用的失衡性,进而完善"化境说"理论体系。主体部分中,第二章重在释"化"(WHAT),第三章确立求化原则(WHY),第四、五章建构求化机制(HOW),是 WHAT 和 WHY 的继续和深入,不仅涉及具体的 what,包括第四章的等化、繁华、简化、移化、换化、分化、合化等 7 种单一机制以及第五章的二合机制和多合机制,也阐述了每种单一机制的运用理据(WHY)。7种单一机制可以按照目的、性质和操作单位加以划分,而基于操作单位的划分又是每种单一机制的主要类型,是每一节的重点阐述对象。第四章分别采用抽象与概括、分析与综合、归纳与演绎、比较与对比、探因与溯果、定性与定量等研究方法分析每种单一机制的内涵、外延、理据、操作类型和过程,按照 WHAT—WHY—HOW 的顺序逐一展开论述。第五章借助语料库的统计分析,确立 57 种组合机制,指出单一机制是组合机制的基础和支柱,组合机制是单一机制的组配和扩展,验证每种组合机制的实际运用频率,并分析其原因。总之,全书从结构安排和内容表述都进行了严密的逻辑思维推理和论证,做到层次清晰、重点突出、条分缕析,实现逻辑思维体系和内容表述体系的有机统一。

四、小心的假设求证

"化境说"是一个老生常谈、众说纷纭的话题,释"化"因为有钱氏自解和先例援引而相对容易,但如何求"化"涉及实践操作和验证,难度极大,问津者不多。在有些人看来,钱氏形而上之"化"似乎只可意会不可言传,若下移为形而下之"化",则不是钱氏初衷之"化"——"把作品从一国文字转变成另一国文字,既能不因语文习惯的差异而露出生硬牵强的痕迹,又能完全保存原文作的风味,那就算得入于'化境'"(钱锺书,2002:77)。"出神入化"是一种技艺高超的绝妙境界,非常人所能企及。如果对钱氏"化境"进行具体化和操作化,就有可能失去其艺术魅力,求"化"的译作可能丧失原作的风味。据我所知,求"化"研究除了许渊冲(1982)的"三化",即深化、等化、浅化,以及江帆(2001)的"熔解、提炼、重铸"三个层次之外,少有可操作可借鉴的研究成果。作者建构的全译求化机制体系是小心的假设,更是小心的求证。他起初阐述"化"为全译转换的精髓,然后通过辩证反思和理性提升传统的翻译策略、方法和技巧,提出"全译七法",再论证"化"体现为全译本质。他接着将成熟的汉语语法理论"小句中枢说"及其衍生的"小句中枢全译说"应用于汉外互译研究,基于自建的"钱锺书作品全译语料库"中的丰富译例,建构了7种单一机制和57种组合机制,并通过理论阐释、译例分析和统计数据,逐步推导每种单一机制及其类型的操作程序,确定每种机制及其次类的优先运用序列以及五种组合机制的总体频率排序,最终建构了一个完整、客观、能操作、可验证的全译求化机制体系。"科学主义"在学理上的基本要求就是材料的客观性、方法的可重复性、推理的逻辑性以及结果的可检验性等(龚刚,2014:154),而承法进行的小心假设和求证正是对科学主义的实践贯彻、对实证主义方法论的娴熟运用,也是对钱氏"化境"译论和译艺进行互动考察的结果。

我们只有拓宽学术视野,突破研究思路,立足中国传统哲学、文论、译论的强大根基,同时充分吸收外来译论的合理内核和精髓要义,才能实现中国传统译论的创新性转化和创造性发展,并推动翻译(理论)家研究和翻译理论史重构。对国内的"钱学"研究,我曾有如下期待:"在缅怀与初步的历史评价告一段落之后,对钱锺书的研究会进一步向深度掘进,也许,这才是对一位文化老人的最好'纪念'。"(龚刚,2014:251)承法教授的《求化机制论》正是这种"最好'纪念'"的成果之一,也是发扬光大中国传统译论的力作之一。期待他在翻译学和"钱学"领域继续深耕细作,产出更多高质量成果,也期待更多学人参与研究和普及"钱学"。

参考文献:

葛中俊:《钱锺书视域中的翻译之名和译品之实》,《中国比较文学》,2017年第3期。

龚刚：《钱锺书与文艺的西潮》，天津：南开大学出版社，2014 年。

胡范铸：《钱钟书学术思想研究》，上海：华东师范大学出版社，1993 年。

季进：《钱锺书与现代西学》，上海：上海三联书店，2002 年。

江帆：《"化境"的再阐释——评杨宪益、戴乃迭所译鲁迅散文〈雪〉》，《中国翻译》，2001 年
    第 4 期。

罗新璋：《翻译论集》，北京：商务印书馆，1984 年。

敏泽：《论钱学的基本精神和历史贡献——纪念钱钟书先生》，《文学评论》，1999 年第
    3 期。

钱锺书：《七缀集》，北京：生活·读书·新知三联书店，2002 年。

王秉钦：《20 世纪中国翻译思想史》，天津：南开大学出版社，2004 年。

许渊冲：《扬长避短，发挥译文优势》，《翻译通讯》，1982 年第 4 期。

杨全红：《钱锺书译论译艺研究》，北京：商务印书馆，2019 年。

于德英：《"隔"与"不隔"的循环：钱锺书"化境"论的再阐释》，上海：上海译文出版社，
    2009 年。

龚刚

2021 年夏

于澳门大学

目　　录

第一章　绪论

钱锺书的"化境说"一直被奉为文学翻译的最高理想和/或最高标准,引起学术界的高度关注,受到不同角度和层面的阐释、赏析和运用。本书借鉴以往研究成果,以"小句中枢说"①及其衍生的"小句中枢全译说"②为理论基点,以钱锺书"化境"译论和译艺为考察中心,通过自建钱锺书作品全译语料库的统计分析,阐述"化境"的内涵和实质,确立全译求化机制,进而完善"化境说"理论体系,以期系统、深入地研究钱锺书的翻译思想与艺术。

第一节　"化境说"研究述评

有关"化境说"的论著,大多进行聚焦研究,考察"化境"的文字和理论来源,挖掘其内涵,进行总体评价,赏析"化境"译文;部分进行总体研究,在梳理国内翻译标准/原则或研究钱锺书翻译思想时提及"化境说",指出它在中国翻译理论建设中的地位;少量进行平行研究,比较"化境说"与国内外其他重要的翻译思想,旨在准确把握或正确评价"化境说"。

一、研究综述

翻译思想作为钱锺书学术思想(即"钱学")体系的一个有机组成部分,在译学界产生了重大影响,引人注目的是他在《林纾的翻译》一文中标举的"化境说"。他从许慎关于翻译的一段训诂出发,揭示"译""诱""媒""讹""化"之间"一脉通连、彼此呼应的意义",言简义丰地揭示了以"化"为核心的

① "小句中枢说"是由邢福义提出的"关于小句在汉语各级各类语法实体中居于中枢地位的学说"。(见邢福义:1995,420 - 428)

② "小句中枢全译说"是黄忠廉基于"小句中枢说"提出的翻译理论,是考察小句在全译的理解、转换和表达过程中发挥中枢作用的假说,既是汉语理论的应用研究,又是全译理论的本体研究。见黄忠廉:《小句中枢全译说》,武汉,华中师范大学出版社,2008年。

"化境说",为读者打开了广阔的阐释空间。截至 2020 年 12 月 31 日,中国知网中以"钱锺/钟书翻译"为篇名的论文有 96 篇,以"化境"为篇名的翻译学论文有 111 篇①,其中博士和硕士学位论文 14 篇,另有 30 余部专著或文集论及"化境说"。这些研究主要包括:考辨"化境"源流,归属其理论范畴,分析"化境"的实现过程或手段,比较"化境说"与其他译论,评价其学术贡献,赏析"化境"译文。下面将围绕三大类别十四个方面进行综述。

(一)"化境说"的聚焦研究

随着"钱学"的推进和翻译研究的深入,学术界开始聚焦钱锺书翻译思想集大成的"化境说",或考证源流,或挖掘内涵,或评价得失,或用作译评标准,阐释、再释、新释"化境说"已蔚然成风。

1."化境说"之探

(1)"化境说"的文字表述来源

有人注重探"化",有人侧重寻"境",有人同时探寻"化""境",有人整体考察"化境"。对于"化境"的文字表述来源,通常有三种代表性观点。

佛经来源说。罗新璋(1984:14)最早指出"化境"表述的佛经来源,陆续有学者跟进。张柏然、张思洁(1997)认为:"化""境"均源于佛学,赵秀明、姜春兰(2006)指出:"化"本是佛经中具有特殊意义的词汇,"化境"一词又是佛典中专指可教化的境域,是一种很精妙的境界。

哲学来源说。朱鸿亮(2006)、胡志国(2006)、王占斌(2008)等指出"化境"源于道家之"化";蔡新乐(2001:166 - 167)、余承法(2003:41 - 42)认为"化境"源于《中庸》之"诚";宋华、王正仁(2004)认为,钱氏用中国传统文化中的"境界"概念高度概括翻译实践的理想;彭发胜(2006)认为"诚是化之体,化是诚之用"。

美学来源说。王宏印(2003:177 - 180)提出"化境"的两个可能来源:文字上来自金圣叹"三境说"中的"化境",理论上受到文学创作中"意境"或"境界"的启发,尤其是王国维的"境界说"。刘宓庆(2005:76 - 79)在考察"化境论"与"出入说"之后指出,钱氏借"化境"谈论译事,"实亦本乎中国传统美学的渊源"。周领顺(2006)认为,"化境"源于王士禛的"神韵"、严羽的"入神"、袁枚的"性灵"、王国维的"境界"等中国传统诗学。陈大亮(2006)指出,钱锺书"化境说"是中国传统文论的继承和发展,其境界范畴可追溯到王昌龄的"三境说"、刘禹锡的"境生于象外"、王士禛的"神韵说"、王国维的"三境界"。

---

① 在中国知网(CNKI)中检索出以"化境"为篇名的中文论文 411 篇,剔除无关和重复信息之后,获取跟钱锺书"化境说"相关的中文论文 111 篇。

（2）"化境说"的理论来源

对于"化境说"的理论渊源，学术界也有三种代表性观点。

源于钱氏一以贯之的学术思想。 郑延国（1999）认为，钱锺书"化境说"中关于保存原作风味的观点已经在《英译千家诗》中露出端倪，有关忠实译本的表述是《论不隔》中"好的翻译，我们读了如读原文"的另一种说法。季进（2002：192）认为"不隔"其实已经透出"化境说"的胎息，郑海凌（2000：84）认为《论不隔》中"艺术化翻译"是"化境说"的理论基础。于德英（2009：43-45）指出，"化境说"源于钱氏早期"译即通"和"失本成译"的翻译思想。笔者（2013：3）认为，钱氏"化境说"与他一以贯之的"打通"思想息息相关。

源于中国传统哲学-美学思想。 张柏然、张思洁（1997）认为，"化境说"与我国诗论、文论、书论、画论中的哲学美学思想高度吻合。朱宏清（2001）指出，"化境说"有中国传统哲学和文艺美学的坚实基础；刘宓庆（2005：76）认为"化境论"源自中国传统美学，尤其是其中的"出入说"。郑海凌（2001）认为，"化境"作为翻译美学概念，与古典文艺美学中的言意、境界、意境和形神等理论紧密相关。赵巍（2009）认为，"化境"源自中国传统美学中的"物化"概念，是钱氏美学观在文学翻译中的自然延伸。

源于多种学科和理论。 罗新璋（1990）认为，"化境说"并非来源于某一两家学说，而是"融化百花以自成一味"，该观点在译学界影响很大。郑海凌（2000：96）认为，钱氏精通古今中外的艺术理论，由文艺美学推衍出文学翻译的理想"化境"。欧阳利锋、尚敏锐（2002）、蓝红军、穆雷（2009）等指出，"化境说"是中西文化交融的产物，既有深厚的佛道渊源和辩证内涵，又吸收了西方哲学如休谟哲学阐释学中的合理元素。于德英（2009：32-42）认为，"化境说"有着深厚的哲学、美学、诗学和翻译学渊源，是言、意、象之间美学张力以及儒、释、道思想交融的产物。杨全红（2019：28）总结道，"化境说"很难说具体来自哪里或具体发端于某家学说，极有可能源自多种学识与学问。

2."化境说"之解

学者们采取"以钱解钱"，揭示"化境说"的理论内涵；借助文字学、哲学、古典文艺学和传统译论，对"化境说"进行现代诠释；运用话语理论、阐释学、语义学、解构主义翻译观等，为"化境说"的合理性提供理论支点。综合学术界对"化境说"的理论探源和内涵诠释，笔者认为："化境说"的核心在于"化"，"化境说"之解主要落实在"化"的哲学界定、"化"与"变"的关系及其流变、"化"与"讹"的辩证关系、"化"的译学含义以及"化"的本质属性等五个方面。

（1）"化"的哲学界定

钱锺书从《说文解字》中的一段训诂引出对"化"的探讨，并从《荀子·正名》中探寻对"化"的解释："状变而实无别而为异者,谓之'化'。"罗新璋(1990)正是沿着这一思路挖掘哲学之"化"的本义,揭示译事之"化"的含义:文字躯壳换了一个("状变"),而思想内容、精神姿致依然故我("实无别")。余承法(2003:41-42)、余协斌等(2004)、朱鸿亮(2006)与段彦艳、李晓亮(2009)等人陆续跟进对"化"的哲学界定。

(2)"化"与"变"的关系及其流变

余承法、黄忠廉(2006)在考察"变""化"在中国哲学范畴发展史中的关系及其流变之后指出,"变""化"分别代表事物的质变和量变这两种运动状态;"化"是一种细微的、不显著的、不易察觉的量变过程,是没有改变事物性质的渐化,表现为事物的静止、平衡和统一等状态。黄忠廉(2010b)基于古代汉语和哲学视角,指出"变""化"分别相当于哲学上的运动和静止,借此解释变译和全译这两类翻译行为,进而论证了翻译的"变""化"观:以"变"为核心的变译观和以"化"为核心的全译观。

(3)"化"与"讹"的辩证关系

"化"与"讹"一度被认为是相互排斥的:求"化"必须避"讹",有"讹"则不足以入"化",但这一观点逐渐被人摈弃。郑海凌(2000:99)指出,"译必讹"的观念从反面揭示了"化"的实质:"化"与"讹"是矛盾统一体的两个方面。余承法、黄忠廉(2006)认为,"化"包含理想之"化"与实际之"讹",二者是理论上的对立、实践中的统一。陈大亮(2006)认为,"化""讹"属于背出分训、相反相成,构成矛盾双方的对立统一。于德英(2009:186-190)认为,文学翻译中"化""讹"相生,"化"是追求境界,"讹"是难以避免的现实,运用积极的"讹"可以帮助原文在译语世界获得"来世",避免消极的"讹"是译文入于"境"的前提。

(4)"化"的译学含义

许建平(1997)揭示了钱氏之"化"的三层含义:转化(文字上的转化)、归化(用自然而流畅的本国文字表达外语文本)和化境(包括入于"化"的境界和尽善尽美)。张柏然、张思洁(1997)从哲学-美学视角考察到"化境"的实质在于"化",指出"化"道破了翻译的要核和翻译中的甘苦。王宏印(2003:177-194,279)从论题、研究方法和行文方式三个方面分析"化境说"的魅力,对其进行现代诠释。朱鸿亮(2006)结合传统哲学和美学考察了"化"的哲学意义演变和"化境"的源流,指出"化境"至少包含译文与原文多与一的对应与衍生、主体与客体的统一与交融等含义,其精髓在于译者实现了译文和原文的和谐共生。

(5)化:全译的本质属性

彭发胜(2006)指出,"化"的"变化"本义包括从有形到无形,从形而下到形而上,这种双重、动态的语义功能涵盖了翻译的两个层面,理应成为其本质属性。余承法、黄忠廉(2006)指出:"化"是易与不易共现、得与失兼备的量变过程,包含理想之"化"与现实之"讹",是译文真善美的有机统一体,兼有"师法造化"和"笔补造化",因此是全译转换的精髓。黄忠廉(2016b)指出,"化"是翻译范畴之全译的根本属性;笔者(2016)进一步论证了"化"不仅是全译转换的精髓,更是体现为全译的本质。

3."化境说"之辩

译学界一直在争辩"化境说"是传统译论还是现代译论,属于本体论还是方法论。

(1)"化境说"的传统译论与现代译论之争

刘靖之(1981:1-15)、罗新璋(1984:1-19)等认为"化境说"是中国传统译论的最高发展阶段,曾得到一些学者的响应;有人尝试运用阐释学、语义学、解构主义翻译观对"化境说"进行现代性解读,认为它已包含现代译论的某些特征。"化境说"的理论归属因此变得扑朔迷离。

王宏印(2003:190-193)认为,"化境说"涉及翻译的本质、标准、功能等中国传统译论的核心问题,尽管有些因素如创造性悖谬已经进入现代译论的前沿,但因为它缺乏应有的术语界定和思路展开,总体上仍然属于传统译论,时间上属于中国传统译论的当代部分(1949—2000),理论上属于中国传统译论的直觉阶段。陈福康(2010:3-4)根据时间划分,将"化境说"归属于中国当代翻译理论(1949年之后);郑海凌(2000)将"化境说"与"神似说""多元互补说""优势竞赛论"等一起归属于中国当代翻译学说;王秉钦(2004)指出"化境说"是中国传统翻译思想鼎盛时期(1949年之后)的一大发展;张佩瑶(2009)认为,提出"化境说"的《林纾的翻译》是中国传统译论中最精彩的一篇文章。

有人借助语义学、符号学、阐释学、解构主义翻译观、后现代主义翻译观对"化境说"进行现代性解读,认为"化境说"中的有些内容已经触及现代译论,或达到当代译学的前沿。黄汉平(2003),朱鸿亮(2006),李文革、王瑞芳(2010),冯立新(2012)等指出,"化境"在根本上是反传统的,这个中国式"解构"翻译思想早于西方解构主义翻译学派。但刘全福(2005)批评解构主义翻译观消解"信"和"化境",认为"化境"仍然属于中国传统译论。陈大亮(2006)一方面指出"化境"与西方解构主义既有相通之处又有明显区别,另一方面认为钱氏对"讹"的阐释已触及当代译学的前沿。崔永禄(2006)认为,"化"的脱胎换骨过程见证了译者对译文的操纵,译文之"讹"表明传统的忠实论出现了裂迹。胡德香(2006)指出"化境说"的诸多特点在某种程度上与现代翻译理论的观点不谋而合,且具有文化翻译批评的特征。葛中俊(2007)认为,"化境说"的现代性在于,钱氏采取观察家态度提出的这一翻译观具有描写翻译学倾向,与描写翻译学和文本价值论等研究新范式不谋而合。赵巍(2009)指出,"化境说"重感悟直觉,缺乏系统性,在理论方法上有传统学术的共同特点,应该归于传统译论,但在理论背景上是中西哲学交汇融合的产物。在"化境说"的理论范畴归属上,杨全红(2019)提出的观点比较中肯:"化境说"作为钱氏翻译思想的核心,总体上属于传统译论,集传统与当代于一体,以传统成分为主,包含现代因子。

(2)方法论与本体论之辩

翻译方法论探究实现和评价翻译艺术的方法,翻译本体论挖掘翻译艺术的本质。对于"化境说"是方法论还是本体论的问题,学术界也有过辩论。

很多学者将"化境说"定位于方法论,蔡新乐(2001:166-167)、朱志瑜(2001)、崔永禄(2006)等认为"化"是一种归化策略或意译方法。郭宏安、许钧(2001:102-112)认为"化境说"不像"信达雅"那样可触可摸、可施可行;许钧(2003:427)认为化无定法,深浅无常,难以掌握;王秉钦(2004:247)、辜正坤(2005:105)、赵巍(2009)等认为"化境"难以界定和操作,"只可意会,不可言传"。许渊冲、许钧(2001:46-59)指出文学翻译是化原文之美为译文之美的艺术,提出诗歌翻译的"三化论",即"浅化"扭转劣势,"等化"争取均势,"深化"发挥优势,后来进一步提出了"优化""发挥译文优势"等方法。马红军(2006:51)认为,"钱氏的'化'是一种理想,许氏的'化'属于手段,前者无法企及,后者也难以驾驭"。江帆(2001)将"化"分解为熔解、提炼、重铸三个化学工艺流程,从语言、意境、情感三方面赏析鲁迅散文《雪》的杨戴译本取得的"化境"效果。李文革(2003)运用符号学翻译观,借助翻译实例论述达到"化境"的相应层次、步骤和途径。薄振杰、徐莉娜(2013)基于钱氏自解,以英汉词汇和句子为例,探索如何具体操作"化境"。

也有学者将"化境"从翻译标准或方法上升到翻译本体论的高度。陈福康(2010:416-423)认为,钱氏"化境说"的本意并非将"化"作为翻译标准或原则,而是涉及翻译的性质、功用、易犯毛病、最高理想境界、艺业特点、译作胜出原作可能性等一系列问题。何加红(2000)指出,以"化境说"为核心的钱氏译学观已经超越单纯的方法论层面,触及翻译本质的根本性问题。陈大亮(2006)注意到,"化境说"的理论深度已经触及翻译本体论层面,涉及翻译本质、过程、作用等重大理论问题,只有站在本体论高度,才能深刻理解其理论精髓。赵巍(2009)、于德英(2009:41)等提出,

"化境"不仅仅是文学翻译的标准,更揭示了文学翻译艺术的本质,具有本体论地位和意义。

4."化境说"之评

学界对"化境说"50年来的认识经历了由浅入深、由感性到理性、从高度赞誉到褒贬不一、从盲目接受到辩证评析甚至为新说替代的过程,表明"化境说"研究日趋深入和理性。

(1)赢得广泛赞誉

在1980年代的翻译研究中,"化境"和"神似"是引用最多、影响最大的两种译论。刘靖之、罗新璋是"化境说"最早的欣赏者和拥护者,高度评价它在我国翻译理论发展中的重要地位。章振群(1995)认为,"化境说"为人们描绘了一个理想境界,不失鞭策和鼓励作用,将为民族文学的繁荣和中外文学文化的沟通做出贡献。何加红(2000)指出,"化境"译学思想对中西异质性语言文化之间的互解互译具有理论和实践意义。郑海凌(2001)认为,"化境说"肯定译者的创造性,为文学翻译研究开辟了新领域,在推动中国传统译论从"求信"走向"求美"的诗学潮流中起了推波助澜的作用。笔者(2003:46)指出,钱氏浸淫于中国传统哲学和美学思想,又受西方哲学思想的启迪和感悟,其"化境说"具有唯物观和辩证观,为文学翻译确立了理想目标,指明了具体路径,因而具有创新意识。王秉钦(2004:230-247)认为,"化境说"是对中国传统翻译思想的一大贡献,推动了注重形式的"质"发展到在"信"的基础上具有艺术创造精神的"化"。在刘全福(2005)看来,"化境"标准秉承了中国传统文艺美学特有的朦胧写意特征,移花接木的手法高屋建瓴,所以应者如云。陈大亮(2006)指出钱氏对翻译理论的贡献在于,他从许慎关于翻译的训诂中挖掘翻译的本质,把中国翻译理论推进到一个新高度,深谙老子和黑格尔辩证思想的精髓,独抒己见的"化境"思想中闪烁着辩证法的光辉。杨全红(2019:112-132)认为,"化境说"是别具特色的钱氏翻译思想,其弥足珍贵之处是敢于提出不同意见,能下启后辈学人,提出多元的翻译研究方法。

(2)受到辩证评价

在对"化境说"的赞誉声中,有人开始反思其理论价值,冷静分析它在翻译实践和批评中的局限。蔡宗魁(1985)提醒,尽管"化境说"在丰富和深化"保持原作风格"这个翻译标准上有独到贡献,但溢美过甚反而不当,不应视其为"当今的新林派"。章振群(1995)指出,"化境说"与"等值"形成鲜明对比,从辩证高度继承、升华了传统的"信、达、雅"理论,其局限在于缺乏清楚明白的实践指导。许建平(1997)认为,"化境说"解决了采取"洋化""归化"

的问题,但译界应该"摆脱不幸、重新认识"。王宏印(2003:193)指出,"化境说"一方面能够独步于现代译坛,另一方面擅于评点式、随感式的抒发而不长于抽象思辨与系统化工程的构筑。辜正坤(2005:104-106)既肯定"化境说"在抽象翻译标准演进中的重大作用,又认识到它在具体标准的运用中不切实际,指出它是历代译论的必然结果、同类提法中的集大成者,但它无大补于具体的翻译实践。朱鸿亮(2006)指出,"化境说"在传统译论中享有很高地位,但在当代翻译研究中稍显逊色,主要是因为它自身表述模糊、缺乏理论阐发。于德英(2009:12)认为,"化境说"在中国翻译思想史中具有举足轻重的地位,但它承继了中国传统译论的表述不确定性、界定模糊性等缺陷。

(3)遭到批评或否定

"化境说"也受到部分学者的批评甚或否定。周煦良(1982)最早质疑"化境"标准的普适性,不同意刘靖之关于"我国翻译理论发展自严复以来一脉相承"的观点,认为"神似"和"化境"只适合文学翻译,不能用来翻译哲学社会科学和自然科学论著。蔡新乐(2000)指出,钱氏"化境"的表述含有难以消除的矛盾,作为翻译标准或理想都是对翻译本身的否定,因而应该弃却而不是接受。他后来从艺术哲学高度批评"化境说",认为作为最高理想的"化",因为缺乏乌托邦的形而上魅力,只能形成海市蜃楼式格局(蔡新乐,2001:166-167)。朱志瑜(2001)也对"化境说"的价值产生了一系列疑问,认为"化境"并无实际指导意义,可以勉强用来评论译文,但存在无法言说清楚的悖论。王秉钦(2004)、温秀颖(2007:52)等认为,"化境"标准过分强调艺术的神秘性,丧失了强有力的解释。赵巍(2009)总结了学界对"化境说"的批评:"化境说"神化了文学翻译标准,缺乏可操作性;钱氏没有用"化境"评价林纾的翻译,理论和实践相互脱节;"化境说"表述含混,重感悟直觉,缺乏系统性。

(4)为新说所代替

有人认识到"化境说"的理论局限和实践操作难度,试图提出新说。辜正坤(1989)认为,"化境"属于传统的抽象标准,一个孤单标准不可能解决具体的翻译问题,翻译标准是一个多元互补的系统,至少包括三种:绝对标准(原作本身)——最高标准(最佳近似度)——具体标准。许渊冲(1992:183-201)认为,"一"是比"化"更高的文学翻译标准,诗词翻译是两种语言在意美、音美、形美的有机统一。他还主张"深化"才是文学翻译的最高标准,坦言自己提出的"三化论"(浅化、等化、深化)源自钱氏"化境说","竞赛论"受到"译笔正无妨出原著头地"的启发(许渊冲,2006:22,116)。郑海凌(2000:

138-165)基于中西翻译标准概观,结合他对钱氏"化境说""不隔论"的阐述,提出了他认为更符合文学翻译艺术规律、更贴近翻译实践的可操作性标准——"和谐说"。蔡新乐(2001:73-97)认识到"化境说"的反翻译倾向和"不隔论"的理论意义,基于对钱氏"片断与整体"观念的解读,提出了"诚"的最高法则和"如如"的最高境界。

5."化境说"之用

罗新璋(1990)呼吁学界认真研究钱氏的译论与译文,掀起了阐释"化"论、赏析"化"艺的高潮。郑延国(1990;1999;2001)先后赏析《管锥编》《谈艺录》中的若干佳译,指出钱氏"下笔妍雅、片言生辉"的译艺是对"化境说"的最好诠释。许渊冲(1990:275-290;1992:183-201;1995:58-73)多次运用"化境"品鉴钱氏或他人的译作;谭福民(1997)、何加红(2000)、邓仁晖(2002)、佘协斌等(2004)、胡志国(2006)、聂友军(2008)、黄忠廉等(2009:20-36)、贾兴蓉(2012)等借钱氏佳译来阐释"化境",分析如何实现"化境";彭开明(1995)、江帆(2001)、薄振杰、徐莉娜(2013)等用"化境"标准赏析译作。

(二)"化境说"的比较研究

有学者比较"化境说"与其他翻译理论/思想,如严复的"信达雅"、鲁迅的"易解与丰姿"、傅雷的"神似"、许渊冲的"美化之艺术"、奈达的"功能对等"、纽马克的"语义/交际翻译"等,旨在深入阐发"化境说"的理论内涵,公正评价其理论价值,更好发挥其在翻译实践和批评中的指导作用。

1."化境说"与"信达雅"

有人整体比较"化境"与"信达雅",指出中国翻译理论的发展自严复以来是"一脉相承的"(刘靖之,1981:13)。有人发现"化境"与"信""达""雅"之间的大同和小异,如:"化境说"中精神姿致依然的"故我",即为趣不乖本的"本",亦即包括达雅的"信"(罗新璋,1984:19);"化"与钱氏确认的"信"具有相同的精神实质(杨林成,1998);"化境说"是"信""达"二元标准(彭长江,2000);"斯之谓信"实为"斯之谓化";"神似论""化境论"均属"雅译论"范畴,但更加理性和抽象(刘全福,2005)。有人指出"化境说"从辩证高度继承和升华了传统的"信达雅"理论,强调了文学翻译中的艺术性,具体观点包括:"化境说"比"信、达、雅"更加严谨和深远(许建平,1997);钱氏对"信达雅"持异议,而以"信"为翻译唯一原则,故"化"和"信"是异曲同工(冯世则,2001);"信""化"不可等量齐观,"信"是"化"的必要非充分条件,"化"是对"信达雅"的突破和发展(余承法,2006);"化"是译文内容求信与形式造美的结晶(余承法,2016a)。张佩瑶(2009)则一语中的:"论者每每把'化境'从文章中抽取出来,然后附加于'信、达、雅'的概念中……其实,钱先生的说法蕴藏着无穷的话语能量,甚至可以用来推翻建基于忠信的翻译观。"

2."化境说"与"神似论"

刘靖之认为"神似""化境"是一脉相承。朱志瑜(2001)认为,"神似""化境"都是中国传统美学思想在翻译领域的延伸,属于同一体系的两种不同说法,因此可合称为"神化说"。周领顺(2006)结合新史料指出,"神似"与"化境"在本质上相同,只是借用了不同的诗学术语。罗新璋(1984:14-19)指出,虽然"化境"与"神似"有异曲同工之妙,但"化境"在要求和难度上更进一步,可视为"神似"的进一步发展。这些观点得到部分学人的响应,如:章振群(1995)认为,"神似"与"化境"的本义无多大差别,但"化"兼容"形似""神似"二义,"化境"既要求译文不能生硬牵强,又能"如风格以出";许建平(1997)指出,"神韵""神似"高深莫测,"化境说"为译者指明了译作的努力方向;葛校琴(1999)、乔曾锐(2000)、欧阳利锋、尚敏锐(2002)、李文革(2003)等认为"化境"比"神似"更深一层,但操作难度更大。

3."化境说"与"不隔论"

有人对照钱氏的"化境说"和"不隔论",证明其翻译思想渊源有自。代表性的观点包括:"化境"是"不隔"的观点重申(王秉钦,2004:243)、进一步发挥(郑延国,1999)或最好注脚(赵巍,2009);"不隔"其实已经透出了"化境说"的胎息(季进,2002:192);钱锺书先后指出,"不隔"是"好翻译的标准","化境"是"文学翻译的最高标准",这表明其翻译思想的连贯性和一致性(余承法,2003:40);打通"隔阂"的境界即为"化境"(赵秀明、姜春兰,2006);"不隔"的翻译也就是"化境"的翻译,都是指翻译的最高境界(胡志国,2006);"不隔论"既是美学评判标准,与翻译"化境"可以相互阐发,又是开放文化观的体现,钱锺书的翻译实践与治学理念中始终秉承"不隔"的中外文化观(聂友军,2007:43);"译"即"通","通"即"不隔","不隔"即"达","化境"是在种种阻隔中寻求诗意和不同文化间理解的不隔,是一种亦动亦静的不隔状态(于德英,2009:32-42)。蔡新乐(2000)指出,尽管"不隔论"重视翻译的"静态","化境"更强调动态,它们都指向翻译的作用,可以合而观之;但他同时认为,"化境说"的相关表述存在矛盾,具有反翻译倾向,而"不隔论"与海德格尔的现象学不乏契合之处,具有理论意义。

4."化境说"与"功能对等论"

奈达被称为西方翻译理论语言学派的创始人,在1960年代提出了功能对等论,于是有人将其与钱锺书"化境说"进行比较。朱宏清(2001)指出,奈达强调动态对等,追求译作与原作之间自然、贴切的对等,读者只能忍受译作中不得已而存在的"讹",而钱氏认为某些方面、某种程度的"讹"是译文难以避免的毛病,因此他们对于整体翻译效果的态度基本相同。叶子南(2002)认为,奈达提出的功能对等论与"神似""化境"尽管在表述角度和方法上不同,但都是引导译者朝着相同方向努力,因此是殊途同归。樊家勇、郑淑园(2010)比较了钱锺书和奈达的翻译标准和实践操作,指出他们在最高翻译标准上存在分歧,但都赞同忠实的重要性。

5."化境说"与西方解构主义翻译理论

西方解构主义翻译理论在世纪之交的中国盛行,有学者于是将其与"化境说"进行比较,或采取解构主义视角观照"化境说"。何加红(1999)指出,"化境说"的核心观点与解构主义理论存在异曲同工,它至少表明翻译已将原文意义消解于自身活动之中。黄汉平(2003),朱鸿亮(2006),李文革、王瑞芳(2010),冯立新(2012)等陆续跟进,都认为"化境"是对传统求"信"的翻译观的反叛,比西方解构主义更早形成了中国式"解构"翻译思想。但这种观点受到了质疑甚至反驳,如:刘全福(2005)基于事实和理论,认为"化境"实际上体现了"忠实"标准,与解构主义翻译观背道而驰;陈大亮(2006)认为,钱锺书翻译思想虽有类似西方解构主义的某些特征,但并非所谓的解构主义,在关于意义不确定性、翻译距离、译文胜似原文三方面有别于传统理论;高佳艳(2017)指出,上述争论的根本原因是没有看到"意义不确定性"表述背后隐藏的不同的意义观,而钱锺书以原作为中心的"化境说"基于意义为本源、语言为工具的中国传统语言观,与解构主义相去甚远。

6.钱锺书与鲁迅的翻译思想

到目前为止,有两篇几乎同名的论文比较鲁迅和钱锺书的翻译思想。任淑坤(2003)认为,鲁迅和钱锺书对翻译均有独到见解,尽管带有各自的时代特征,但契合之处表现在:都强调"信"是翻译的根本,都对"达"和"雅"持有异议;在以翻译为媒介的文化交流上看法趋于一致;都认为应该对误译采取正确态度而不是全盘否定。王敏会(2007)概述了鲁迅和钱锺书的早期生活经历和教育背景,挖掘他们不同文化观背后的原因,从后殖民翻译理论视角分析了二人翻译思想的异同:在翻译标准上,都强调"信",都是继承传统译论;在翻译策略上,鲁迅明确主张并运用异化策略,钱锺书倾向并运用归化策略,表面虽有所不同,但都是为了实现中华民族特定时期的发展任务;对误译的观点比较一致,都为指导翻译批评日益走向成熟做出了突出贡献。

在对待"信达雅"的问题上,沈苏儒(1998)认为钱锺书与鲁迅的态度一致:"大体肯定或不否定而代之以新说";冯世则(2001)随之指出这一说法本身就有矛盾:既然是"代之以新说",就成了大体上的否定,他们对严说其实均持异议,均以"信"为翻译唯一原则。

7.钱锺书与许渊冲的翻译思想

许渊冲明确指出,其"三化论"直接源自钱氏的"化境说",他们曾多次通信探讨翻译问题。因此,有必要比较他们的翻译思想。杨玉玲(2005)从"意与形""信达雅""好译文的标准"三个方面比较了他们翻译观的异同:都认为应该将忠实于原文意义放在首位,不必也不应斤斤计较原文形式;都部分认同"信达雅",都认为"信"于原文很重要,但钱氏用一个"信"字涵盖了"信达雅",而许渊冲用"优"取代"雅"并将其置于显要位置;在好译文的标准问题上,钱氏主张理想境界是"化",译文可以胜过原文,许渊冲则认为好译文的标准是"三美""三之",倡导"优势论"和"竞赛论"。覃江华、许钧(2017)考察了钱、许二人的学术渊源,认为许渊冲继承了钱氏翻译思想的遗产,但在理论研究上迈出了更大步子,在文学翻译实践中走得更远。

(三)"化境说"的总体研究

学界在搜集、整理、阐释和评价钱氏翻译思想时对"化境说"进行了总体研究,刘靖之和罗新璋在这方面有开创之功。

1.搜集和整理钱锺书翻译思想

刘靖之在主编的《翻译论集》中收录《林纾的翻译》一文,在代序中将"化境"视为自严复以来中国翻译理论发展的最高阶段(刘靖之,1981:1-15)。罗新璋是整理钱锺书翻译思想的集大成者,在《翻译论集》中搜集了钱氏译学论述的五篇文章,在序言中将我国自成体系的翻译理论概括为一脉相承的四个阶段,即案本——求信——神似——化境(罗新璋,1984),并将钱氏译艺归纳为五个方面:译事三难,翻译术开宗明义,译诗,译音字望文穿凿,林纾的翻译(罗新璋,1990;1996:144-168)。罗新璋确立的分类框架经常被采用或效仿。佘协斌等(2004)将"林纾的翻译"细分为另外三部分:论翻译的最高理想——化境,论林纾的翻译,其他译论。舒展在主编《钱锺书论学文选》时,将《谈艺录》《管锥编》中的论述文字分门别类,将相关译论归为创作论。陈福康(2010:416-423)将钱氏的译学贡献总结为五个部分:翻译的性质、功用、易犯的毛病和最高理想,"信、达、雅"之间的关系,翻译中的"得意忘言",翻译艺业的特点,翻译艺作胜过原作的可能性。张德劭(1995)将钱氏翻译思想概括为六个部分:翻译术开宗明义,信达雅,直译意译,翻译中的增减,译名,翻译的作用与境界。陆文虎(1992;1992:197-212)、季进

(2002:182-193)将钱氏翻译思想概括为三个字:诱/媒、讹、化。

2.阐述和评价钱锺书翻译思想

罗新璋揭开了阐发和评价钱氏翻译思想的序幕。陈福康(2010:416-423)认为钱氏译论在当代中国译学界是"戛戛独造",胡范铸(1991)、季进(1990;2002:182-193)从比较文学与跨文化角度诠释钱氏的文化沟通和对话思想。李晓霞、周文(1995)从美学角度,杨林成(1998)从修辞角度,李田心(2003)从学科定位,杨成虎(2001)、郑延国(2003)从钱氏诗中总结或阐发钱氏翻译思想,胡德香(2006)解读钱氏的文化翻译批评思想,蔡新乐(2000)从海德格尔"非对象性的思"解读钱氏"不隔论"。朱宏清(2001)、贾兴蓉(2012)、谢天振(2013)、聂友军(2015)等围绕《林纾的翻译》解读钱氏翻译思想,评价"化境说"在中国译论中的突出地位。

二、研究简评

50余年的"化境说"研究可概括为:报刊文章纵横论析,专著文集破茧而出,学位论文系统阐述,学术会议切磋交流。无论是鸿篇巨制,还是短文章节,无论是聚焦透视,还是旁敲侧击,无论是对这个传统译论进行现代诠释,还是用现当代西学进行解读,都反映了学界对钱锺书翻译思想的关注,也取得了可喜成绩,但在研究队伍、研究方法、研究成果上存在"十多十少"的情况,急需引起学人的重视。

(一) 研究队伍的"三多三少"

1.中国大陆研究者多,境外研究者少

"化境说"的研究群体中,中国大陆研究者200多人,境外研究者不到10人,用外文发表的研究成果更少,这与"钱学"在海外的译介和传播情况不相匹配。尽管如此,香港学者在发现、译介和研究"化境说"方面具有开创之功。高克毅(George Kao)在《译丛》(Renditions)发表《林纾的翻译》节译,对外译介钱氏翻译思想,该文收入陈德鸿主编的翻译研究文集。刘靖之(1981:1-15)将《林纾的翻译》收入主编的《翻译论集》,在代序中将"化境"视为自严复以来中国翻译理论发展的最高阶段。黄邦杰(1986:15-18)在论文《化与不化》中,将"化境"与严羽的"妙悟、透彻玲珑"捉置一处,考察了"化境"的渊源和内涵,深入浅出地分析了"入化"译文。朱志瑜(2001)、张佩瑶(2009)在研究中国传统翻译理论的论文中,探讨了包括"化境"在内的钱氏翻译思想。

国外学者中,英国汉学家闵福德(John Minford)关注过"化境",建议将其译为transformation/transmutation(刘绍铭,2000:207),新西兰汉学家邓肯(Duncan M.Campbell)英译了包括《林纾的翻译》在内的《七缀集》,其他知名"钱学"研究专家,如夏志清(Chih-tsing Hsia)、胡志德(Theodore Huters)、艾朗诺(Ronald Egan)、雷勤风(Christopher Rea)、莫芝宜佳(Monika Motsch)等,都倾注较多精力译介和研究钱氏的文学创作或文艺思想。作家兼学者钱锺书在国内外的名声远远大于翻译家钱锺书,这可能由于钱氏的英文作品远远少于中文,仅有的一部英文文集 *A Collection of Qian Zhongshu's English Essays* 在 2005 年出版;国外研究者对其翻译思想与实践关注不多,更不用说"化境",同时也表明国内译学界没有及时译介和对外传播钱氏翻译思想。

2.单一学科研究者多,跨学科或交叉学科研究者少

"化境说"研究队伍的学术背景单一,表现在学科、专业、语种和领域等四个方面。①就学科门类而言,主要集中于文学,历史学、哲学等领域的研究者很少,跨学科或交叉学科背景的研究者更少;②就专业而言,大多为外国语专业出身的研究人员、高校师生,其他专业人士对"化境"稍有研究,如:汉语界的胡范铸,文学界的季进、陆文虎,史学界的陈福康,作家舒展等;③就语种而言,绝大多数为英语,其他语种的学者较少,如:兼顾英法语的许渊冲,俄语的郑海凌,德语的杨武能,法语的罗新璋、柳鸣九、许钧、佘协斌等,而意大利语、拉丁语、西班牙语、日语、朝鲜语等小语种的学者更少;④就领域而言,研究者多来自翻译学,就翻译论及翻译而言,以阐释"化境"译论为主、赏析"化境"译义为辅。总之,学术界未能尽快了解和吸收其他学科领域、非英语世界的最新成果,关注对象局限于英汉互译,对钱氏大量的外译汉实践搜集不全、赏析不够。

3.短期临时研究者多,长期潜心研究者少

在统计的 200 多位研究者中,多为短期临时研究者,长期潜心研究者很少。其中,刘靖之、罗新璋对"化境说"的研究较早,部分观点的引用率高、影响深远,凭借他们的德、才、识、学,原本可以做出更加持久、深入的研究。笔者(2003—2018 年发表跟"化境"相关的论文 14 篇)、郑延国、聂友军等研究"化境"时间较长,用力较勤,成果较多;许渊冲、郑海凌、蔡新乐、刘宓庆、许钧等均有多部论著涉及"化境",在学界的影响较大。大部分研究者只有单篇论文或专著章节研究"化境",单兵作战多,跨学科、跨领域、跨国别、跨区域的合作很少。

(二)研究方法的"四多四少"

1.版本引用多,原本精研少

《林纾的翻译》先后有 10 余个版本,每次都有修订和完善,最大的改动是将"文学翻译的最高标准"改为"文学翻译的最高理想"。但有些研究者忽略了这个细节,仍然以"旧"(版本)释"旧"(观点),对"化境说"的解读停留在钱氏1960年代的文字表述。该文还广泛收录于钱锺书散文集、林纾的翻译研究文集以及各种翻译论集,因此学界引用的版本很多,有时同一篇文章的前后引用不同版本,对"化境说"的论述存在出入,也有少数学者不引用《林纾的翻译》原本,而是引用二手甚至三手文献,导致对钱氏"化境说"五花八门的表述:化境(无引号)、"化境"、化境论(无引号)、"化境"论、"化境论"、化境说(无引号)、"化境"说、"化境说"、化境理论(无引号)、"化境"理论、"化境"翻译理论、翻译"化境"论、"化境"译论、"化境"思想、"化境"观、"化境"翻译观,以及"出神入化""入于化境""入化说""'诱'、'讹'、'化'论""'化界'说"(带引号的"化界")、"神化说"(将"神似"与"化境"合二为一),等等。"化境说"究竟是翻译理论还是翻译思想,在翻译界一直没有定论。尽管有人认为"说""论"实无差异,"化境"说、"化境说"、"化境论"均可表述,但细究起来,翻译学中的"化""化境""化境说"这三个术语还是存在区别:"化"可视为"化境"的简称,侧重译文实现"化境"效果的手段和"入于化境"的途径,包括各种求"化"手段、机制、策略等,有时也兼指翻译的目的和结果;"化境"即"入于化境"的简称,是钱氏标举的文学翻译的最高境界和最高标准,"标准"既指翻译实践追求的结果,又指翻译批评采用的衡量尺度;"化境说"表明这是一种思想或学说,既不同于"化境"指称的翻译的最高理想或最高标准,又区别于金圣叹、王国维等文艺界前辈倡导的文学、艺术"化境",而是特指钱氏在《林纾的翻译》一文中提出的翻译思想。为统一起见,本书除了引用他人文献之外,提到钱氏译论时,多用带引号的"化境(说)":"化境"侧重译文达到的境界或效果,"化境说"专指钱氏翻译思想或理论。

2."以钱解钱"多,"以钱证钱"少

学界对"化境说"的研究,大多采取"以钱解钱""就化论化"的方法,引用钱氏在《林纾的翻译》一文中的表述,辅以论者的解读或阐释,这种直接引用可避免解说者误读原文、误解原话、误导读者,但大量引用钱氏原文可能导致很高的复制比,而且研究者的诠释文字湮没在钱氏原文之中,弱化了研究成果的原创性,难以实现"化境说"的现代转型或转化。我们不仅需要"以钱解钱"(但不能囿于钱说),还需要"以钱证钱",将钱氏"化境说"置于"钱学"体系之中,置于古今观照、中西会通的学术背景之中,用他本人的译例加以佐证,既听其言,更观其行,考察其译论与译艺的互动。

3.感性认识多,理性分析少

我国传统译论源自博大精深的中国传统文论,但往往是只言片语,贵简洁而不善详释,立其论而不述其方法。因此,不少人在感慨"化境说"抽象、玄妙、不易操作时,也重蹈中国传统思维中重感性、轻理性的覆辙,总体感悟、模糊认识较多,具体分析、细致探究较少。阐释"化"论、赏析"化"译的基本模式是,先引用《林纾的翻译》一段原文,然后给出某种解读,再援引几个译例,借助传统的翻译技巧稍加分析,最后得出结论:译文实现了钱氏倡导的"化境"理想或标准,达到了"出神入化"的效果,是"化境说"的最好注脚,等等。这类研究给人留下中规中矩、落入窠臼的印象,理论阐述时缺乏跨学科、多领域的视角,译例分析时缺乏对佳译的理性赏析和对劣译的原因解剖。

4.褒奖赞誉多,反思批评少

总体而言,学界对"化境说"的高度赞誉较多,有理有据的反思评价较少,"唱反调"的学者凤毛麟角。这固然由于研究者慑于钱氏作为"文化昆仑""学者型作家"的崇高学术声望,不愿不敢发表与钱氏相左的观点,同时也反映出学界存在的某些故步自封和浮躁之风:既然大家都热衷阐释、再释、新释"化境说",这就是一个热点话题,我也不妨跟进。结果是:对钱氏原著钻研不够,不善于发现他前后表述的连贯性或矛盾性,没有辩证地评析其翻译思想,只是引用刘靖之、罗新璋在1980年代使用的几句溢美之词,奉上几句夸饰之语,有时只是礼节性表态,这对"化境说"乃至钱氏学术思想研究并无益处。

(三) 研究成果的"三多三少"

1.存在分歧多,达成共识少

如上所述,学界对"化境说"的来源、范畴、定位、内涵、价值或意义都是见仁见智,对"化境说"是翻译思想、翻译理论还是翻译观的区分,译论范畴中的传统与现代之争,理论定位中的理想与标准之辩等,一直尚无定论。"化境"的英译也存在众多版本:既有对"化"的翻译,如 conversion、explication、*hua*(sublimation)、sublimation、sublimed adaptation、transfiguration、transformation、transmigration、transmutation,又有对"化境"的翻译,如 *huajing*(sublimation)、*huajing*(sublimity)、*huajing*(in art,the ultimate highest state of becoming like nature itself)、*huajing*(transmigration of souls)、perfection、reach/attain perfection、reaching the acme of perfection、realm of transformation、state of sublime、sublime、sublimity、transforming realm、transmigration of soul,还涉及对"化境说"的翻译,如 Principle of "Transmigration"、Theory of "Sublimity"等。这固然体现了"百花齐放、百家争鸣"的学术氛围,但众说纷纭的情况也说明学界对"化境说"的解读、诠释远未达成某种共识,不利于对该传统译论进行相对准确和完整的现代诠

释,也不利于发扬光大钱氏的翻译思想。

2.重复研究多,原创研究少

50 余年的"化境说"研究虽然涉及众多方面,但大多旨在阐释其理论内涵,虽有人试图采取中西合璧的理论运用和思考方式,但重复性研究较多,真正有影响、有学术创建的成果并不多见。重复性研究主要表现在三个方面:同一研究者的同一观点在不同场合多次出现,有的是先发表论文然后收入文集,有的是在不同论文或专著中表述同一观点;刘靖之、罗新璋、陈福康等知名学者颇具影响的重要论点被多次引用,某些论文的论述过程、行文方式、译例分析出现高度相似;某些研究思路和方法被频繁复制,人云亦云的观点或例证比较普遍。流行"以钱解钱"时,总是引用那几句话,表达那几种观点;热衷阐释、再释、新释"化境说"时,同名或类似标题频现于各种学术期刊;解构主义翻译观风行时,纷纷解构"化境",使其变得面目全非。

3.浅尝辄止多,系统深入少

"化境说"50 余年来的研究成果在数量上可谓蔚然大观,中国知网中以"钱锺/钟书翻译思想/理论""(翻译)化/化境""林纾的翻译"为篇名的论文计 250 余篇(其中博硕论文 20 余篇,截至 2017 年 12 月 31 日),30 多部专著或文集论及"化境说"。其中,只有少数论述较为细致,挖掘较为深刻,观点富有启迪,多数为平庸之作,甚至还有仿拟或抄袭之作;顺带提及"化境"的论文多,长期聚焦的研究少;零星分散的研究多,系统深入的研究少,目前只有一部系统专论"化境"的著作,即于德英的《"隔"与"不隔"的循环:钱锺书"化境"论的再阐释》。

第二节 本书的研究思路、方法、内容与价值

"化境说"研究虽然取得了较大成效,但跟"钱学"的其他领域相比,数量仍显不足,质量乏善可陈。鉴于此,需要针对"化境说"研究中面临的"十多十少"现状,将"化境说"置于钱氏翻译思想之中,将钱氏翻译思想置于"钱学"体系之中,将"钱学"放在古今、中西、学科"打通"的学术背景中,花大气力精研钱氏著作,多进行宏观思考与微观考证,多进行逻辑推演和事实挖掘,才有可能发扬光大钱氏翻译思想。

一、研究思路

本书标题为《全译求化机制论——基于钱锺书"化境"译论与译艺的

考察》,既属于翻译本体研究,也属于翻译家的译论译艺研究,包括六个关键词:全译;求化机制;钱锺书;"化境";译论;译艺。"全译"概念的运用已有时日,黄忠廉(2000:225)将其确立为跟变译相对的一种翻译范畴,并多次探究其名与实;"求化"是罗新璋较早提出的概念,他还考证"译艺"为钱锺书提出①;"求化机制"为笔者提出的概念,是指译者为追求"化境"而遵循的原则,执行的程序,采用的一系列策略、手段、方法之间相互联系、相互作用的行为。全书基于成熟的汉语理论"小句中枢说"及其衍生理论"小句中枢全译说",遵循"三个充分"的研究要求,即观察充分、描写充分、解释充分,采取"两个三角"的研究思路,即语际比较-思维转换-文化交流(简称"语-思-文")大三角、语表形式-语里意义-语用价值(简称"表-里-值")大三角(黄忠廉等,2009:218-253),围绕钱锺书"化境说",采取"以钱解钱""以钱证钱"的方法,借助自建钱锺书作品全译语料库的统计与分析,阐述"化境"的内涵、实质和原则,着重建构全译求化机制,旨在完善和坐实钱氏"化境说"体系,对其译论与译艺进行较为全面、深入、细致的个案研究。

二、研究方法

基于语料库的建制、运用和统计,通过文本细读、对比分析和正误分析,结合定量统计和定性分析,着重描写和解释全译事实,综合动态的求化过程与静态的求化效果,建构全面、客观、能操作、可验证的全译求化机制。

(一)语料统计与分析法

语料库研究是本书建构全译求化机制时运用最多的研究方法。通过搜集、整理散见于《谈艺录》《管锥编》《七缀集》《写在人生边上 人生边上的边上 石语》《钱锺书英文文集》等钱锺书论著中的若干译例,建成约50万字的钱锺书作品自译语料库,整理《围城》《人·兽·鬼》《七缀集》《管锥编》英译本,建成约150万字的钱锺书作品他译语料库②,并通过语料库的统计、考察与验证,建构基于全译事实、遵循求化原则、执行求化过程的全译求化机制。

---

① "求化"概念见罗新璋:《钱锺书的译艺谈》,《中国翻译》,1990年第6期,第3-11页;又见罗新璋:《钱锺书的译艺谈》,范旭仑、李洪岩编《钱锺书评论》(卷一),北京,社会科学文献出版社,1996年,第144-168页。"译艺"概念见钱锺书:《管锥编》(第三册),北京,中华书局,1986年第2版,第1158页。

② 语料库基本信息见书后附录。

（二）文本细读法

"以钱解钱"的前提和基础就是精研钱锺书论著。笔者除了熟读《林纾的翻译》之外，也细读深思《七缀集》《谈艺录》《管锥编》等有关比较文学和跨文化研究的论著。"以钱证钱"要求研究者既听其言，又观其行，基本做法就是将钱锺书的译论与译艺进行互动、互证、互释、互补，考察其理论与实践的契合与打通。此外，笔者将尽可能全面梳理和细致考察跟"化境"源流演变相关的古典书籍和其他论著。

（三）对比分析法

对比分析是贯穿全书理论建构和实例分析的常见方法。全书从汉英语言文字系统（语）、思维方式（思）、文化传统（文）、语表形式（表）、语里意义（里）和语用价值（值），即语-思-文、表-里-值六个视角，对原文和译文在词素、单词、短语、小句、复句、句群、语篇等操作单位上进行解剖麻雀式的对比分析，为确立全译求化原则和求化机制探求理论依据、寻找实际译例。

（四）正误分析法

从全译语料库中抽取若干代表性译例，采取一例多译、优劣对比、优中选优等方式，对不同译文进行细致分析，总结佳译出神入"化"的经验，分析劣译译而不"化"的原因，为读者展现动态的全译过程和细致入微的正误分析。

（五）定量定性结合法

确立7种单一机制，分析各自的运用理据，考察6种非等化的单一机制的组合情况，这些属于定性研究；通过对完整文本求化机制运用的数据统计和分析，得出7种单一机制的优先序列和57种组合机制的倾向性规律，属于在定量基础上的定性研究；基于个案研究和统计分析，确定每种单一机制的操作流程和运用情况，属于定量与定性相结合的研究。通过多次往返的结合研究，尝试建构科学、完整、易操作、可验证的全译求化机制。

三、主要内容

本书通过阐释"化境"的内涵与实质，论述其核心与精髓，建构以求化原则为指导、求化过程为导向、求化机制为关键和核心的全译"化境"体系，以期发扬光大钱锺书翻译思想。

（一）"化境"的内涵

基于钱锺书对"化（境）"的论述，尤其是他对"诱""讹""化"三字之间关系的独到见解，阐明"化境说"包括：翻译作为人类跨文化交流的根本（译）、翻译所起的功用（诱/媒）、翻译中难以避免的毛病（讹）、翻译向往的最高境界（化），并明确全译的核心和精髓是求"化"，结果和归宿是入"境"。

（二）"化境"的实质

基于翻译范畴的划分和全译的最新定义，结合"化"的源流考证和钱氏自解，赋予"化"以新的译学内涵，论述"化"体现为全译本质的五大特征：全译最高标准与最高理想的通约、全译目的与手段的统一、全译主体与客体的融合、原文保真与译文求美的结晶、原文和译文艺术价值的再现。

（三）全译求化原则

结合全译极似律的内涵界定（极似、胜似）和结构层次（形似、意似、神似），论证全译求化的三位一体原则，即：语用价值优先准则、语里意义次之准则、语表形式第三准则。

（四）全译求化过程

阐述语际转化是全译的轴心环节，求化是转化的核心和精髓，并基于钱氏自解，论证全译求化的过程：引"诱"（目的）——做"媒"（功能）——避"讹"（手段）——求"化"（操作）——入"境"（结果）——打"通"（理想）。

（五）全译求化机制

借助自建的钱锺书作品全译语料库和其他开放的大型翻译语料库，建构以全译事实为依据、求化原则为指导、求化过程为核心的全译求化机制，包括 7 种单一机制（等化、繁化、简化、移化、换化、分化、合化），5 类 57 种组合机制（15 种二合机制、20 种三合机制、15 种四合机制、6 种五合机制、1 种六合机制），并进行译例分析、语料统计和实践验证。

四、研究价值

本书旨在对"化境说"进行系统的理论阐述和细致的实践验证，具有较高的学术价值和应用价值。

（一）学术价值

1.发扬光大中国传统译论

通过对"化"的文字学、哲学、美学和翻译学的考察，赋予"化"的翻译学新解，明确"化境"的核心和精髓是"化"，论述"化"体现为全译本质的五大特征，将"化境说"中玄妙高深的形而上之"化"解析和下移为易操作、能验证的形而下之求化机制，是对以往"化境说"研究中"以钱解钱"、就"化"论"化"的较大突破，创新翻译家译论与译艺的互动研究，丰富钱锺书"化境"翻译思想，发扬光大中国优秀的传统译论。

2.明确全译研究的对象和核心

全译的研究对象包括主体、客体、行为、方式、工具、结果等，其中行为是中轴，串联主体和客体，关涉方式、工具和结果。在全译行为微观过程的原语理解、语际转化、译语表达这三个阶段中，语际转化是中枢阶段，求化是转化的核心和精髓，该"化"与哲学之"化"的内涵相通，与钱锺书"化境说"中的"化"相契合，是原文内容渐化、译文形式化生的量变过程，求化的关键在于建构求化机制体系。由此可见，求化是全译研究的主体和核心。

3.推动全译的理论建设和学科建构

对过往全译研究中涉及的转换方法和技巧进行理性提升和哲学思考，吸收"化境说"已有研究和语料库翻译学的最新成果，采取跨学科、多视角、多层面、多维度的研究路径，聚焦全译求化研究中规律、原则、过程、机制四位一体的核心问题，将推动以求化为核心、入境为结果的全译理论建设和学科建构。

4.提供翻译（学）方法论指导

综合运用语料库研制与统计、文本对比、译例正误分析和实证研究等方法，自建的钱锺书作品全译语料库既是对现有全译语料库的扩容，也为钱锺书译论与译艺研究提供第一手语料，兼顾定量统计与定性分析，平衡静态研究与动态考察，还可挖掘翻译家研究、语料库翻译研究、中华文化走出去策略研究等领域的新课题。在翻译研究出现文化转向和社会学转向以及语料库翻译研究时兴的当下，回归翻译本体研究和翻译家研究，具有翻译（学）方法论的指导意义。

（二）应用价值

1.服务全译实践、教学与批评

全书建构的全译求化机制，以丰富的全译事实为依据，以全译求化原则为指导,以求化过程为核心,源于实践又反作用于实践,将为全译实践、教学和批评提供丰富优质、具体可感的实例,确保全译实践有法可效,全译教学有章可循,全译批评有据可依,译才培养有的放矢。

2.推动语料库建设和应用翻译研究

通过穷尽调查研制而成的钱锺书作品全译语料库,是对钱锺书翻译实践(以外汉翻译为主)和钱锺书作品英译的荟萃,是对翻译家兼作家的翻译语料库的有益补充,将带动钱锺书创作与翻译对比语料库的研制和开发,助推钱锺书翻译实践及其作品外译实践的研究,助力作家兼翻译(理论)家创作与翻译的互动研究。

3.突破机器翻译的瓶颈

在智能化的大数据时代,以词典和规则库构成知识源的机器翻译逐渐显示其局限性,而以经过划分和标注的语料库构成知识源的机器翻译异军突起。本书建构的全译求化机制以小句为中枢单位,以词素、单词、短语、复句、句群、语篇为脉络单位,有助于解决机器翻译中局限于单词和短语转化时面临的瓶颈问题,充分利用语料库翻译学和翻译技术的最新成果,为跨文化传播和人机交流提供语言翻译服务。

第二章　全译"化境"实质论

全译过程涉及宏观、中观、微观三个层面:宏观过程包括语际对比、思维转换和文化交流;中观过程包括译前准备、译中操作和译后校对;微观过程作为具体的翻译操作过程,分为原语理解、语际转化和译语表达三个阶段,其中,原语理解是前提,语际转化是轴心,译语表达是结果。笔者通过对"化境"的源流考证可知,"化境"是求"化"行为和入"化"境界的有机融合,核心和精髓是求"化",结果和归宿是入"境"。"化"包含并行分训的两种含义:作为名词,"化"是译文追求的最高境界和达到的最高标准;作为动词,"化"是译者为消除语际内容和形式之间的"一意多言"式矛盾,而进行的一系列得原文之意、存原文之味、成译文之形的双语转换行为,最大特征是去痕存味、变量保质。

第一节　全译属性

全译作为一个翻译范畴,旨在追求译文与原文的信息极似,化解译文与原文内容与形式之间的矛盾,作为其核心与精髓的"化"与哲学之"化"的实质相同,是原文内容渐化、译文形式化生的量变过程。

一、全译定义的演变

"全译"作为翻译学术语,经历了一个细致严谨的考察过程,逐渐形成了较为科学、完整的定义。"全译"一词最早见于《贞元新定释教目录》:"于归圣寺译智仙笔受此五卷金光明经非是全译,但于昙无谶四卷经中续寿量大辩二品今在删繁录"[①],意为"全部翻译"。黄忠廉将全译与变译确立为翻译的两个基本范畴,不断探究二者的内涵和外延,逼近对全译、变译和翻译的

---

① 爱如生中国基本古籍库,网址:http://dh.ersjk.com/spring/front/read,检索时间:2018年12月1日。

准确、完整认识。他(黄忠廉,2000:224)起初认为全译是"力求保全原文信息,不对原作内容与形式进行根本性改造的翻译",随后将其界定为"译者将原语文化信息转换成译语文化信息以求得风格极似的思维活动和语际活动"(黄忠廉,李亚舒,2004:3)。他(黄忠廉,2010)后来从哲学高度俯视翻译本质,认为翻译的"变""化"观包括以变通为核心的变译观和以转化为核心的全译观,借助对翻译的义素分析,将全译定义修改为"人或/和机器用乙语转化甲语文化信息以求信息量极似的智能活动和符际活动"(繁式定义)、"译者用译语转化原作以求信息量极似的翻译活动"(简式定义)(黄忠廉,2012)。黄忠廉、袁湘生(2017)进一步探索翻译观,将"全译"再次定义为"人或/和机器通过对、增、减、移、换、分、合七大策略用乙符转化甲符文化信息以求信息量极似的智能活动和符际活动"。这是截至目前对"全译"的最新定义,在全译行为的主体、策略、属性、手段、目的、类属和范畴等七个方面,对旧定义进行了修订和完善,体现了译界学人对翻译、全译和变译更加深入全面且与时俱进的认识。

（一）拓展了全译主体的范围

由旧定义可知,作为全译行为主体的"译者",通常指会语言、能思维、善创造的人,基本上没有包括人类智力延伸的机器。最新定义将"译者"改为"人或/和机器",表述严谨,思考周全,吸纳了译学研究的新成果,符合机器也是全译主体的客观事实,也引起人们高度重视当下如火如荼的机器翻译和人工智能。这一修订清楚表明,全译行为的主体分为三类:人、机器、人和机器;全译据此可分为相应的三种类型:人工全译、机器全译、人机全译(包括人助机译、机助人译、机译人校等)。

（二）提出了全译操作的七种策略

以往定义只是笼统地提出对原语/甲语进行转换,并没有明确提出如何转换,而最新定义提出了全译操作的七种策略,即对、增、减、移、换、分、合,为随后确立包括策略、方法、技巧在内的全译方法论体系打下了基础。

（三）规定了全译行为的属性

最新定义将旧定义中的关键词"转换"改为"转化",主要是考虑到转化包括转换和求化,转换是手段和过程,求化是转换的目的和结果,转换成功即达到求化目的。语际转换是全译过程的轴心环节,求化是语际转换的核心,这就明确了求化是全译的本质属性,并上升到哲学高度来俯察全译之

"化"的量变过程和状态,以便更加准确、客观、全面地认识包括全译在内的翻译行为的本质。

(四)划分了全译行为的手段

旧定义将全译行为的手段笼统表述为"文化信息",最新定义将"文化信息"细分为"符号"和"文化"。"符号"是全译行为的工具,即甲乙两种符号,分别是全译行为的起点和终点,"文化"是全译行为的客体即实施对象,是符号所反映或表达的内容,比"原作"概念的内涵更加明晰和精准。将全译行为的手段划分为工具(甲乙两种符号)和对象(文化信息),可以避免中外译学界对翻译定义和分类的长久困惑。雅各布森(Roman Jacobson)提出的"翻译三分法"即语内翻译、语际翻译和符际翻译是有问题的,因为所有翻译行为实际上都是符号翻译,而语言是其中最常见、最普遍、最熟悉的符号,还有代码符号、音乐符号、数学符号、化学符号、交通标志符号等。因此,就符号的种类划分而言,翻译还是应该采取二分法:符内翻译(同种符号内部的翻译,最常见的是语言符号的翻译,包括语内翻译和语际翻译)和符际翻译(不同种类符号之间的翻译)。

(五)明确了全译行为的目的

最新定义将旧定义中的"以求得风格极似"改为"以求信息量极似",明确了全译行为的目的。风格是内容与形式的有机统一体,风格似是在意似和形似基础上的高度统一,意似是核心和内容,形似是外在和手段。双语读者可以简洁、直观地把握译文与原文的形似,也可理解、意会译文跟原文的意似,但短时间内难以理性捕捉二者之间的风格似。最新定义将"风格极似"改为"信息量极似",亦即意似,符合人类认识从感性走向理性的客观规律。如果进一步将"以求信息量极似"(即数量或形式)改为"以求信息极似"(即质量或内容),就能更加真实地反映全译行为的变量保质的实质内涵。

(六)扩大了全译行为的类属

旧定义将全译的范畴归为思维活动和语言/语际活动,意在突出人作为译者在翻译史上的贡献,而忽视了在科技飞速发展的大数据时代,机器也是部分译者的事实,因为至少在可预见的将来,思维活动只是限于人类自身,而"智能活动"这一概念可以囊括人及其智力延伸的机器所从事的活动,即人工智能活动。翻译行为不仅仅处理语言符号,还处理各种非语言符号,如:歌曲翻译包括音乐符号、语言符号、标点符号的变化(杨晓静,2012),口译还要处理声音、表情、图像等多模态符号,机器翻译、人机对话、人工智能处理的非语言符号可能更加繁杂。因此,最新定义中的"符际活动"扩大了翻译(包括全译)行为的类属,更贴近翻译行为的本真。

(七) 克服了循环定义的毛病

旧定义中的几个词,如"译者""原语""译语""原作""翻译",本身就包含或隐含"译"字,在没有界定"译为何"的情况下去定义"翻译"或"全译",犯了循环定义的毛病,也是不科学、不准确的定义。最新定义将这些词分别替换为"人或/和机器""甲符""乙符"(再次强调"符号"),避免了以"译"解"译",对翻译、全译的内涵获得了更加准确、全面、科学的认识。

二、全译行为的特征

根据全译的最新定义,采取"属加种差"的逻辑定义方法,可对其名词模式和动词模式进行义素分析:

{全译}(名词)＝[人或/和机器(属性$_1$)、用乙符(属性$_2$)、对、增、减、移、换、分、合(属性$_3$)、转化(属性$_4$)、甲符文化(属性$_5$)、求信息量极似(属性$_6$)、智能活动和符际活动(类属)]

{全译}(动词)＝[人或/和机器(主体)、用乙符(方式/工具)、对、增、减、移、换、分、合(策略)、转化(动作)、甲符文化(客体)、求信息量极似(目的)、智能活动和符际活动(结果)]

将名词模式和动词模式合并,得出"全译"概念的义素分析(见表 2-1)。

表 2-1 "全译"概念的义素分析

概念＼义素	属性$_1$(主体)	属性$_2$(方式/工具)	属性$_3$(策略)	属性$_4$(动作)	属性$_5$(客体)	属性$_6$(目的)	结果(类属)
全译	人或/和机器	乙符	对、增、减、移、换、分、合	转化	甲符文化	求信息量极似	智能活动和符际活动

由此可见,全译行为的主要特征体现在以下四个方面:①全译是目的性行为:直接目的是追求甲乙两种符号表达的信息极似,终极目的是实现符号壁垒的凿通和人类文化的互文;②全译的轴心是转化:全译忠实传递原符反映的文化信息,完整再现原符具备的艺术价值,在符号形式(表)和文化内容(里)不能兼得的情况下,通过改变符号的微观形式来化解表里矛盾;③全译的手段是两种符号和文化信息:化解甲乙两种符号(尤其是两种语言符号)之间的"一对多"矛盾,求得文化信息的"极似";④全译行为采取七种策略,

即对、增、减、移、换、分、合,既可单独操作,也可组合使用,还可进一步细分,构成包含不同层级的方法论体系。

为了便于论述,全书将"符号"封闭在"语言符号"的范围之内,侧重探讨全译如何化解汉英双语文本之间的表里矛盾。全译求极似,求似就必须化解矛盾,渐化原文内容,化生译文形式。该"化"是否就是钱锺书"化境说"中的"化"? 与哲学中的"化"有何内在联系? 下文试图做出考察和探索。

第二节　"化境"探源

"化境说"作为钱锺书翻译(实为全译①)思想的集大成,经历了从实践摸索到理论思考再回到实践检验的循环往复过程,汲取了古今中外翻译学、哲学、文艺学、诗学、美学、心理学等诸多领域的思想精华。从众多文评、文论、书论、画论中发现,"化境"作为一个美学术语,是指文艺创作达到的"出神入化"的境界,是钱锺书本人揭示的翻译所向往的最高境界(钱锺书,2002a:17),亦即他指出"席勒论艺术高境所谓内容尽化为形式而已"(钱锺书,1984:334),包括求"化"和入"境"两个密切相关的方面。"化""境"不可分割:"化"为实,重在过程;"境"为虚,强调结果。为了刨根问底,有必要对二者分别进行考察。"化"之钱氏自解跟"化"之文字学原解、哲学通解、美学专解是一脉通连、彼此呼应的,体现为全译艺术的机制和过程;"境"源于文论、书论、画论中的"境""意境"或"境界",是全译求"化"艺术的结果和升华。"化境说"的核心和精髓是"化":化解矛盾创译文,出神入化进高境。很多"化"论实际上包括"化境"。全译"化境"的过程可概括为:引"诱"(目的)——做"媒"(功能)——避"讹"(手段)——求"化"(操作)——入"境"(结果)——打"通"(理想)。

一、"化"之探

正确领会和理解"化",是领悟钱氏"化境说"的内涵与实质的先决条件,因此有必要探究"化"在文字学、哲学、美学、翻译学中的相关解释。

(一)"化"之文字学原解

"化"的今字由秦代篆书转写而来,最早见于商周时代的甲骨文。笔者

---

① 根据本章第一节对于翻译的范畴划分,钱氏所指的文学翻译实际上就是文学全译,因此下文提到或引用的"翻译"实为"全译"。

在考察《尚书》《诗经》《左传》《孟子》《荀子》《史记》等古代典籍之后发现："化"在早期文献中大多单独成词,后来与其他字组成"变化""教化""神化""化育""化气"等词,从而引申出一系列含义。

许慎(1963:168)认为"七""化"是两个同声同切不同义的字:"七,变也。从到人。凡七之属皆从七。呼跨切";"化,教行也。从七从人。七亦声,呼跨切。"段玉裁(1981:384)注:"凡变七当作七,教化当作化,许氏之字指也。今变七字尽作化,化行而七废矣。按,虞荀注《易》分别天变地化、阳变阴化,析言之也;许以七释变者,浑言之也。""教行于上,则化成于下。……上七之,而下从七,谓之化。化篆不入人部而入七部者,不主谓七于人者,主谓七人者也。今以化为变七字矣。"许慎的释义和段玉裁的注疏基本上确定了"化"的本义为"教化",但徐灏(1992:148)认为"七"的本义为"化生":"七化古今字,相承增偏旁,非有二义。段氏强分之耳……胎孕不可见,故象其初生也,因之化训为生。周官柞氏曰:'若欲其化也。'《乐记》曰:'和故百物皆化。'郑注:'化犹生也,引申为造化、教化之称。'"

纵观"化"在《尔雅》《方言》《释名》《玉篇》《字汇》《康熙字典》等辞书中的释义,可概括它在古代汉语中的词义变迁过程(见图2-1)。

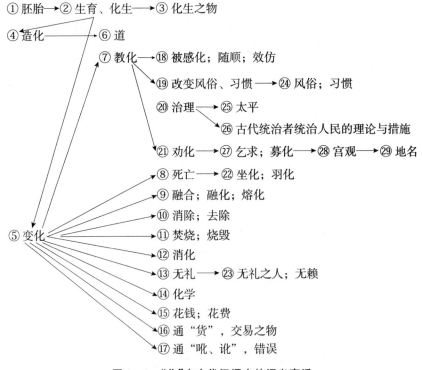

图2-1　"化"在古代汉语中的词义变迁

　　"化"由古代汉语中的单音节动词演化为现代汉语中的双音节动词或名词,进一步语法化为现代汉语中的一个高产词缀,这是由语言接触、语言的经济性原则、语言使用心理、现代汉语双音化趋势等多种因素综合造成的。"化"在词义变迁的过程中,"胚胎"本义及其他义项逐渐减少甚至消失,"变化"基本义及其引申义逐渐成为主流。"化"在《现代汉语词典》(第7版)中有两个条目,"化"(huā 同"花²",用作动词,意为"用")和"化"(huà),后者分为同形同音不同义的两个条目。"化"¹(huà)用作动词,有6个义项:①变化;使变化;②感化;③熔化;融化;溶化;④消化;消除;⑤烧化;⑥(僧道)死,还用作动词后缀,表示转变成某种性质或状态。"化¹"用作名词,有两个义项:⑧指化学;⑨用作姓。"化"²(huà)用作动词,表示"(僧道)向人求布施"。由此可见,"化"无论是作为单词还是词缀,无论经历何种语义变迁,都离不开"变化"这个基本含义,跨越时空距离,打破学科界限,沿用至今。

(二)"化"之哲学通解

　　中国哲学家最初分别探究变、化的含义,后来对变化进行整体考察,再阐述变、化作为对偶范畴的内涵及其关系,逐渐将它们与质变和量变的内涵相联系,进一步确立为中国哲学范畴史中的一对重要中介范畴(张立文,1988:423)。

　　殷周之际,人们对变、化有一些片段论述,并未形成明确概念或对偶范畴,而且"变""化"互训(这种认识一直延续至今)。"变""化""变化"在《尚书》《周易》《春秋》《诗经》中分别出现39次、20次、10次:"变"意为"改变",如"黎民于变时雍"(蔡沈,1985:1);"化"主要意为"教化",如"日月丽乎天,百谷草木丽乎土,重明以丽乎正,乃化成天下"(陈鼓应、赵建伟,2005:280);"变化"合用见于《周易》,跟现今的"变化"意义相同,如"乾道变化,各正性命"(陈鼓应、赵建伟,2005:6)。春秋时期,变、化开始作为单一概念使用,总体使用情况是"变"多于"化",《论语》中有"变"(7次)无"化",《老子》中有"化"(3次)无"变",开始出现"神化""转化""自化"等词,"变化"在《墨子》和《孙子》中分别出现1次。

　　战国时期,变、化开始由概念成为范畴,使用频率大致相同,但内涵差异逐渐明显。《中庸》分析由变到化的运动过程:"……曲能有诚。诚则形,形则著,著则明,明则动,动则变,变则化。唯天下至诚为能化。"(朱熹,1985:12)《周易》以清晰的语言论述了变化范畴,从对偶意义上对变、化的内涵做出相关规定,认为"化"有"生成、化生"的含义:"天地缊缊,万物化醇;男女构精,万物化生"(来知德,1990:442),将化、变与道、器相联系,阐述了化、变之间的关系:"是故形而上者谓之道,形而下者谓之器。化而裁之谓之变,推而行之谓之通,举而错之天下之民谓之事业。"(来知德,1990:420)这成为中国哲学中有关化通与变通思想的滥觞。《荀子》明确区分了变、化的内涵:"状同而为异所者,虽可合,谓之二实。状变而实无别而为异者,谓之化。有化而无别,谓之一实。"(王先谦,1988:420)《庄子》将"化"确立为道家的重要哲学范畴,并提出"物化"概念:"不知周之梦为蝴蝶与?蝴蝶之梦为周与?周与蝴蝶,则必有分矣。此之谓物化。"(王夫之,1964:29)《庄子》还提出"化生"与"化死"(如"已化而生,又化而死")、"化"与"不化"、"外化"与"内化"等对偶概念,蕴含万物化生、物我同化、万物自化、化生化死等哲学思想。《庄子》也指出变、化的程度差异,认为死生即失去生命之"变"是大变,蕴含质变之意,事物之"化"仍不离根本,蕴含不改变其宗的量变之意,即:"死生亦大矣,而不得与之变。虽天地覆坠,亦将不与之遗。审乎无假而不与物迁,命物之化而守其宗也。"(王夫之,1964:48)这种区分为后世提出质变、量变奠定了基础。《列子》对"化"做了界定:"有生不生,有化不化。不生者能生生,不化者能化化。生者不能不生,化者不能不化,故常生常化。常生常化者,无时不生,无时不化。"(杨伯峻,1979:2)《列子》还对变、化的关系做了解释:"造化之所始,阴阳之所变者,谓之生,谓之死。穷数达变,因形移易者,谓之化,谓之幻。"(杨伯峻,1979:99)《管子》将"化"作为七法之一,界定为"渐也,顺也,靡也,久也,服也,习也,谓之化"(李山,2009:58),既对"变""化"区别对待,将"化"与"神"、"变"与"智"相联系:"一物能化谓之神,一事能变谓之智"(李山,2009:265),又将二者合成单一概念"变化",如:"过在自用,罪在变化。"(李山,2009:194)

两汉至隋唐,人们对变、化范畴的内涵获得更清晰的认识。《黄帝内经》论述了事物发生发展的规律:"物生谓之化,物极谓之变";"夫物之生从于化,物之极由乎变。变化之相薄,成败之所由也。"(王冰,1963:361,398)这种认识已经蕴含事物的质变和量变之别。《淮南子》从形神、礼法、世时、习俗等方面论证变、化的关系,丰富了其内涵:"故形有摩而神未尝化者,以不化应化,千变万抮而未始有极。化者复归于无形也,不化者与天地俱生也";"故圣人法与时变,礼与俗化。……故变古未可非,而循俗未足多也。"(刘文典,1989:231,427)董仲舒(1997:192)在《春秋繁露》中提出"圣化""化民""入化"等概念,指出"化"含有"生"之意:"天覆育万物,既化而生之,有养而成之。"阮籍(1991:81)从生死、乾坤、男女、刚柔、祸福、阴阳、天地等角度对变、化范畴进行立论,认为阴阳之化和天地之变是不易不移的:"故能与阴阳化而不易,从天地变而不移。"孔颖达(1999:8)在注疏《周易正义》时对变、化范畴做出新的阐释:"'变'谓后来改前,以渐移改,谓之变也。'化'谓一有一无,忽然而改,谓之为化。言乾之为道,使物渐变者,使物卒化者,各能正定物之性命。"这里包含"化"为渐变、卒化的观点。《化书》从社会历史逻辑发展中观察变化迁流,从事物的化与被化的相互作用和辩证意义中讨论变化的对立与联系,进而论证了"化"的精神实质,进一步指出:世界时刻都在变化之中,万物由虚化生,又化为虚,提出并逐一论证了六种"化",即道化、术化、德化、仁化、食化、俭化。(谭峭,1996)这些哲学思想将化、变分别与事物的量变、质变相联系,认为化是一种形变实同的渐化状态,变是渐化、连续性的裁节。

　　宋明清时期,由于科技进步和观念更新,人们对变、化的内涵及其关系产生新的认识。张载(1978:70)继承了《周易》中的变、化思想,概括了二者的本质特征:"变,言其著;化,言其渐",并指出二者之间的区别和联系:一方面,化是一种不知不觉、看不见的渐化形式,是一种变化形式,即"化,事之变也"(1978:218),变是连续性的渐化被裁断,即"约裁其化而指别之,则名体各殊,故谓之变"(1978:207);另一方面,渐化是突变的准备,著变是渐化的必然发展,二者有时互相转化,即"'变则化',由粗入精也,'化而裁之谓之变',以著显微也"(1978:208)。朱熹提出"渐化""顿变"概念,将"化"规定为三种含义:"化是逐旋不觉化将去";"然阳化为柔,只恁地消缩去,无痕迹,故曰化";"化是自阳之阴,渐渐消磨将去,故谓之化。"(黎靖德,1997:1685,1693,1694)朱熹将事物的变化与动静、有无范畴相联系。一方面,他(黎靖德,1997:1694)指出变、化既互相区别、对待:"'变化'相对说,则变是长,化是消";"变是自无而有,化是自有而无"。另一方面,他又阐明二者互相联系、转化,形成一个循环往复的运动过程:"变者,化之渐;化者,变之成";"刚化为柔,柔变为刚";"刚柔相推而生变化,变化之极复为刚柔"。(同上)王夫之(1975:66-67)吸收前人思想的精华,将变、化的关系概括为两种含义:"变者,自我变之,有迹为粗;化者,推行有渐而物自化,不可知为精,此一义也";"化之所自裁,存乎变易不测,不失其常之神。化见于物,著也。裁之者存乎己,微也,此又一义也"。他(王夫之,1975:67)借用"体用"范畴,进一步规定变、化的关系:"变者,化之体;化之体,神也",还将变化范畴与形质范畴联系起来,注意到事物从渐化到顿变的运动过程中存在部分质变和根本性质变。

　　总之,在中国哲学的发展演进过程中,"变""化"源于辞书释义,经过人们的日常观察和历代学人的哲学思辨,由两个单一概念演变为一对对偶范畴,逐渐与质变、量变的内涵相接近,成为联系道器、有无、动静的一对重要中介范畴。"化"是一种形变实存的运动,是一种细微、缓慢、不易察觉的量变形式和状态,是事物在度的范围内的延续和渐化,是事物自有而无、自动而静的运动过程和结果,表现为事物运动中统一、平衡和静止等状态(余承法、黄忠廉,2006)。

(三)"化"之美学专解

"化"由"胚胎"本义引申为"变化""化生""物化"等其他含义,构成中国文学艺术的一个独有审美范畴。庄子提出"物化"的美学思想,强调人作为主体的"物化"以及物作为客体的"人化"的高度统一。明清之后的文评家大多将"化"与"境""意境""境界"相联系,揭示"化境"作为文艺创作的最高境界,涵盖四个方面的要素:主体修炼具备的德、才、学、识等创作素养;主体排除外部干扰,处于一种虚静的创作心态;主客之间物我相融、浑然一体的创作状态;作品在上述创作心态和状态下所达到的"天人合一"境界。

1.文艺之"化"的诠释

历代诗家、文论家进一步阐发庄子的"物化"思想,将哲学之"化"引入具有审美特质的美学范畴,诚如有人所言:"几乎所有的理学家都用'化'来概括'天人合一'过程的性质及所达到的境界。"(陈望衡,1998)严羽在阐释诗学理论时没有直接用"化",但他多次提出的"羚羊挂角,无迹可求"(1983:26)是对"化"之哲学内涵的美学诠释,"言有尽而意无穷"(1983:26)是对庄子"得意忘言"的进一步发挥。李贽(2000:90)提出了"化工"和"画工"的文艺标准:"夫所谓画工者,以其能夺天地之化工,而其孰知天地之无工乎?……要知造化无工,虽有神圣,亦不能识知化工之所在,而其谁能得之? 由此观之,画工虽巧,已落二义矣。"许学夷(1987:47)提出了"化境"概念:"初唐五言律,……体就浑圆,语就活泼,乃渐入化境矣。"胡应麟将"化境"视为诗歌的最高审美境界,丰富了"化"的美学内涵:"化"用作动词,指创作阶段中对"法""悟"的继承、超越和升华,以文本形式直接运用到创作中,着重分析了杜甫在字法、句法、篇章等层级的入"化";"化"用作名词,指审美阶段"出神入化"的境界,通过字、词、句、篇体现出来。(胡应麟,1979:90-91)贺贻孙(1983:137)在《诗筏》中提到"化"25次、"化境"5次,认为"化"的外显特征是"清空",内在特性是"无厚",即"不得以字句论,不可以迹象求"。金圣叹(2003:251)"三境说"中心之所不至,手亦所不至"的"化境"相当于李贽的"化工",是一种心手两忘、物我同化、浑然一体、了无痕迹的境界。

2.书画之"化"的诠释

书画之"化"起源于《周易》中"天地绷缊,万物化醇"的艺术本体论,发展于庄子"物化"的审美主客论、宋元时期"身与竹化"的艺术创作论,兴盛于明清时期"笔镕墨化"的创作过程论,最终达至"化境"的审美标准论,贯穿于以"化"为核心的艺术审美追求,是书画家彻悟创作规律、熟用创作技巧而进入的一种虚静澄明的审美创造状态,是实现艺术、人生、宇宙和谐统一的理想追求。唐代文学家符载(1986:20)论述了绘画中的"物化"境界:"当其有事,已知夫遗去机巧,意冥玄化,而物在灵府,不在耳目。故得于心,应于手,孤姿绝状,触毫而出,气交冲漠,与神为徒。"后来人们以"化境"作为书画创作的圭臬。明代书画家董其昌(2009:394)指出:"书道只在'巧妙'二字,拙则直率而无化境矣。"张大千认为:"一个成功的画家,画的技能已达到化境,也就没有固定的画法能够约束他、限制他。"(引自曹大铁、包立民,1990:264)因此,入"化"作品固然离不开书画家的禀赋,但更需要长期不懈的艺术熏陶。

总之,中国历代诗家、文评家、书法家、画家将"化"论融入"意境""境界"等理论,提出诗歌、小说、绘画、书法艺术中的"化工说""化境论",强调创作主体如何经过长期的艺术锤炼,才能达到炉火纯青、出神入化的地步,实现天地与我俱生、心手物融合的审美创作佳境。

(四)"化"之钱氏自解

钱锺书从许慎对翻译的训诂出发,对"化"进行文字学解释,将其标举为文学翻译的最高理想,从而将"化"移植为译学范畴。他既提出"化"论,又实践"化"艺,使得"化境说"成为其翻译思想的集大成,在中国译学理论建设中一直发挥重要作用。

1."化"的内涵
钱氏对"化"的界定如下:

> 文学翻译的最高理想可以说是"化"。把作品从一国文字转变成另一国文字,既能不因语文习惯的差异而露出生硬牵强的痕迹,又能完全保存原作的风味,那就算得入于"化境"。十七世纪一个英国人赞美这种造诣高的翻译,比为原作的"投胎转世"(the transmigration of souls),躯体换了一个,而精魂依然故我。换句话说,译本对原作应该忠实得以至于读起来不像译本,因为作品在原文里决不会读起来像经过翻译出的东西。(钱锺书,2002a:77)

这段180余字的论述,意蕴深长地道破了翻译之"化"的基本内涵:去痕、存味,旨在消除因两种语言文化的差异导致的翻译痕迹,同时保存原文的精魂或风味。"去""存"二字正好对应"化"的"变化""化生"义,表明"化"
是一种易与不易共存、得与失兼备的量变过程(余承法、黄忠廉,2006)。钱
氏提到"把作品从一国文字转变成另一国文字"时,采用"化"的有形变化义:
"躯体换了一个",是指语言文字的交换,语言形式的数量改变;在谈到入于
"化境"时,采用"化"的无形变化义:"完全保存原作的风味""精魂依然故
我",指保留原文语义内容,再现其价值。他(钱锺书,1986:472)引用荀子对
"化"的定义:"状变而实无别而为异者,谓之'化'",并从形、神的关系进一步
诠释"化":"盖状变形改之'化',是处即有,夫人尽睹。……流俗之所共谈,
初无待儒家、道家之深识创见;且金就形论形,亦未尝思出其位,傍及于形与
神之离合也。"(同上)钱氏(1986:473)将"化"移植到翻译学领域,指译文对
原文的变形存实、变量保质,即"'形体变化'(metamorphosis)与'转世轮回'
(metempsychosis)通为一谈"。译者通过与作者的智力融合,对原文进行语
形改变和语义迁移,创生与原文极似的译文。钱氏意识到"化"的"并行分
训",挖掘了哲学之"化"的精髓,感受到文艺之"化"的魅力,赋予了"化"新的
译学内涵,从而完成了"化"的范畴移植和概念转换,拓展其疆域。

2.求"化"方法

钱氏既标举全译求"化"的最高境界,又明确提出两种求"化"方法:

> 就文体或风格而论,也许会有希莱尔马诃区分的两种翻译法,譬如
> 说:一种尽量"欧化",尽可能让外国作家安居不动,而引导我国读者走
> 向他们那里去,另一种尽量"汉化",尽可能让我国读者安居不动,而引
> 导外国作家走向咱们这儿来。(钱锺书,2002a:78)

钱氏将"欧化""汉化"移植为译学术语,"欧化"可与鲁迅的"洋化"比肩,"汉
化"跟他后来提出的"归化"是异曲同工①。这两个术语更加通俗易懂,更加
符合汉语的地道表达对中国 1980 年代大规模的外汉翻译实践有更强的针
对性。

纵观钱氏的文艺思想、文学创作和翻译实践,笔者发现这两种求"化"方
法体现了他兼容西方的"模写自然派"和"润饰自然派"。(1984:60－62)模
写派主张师法造化,以模写自然为主,"以为造化虽备众美,而不能全善全
美",因此"作者必加一番简择取舍之功(selective imitation)"(1984:60),

---

① 钱氏在《汉译第一首英语诗〈人生颂〉及有关二三事》(首次发表于香港杂志《抖擞》1982 年
第 1 期)中也用到"归化"一词。(钱锺书,2002a:138)。

"师造化之法,亦正如师古人,不外'拟议变化'耳"。钱锺书(1984:61)译艺中的"师法造化"即钱氏提出的"欧化""汉化",要求译者跟原文作者融合,真切感受作者的情感体验和真实意图,在再现其神情风格和传达原文意蕴的前提下,尽可能保留原文形式,消除生硬牵强的痕迹,引导读者走向作者及其作品,在欣赏作者"造化"之功的同时,也能体悟译者的求"化"之功,可谓"两全其美"。模写派并不是要求译者"亦步亦趋",而是要对作者及其作品的"模写"进行一番"简择取舍",应该有自己积极参与和大胆进取的意识,跟原文作者比肩甚至比赛,承担二度创作的重任,实现成功、有效的跨语言跨文化交际。

润饰派主张"润饰自然,工夺造化",如但丁所谓"造化若大匠制器,手战不能如意所出,须人代之斫范"。(钱锺书,1984:61)钱氏(1984:62)指出,"自然界无现成之美,只有资料,经艺术驱遣陶镕,方得佳观",因此"'天无功'而有待于'补'"。(同上)就译艺而言,"笔补造化"要求译者在准确理解和充分传达原文的前提下,尽可能遵守译语的思维模式和表达常规,采用译语读者喜闻乐见的语言形式,引导原文作者及其作品走向译文读者,帮助原文获得在译语世界的"来世"。"师法造化"是"笔补造化"的前提,自然"造化"又有待人艺"笔补",正如钱氏所言:"造化之秘,与心匠之运,沆瀣融会,无分彼此。"钱氏(2002a:101)提出"笔补造化"的翻译美学思想,强调译文胜似原文的可能性,即"译者运用'归宿语言'超过作者运用'出发语言'的本领,或译本在文笔上优于原作,都有可能性"。他(1984:373)同时肯定译者的主观能动性和艺术创造性:"译者驱使本国文字,其功夫或非作者驱使原文所能及,故译笔正无妨出原著头地。"译者基于丰富的译事经验,凭借长期的译艺素养,与作者感同身受,化生跟原文似而不是、和而不同的译文。

无论采取"欧化"还是"汉化",译文都需要忠实于作者、原文和读者,忠实于艺术再现,都要经历一场跨语言、跨文化、跨时空的艰辛历程,都要求译者具备高超的双语表达能力、出神入化的翻译艺术,既擅长"师法造化",又善于"笔补造化",并将这两种造艺之"化"植根于心、娴熟于手。唯有"学与术者,人事之法天,人定之胜天,人心之通天者也"(1984:60),才能创造"化境"译艺。

3.与"化"相关的三个概念

钱氏(2002a:77)标举的译艺之"化",与"译""诱""媒""讹"一脉通连、彼此呼应:"'译'就是'传四夷及鸟兽之语',好比'鸟媒'对'禽鸟'的引'诱','譌'、'讹'、'化'和'囮'是同一个字。"钱氏借此透视翻译所起的作用("诱"或"媒")、难于避免的毛病("讹")、向往的最高境界("化"),贯穿他矢志追求的"打通"理想,顺理成章地揭示文学翻译的全过程:引"诱"——做"媒"——

避"讹"——求"化"——入"境"——打"通"。因此,"诱""讹""化""通"构成了钱氏"化境说"的四大支柱,其中"化"是核心和精髓。

(1)媒/诱:翻译能起的作用

许慎(1963:259)将"媒"解释为"谋也,谋合二姓。从女某声"。段玉裁(1981:613)注:"虑难曰谋。《周礼·媒氏》注曰:'媒之言谋也,谋合异类使和成者。'"许慎(1963:189)在解释"媒"时提到"诱":"媒,相訹呼也。从厶从羑。诱,或从言秀。"段玉裁(1981:436-437)注:"秀,声也。《召南》曰:'有女怀春,吉士诱之。'传曰:'诱,道也。'按,道即导字。……郑曰:'诱,犹教也。'……'诱,犹道也,引也。'盖善恶皆得谓之诱。论二字之本义,牖训窗明,诱训相訹,固有不同,故媒必从厶。訹下曰'相評诱也',许意诱不必以正,似《板》传为正字,《野有死麕》传为假借字,恶无礼之《诗》必非訹诱之诱也。"

"媒""诱"二字的释义正好契合钱氏的论证:

> "媒"和"诱"当然说明了翻译在文化交流里所起的作用。它是个居间者或联络员,介绍大家去认识外国作品,引诱大家去爱好外国作品,仿佛做媒似的,使国与国之间缔结了"文学因缘",缔结了国与国之间惟一的较少反目、吵嘴、分手挥拳等危险的"因缘"。(钱锺书,2002a:79)

翻译的突出作用在于"媒",即联姻两种语言文化,在于"诱",即教也,道也,引也,而"教""引"是"化"的引申义,因而"译"与"媒""诱""化"一脉通连、彼此呼应。翻译是人类文明交流最基本、最重要的一种方式:"最基本"表现在用于表达"衣服食用之具"等形而下的"文明事物","最重要"表现在用于表达"文、学、言、论"等"文化事物"(钱锺书,1986:331)。因此翻译的"媒"或"诱",不仅体现在衣食住行等物质财富的交流方面,也体现在文字文学文化等精神财富的传承传播方面。在原文作者与译者之间、译者与译文受众之间、原文与译文的受众之间、两个国家和民族之间、原语世界与译语世界之间,因翻译而联姻,打破时空界限,跨越障碍藩篱,帮助人类文化遗产继承和传播,助力人类文明的延续和发展。翻译的初衷是为译语受众省时省力,让他们借助翻译而不必学习外文、阅读原作,结果却"挑动了有些人的好奇心,惹得他们对原作无限向往……他们总觉得读翻译像隔雾赏花,不比读原作那么情景真切"(钱锺书,2002a:79)。

凡事都有正反之分,翻译之"诱"有正负之别。一方面,翻译发挥正"诱"作用:"好译本的作用是消灭自己;它把我们向原作过渡,而我们读到了原作,马上掷开了译本。"(同上)好译本作为"媒",引"诱"译文读者学习原文语言,了解原语文化,进入原语世界,最终"诱"导两种语言文字文学文化之间的互相了解、印证和补充,共同推进人类文明的传承与创新。好译本对于这部分作者和读者所起的作用虽然暂时告一段落,但马上开始下一个阶段的文字之交、文学之传和文化之旅。另一方面,翻译也有负"诱"作用:"坏翻译会发生一种消灭原作的功效";"替作者拒绝读者";"不是居间,而是离间,摧毁了读者进一步和原作直接联系的可能性,扫尽读者的兴趣,同时也破坏原作的名誉"。(钱锺书,2002a:79-80)钱氏既激赏早期林译作品在中国文学史上发挥的正"诱"作用,又批评后期林译作品(尽管比较忠实)所起的"负诱"作用,既强调中外文学翻译史上正"诱"译作对推动不同国家和民族之间文学文化交流的巨大作用,也指出负"诱"译作构成的双重"反逆"——不仅没有缔结"文学因缘",反倒酿成了"冰雪因缘"。钱氏虽然没有明确指出译者如何才能趋利避害、扬正去负,但他(2002a:86)大加赞赏的早期林译作品可视为典范,他本人的译作就是最好的例证,他与译者共勉的金玉良言就是"正确认识翻译的性质,认真执行翻译的任务"。

(2)讹:翻译难于避免的毛病

钱氏之"化"包含两个层面:全译理想之"化"与全译实践之"讹"。造字上,"化"与"讹"同根同源,"化"加"(妄)言"即为"讹"。"讹"源于古汉字"譌",许慎(1963:56)将"譌"解释为"譌言也。从言为声。"段玉裁(1981:99)注:"疑当作伪言也。唐风'人之为言',定本作'伪言'。笺云:'讹,伪也。人以伪言相陷入。'按,为、伪、譌古同,通用。……今《小雅》作'讹'。《说文》无讹有吪,吪,动也。讹者,俗字。""讹"又通"吪",同"化"的"变化"义,而"讹"去掉虚假之"言"即为"化"。许慎(1963:129)对"囮"的解释:"囮,译也。从口、化。率鸟者系生鸟以来之,名曰囮。读若譌。五禾切。"

可见,"讹"又通"囮",是"译"之"失本"的应有之义,正如钱氏(1986:1263)所言:"故知'本'有非'失'不可者,此'本''不'失',便不成翻译。"

钱氏(2002a:78)将"讹"界定为"译文总有失真和走样的地方,在意义或口吻上违背或不很贴合原文",其原因在于三种必然客观存在的距离:"一国文字和另一国文字之间必然有距离,译者的理解和文风跟原作品的内容和形式之间也不会没有距离,而且译者的体会和自己的表达能力之间还时常有距离。""讹"是指译文对原文的不忠不信,包括意义失真、口吻走样、风格不合、价值偏离,一直受到译界诟病,钱氏对"讹"却持辩证态度。一方面,积极、创造性的"讹"包括译者对原文的"补充"和"润饰",不但没有失信于原文,反而是"一种更为特殊的创造性叛逆,因为有些误译往往反映了某一特定的个体(译者)或群体(民族)在接受或理解外来文化时所表现出来的特殊趋向"(谢天振,1999:14),更能曲尽其妙地传达作者的真实意图、增添原文的别样情趣。从翻译的角度讲,"讹"是译文对原文的"失本",是"译必失"的见证,这固然不足为训,但从修辞学或文章作法的观点来看,常常会使译笔出原著头地,更能吸引读者的兴趣。另一方面,消极的、误导性的"讹"包括译者不能解决疑难而加以回避的"任意删节"、不敢或不肯躲闪而强作解人的"胡乱猜测"(钱锺书,2002a:89),这种"讹"反映了译者对翻译不负责任的态度。仅以钱氏评析的林纾为例:他在前期译本里,对翻译的态度庄重热烈,感情真挚浓厚,对大多数译本都写有序、跋、按语、评语,还有他本人或别人题写的诗词,帮助阐发原文内容;在后期译本里,他开始变得随便、淡漠,将翻译当成"造币厂承应的一项买卖"和他的谋生手段。这种消极之"讹"必然误解作者、误导读者、误伤译者,导致"媒介物反成障碍物,中间人变为离间人。"(钱锺书,2002a:143)在当下的互联网大数据时代,随着翻译技术的异军突起,包括翻译在内的语言服务业的需求量巨大,鱼龙混杂的翻译公司、滥竽充数的译者比比皆是,不遵守翻译伦理,不注重翻译规范,不顾译文有无讹错,有翻译活就接,做翻译就依赖百度、谷歌或有道,其质量可想而知。问其故,有人则搬出钱氏"'讹'是翻译难于避免的毛病"作为挡箭牌。这可是对钱氏良苦用心的别有用心的误解和曲解!

"化"是全译的高级阶段,是翻译大师因难见巧、熟能生巧的结果,是普通译者不懈追求、终生向往的最高境界;消极之"讹"是全译的低级阶段,是习译者难以避免的毛病、合格译者必须扫除的路障,积极之"讹"是成熟译者妙手偶得的灵感创作,是别有洞天的"化"。因此,"化""讹"背出分训、相生相克,译文之"讹"因避妄言而求"化",译文因不"化"而出现误读、误解、误言之"讹",全译是一个不断避"讹"、求"化"、解决"一意多言"式矛盾的过程。

(3)通:翻译最终实现的理想目标

钱氏之"化"符合其"译即通"的翻译思想,更是为了实现其终生追求的"打通"理想。"译""通"密不可分,我国旧时有"通译"的说法,指"在语言互不相通的人谈话时做翻译"(用作动词)或"做通译工作的人"(用作名词)。我国多部典籍中都提到"译即通",如《礼记》:"五方之民,言语不通,嗜欲不同。达其志,通其欲;东方曰寄,南方曰象,西方曰狄鞮,北方曰译。"(见陈澔,1985:74)又如《论衡》:"四夷入诸夏,因译而通。同形均气,语不相晓,虽五帝三王,不能去译独晓四夷。"(王充,1974:66)钱氏(1986:540)在解释《周易·乾》中相关语句时认为:"……胡人之言,即外国语,非译莫解;而舌人既聋且哑,道心之路榛塞,得意之缘圮绝。徒居象寄狄鞮鞻之名,全失通欲达志之用"。钱锺书(1986:1263)进而指出,"夫'译'一名'通事',尤以'通'为职志"。(同上)他在解读道安时指出:"正因人不通异域之言,当达之使晓会而已";"'关'如'交关'之'关','通'也,'传'如'传命'之'传',达也"。

《周易》将"变""化""通"的解释联系起来:"化而裁之谓之变,推而行之谓之通"(来知德,1990:422),"通"的文字学解释即"通,达也"。钱氏对"达"做了艺术美学的解释:"'不隔'的正面就是'达',严复(2002b:111)《天演论·绪例》所谓'信达雅'的'达',翻译学里'达'的标准推广到一切艺术便成了美学上所谓'传达'说(theory of communication)"。在他看来,"译"即"通","译"而求"化","化"而求"通","通"即"达","达"即"不隔"。罗新璋(1996:144-168)解读钱氏"化境说"时指出,"译事求通,译艺求化"。译者需要充分发挥翻译的正"诱"功能,避免消极之"讹"的毛病,确保译文"不隔""入化"的境界,凿通原文和译文两个语言文字系统的壁垒,联通原文和译文反映的两个语言文化世界,外汉翻译时"借照邻壁",汉外翻译时"还照邻壁",实现古今中西的打通、文字文学文化的打通、学科的打通、文学创作与学术研究的打通。

因此,钱氏意识到"化"与"译""诱""讹"之间一脉通连、彼此呼应,为了服务并践行自己终生追求的"打通"理想,将文字学、哲学、美学之"化"移植为译学范畴,并确立为"化境"翻译思想的核心和精髓。无论哲学、美学和译学范畴中的"化"经历何种语义变迁,其基本内涵都保持不变,即:事物的量变质保,创作过程中的物我同一和创作结果的出神入化,译文对原文的形变实存,都是事物原有内在规定性的延续,表现为译文跟原文在沟通语言文化、转换思维模式、联通国家和民族、跨越时空中保持统一、平衡和静止的状态。(余承法,2013:53)

二、"境"之寻

一直以来,学界对"境""境界""意境"之间的源流演变存在分歧。一般认为,"境"大于"意境",与"境界"相同(于德英,2009:32);有人认为"'境'论是'象'论的放大与加深"(陈竹、曾祖荫,2003:403-404);相当一部分人认为"境"是"意境"概念的源头。有人将"意境"视为中国古代文论和哲学美学的核心范畴,是受到王国维对"意境"概念的曲解,导致方法论的谬误和概念阐释的分歧与含混。(蒋寅,2007)

(一)"境"

"境,疆也。从土竟声。经典通用竟。"(段玉裁,1981:290)中土语言中,

"境"是一个地理空间概念(查正贤,2015),较早见于《国语》,本义为"疆域、疆界",如"臣入晋境,四者不失"(徐元诰,2002:37),引申为"地方、区域",如"梁险而在北境,惧子孙之有二者也"(徐元诰,2002:528),进一步引申为"境地、处境",如"定乎内外之分,辩乎荣辱之境"(王夫之,1964:4)。"境"作为诗学术语始于唐朝,通常认为受到佛学的启发,由原先指称的外在之物,用来表达人物内心的感受对象,如:"心之所游履攀缘者,谓之境。"(丁福保,1991:2489)

"境"是对佛教概念或梵语单词的翻译,但译者不是改变中土语言中"境"的原始义去迎合梵语词义,而是从"境"中获得译述佛教教义的语言资源。"境"作为一个基本词,分为中土语言中的既有山林之境与佛教的心识之境,这在唐代文献中都可找到例证(蒋寅,2007)。王昌龄(2000:318 - 319)对"境"做了系统阐述,在《诗格》中提出"诗有三思",说明获得诗境的由来为:"搜求于象,心入于境,神会于物,因心而得,曰取思。久用精思,未契意象,力疲智竭,放安神思,心偶照境,率然而生,曰生思。寻味前言,吟讽古制,感而生思,曰感思。"司空图(1963:50)的"思与境偕"、苏轼(1996:117)的"境与意会"、王夫之(1996:13)的"妙境""化境"、金圣叹(2003:250 - 251)的"三境说"(圣境、神境、化境)等,相继阐述了境与心、神、思、意之间交融的审美特质。

(二)"境"与"境界"

"境界"由"境""界"构成。"界"的本义为"疆界"即"界,竟也。从田介声"(许慎,1963:291);"竟,俗本作境。今正。乐曲尽为竟,引申为凡边竟之称。界之言介也。介者,画也。画者,介也。象田四界。聿所以画之。介、界古今字。"(段玉裁,1981:696)"境""界"同义连用,早见于西汉:"守封疆,谨境界,不侵邻国。"(刘向,1986:20)在汉译佛典中,"境界"一词包含三义:①宗教幻想中的天国或西方极乐世界;②六识(眼识、耳识、鼻识、舌识、身识、意识)感知和辨别的对象;③佛学造诣或宗教修养所达到的程度。王国维(2016:1 - 20)将"境界"标举为文评术语,使得"境界说"成为《人间词话》中词学理论的核心。他强调"词以境界为最上",对"境界"情有独钟,认为词的艺术"境界"虽有"有""无"之分("有我之境""无我之境")和"内""外"之别(外物之境即"景物",内心之境即"心境"),但不以大小分高下,其标准在于"真":"故能写真景物、真感情者,谓之有境界。否则谓之无境界。"他还将艺术"境界"引申为人生三种境界:"'昨夜西风凋碧树,独上高楼,望尽天涯路。'此第一境也。'衣带渐宽终不悔,为伊消得人憔悴。'此第二境也。'众里寻他千百度,蓦然回首,那人却在灯火阑珊处。'此第三境也。"(王国维,2016:52)王国维的"境界说"被认为实现了传统的艺术话语向近现代人生话语的时空转换,为学界经常称引。

(三)"境"与"意境"

"意境"兼顾"意"与"境"。"意"即"志也。从心察言而知意也。从心从音"(许慎,1963:217),被训诂为"测度,为记"(段玉裁,1981:502)。

"意境"最初由"意""境"作为两个词对举使用,可追溯到唐朝《〈白莲集〉序》:"议者以唐来诗僧,惟贯休禅师骨气混成,境意卓异,殆难俦敌。"(孙光宪,1998:626)直到清朝中期,"意境"才逐渐固化为一个词,为"立意取境"之意(蒋寅,2007)。佛学中"意境"之"意"包含二解:一是指"六根说"中的意根,指"意为心法";二是指大乘佛学"八识说"的第七识,即"末那识"。"意"是"思理之义",与"心""识"等范畴相关联(王振复,2006)。王昌龄"诗有三境"中的"意境"是诗境的最高层次,得诗歌品格之"真"。很多人认为王国维是"意境论"的奠基人,将其"境界说"当作"中国现代美学思想体系之肇始的理论依据"(楚小庆,2013)。他在《人间词话》提到最多的是"境界"(22 次),其次是"境"(21 次),"境"与"境界"同义,有时甚至同现,而"意境"只出现 1 次。蒋寅(2007)指出,王国维的"境界说"与早出的"境""境界"并不相通,他只是用古代术语命名了一个外来概念;古人使用的"意境"只是立意取境之义,清朝诗论中的"意境"是一个指称诗歌表达的总体感觉或印象特征的中性概念,而纪昀对"意境"概念的形成和推广发挥了举足轻重的作用。考察北京大学中国语言学研究中心(CCL)语料库之后发现,"境"及其相关概念在古代汉语中的使用频率依次为:境(26846 例,包括但不限于其他含有"境"字的几个概念,下同)>境界(4729 例)>境地(109 例)>化境(73 例)>意境(36 例);现代汉语中的使用频率依次为:境(211073 例)>境界(7196例)>境地(6102 例)>意境(1908 例)>化境(121 例)。因此,"境界"的使用频率远远高于"意境",上面对《人间词话》中"境界"和"意境"的用例统计也证实了这一点。

在汉语的双音化过程中,"境"与其他字组合、固化为一些新词,如"物境""情境""意境""妙境""圣境""神境""化境""境界""境地""境遇""境域"等,经由诗词家、文论家、书画家的竞相阐发,部分词最终得以概念化和范畴化,由作为母范畴的"境"衍生出"X 境""境 Y"之类的子范畴,使用频次高、领域多、范围广的是逐级下移的概念"境界""意境""语境""化境"等,其中"意境"兼有"意""境",特指文学艺术作品通过形象描写表现出来的境界和情调,"化境"则是文学艺术的最高"境界"或"意境"。

三、"化境"流变

"化境"兼含"化""境",是入"化"之"境",既是哲学范畴之"化"在文艺美学领域的衍生,又是"境(界)"范畴内涵的丰富和外延的拓展,是儒家的"教化"、道家的"物化""独化"和佛禅的"化境"等哲学思想与"意境""境界"等美学思想高度契合的生动体现。"化境"是主客体高度融合产生的天地与我并生、万物跟我同一的最高境界,是创作主体、对象、技艺三者浑化为一的理想境界,被明清文人视为最高的美学范畴,并沿用至今。"化境"是中国古典美学中运用得较为频繁和广泛的一个子范畴,又是现当代美学中充满生机与活力的古典范畴,也是"境(界)"理论在中国哲学美学领域中从传统走向现代的转化和诠释。董其昌(2009:394)较早提出书法"化境":"书道只在'巧妙'二字,拙则直率而无化境矣。"许学夷(1984:47)指出:"初唐五言律,……体就浑圆,语就活泼,乃渐入化境矣。"贺贻孙(1983:137,165)将"化境"奉为诗歌创作的圭臬,并做了较为形象、明确的解释:"清空一气,搅之不碎,挥之不开,此化境也。""诗家化境,如风雨驰骤,鬼神出没,满眼空幻,满耳飘忽,突然而来,倏然而去,不得以字句诠,不可以迹象求。"王士禛(1982:146)将"化境"视为一种了悟、忘我的境界:"舍筏登岸,禅家以为悟境,诗家以为化境,诗禅一致,等无差别。"金圣叹(2003:251)提出著名的"三境说":"心之所至手亦至焉者,文章之圣境也。心之所不至手亦至焉者,文章之神境也。心之所不至手亦不至焉者,文章之化境也。""圣境"指手按照心的要求和智慧精雕细琢所达到的境界,"神境"指心没有完全想到而手却能神秘莫测地表达出来的境界,"化境"指心手两忘、物我同化、浑然一体、天工造化的境界。"化境"既是文艺创作中物我同化的过程、作品描绘中呈现出来的情景交融和意境相谐的状态,也是艺术家天人合一、心手合体、不着痕迹的出神入化的最高境界。书画中的"化境"强调绘画者的艺术修炼,追求"法无定法,然后知非法法也"的浑然境界。"化境"应用于文学、书法、绘画、音乐等各种领域,进入人生世界和宇宙万物,形成人类知行合一、心手物三合一的大循环。

钱氏(1926)在思考自己早期的翻译实践时,对有关保存原文风味的说法就露出"化境说"的端倪:"原作文章佳妙,译者才浅,既不能保存原文风味,又不能使译文在国文中与原文之在英文处有同等地位,至于死译式(?)的保存原文风味译法,译者不敏,殊未之学。"他试图从阿诺德和王维有关文艺的评论文字中弄清"不隔论"的涵义,在区分艺术化的翻译(translation as an art)和翻译的艺术化(art as a translation)时用"达"来解释"不隔",还进一步指出,"好的翻译,我们读了如读原文"(钱锺书,2002b:110－115)。这是对"化境说"所做的最好理论准备,也表明"不隔论"中已经透出了"化境说"的胎息。钱氏在相关著述中多次提及的"脱胎换骨""夺胎换骨""着墨无多,神韵特远""最高境界""矜持尽化,行迹俱融""至善尽美""体匿性存,无痕无味"等,都可作为对其"化境说"的绝妙诠释和完美注脚。总之,"化境说"经历了从实践摸索到理论思考再到实践检验的循环往复过程,汲取了古今中外文字学、哲学、文艺学、心理学、翻译学等学科领域的思想精华。

第三节　"化"体现为全译的本质

钱锺书"化境"全译思想的核心和精髓在于求"化",强调创作艺术的动作过程,目标和归宿在于入"境",关注艺术升华的结果,是求"化"过程和入"境"结果的高度统一。钱氏论述"化境"时,多次用的是"化"。钱氏之"化"含有两义:用作动词时,指译者去痕存味的双语转化行为;用作名词时,指文学翻译的入化境界。因此,他笔下的"化"实则包含"化境"。就语言符号而言,全译旨在转化,转移原文的信息内容,再现其语用价值,通过保留或更换其语言形式,化解译文与原文在内容和形式上出现的矛盾,求得译文与原文的信息极似,包括意似、形似和神似。结合全译的这个新定义,基于钱锺书对"化"的独到诠释,可将"化"定义为:译者为消除语际内容与形式之间的"一意多言"式矛盾,得原文之意、存原文之味、成译文之形的双语转换过程和结果。这一定义跟"化"的文字学原解(教化、变化)、哲学通解(渐化、化生)、美学专解(物化、化境)和钱氏自解(去痕、存味)一脉相通,落脚于化解双语内容与形式之间的矛盾,贯穿于全译行为的始终。(余承法,2016)下面将以钱氏在《意中文学的互相照明:一个大题目,几个小例子》中的一个英译汉片段为例,从全译的最高理想与最高标准、全译的目的与手段、全译的主体与客体、全译的内容与形式、原文与译文的艺术价值五个方面,论证"化"如何体现为全译的本质。

一、"化"是全译最高标准与最高理想的通约

钱锺书在《林纾的翻译》1964年版本中将"化"确定为"文学翻译的最高标准",在1985年版本中修改为"文学翻译的最高理想",从而引发翻译界旷

日持久的争论:"化"是全译的最高标准还是最高理想,还是二者兼有之?

(一)"化"是全译的最高标准

翻译标准"指翻译活动必须遵循的准绳,是衡量译文质量的尺度,是翻译工作者不断努力以期达到的目标"(方梦之,2011:68),翻译标准归根结底来源于翻译的定义,二者是流和源的关系。翻译范畴划分为全译和变译之后,翻译标准相应地分为全译标准和变译标准。全译是"人或/和机器通过对、增、减、移、换、分、合七大策略用乙符转化甲符文化信息以求信息量极似的智能活动和符际活动"(黄忠廉、袁湘生,2017),其基本特征就是对原文去痕、存味,判断依据就是"译本对原作应该忠实得以至于读起来不像译本"(钱锺书,2002a:77),而这正是"化"的审美要求,"化"当然可以视为全译标准。全译行为转移原文内容,兼顾或更换原文形式,化解语际内容与形式之间的矛盾。"化"的可操作性在于译文对原文得意忘言、变量保质,已有众多入"化"的译文作为事实依据,有相当一部分研究"化(境)"的论著作为理论证据。"标准说"者,如许渊冲(1982;1992:183-201),罗新璋(1990;2018),张今(1987:118),朱志瑜(2001),江帆(2001),刘全福(2005),崔永禄(2006),谭建香、唐述宗(2010),周领顺(2011),王密卿、赵长江(2012),薄振杰、谭业升(2015),柳鸣九(2017)等,大多引用《林纾的翻译》早期版本中的相关陈述,即使引用后期的修订本,仍然将"化(境)"作为翻译的最高标准加以阐发、论证或评析。据报道,由翻译界泰斗柳鸣九先生发起,桂裕芳、罗新璋、金志平等36位国内资深翻译家参与的译道化境论坛暨"外国文学名著名译化境文库"图书、纪录片启动仪式2017年11月在北京中国大饭店隆重召开,与会专家们畅谈文学翻译,倡议"化境"标准①。

钱氏的"化境说"最初是针对1950—1960年代的中国文学翻译现状,作为文学翻译的最高标准提出来的,因此部分学者认为"化"只适用于文学翻译,而不适用于非文学翻译。科学文本的翻译具有艺术性,不仅科技翻译中的科学性与艺术性是"有机统一"(黄振定,2001),而且文学翻译中的科学和科技翻译中的艺术也需要得以再现(方梦之,2002),因为"最高的科学境界同最高的诗的境界都是只能用形象表现的"(王佐良,1980:33)。因此,"化"不仅是所有文本类型的全译标准,而且是最高标准。

---

① 霍秋:《"化境文库"将于明年问世 翻译家倡议"化境"标准》,http://www.sohu.com/a/204252492_115376,检索日期:2017年12月1日。

[1]There is a story variously told by St John of Damascus and Caesarius von Heisterbach and in the *Cento novelle antiche*.Its best-known version is found in Boccaccio's *II decamerone*,giornata quarta,"Introduzione".(钱锺书,2005:405-406)

原译:从中世纪流传下来的一个故事有几种大同小异的"版本",以鲍卡丘杰作《十日谈》第四日《入话》里那个"版本"为众所周知。(钱锺书,2002b:175)

试译:由大马士革的圣约翰和凯撒里乌斯·冯·海斯特尔巴赫讲述的、在中世纪流传下来的一个故事,有几种大同小异的版本,但最为出名的是薄伽丘杰作《十日谈》第四日《入话》里的那个版本。

例1,钱锺书将原文中的两个人名 St John of Damascus 和 Caesarius von Heisterbach 省略未译,从方便中国读者的角度考虑未尝不可,但这两个人名中包含的文化信息在汉译中被一笔勾销了。译文虽然做到了"去痕",但未能"存味",可以说是留下一点小遗憾。以"化"作为最高标准来评判,原译还有四处值得商榷:"版本"现在已是常用词,不必用引号标注;将 best-known 译为"众所周知"似乎不妥,"最为出名"更能传达其中的最高级含义;为了照顾原文的结构,可考虑将"最为出名"放在第二分句的句首,将原文两句合译时可考虑增加连词"但";Boccaccio 现在通译为"薄伽丘"。可见,无论哪种文本类型的全译,都需要尽善尽美地再现原文的内容和风格。

(二)"化"是全译的最高理想

钱氏在《林纾的翻译》1985 年及之后的版本中多次提到"最高理想",如:翻译"所向往的最高境界('化')","文学翻译的最高理想可以说是'化'","彻底和全部的'化'是不可实现的理想"。这些都已清楚地表明他认为"化"是"最高理想/境界"(钱锺书,2002a:77-79)。章振群(1995)较早阐释了"化境说",认为它从辩证高度继承和升华了传统的"信、达、雅",是兼容"形似"与"神似"的文学翻译的理想境界。许建平(1997)认为,钱氏将"标准"修订为"理想",并不是为文学翻译提出标准模式,而是为译者揭示追求的理想境界。有人在不同场合指出,"化(境)"是(文学)翻译的理想或境界,直接或间接否定"化(境)"是翻译的标准(何加红,2000;陈福康,2000:416-423;朱宏清,2001;欧阳利锋、尚敏锐,2002;黄汉平,2003;王向远,2004:199-222;胡志国,2006;陈大亮,2006;李文革、王瑞芳,2010;葛中俊,2012;施佳胜、王心洁,2013)。葛中俊(2007)区分了"翻译的理想"和"理想的翻译":前者是翻译实践追求的极限高度,是超乎标准以上的目标,后者是应该兑现的客观现实,是标准本身。部分学者认为,"化境"揭示了翻译艺术的极致,描述了一种至善至美的翻译境界,是一个可望而不可即的理想,是一个需要追求但无法实现的梦想。

(三)"化"是全译最高理想与最高标准的通约

有些学者对"化"采取模棱两可的态度:有时说是标准,有时说是理想。刘靖之(1981:1-15)认为"化境"翻译标准与"信达雅"一脉相承,但他也指出"化境"是"境界。"有人不区分"化"是标准还是理想,在不同场合采用两种表述。(郑诗鼎,1997:70;郑延国,1990,1999,2001,2003;王宏印,2003:177-193,辜正坤,2005:105-106)有人指出,"化"既涉及翻译的性质与定义,也关联翻译的标准与要求,既是译者努力追求的最高理想,又是翻译实践中的最高标准。(王秉钦,2004:243;佘协斌等,2004;郑海凌,2005:27;杨全红,2008;余承法,2016a)

辜正坤(2005:83)提出"翻译标准多元互补",认为每个读者层和译者层都有相应的翻译标准。基于翻译艺术的高低,可将译者大致分为四类:初级译者、中级译者、高级译者和翻译名家。初级译者以忠实、通顺作为通用标准,以翻译名家为典范,一直努力在求"化"的路上。中高级译者以"化"作为最高理想,不断跋涉,努力追求,经过多年的译艺熏陶,最终可能成长为翻译名家,译文实现了全译的最高理想,也就达到了最高标准。翻译名家以"化"作为译艺的(最高)标准,在他们创生的佳译名篇中实现了最高标准的"化"和最高理想的"化"之间的通约。"化"作为普通译者努力实现的全译最高标准,既指向全译实践和全译教学,又指向全译批评,可以帮助教师指导学生的翻译实践,帮助习译者改进译文质量;"化"作为普通译者向往的全译最高理想,虽然看似遥不可及,但有助于他们树立远大理想,并付出艰辛的实践,以滴水穿石的工匠精神叩问全译化境艺术的大门。

总之,"化"字"并行分训",兼含全译的最高理想和最高标准,适用于所有文本的全译行为。"化"作为全译最高理想和最高标准的通约,在理论上密切联系实际,在实践中怀揣理想,体现在从初级译者向中级译者、从中级译者向高级译者、从高级译者向翻译名家的角色转变过程中,实现在从误译到正译、从普译到佳译、从佳译到名译的艺术创作过程之中(余承法,2013:58)。

二、"化"是全译目的与手段的统一

翻译目的是指译者希望通过实施翻译行为所达到的结果或用途。中西翻译史上的翻译行为都是为一定目的服务的,与某种政治、经济、社会或宗教的需要紧密相连,而翻译目的对选择翻译作品、确定译者立场、运用翻译方法都无疑有着不可忽视的影响(许钧 2003:7-8)。在德国译文功能派看来,"决定任何翻译过程的首要原则是整个翻译行为的目的",可据此将翻译目的分为三类:译者在翻译过程中希望实现的总目的、译文在译语中达到的某种交际目的、某种翻译策略或方法达到的具体目的,包括以下几个相关概念:aim(目标)指行为者希望实现的最终结果(the final result),purpose(目的)指在目标实现过程中的一个临时阶段(a provisional stage),function(功能)是指从信息接受者的角度来看待文本的意义或其预期意义,intention(意图)指以目标为导向的行动计划(Nord,2001:27-28)。

全译旨在求"化",关涉译者为实现全译目标而采取的行动计划,包括选取原文,安排程序,选择策略、方法或手段等。全译的直接目的是保真,力求保存原文的信息内容甚至宏观形式,通过消除译文和原文在微观语言层面上的差异,确保译文对原文的变量保质、去痕存味。全译的间接目的是帮助具有不同文化背景、来自不同言语社区的人们消除因语言不同、意义不达而导致的误解、隔阂或冲突,实现跨越语言文化藩篱和时空界限的交流,构建译者与原文作者及其作品之间、译者与译文读者之间、译文与译文读者之间的不隔状态。全译的终极目标是"打通",打通中西、古今、文字文学文化、学科界限,实现语言壁垒的凿通和人类文化的互文,建造人类文明的"巴别塔",构建人类命运共同体。求"化"是全译行为的核心,贯穿全译行为的始终,决定全译行为中的诸多因素,既关涉厘定全译标准和实现最高理想,又体现策划战略战术和选择方法技巧,是全译行为的原动力。

求"化"手段是指译者为服务全译宗旨、再现作者意图、实现译文"去痕、存味"而运用的工具、采取的程序、决定的方式、选择的策略和方法等的总和。工具是语言(通常是原语和译语);程序包括全译行为的宏观、中观和微观过程;方式包括对原文内容的转移和形式的变与不变,主要采取欧化、汉化两种策略;方法包括对译、增译、减译、移译、换译、分译、合译七种(简称"全译七法")及其具体操作技巧。

翻译界强调翻译作为手段和目的之间的差异,这虽然推动了翻译教学的发展,但也阻碍了外语教育专家和翻译(理论)家之间富有成效的对话。笔者赞同"翻译是手段,但它本身也是目的"(Carreres,2014)的观点,认为全译求"化"的目的与手段是辩证统一的关系。一方面,求"化"目的和手段互相区别、互相对立。在一定条件下,求"化"目的和手段以各自独立的形态存在,目的是目的,手段是手段,二者内涵清楚、外延明确。"化"作为目的是译者根据原文内容和读者需求主观设定的,必须以现实的主客观条件作为前提,离开了译者的主观努力和翻译环境提供的客观条件,求"化"目的就难以实现。各种全译行为的终极目标是长期的、近似的,但具体目的是短暂的,因人、因事、因时、因地、因物(文本类型、全译类别)而大相径庭。与之不同的是,求"化"手段是客观存在和实际运用的,在某种意义上是长期不变的。另一方面,求"化"目的和手段互相联系、互相促进。"目的决定方法",这就表明求"化"目的具有指向作用,特定的求"化"目的决定了相应的求"化"手段,求"化"目的的设定和实现即是对途径及手段可行性的考证,没有不采取求"化"手段就能达到的求"化"目的,因为翻译是"为了实现某种特定目的而采取的一种复杂行为"(Nord,2001:13)。求"化"手段首先服务求"化"目的,没有不为实现某种求"化"目的而采取的求"化"手段。因此,求"化"目的和手段均以对方作为自己存在的前提,相互依存于译者的全译实践之中,诚如钱锺书(1984:39)所言:"然有目的而选择工具,始事也;就工具而改换目的,终事也。"

表 2-2　钱锺书《意中文学的互相照明:一个大题目,几个小例子》英汉对照(节选)①

① There is a story variously told by St John of Damascus and Caesarius von Heisterbach and in the *Cento novelle antiche*. ② Its best-known version is found in Boccaccio's *II decamerone*, giornata quarta, "Introduzione".	A.从中世纪流传下来的一个故事有几种大同小异的"版本",以鲍卡丘杰作《十日谈》第四日《入话》里那个"版本"为众所周知。
③ Filippo Balducci, on the death of his wife, became a kind of dropout and lived with his child son in hilly wilderness away from all human contacts.	B.一个人的老婆死了,他就带着幼儿隐居山野,与世隔绝。
④ When the boy was eighteen years old, Filippo took him on a trip to town. ⑤ Everything the boy saw on the way was to him a novelty, and he asked his father about the names and uses of horses, cows, houses, etc.	C.儿子长大到十八岁,跟父亲首次出山进城;一路上牛呀、马呀、房屋呀,他都见所未见,向父亲问个没了。

---

① 这是钱锺书在欧洲研究中国学会第 26 次会议上的英语演讲稿及其汉译。英文标题为 The Mutual Illumination of Italian and Chinese Literature: A Big Theme, Some Small Instances(见钱锺书 2005:403-408)中文标题为《意中文学的互相照明:一个大题目,几个小例子》(见钱锺书 2002b:172-177)。

⑥ Some pretty well-dressed girls happened to cross their path.	D.忽然碰上一个漂亮姑娘,那孩子忙问是什么东西,父亲说:"孩子呀! 快低下头别看! 这些是坏东西,名叫'傻鹅'。"
⑦ The boy was naturally curious over them, but the father forbade him to look at them, saying sternly,"Elle son mala cosa.Elle si chiamano páere."	
⑧ When they returned home,the father asked the son about his impression of what he had seen in the day.	E.晚上回家,父亲询问儿子出门一趟的印象,儿子对什么也不感兴趣,只说:"爸呀! 我求您找一只傻鹅给我。"i
⑨ The son answered that all things except one left him cold:"io vi priego che vi facciate che io abbia una di quelle pápere."	
⑩ In a collection of short tales by the eighteenth-century Chinese poet Yuan Mei,who,I believe,was first made known in Europe under his courtesy name Yuan Tseu-ts'ai by an early French Sinologue,Camille Imbault-Heart,we read:	F.法国早期汉学家安卜•于阿尔首向欧洲介绍的十八世纪中国诗人袁枚讲的一个故事:
⑪The abbot of the historic Buddhist monastery on the Wu Tai Mountain took in a child of three as a novice bonze.	G.五台山某禅师收一沙弥,年甫三岁,从不下山。
⑫ After a lapse of about ten years,the abbot made of his rare descents from the mountain,taking the young monk as his companion.	H.后十余年,禅师同弟子下山。
⑬ Having never left the monastery before,the boy was insatiably curious and inquisitive even about the dogs and chickens.	I.沙弥见牛马鸡犬,皆不识也。师因指而告之曰:'此牛也……马也……鸡犬也……',沙弥唯唯。
⑭ A young girl passed by and he asked:'What is that?'	J.少倾,一少年女子走过,沙弥惊问:'此又是何物?'
⑮ The master looked very grave,saying:'Beware! Tiger is the name of that thing.Anyone who approaches it will be eaten up clean!'	K.师……正色告之曰:'此名老虎,人近之者必遭咬死。……'
⑯ Back at the monastery,the abbot asked the boy:'Among all the things you saw down there,what pleases you most?'	L.晚间上山,师问:'汝今日在山下所见之物,可有心上思想他的否?'
⑰ 'I can not take my mind off the man-eating tiger!' was the prompt reply"	M.曰:'一切物我都不想,只想那吃人的老虎。'
⑱(Hsin Chi Asie or New Strange Tales.2nd series.Bk 2;of an old commentator's note to the story"Green Plum"in Liao Chai Chi Yi or Stories from the Pastime Studio.Variorum ed.,Bk 7).	N.(《续新齐谐》卷二;相似故事见《聊斋志异》会校、会注、会评本卷七《青梅》评)

（续表）

⑲ The story has been called "the second oldest in the world", but its appearance in Chinese literature is curiously late.	O.这个被称为"世界上第二个最古老的故事"ⁱⁱ在中国出现得那么晚,颇值得考究。
⑳ Incidentally, the story may well serve as a parable for the predicament in which literary critics have often found themselves: fascination by works which they know they ought to repudiate—the kind of predicament naively admitted by Brunetierè only to be mocked by Croce in *La Poeisa*.	P.这个故事也可以作为文评家常常遭逢的窘境的寓言,就是克罗采嘲笑吕奈谛埃承认的窘境ⁱⁱⁱ:对一个作品情感上觉得喜爱而理智上知道应当贬斥。 i.《十日谈》欧伯利(Hoepli)《经典丛书》本二四五—二四六页。 ii.华德尔(H.Waddell)《流浪学者》二一〇页。 iii.克罗采《诗学》三〇八—三〇九页。

钱氏在英语稿中复述《十日谈》中"傻鹅"的故事,引用袁枚《沙弥思老虎》故事的英译,目的在于告诉现场听众:中意两国虽然远隔重洋,文学传统不同,但也可找到互相照明的例子,其中翻译发挥了做媒和沟通的重要作用。他在汉语译稿中的求"化"目的是原汁原味地向中国读者讲述"傻鹅"的故事,并将袁枚"恶虎"的故事进行辗转讲述,帮助中国读者欣赏意中文学互相照明的几个例子,进而体会意中文学的互识、互证、互文,以推动意中文学文化的进一步交流。基于此,他尽量化解汉英双语在表达同一事物时的形式差异,对原文 20 个句子全部采用汉化策略,运用增添、减省、移位、交换、拆分、合并等手段,行文如水、不露痕迹地传达了原文的语义内容及其反映的异域风情。而中文稿中一系列求"化"手段和具体全译方法的运用,既达到了全译的求"化"目的,又再现了钱氏独特的双语写作风格。例如:

[2]When the boy was eighteen years old, Filippo took him on a trip to town. Everything the boy saw on the way was to him a novelty, and he asked his father about the names and uses of horses, cows, houses, etc. (钱锺书,2005:406)

儿子长大到十八岁,跟父亲首次出山进城;一路上牛呀、马呀、房屋呀,他都见所未见,向父亲问个没了。(钱锺书,2002b:175)

例 2,钱氏综合采用合并、变换、增添、简省、移位等求"化"手段:将原文句群融合为复句;将原文中分别以父亲和儿子作为叙事中心调整为译文中都以儿子为叙述中心;将 was a novelty 变换为"见所未见";增添"首次""出山",既呼应上文,又为下文描写儿子的好奇埋下伏笔;增添语气词"呀"和动词短语"没了",符合孩子的视角和口吻;将 to him everything he saw、the names and uses 分别替换为"都""问个没了";根据汉语的表意习惯和具体语境,将 horses、cows、houses 移到 asked about("问")之前。钱氏通过多处调整,最终将原文句群简化为汉译复句,使得语义更加连贯、集中,近似文言笔法的行文更加地道、简练,有效解决了双语间的形义矛盾,帮助汉语读者获得跟英语读者同样的阅读体验,求"化"目的和手段在这里实现了高度、辩证的统一。

三、"化"是全译主体与客体的融合

　　全译主体在狭义上指译者,广义上还包括作者和读者,甚至委托人、赞助人等。就翻译活动本身而言,译者是核心主体。根据全译的新定义,作为全译主体的译者,既包括从事全译活动的人,也包括翻译机器。为了论述方便,本节提到的译者专指"人"而不含"机器",且以笔译为主。译者在全译过程中至少扮演三种角色:原文读者,原文和译文的中介者和协调者,译文作者、读者兼批评者。在从隔到不隔、从不化到化的一路颠顿风尘中,译者既可能因其不忠、不信而招致"叛逆者"的恶名,也可能因其尽善至美的求"化"艺术而赢得"创作者"的美誉,"创造性的叛逆者"就成为扣在头上的一顶尴尬的帽子。求化主体进行译事和追求译艺的高度统一表现在:"译者若能以学者般独立的学术思考理解原作,兼以作家沉着的艺术创造再现原作,以评论家敏锐的洞察力审视译作,则有可能进入自由的审美之境、凝神冥想的创造之境和至善至美的翻译之境……"(余承法,2006)译文读者作为领悟译文之"化"的主体,既是求"化"艺术的欣赏者,也是译文的评判者,对入"化"译文赞叹有加,对"隔"而不"化"的译文进行指摘。译者是译文的第一位读者兼批评者,对译文的审美期待自然要求落实在译者的求"化"过程之中:译者既要首先解读原文之义、诠释作者之旨、领会作者之感,还要考虑译文读者之需,对原文形式进行某种改变,对原文内容进行合理调整,并充分发挥译语优势。译者有时也兼为作者,除了担任译文的作者,还同时是原文的作者或合作作者,如张爱玲等对其作品进行自译,钱锺书等直接从事双语写作,译者与作者合二为一,进入创作和翻译的最理想境界,必然在"译"且"作"中进行天衣无缝的二度创作。

　　全译客体是指全译主体的操作对象,包括译者需要化解的原文和最终化生而成的译文。原文作为全译行为的出发点,首先进入译者的语言世界和认

知世界。译者思原文作者所思,想原文作者所想,进入与原文作者融合的忘我境地,感受原文反映的语言世界、文化背景和主客观世界,在打破隔阂、消除障碍和跨越时空中往返穿梭、自由驰骋。译文作为全译活动的终点,是译者化解言意矛盾、实现物我同化之后所创造的对象。译者实时转化角色,从用原语思维转化为用译语表达,从充当原文读者时被动面对的后台走进充当译文作者时主动迎接的前台,感同身受地考虑译文读者的需求和期待,全身心融入译语反映的主客观世界,采用恰当的译语形式表达自己对原文的准确理解,确保译文不隔、无痕、存味,进入地道规范、喜闻乐见的译语世界。

在求"化"、打"通"的过程中,单语文本的意义呈现不确定性和非线性特征,双语之间的文本更是存在"一意多言"式矛盾,全译客体的这些复杂性给全译主体带来预想不到的困难。译者只有经常保持内心了无痕迹、清空一气的状态,让自己的意识融入原文的意义之内,才能感受意义圆融的妙处,充分理解原文的意蕴内涵,结合自己的充分解读,借助相关的语境因素感受作者的心理状态,通过深厚的艺术素养,以自己身兼数职的阅读体验和创作经验,进入译文与原文之间内容与形式高度统一、浑然一体的境界。在原文理解阶段,译者与原文作者进行求"化"主体之间的互动,与原文内容进行求"化"主客体之间的互动,营造主体之间的和谐共融;在语际转化阶段,译者寻求原文和未成型译文这两个客体之间的第一次互动,二者形成和而不同的圆融状态;在译文表达阶段,译者以译文创作者、读者兼批评者的三重身份,积极进行换位思考与自我互动,然后跟设定的译文读者进行互动,通过校对和润饰译文、关照原文,进行全译客体之间的第二次互动,追求译文达至"化境"。译者往返穿梭于原文作者和译文读者的主体之间、原文和译文的客体之间以及人和作品的主客体之间,循环往复,多向互动,让原文意义以毫无沾染、毫无挂碍的状态在译语中化出,并经过译文读者的阅读和审视,最终成为译语世界的有机成分。

四、"化"是原文保真与译文求美的结晶

既然全译是一场"保全运动",求"化"必须首先做到求"信":"译事之信,当包达、雅;……依义旨以传,而能如风格以出,斯之谓信。"(钱锺书,1986:1101)求"化"译文必须尽可能保真于原文内容,极似于原文风格,跟原文在内容和形式上形成一种透明洞彻的"不隔"状态,译者的隐身、译文的透明使得译语读者阅读译文时,感觉不到所处的世界与原语文化世界存在差异。文学创作中的"不隔",是指"作者把所感受的经验,所认识的价值,用语言文字,或其他的媒介物来传给读者"(钱锺书,2002b:111);文学翻译中的"不

隔",指译者将与原文作者融合之后形成的对原文的感受、认识到的原文价值,用另一种语言文字或其他媒介,毫无遮掩地传给译文读者(包括译者本人)。因此,"好的翻译,我们读了如读原文"(钱锺书,2002b:113)。表 2-2中五台山禅师的故事是汉语原文-英语译文-汉语回译文的经典例子:汉语原文是袁枚讲述的"沙弥思老虎"故事,英语译文为法国早期汉学家于雅乐(即钱氏所称"安卜·于阿尔")所作,钱氏的汉译几乎是袁枚故事的回译。通过比读发现,英译对汉语原文形式做了必要调整,但保留了原文主旨,而且风格与原文"不隔"。作为比较文学和跨文化研究的多语者,钱锺书领会袁枚的创作意图、于阿尔的翻译意图和他本人的创作兼翻译意图,尽管1970 年代末期的汉语读者习惯阅读现代白话文,但为了忠实再现汉语原文的本真及其相应英译的风貌,他还是采取了几乎接近汉语原文的回译,用省略号标注英译中省略的原文内容,他参与了两个文本的形式建构和意义生成,使得汉语原文几经辗转,最后回到汉语世界。钱氏的汉译帮助懂英语的汉语读者在参阅汉语原文的同时,发现汉英文本的差异,在清明透彻的两个"不隔"译文中享受汉语故事在异地重生、本土复活的别样体验。这个译例堪称缔结了中欧文化交流史上一场"梅开二度"的文学因缘!

求"化"也是为了求美,译文在极似于原文内容和风格的同时,也尽可能发挥译语优势,有时甚至可以"出原著头地"。译著对原文的保真,主要是指内容而言,或者内容兼顾形式,并不是对原文形式的机械式照相,而是在融会贯通原作内容和作者意图之后,结合译文语规范和读者期待,在求信的前提下对原文进行艺术再创造。"化"强调译者从事"艺术化的翻译"和"翻译化的艺术"(钱锺书,2002b:111),要求译对原文"去痕存味""去壳留魂"。许渊冲(2014:602)认为,"求真可以使人知之,求善可以使人好之,求美可以使人乐之,所以说求真是低标准,求善是中标准,求美是高标准"。求"化"是最高标准,"化"是信达雅的高度融合、真善美的有机统一。"译本对原作应该忠实得以至于读起来不像译本"是对译文内容保真的要求,"作品在原文里决不会读起来像翻译出的东西"是对译文形式求美的要求。因此"化"既解决了译文与原文内容与形式之间的言意矛盾,也解决了译文跟原文"信言不美"与"美言不信"的二律背反矛盾,是对原文的内容保真、风格求善以及译文形式求美的结晶。

五、"化"是原文与译文艺术价值的共现

无论是文学作品还是非文学作品,都是艺术性与科学性的统一,都反映作者的创作风格和艺术个性,都具有独特的艺术价值,是美学价值、经济价

值和社会价值的统一。美学价值是文艺作品最本质的价值，是指作品具有的让观众愉悦感官、净化灵魂和陶冶情操的作用，受到人们的主观欣赏和市场规律的影响，只有满足大多数人的需要，才是价值和使用价值审美的统一。经济价值即市场价值，是作者凝结在作品中的无差别的抽象劳动，以其美学价值为基础和决定因素，同时受到创作时付出的必要社会劳动时间的影响和制约，体现在作品的市场交易或观众的欣赏作品过程中。社会价值是指作品满足特殊观众的特定审美需要，包括作品在历史上的地位和当今的作用。

译者在全译过程中，以"化"为最高标准和最高理想，通过主体之间的和谐共融、主客体之间的物我同化，运用各种手段实现对原文内容的保真，在译语世界中再现原文的艺术价值。不仅如此，一旦译文为译语读者所理解、接受和欣赏，原文在译语文化世界获得重生，原文的艺术价值在译语世界里得以延续和拓展，甚至还产生新的艺术价值——帮助译文读者了解原文反映的原语世界的同时，"诱惑"译文读者产生对原文的浓厚兴趣、激发对原语文化的好奇。全译之"化"旨在化解言意矛盾，求得译文与原文的信息极似，最终建成人类文明的巴别塔和人类命运共同体，全译行为产生的最终结果就是让原文和译文的艺术价值共同体现于原文作者的创作、译者的二度创作和读者的审美期待之中，体现于原文内容渐化、译文形式化生的量变过程之中。全译作为一种跨语言跨文化跨社会的行为，既再现原文在原语世界里的旧价值，又创造译文在译语世界里的新价值，实现两部作品新旧艺术价值的和谐统一。表 2-2 中，英语原文的艺术价值体现在：通过复述或转述意大利和中国不同时期看似不相干的两个故事，帮助欧洲汉学界的听众意识到意中文学传统的互见互文；汉语译文不仅完整再现了文本的艺术价值，还帮助意大利语《十日谈》中的"傻鹅"故事在中国读者中传播和知晓，更让他们意识到袁枚"恶虎"的故事属于"出口转内销"，由此可窥见中意文学传统的互见互证。

总之，钱氏意识到"化"字并行分训，对文字学之"化"进行了独到的译学界定，挖掘出哲学之"化"的科学内涵，体悟到艺术之"化"的无穷魅力，完成了对"化"的理性提升、概念移植和范畴转换。据此，可将全译之"化"定义为：译者为消除语际内容与形式之间的"一意多言"式矛盾，得原作之意、存原作之味、成译作之形的双语转换过程与结果。"去痕、存味"是译艺之"化"的总体特征，这与文字学之"化"的本义吻合，与哲学之"化"的内涵一致，与文艺之"化"的追求相同。宏观上，坚持全译观念追求"化"，转移原文意义实施"化"，再现原文价值体现"化"；微观上，全译目的决定"化"，全译手段展示

"化",译者实践促成"化",读者审美需要"化",全译过程贯穿"化",全译结果验证"化"。总之,"化"是全译最高理想与最高标准的通约、目的与手段的统一、主体与客体的融合、原文内容保真与译文形式造美的结晶、原文价值与译文艺术价值的共现。因此,"化"不仅是全译转化的精髓,更是体现为全译的本质。

第三章　全译求化原则论

全译的内涵与"化"的界定存在内在的统一性:"化"不仅是全译转换的精髓,更是体现为全译的本质。由于中外语言文字、思维方式、文化背景的诸多差异,汉外互译很难做到真正的"等值""等效",只能反映全译的内在规律——极似律,包括意义极似(意似)、形式极似(形似)以及在二者基础上的风格极似(神似),分别对应译文与原文在语里意义、语表形式和语用价值上的极似。"三似"中,神似居于统帅和支配地位,决定于意似这个基础和前提,外化为形似这个有形手段。因此,全译求化过程中,译者必须遵循以语用价值为关键和核心、语里意义为基础和前提、语表形式为结果和外化的三位一体原则。

第一节　全译求化极似律

译者为了化解译文跟原文的内容与形式之间的"一意多言"式矛盾,必须存原文之味(风格)、保原文之质(意义)、成译文之形(形式),在追求译文与原文极似的同时,尽可能消除译文中生硬牵强的痕迹。这就要求译者明确"极似"的内涵与外延,把握其结构层次。

一、"极似"的内涵

全译旨在完整再现原文的语用价值、准确传递其语义内容,通过保留或改变原文的微观语言形式来化解译文同原文的言意矛盾,确保译文再现的原文内容为译文受众理解和接受,译文形式为受众所喜闻乐见。汉外互译受到主体(原文说写者、译者)、客体(原文和译文)、受体(译文听读者)以及跨语交际中的时空距离、信道方式、外部噪音等诸多因素的制约,不可能实现西方翻译界主张的"等值"或"等效",只能追求译文和原文最大程度的相似,即"极似",指译文跟原文达到极其相像、无比接近的程度。以原文作为参照,全译活动中译文与原文的极似在内涵上可分为两种:近似,指译文不出原文的形式和内容;胜似,指译文基于原文的内容而出乎原文的形式。近似是主流,占主导地位;胜似是支流,占次要地位(黄忠廉等,2009:8)。

（一）近似

"近似"意为"相近或相像但不相同"。全译中的"近似",指译文跟原文最大程度相像、最大限度靠近,但并不等同,即"似而不同""似而不似",译文对原文采取艺术创作中的"师法造化"和"模写自然",以模写原文为主,如钱锺书(2002b:113)所谓"好的翻译,我们读了如读原文。"全译是译者基于原文的"二度创作",保留原文内容,保存原文风格,但不可能原封不动地复制原文的形式。即使是作者进行自译,由于两个文本采用不同的语言文字系统,反映不同的思维模式,源自不同的文化背景,面对不同的受众,译文也不可能绝对忠实于原文内容、完全等同于原文形式,只能是无限靠近原文之质、最大程度保留原文之量、最大幅度地对应原文之形。因此,近似是全译求化中的常态。文学、社科、科技三种文本类型的全译,对内容转移的要求一致,但对形式变更的要求不同,就形式近似值的大小而言,科技文本＞社科文本＞文学文本。例如:

[1]Many other microscopic creatures live actively for a time, grow, and then become quiet and inactive, enclose themselves in an outer covering and break up wholly into a number of still smaller things, spores, which are released and scattered and again grow into the likeness of their parent.

许多他种之小动物,初则生存以活动,继则静止而失生动之气,体盖以壳,复分裂为较小之孢子,此等孢子分布散置之后,遂产出与亲体相似之新个体。(钱锺书,1926:26)

[2]Once Chinese literature was "invented", American scholars with characteristic acumen and energy have been conscientiously and steadily discovering it.(钱锺书,2005:416)

中国文学一经"发明"之后,美国学者用他们特有的慧心和干劲,认真地、稳步地进行了"发现"中国文学的工作。(钱锺书,2002b:198)

[3]"Did I request thee, Maker, from my clay/To mould me Man?"

"吾岂当请大造抟土使我成人乎?"(钱锺书,1986:147)

　　例1、2、3分别为科技文本、社科文本和文学文本。句子长度上,译文与原文的字词之比为:1.40∶1(例1),2.68∶1(例2),2.64∶1(例3),可见汉语译文都长于英语原文,但科技文本的汉译在字数上更接近原文。整体结构上,例1、2的译文跟原文总体一致,但都对原文长句进行了一定拆分,例3将原文句群压缩为译文复句。句子语序上,例1基本保留原文语序,例2完全保留,例3稍做调整。字词对应上,例1的译文跟原文的对应程度最高,基本上做到逐词对应,例2的译文增加了"之后""他们""进行了……的工作",将代词it还原为"中国文学",例3的译文作为写作的参考,增加了背景介绍,增添了疑问语气词"岂""乎",将介词短语from my clay换译为动词"抟土"。由此可知,由于文本类型的不同,译者翻译目的和方式略有差异(例1是对全文的翻译,例2、3是对摘录语句的参考翻译),科技、社科、文学文本的译文跟原文的形式近似度依次减小。

(二) 胜似

　　"胜似"意为"胜过、超过"。全译中的"胜似"指译文胜过或超过原文的程度,译文不是原文,但胜似原文。胜似主要体现在语言形式上,采取"润饰自然、功夺造化"的艺术创作方式,因为译者通常是懂双语、能转换的作者兼读者,既能理解原文作者之意,又明白译文读者之需,能够避免原文作者不尽如人意的语言形式,又善于采取译文读者易于接受的表达方式。如果译者采取顺向翻译(将外语译成母语),其母语表达通常超过外语,如钱氏(2002a:101)所言:"译者运用'归宿语言'超过作者运用'出发语言'的本领,或译本在文笔上优于原作,都有可能性。"钱氏的"化境说"是"笔补造化无天工"美学思想在文学翻译中的具体表现,他在肯定译者创造性的同时,也指出译文胜似原文的可能性,并以中外文学翻译史上的众多译例为证,如:哈葛德小说的林纾汉译本、爱伦·坡小说的波德莱尔法译本、惠特曼《草叶集》的弗莱理格拉德德译本、博尔赫斯诗歌的伊巴拉法译本等。早在古罗马时期,西塞罗就提出跟翻译"胜似"相关的说法,认为译作不应以原文为中心,而要与原文比肩媲美,并且要在艺术上超过原作。若近似是普通译者努力企及的目标,胜似则是翻译大家实现的艺术妙境。例如:

[4]What meanest thou by such trick? Surely thou art mad.

译文A:汝何为恶作剧? 尔非痫当不如是。

译文B:汝干这种疯狂的把戏,于意云何? 汝准是发了疯矣! (钱锺书,2002a:100)

例4,钱锺书(2002a:100-101)认为,哈葛德的原文是"古代英语和近代英语的杂拌""不伦不类的词句",林纾的译文(译文A)是"利落的文言""比哈格德的明爽轻快"。钱氏的译文(译文B)既完整传达了原文意义,又保留了其风趣说法,还按照汉语习惯拆分了原文第一句,很自然地连贯质疑性反问"于意云何?"与感叹性判断"汝准是发了疯矣!"这不仅是原文的"投胎转世",比胜似原文的林译更胜一筹。

二、"极似"的外延

文本的内容和形式互相联系、互相制约,在一定条件下可以互相转化,二者的辩证统一形成风格。因此,全译"极似"的外延包括三个结构层次:形式极似(简称"形似")、内容极似(简称"意似")和风格极似(简称"神似")①。

(一) 形似

形似,本意为"形式、外表上相像",原为中国传统美学术语,指文艺作品的外在特征,后来用为翻译学术语,指译文与原文在语言形式上的极似,是"似"的外在表现,既包括保留原文的语体文体、篇章布局、行文方式等宏观结构,又特指尽可能贴近原文的遣词造句、韵律节奏、修辞手段等微观结构。形似的缺点在于,有时忽略了原文风格,连它的内容也不能真实传达。语义内容是文本的内核,语言形式是文本的外壳,内容决定形式,形式依赖内容。如果在意似的基础上,能追求双语形式的字比句次,就可能再现原文的文本特征,帮助译语读者感受异域风情和理解外来文化。

各民族对语体文体的划分基本一致,全译时通常不改变原文的宏观结构,只需要调整微观形式,即话语的表层结构,包括遣词造句、安排段落、运用修辞等。同一语义内容在不同条件下可以采取不同语言形式,同一语言形式在不同条件下可以表达不同语义内容,单语交际是这样,语际交流更是如此。内容与形式的辩证统一关系表明,没有不借助语言形式的语义内容,也没有不承载语义内容的语言形式,语言形式有时不单纯表达语义内容,而是对再现语义内容起着辅助作用甚至决定性影响。文学作品的全译,必须保留原文的体裁、格式、艺术再现手段等外在形式,否则难以保证再现原文内容;如果过分拘泥于原文形式,必然导致译文因形害义、词不达意,最终损害原文内容。全译中很难实现所有的译文形式跟原文时时处处一致,而只

① 陈西滢曾将翻译比作塑像或画像,提出"形似""意似""神似"三个概念。原文见陈西滢:《论翻译》,《新月》1929年,第2卷第4期(引自罗新璋,1984:403-408)。本书借用这三个概念,但内涵略有不同。

能根据具体文本、结合具体语境、基于原文内容选择恰当的译语表达手段。译文跟原文的形似,归根结底是服从和服务于意似这个基础与核心,否则机械形似的译文只能跟原文貌合神离,导致英汉互译中的一些"假朋友",如:eat one's words≈收回前言,承认错误(≠食言);拖后腿≈hold up(≠pull one's leg);It is a wise father that knows his own child.≈再聪明的父亲也不一定了解自己的孩子。(≠正是聪明的父亲才了解自己的孩子。)

(二)意似

意似,本意为"似是而非",移为翻译学术语,指译文与原文的内容极似,是"似"的内涵和基础。在陈西滢(1984:407)看来,意似要求译者的注意点,"不仅仅是原文里面说的是什么,而是原作者怎样的说出他这什么来"。全译作为一场"保全运动",追求译文与原文的信息极似,首要任务是确保译文尽可能准确完整地转移原文的语义内容,最大程度传达原文的情感信息,帮助译语读者了解原文内容、欣赏异域文化。

内容指文本所表达的一切内在要素的总和,是文本反映的客观现实及其在人脑中形成的认识、感受、评价和态度,包括题材、主题、人物、场景、事件等主客观要素。由于中西文化传承、语言文字、思维方式等方面的差异,原文内容在跨文化交际过程中不可避免地出现遗失,即"译必失",译文跟原文的内容无法等同,只能无限接近。译者通过转移原文内容,帮助译语受众了解域外文化信息,追求意似就有可能实现跨文化交际。因此,译者除了准确把握原文的语义内涵,有时需要摆脱原义语言形式的束缚,取精去粗、得意忘言,适时增补原语受众共享的文化背景知识,创造恰当的译文形式。如:

[5]The man must be designing and cunning, wily and deceitful, a thief and a robber, overreaching the enemy at every point.

(苏格拉底弟子撰野史,记皇子问克敌之道,其父教曰:)"必多谋善诈,兼黠贼与剧盗之能。"(钱锺书,1986:188)

例5,原文中的四个形容词designing、cunning、wily、deceitful若全部译出,必然啰嗦累赘,这就需要进行适当整合;如果合在一起不能准确达意,就需要分开叙述。因此,钱氏在参考翻译时,先介绍相关背景,再合并原文中连用四个近义词造成的重复表述,将其中含糊不清的说法分开叙述(如黠贼和剧盗分别采取"多谋"和"善诈"的不同制胜手段),既精简原文结构,又准确传达意义,实现了译文跟原文形式稍微不同但内容无比接近的意似。

（三）神似

神似,本意为"精神实质上似;极相似",作为中国传统文艺美学术语,它与"形似"相对,指主观与客观的统一、从事物的表象到意象的深化。神与形是一个不可分割的有机统一体,神以形存,形为神体,形神兼备是绘画艺术的定论。傅雷(1984:694)"重神似不重形似"的翻译主张在学术界引起高度重视,并形成"神似论",其实质是神形统一、形神皆似,从翻译实践的角度应该是:"依形写神,以形出神,形神统一"(郑海凌,2000:89)。神似,指译文与原文在风格、神韵上的极似,即钱氏(2002:77)主张的译文"能完全保存原作的风味""为原作的'投胎转世'",亦即陈西滢(1984:407)所言:得到原作者独特的神韵,再现原作者特殊的个性,反映原文特殊的风格。

"风格"最初特指人的风度品格,较早见于《抱朴子》:"其体望高亮,风格方整,接见之者皆肃然。"(王明,1985:332)刘勰将风格挪移为文章的风范格局:"……及陆机断议,亦有锋颖,而〔谀〕腴辞弗剪,颇累文骨:亦各有美,风格存焉。"(周振甫,1986:220)风格后来成为人格品行、绘画艺术的品评用语,并广泛用于文学、艺术、美学论等领域,除了表示人的气度、作风之外(如汉语成语"文如其人"、布封名言"风格即人"、艾青名言"风格就是人品"等),还泛指一个时代、一个民族、一个流派或一个人的文艺作品所表现的创作个性和艺术特色。形成稳定的写作风格必须具备一些条件:主观上,作者由于生活阅历、思想观念、艺术素养、情感态度、人品学识、审美情操的不同,在创作中自觉不自觉地形成区别于他人的相对稳定、显著的个性特征;客观上,创作个性的形成必然受到作者所处的时代、民族、社会、阶级等条件的影响,受到所选择的题材、体裁、形象以及语言、手法等外在因素的制约。

风格作家、艺术家的艺术特色和创作个性,体现在作品的内容和形式诸要素之中,是内容和形式的高度统一。文艺风格因人、因事、因时而异,翻译作为二度创作,其风格也是如此。黑格尔(1979:373)认为,"风格就是服从所用材料的各种条件的一种表现方式,而且它还要适应一定艺术种类的要求和从主题概念生出的规律"。风格的可译性问题与文学作品的不可译因素或抗译性密切相关,在我国一直存在分歧,主要包括风格可译论和风格不可译论两种观点。翻译实践经验和理论发展业已证明,风格可译性的依据至少包括:风格作为优秀作家独特的话语体系,所表达的内容如人物形象、故事情节和环境等是可以翻译的;作家独特的表现手法也是可以翻译的;文学作品的语言本身具有可译性(郑海凌,2000:290-298)。译者虽然不能百分之百地传达原文风格,但可以追求整体的神似,即如西塞罗(Marcus Tullius Cicero)的主张:在翻译中既要保持原文的内容,又要保持原文的形式,这种保持是保留语言的总的风格和力量(谢天振,1999:27)。一般而言,文学翻译除了实现意似,更要追求神似,尽可能做到形神兼备、表里一致;非文学翻译重在意似,形似有时是可遇不可求。既然风格是内容和形式的高度统一,形神兼备是有机统一体,再现原文的风格就必然是基于意似基础上的形似,而内容必须通过形式加以外化。因此,神似的基础和核心是意似,借助手段是形似,体现在微观语言结构上的极似。例如:

[6]A pin has a head,but no hair./A hill has no leg,but has a foot./A watch has hands,but no thumb or finger./A saw has teeth, but it does not eat.

针有头而无发,/山有足而无股,/表有手而无指,/锯有齿不能嗜。
(钱锺书,1986:155)

钱氏为了说明"有名无实之喻",引用英国诗人克里斯蒂娜·罗塞蒂(Christina G.Rossetti)《歌咏》童谣集中的几个例子,例6即为其一。原诗是儿歌,整体结构相当,韵律节奏和谐,表意简洁明了,风格质朴清晰。他基于对原诗内容和形式的把握,充分发挥汉字表意的优势,总体上采取"甲有乙而无丙"的格式,将长短不一的四行诗译成结构更加匀称、音韵更加和谐的汉语儿歌,再创了传达风格、兼备形神的汉语儿歌。汉译朗朗上口,赏心悦目,传达原诗之意,再现原诗之韵,实现对原诗结构的形似和原诗效果的胜似。

第二节　全译求化三位一体原则

全译求化原则是全译实践遵循的标准和全译批评依据的尺度,体现全译行为的本质属性,归根结底取决于全译的定义。全译是"人或/和机器通过对、增、减、移、换、分、合七大策略用乙符转化甲符文化信息以求信息量极似的智能活动和符际活动"(黄忠廉、袁湘生,2017),译者要在乙语中保留或改换甲语的形式来转移其内容、再现其价值,体现"去痕存味"的求化要求,就必须遵循全译的内在规律——"极似律"。全译以小句为中枢单位,而小句集语表形式、语里意义和语用价值于一身,三者构成了全译三个阶段的周转要素,全译中的"一意多言"式矛盾也体现在这三者之间,因此必须遵循语用价值优先、语里意义次之、语表形式第三的三位一体原则(余承法,2014),分别反映神似、意似、形似三个结构上的内在规律,体现在译味、译意、译字三个层面上的译艺追求。就重要性或结构层次言,神似＞意似＞形似。意似是求真,是极似的基础和内涵,是译文必须首先达到的最基本层次;形似是造美,是对意似的补充和外化,是译文可遇不可求的更高层次;神似是译文求真和造美的结晶,基于意似又寓于形似,居于统帅地位,是译艺追求的最高层次。因此,全译求化遵循以语用价值为关键和核心、语里意义为基础和前提、语表形式为结果和外化的三位一体原则:理解原语时,从其语表形式把握语里意义,包括词汇意义、语法意义、逻辑意义,通过语里意义进一步挖掘原文的语用价值以及原作者的交际意图,再将语用价值从语表形式中剥离出来,求得原文在修辞、语境和文化中反映的风格;语际转化时,一方面将原文的语里意义在译语中进行恰当转移,追求词汇、语法、逻辑、形象等不同层次的极似,另一方面通过修辞值、语境值、文化值的转换,实现译文跟原文的风格极似;表达译语时,或者从语用价值驱动语里意义,再由语里意义决定语表形式,或者直接从语里意义决定语表形式,再附之以语用价值,从而实现译文语表形式的成型与成活。

一、语用价值优先准则

语用价值是指文本的组词造句、成段谋篇等外在语言形式所体现或蕴含的价值,可简称为"语值"或"值",包括因不同的文化背景、具体语境和修辞手段而产生的相应价值,分别称为文化值、语境值和修辞值。语用价值优先准则,指译文与原文之间的语用价值极似在全译三要素中居于统帅和主导地位,是译者必须首先考虑的因素。全译的首要目的是化解译文与原文之间的"一意多言"式矛盾,尽可能准确完整地传达原文语义内容及其作者的意图,尽可能实现译文跟原文在语言表达形式上的极似,但不能为了追求形似而因形损义、添义、害义或变义,必须尽可能追求在意似和形似高度统一基础上的神似。全译的终极目的是通过缔结文字、文学、文化因缘,实现语言壁垒的凿通和人类文化的互文,因此再现原文的语用价值成为译者必须遵循的第一准则,也是文学翻译中的较高准则。由于文化差异、时空变迁、修辞手段等各种因素,原文的语用价值可能在译语中发生细微变化,呈现不尽相同的文化值、语境值和修辞值,但译者必须尽可能把握原文体现的

文化精华、理解其语义内涵,将自己的所解、所得、所感融入译语文化,根据具体语境选择恰当、规范的译语表达形式。如:

[1](《世说·文学第四》记褚季野云:"北人学问,渊综广博。"孙安国答:"南人学问,清通简要。"支道林曰:"圣贤固所忘言。自中人以还,北人看书如显处视月,南人学问如牖中窥日。")历来引用的人只知道"牖中窥日"仿佛"管中窥豹",误解支道林为襃北贬南;……(钱锺书,2002a:10-11)

Generations of people, in citing this extract, have merely understood the phrase "peering at the sun through a window" as meaning something akin to the saying "looking at a spot in a leopard's skin through a bamboo tube" (*guanzhong kui bao* 管中窥豹—that is, to have only a partial view of something), and have thus misconstrued Zhi Daolin as intending praise for Northerners and disapprobation of Southerners. (Qian, 2014:46)

例1,原文中"管中窥豹"是来自《世说新语·方正》中的一个成语,日常使用中并非简单传达其字面意思"通过竹管的小孔来看豹,只看到豹身上的一块斑纹",而是揭示比喻意义和文化内涵:"只看到事物的一小部分",通常与"可见一斑"连用。英译这个文化负载词时,音译只能让英美读者一筹莫展,直译可能让他们一知半解,无法领悟这个成语蕴含的文化值。鉴于此,精通汉语的新西兰汉学家邓肯(Duncan M.Campbell)通过直译加注的形式,在注释中保留拼音和汉字,并借助意译传达其比喻意义,以帮助英美读者准确了解该成语的字面义和比喻义,并提醒他们注意该成语有深刻的文化内涵。虽然英译的形式不够简洁,但为了遵循语用价值优先准则,译文跟原文的神似应该成为译者优先考虑的因素,形似只能退而求其次。译者增添的音译和意译正好实现了钱锺书(2002a:11)引用这个典故希冀传达的意图:"支道林是仲裁者讲公道话。孙、褚分举南、北,'学问'各有长处,支承认这些长处,而指出它们也各有流弊……"

二、语里意义次之准则

语里意义是指文本的语言形式所表达的信息内容,是人们对客观世界的认识或客观世界在人们头脑中的反映,可简称为"语里"或"里"。文本的表达形式包括音位/字位、词素、单词、短语、小句、复句、句群、段落、章/节、篇/书等语言单位,其语里意义相应地分为音位/字位义、词素义、单词义、短语义、小句义、复句义、句群义、段落义、章/节义、篇/书义等。语里意义次之准则,是指译者在完整再现原文语用价值的同时,需要考虑如何准确传达其语里意义,确保译文跟原文在神似统领之下的意似。原文语用价值在译语中的再现通常以准确传递语义内容为前提和基础,这在非文学翻译中更加突出,因为文体风格大多平实,实现意似即可追求神似,即风格极似,因此语里意义是译者遵循的第二准则,也是全译行为中的"保底"准则。单语内部的形义之间并非总是一一对应,语际转换中更是存在"一意多言"式矛盾,甚至文化冲突。为了解决双语之间的形义矛盾,追求译文与原文的意似,译者有时必须变换原文的语言形式,包括采用增添、减省、移位、变换、重组等手段,不能因固守形似导致译文出现因形害义、词不达意、言不尽意等情况。例如:

[2]尽日寻春不见春,　　All day long I looked vainly for a sign of Spring,

　　芒鞋踏遍陇头云。　　My grass shoes raising clouds from the dust of all fields.

　　归来笑拈梅花嗅,　　*Returning home*, I smilingly pick a plum-blossom and sniff it,

　　春在枝头已十分。　　And lo! *Here* on the spring is Spring in its fullness.

　　（罗大经,2009:209）　　（钱锺书,2005:364）

例 2,原诗借寻春咏梅来譬喻悟道参禅,历来为世人称道。钱氏加以引用并采取"以诗译诗",用第一人称手法再现僧尼悟道的过程和结果,没有机械照搬其结构和格律,没有跟随原诗的诗行,没有简单重复"寻春不见春"中的"春",没有保留"不见""踏遍""归来""笑"四个动词(短语),而是做了灵活的非谓语处理,只保留了"寻"(looked for)、"拈"(pick)、"嗅"(sniff)三个谓语动词,增添的 and lo 看似无中生有,实则在把握原诗意境和语义的基础上突出僧尼悟道之后的喜悦之情。钱氏追求译诗跟原诗的意似,但没有刻意追求形似,在译诗中对 returning home 和 here 采用斜体,既遵循了全译中的语里意义次之准则,也达到了引用该诗的目的:与西方人对"家"的感受形成对比,强调"家不在彼处,而在此处"(the home is not *there*, but *here*)。

三、语表形式第三准则

语表形式是指文本具备的外在表达形式,包括声音和文字,可简称为"语表"或"表"。在全译活动的三要素,即语表形式、语里意义、语用价值中,译文语表的选择取决于原文语义的传递,归根结底由原文语值决定,因此处于最次要地位,成为译者遵循的第三准则。每种语言都有其独特的文字系统,表意文字和拼音文字的对应关系相对较少;每个文本,大到书/文结构的安排,小到标点符号的选择,都有作者精心安排的语表形式,但无论译者多么匠心独运,都很难做到双语形式相同或对应。即使是作者自译作品,也存在或多或少的差异,如钱氏的英汉双语演讲稿"Classical Literary Scholarship in Modern China"与《古典文学研究与现代中国》、"The Mutual Illumination of Italian and Chinese Literature:A Big Theme, Some Small Instances"与《意中文学的互相照明:一个大题目,几个小例子》等,并非完全对应。译者若能在以神似为主导、意似为基础的前提下,追求译文与原文的形似,可能实现三似兼备、三全其美的理想境界。否则,译者只能退而求其次,考虑到再现原文语用价值、保存其语里意义的需要,对原文的语表形式进行变形、借形乃至舍形,真正做到"去痕存味"。例如:

[3](There are bound to be numerous such instances awaiting notice and demanding explanation.)They all reward study and can more or less contribute to the mutual illumination of our two national literatures, an illumination certainly different from "l'illuminazione di Prete Cuio che con di molti lumi facea buio".(钱锺书,2005:408)

(这类例子一定很多,都等待发现,需要解释。)它们很值得研究,都多多少少有助于意中文学家的"互相照明"。我相信这种照明绝不至于像你们的俏皮谚语所谓:"傻和尚点灯,愈多愈不明。"(l'illuminazione di Prete Cuio che con di molti lumi facea buio)(钱锺书,2002b:177)

例3为钱锺书在欧洲研究中国协会第26次会议上所做的关于"意中文学的互相照明"的英文演讲稿及其汉译。由于两个文稿发布的时间、地点、受众不同,处理方式有所区别:汉译将原文单句一分为二,先指明这些例子的作用,然后给出相应评论("我相信……"),这符合中国听众的接受习惯;汉译还将英语原稿中的 our two national literatures(旨在尽量与现场听众拉近距离)明晰化为"意中文学家"(帮助中国听众明白所指);英文稿直接引用意大利谚语,汉译则增添相应的背景信息("你们的俏皮谚语"),并在译文后保留意大利语原文。因此,钱氏为了再现英文稿的语用价值,同时满足中国受众的期待视野,准确传达英文稿的信息内容,汉译时做了上述灵活处理,而不是机械追求"形似",因为形式最终服务于内容,形式和内容的有机统一是为了再现原文的风格。

第四章　全译求化单一机制论

全译求化机制,指人和/或机器因原文语用价值再现和语里意义传达之需,对原文的语表形式进行数量增减、位置移动、方式变换、结构分合时遵循的原则、执行的程序、运用的策略、采取的手段方法之间相互联系、相互作用的行为,包括单一机制和组合机制。全译求化单一机制是针对某一语言单位、围绕一种求化手段、侧重一种求化方法所运用的机制,包括七种:等化机制追求译文和原文的语表对应、语里相符、语值趋同;繁化机制指在译文中适当增添原文中省略或若无的语表形式;简化机制指在译文中酌情删减原文繁冗的语表形式;移化机制指在译文中适时移动原文的语表形式;换化机制指对原文的语表形式进行恰当互换,分化机制指在译文中对原文的句法结构进行合理拆分;合化机制指在译文中对原文的句法结构进行恰当合并。

第一节　等化机制

等化机制作为一种全译求化单一机制,遵循全译求化三位一体原则,执行"表对里等值同"的操作法则,追求译文与原文的语表形式对应、语里意义对等、语用价值趋同,根据操作单位分为五种类型:单词等化、短语等化、小句等化、复句等化和句群等化。小单位等化是大单位等化的前提和基础,大单位等化是小单位等化的继续和结果,因此后者比前者的要求更高、难度更大、频率更低。

一、等化机制的内涵

（一）"等化"的由来

1.国内有关"对译""等化"术语的考察

自有翻译活动以来,就存在形式的对应或对等,最早可追溯到东晋道安:"遂案本而传,不令有损言游字;时改倒句,余尽实录也。"(道安,1984:26)随着人们对直译、意译的深入认识,逐渐出现更具体的翻译技巧,如逐字翻译、依字直译、字字对译、机械翻译、死译、硬译等。中国知网中,"对译"一词最早见于1979年(熊之华,1979;刘宝银,1979),以"对译"为篇名的论文531篇(截至2018年12月31日),但多为"翻译""互译"的同义词,探讨汉外、汉语同民族语言之间以及汉语中文白、普方之间的翻译,较多定位于词汇层级,较少涉及短语及更大单位。对译作为一种翻译方法或技巧,有时被理解为对等翻译、对照翻译、对应(照译)、顺译,有时被当作死译、硬译而招致诟病。

近年来,国内翻译界将对译纳入全译方法体系,进行了一些积极探讨。黄忠廉(2009:41-42)等将"对译"定义为"典型的直译,指句内语言单位逐项对换式的全译方法",根据运用频率依次排序为:词对译＞语对译＞句对译。贾明秀(2012)结合俄汉全译实践,建立了单位齐全、种类丰富的对译方法体系,分析了对译的语言学、逻辑学和美学理据。黄忠廉、贾明秀(2013)从语形学、语义学、语用学三个角度剖析对译的本质属性,总结其术语化过程。笔者(2014:27-48)将对译方法分为单词、短语、小句、复句、句群五个层级的技巧,进一步澄清学界的误解,探究了对译的内涵、外延、价值、原因和类型,将其纳入全译方法论体系。

"等化"作为译学概念为许渊冲首倡。他最初提出浅化、等化、深化的"三化"翻译标准(许渊冲,1984:26),后来将"三化"界定为文学翻译的方法论,指出"三化"发展了钱锺书的"化境说"。他认为,等化指译文与原文的表层几乎相等,包括形似和意似的对等,以及各种转换类别;"等化论"包括西方流行的对等、等值、等效之类的"等X"理论(许渊冲,2005)。张智中(2005)将等化视为介于归化和异化之间的第三种翻译策略;何红斌(2005)认为等化等同于归化或概念对译;党争胜(2008)、邓东亮(2010)将许渊冲"三化论"作为赏析诗歌英译的标准。总体而言,"等化"概念的内涵不清、外延不明,多数研究停留在实践操作层面,很少进行学理层面的思考。

2.国外有关"对应""对等"研究的回顾

由于固有的亲缘关系和相同的文化背景,西方语言在形式上对应、对等的概率远远高于汉外语言。尽管如此,literal translation(直译、字面翻译)是"许多世纪以来大部分翻译论争的焦点,或得到坚定捍卫,或遭到猛烈攻击"(Shuttleworth & Cowie,2004:95)。与之相同的术语是 literalism(字面译法、直译法),适用于特定文本(如法律文本)的翻译,但在文学作品中受到一些批评,如斯坦纳(George Steiner)指出:"'字面译法',或德莱顿(John Dryden)所谓的'词译',绝不是最明显、最基本的翻译模式,实际上也最难做到。"(Steiner,2001:324)直译的极端形式就是西方学者提出的 word-for-word translation、word-by-word translation(逐词翻译),即将每个原文单词都替代为译文单词,而不考虑词序等语法因素。维内和达贝尔内(Vinay & Darbelnet,1995:33)认为"逐词翻译是将原文直接移到语法正确、表达地道的译文";费奥多洛夫(А.В.Фёдоров)将逐词翻译与形式主义视为同一概念(吴克礼,2006:217),等等。

西方的 equivalence(对等)既是翻译理论的核心问题,也是一个颇有争议的概念。卡特福德(John C.Catford)、奈达和泰伯(Eugene A.Nida & Charles R.Taber)、图里(Gideon Toury)、皮姆(Anthony Pym)、科勒(Werner Koller)等支持或赞成翻译对等(Baker,2001:77);霍尔姆斯(James S. Holmes,2007:53-64)、凡·登·布洛克(Raymon van den Broeck,1978:29-47)、斯内尔-霍恩比(Mary Snell-Hornby,1988:21)等进行质疑或否定;也有学者采取中间道路,如贝克(Mona Baker,1996:5-6)认为使用这个概念是为了图方便,因为大多数译者业已习惯。还有学者提出对等类型学,如卡特福德(1965:25)将翻译对等分为文本对等和形式对应,奈达提出了颇有影响的形式对等和动态对等,凯德(Otto Kade,1968)划分了完全(一对一)、兼容(一对多)、近似(整体对部分)、零度(一对零)等类型的翻译对等,贝克将从词汇、语法、文本、语用以及伦理、道德层面探讨对等,波波维奇(Anton Popovič,1975)从语言、范式、文体、文本等层面研究对等。也有学者重新解释对等的含义,如:图里(Toury,1980:39)认为对等是一个经验范畴和理论术语,"从译文的角度考虑,对等不是一个假定的要求,而是一种经验事实,如同译文自身","对等表明译文和原文之间一种抽象的、理想的关系或关系范畴";赖斯和弗米尔(Katharina Reiss & Hans J.Vermeer,1984)认为原文并没有明显特征需要保留在翻译过程中,从功能和交际效果将对等解释为"原文和译文具有相同交际功能的情况";皮姆(Pym,2010:47)从交换价值的角度重新定义对等:"表达为原文和译文之间的一种关系,确定于译者作为沉默交易者的某一特定中心"。

综上所述,"对应""对译""对等"概念在中西译学界的范畴模糊,内涵不清,外延宽泛,有必要进行重新审视。

(二) 等化机制的界定

我们根据黄忠廉等(2009:232-253)提出的"两个三角"的翻译研究思

路,考察表、里、值、语、思、文六个视角之后发现:等化不是一种单纯的全译方法或策略,而是一种全译求化单一机制。定义如下:等化机制(英译为equalization),即等而化之,指译者为了实现译文与原文的语用价值趋同和语里意义对等,对双语的语表形式逐一对应时采取的一系列相互联系和相互作用的程序、策略、手段和方法的行为。等化机制的突出特征在于:译文与原文能够互相回译,语言形式上逐一对应,语义内容上等量代换,语用效果上异曲同工。等化机制执行"表对里等值同"的操作法则,运用直译策略、采用对等手段、选择对译方法,在以语用价值趋同为追求核心、语里意义对等为实现基础的同时,寻求译文和原文的语表形式对应。

1.语表对应是确立等化机制的外在前提

全译中的语表形式是指两种语言的外在形式,可视具体情况简称为"语表"式"表",分为声音形式(语音)、拼写形式(文字)及其结构组织,就文字而言,包括单词、短语、小句、复句、句群等基本语言单位的组合、变换和各种语法手段。由于东西方的思维方式、文化传统、价值观念、风土人情等存在巨大差异,汉英两种语言文字系统在构词、成句、组段、谋篇等方面不尽相同,很难实现译文跟原文的表达形式相同,有时即使形式相同,但内容有别,这是确立等化机制时面临的一大挑战。译者为了追求译文与原文的风格似或神似,有时必须做到词句对应的形似,并实现基于形似的意似,因为"假使体貌算是外表,性格算是内容,那末,表情就抵内外词意融通一贯的文章风格(style)"(钱锺书,2002b:129)。为此,译者必须保留原文的某些习惯用法或特殊结构,采用相同或相似的文化意象、修辞手段,寻求两个文本在基本语言单位上的对应,双语单位不仅仅逐一匹配,而且在双语中的结构排列完全相同,同时确保译文为听读者理解和接受。

语表对应,指译文和原文的语言单位数量相同、语序一致,这是等化机制确立的一个必要条件,语值趋同、语里对等是另外两个必要条件。只有三个必要条件同时具备,等化机制才能确立。若译文跟原文没有语表对应,则不是等化译文,只有语表对应,也不一定是等化译文,还要考虑译文与原文在意义表达、手段运用、效果实现等方面是否一致。词汇层级的"假朋友"、句子层级的欧化汉语或中式英语、修辞层面的貌合神离等,都不是真正意义上的全译,就更谈不上等化译文。等化机制对双语语表的要求体现在:语言单位上,不增不减,增之太长,减之太短;语序表达上,不移不换,移之失味,换之走调;句法结构上,不分不合,分之增义,合之损义。如:

　　试译：太多庖人会败羹。

　　例1，钱氏在论证如何把握"长""短"与"太长""太短"时，引用中外谚语加以佐证。英谚和法谚的语表对应、语里对等，德谚虽然少了副词 auch（太），但在语里上与英谚、法谚"词旨相等，有'太'不为增，无'太'不为减焉"（钱锺书，1986:872），属于绝对等化。汉译与英法德三语原文在语里上完全一致，但语序不同，增加的连词"则"将原文单句变成了译文复句，属于相对等化。这也说明汉语与西方语言之间语表对应的概率较低。试译稍做调整，保留了与原文一致的偏正结构"（太）多庖人"，去掉了连词"则"，恢复了原文的单句结构，读来顺畅自如，是典型的等化译文。

　　2.语里对等是确立等化机制的内在基础

　　全译中的语里意义指原语和译语的语表形式所表达的信息内容和反映的隐含关系，可根据具体的表达需要简称为"语里"或"里"。概言之，语里意义包括单词、短语、小句、复句、句群等基本语言单位的意义。具言之，单词意义包括语汇意义（概念意义和附加意义）和语法意义（结构意义、功能意义和表述意义），小句意义指小句成分之间的结构关系（主谓、动宾、偏正等）、施受关系（施事、受事、用事等）和意向关系，复句和句群的意义包括复句中小句之间、句群中句子之间的语法意义和逻辑意义。追求原文内容之真、传达原文意义之实是译者的天职，这既是好译文的首要条件，也是确立等化机制的内在基础。语里对等不仅体现在译文跟原文的语言单位之间不增不减的逐一对应，还要确保译文传意准确完整，表达自然通顺，为译文读者所喜闻乐见。例2，汉译标题跟英语书名的语形对应、语义对等，甚至连小品词 to 和连词 and 也一一对应，整体和局部上都吻合原文的口语风格。

　　［2］*How to Gain a Husband and Keep Him*

　　《怎样去获得丈夫而且守住他》(钱锺书，1991:42)

3.语值趋同是确立等化机制的核心要素

全译中的语用价值是双语的语表形式和语里意义相结合而产生的语用效果和交际价值,可结合具体表达需要简称为"语值"或"值",包括三种:修辞值,指修辞手段产生的特定修辞效果;语境值,指某种语言环境中产生的特定隐含意义;文化值,指语表形式和语里意义反映的特定文化内涵。原文跨越时空之后,在译语世界中可能发生不同程度的变化,语表可能变形,语里可能增损,语值可能偏离,这时译者以原文读者、译文创作者兼读者和批评者的多重身份穿梭于两个文本、两种语言文化、两种世界之中,努力实现两个文本的语值趋同,"虽不相同,可以相当"(钱锺书,2002b:118),这是遵循全译求化的语值优先准则,是等化机制的核心。如果两个文本的语表对应、语里对等,但没有实现语值趋同,尤其是在文学翻译中,很难同时保留原文的形貌和神韵,这不能算作合格的等化译文。例如:

[3]穆勒曾把"痛苦的苏格拉底"和"快乐的猪"比较。(钱锺书,2002b:21)

原译:John Stuart Mill likened"Socrates on the rack"to"a pig content".(Qian,2010:44)

试译:Mill once compared"painful Socrates"to"a content pig"。

例3,原文中的"穆勒""痛苦的苏格拉底""快乐的猪"是钱氏译自英文的表述,英译时直接回译,以便再现原文特定的语境值和文化值。将"比较"译成 likened...to...能准确传达原文语义,也符合穆勒打比方时的初衷。试译跟原文在语形上一一对应、语义上完全对等,也能为英语读者接受,但在再现语值方面跟原译比略输文采。

(三) 等化机制的外延

等化作为一种全译求化单一机制,是兼具理论建构和实践运用的实践论范畴,既有别于西方译论范畴中的"等值论""等效论",也不同于实践操作中的直译策略,更不是硬译、死译等非译现象。

1.等化机制≠"等 X 论"

西方学者提出的"等值""等效""等 X"属于本体论范畴,讨论翻译的本质、标准等理论问题,很少涉及实践操作层面,来源于具有亲缘关系的印欧语言,忽视了汉语与西方语言之间的非对等关系。等值论以费道罗夫和卡特福德为代表,从语言学角度研究文本之间的对等,包括形式、内容、意象、风格等方面;等效论以奈达为代表,从交际学角度探讨译文和原文的效果对等,强调译文读者对译文的反应等同于原文读者跟原文的反应。

西方学者近年重新审视"等值"一词,纽马克(Newmark,2001:X)认为应该抛弃包括"翻译等值"在内的一些概念,因为它们过于关注理论,或者表述过于随意。有人提出采用一些较弱的替换概念,如 similarity(相似)、analogy(类似)、correspondence(对应)(Hermans,1991:155-169),这三个单词正好符合全译极似律。等化作为追求译文与原文在"表-里-值"小三角上极似的单一机制,源于实践又可应用于实践,属于实践论范畴,同时也进行理论探索。由于汉外之间的非亲缘关系,追求译文跟原文的语形对应、语里相等、语值趋同,既从微观的语言层面着手,又要上升到宏观的文化层面考察,比等值论、等效论要求更高、难度更大、概率更低。就此而言,许渊冲(2005)认为他的"等化论"包含"等 X 论",有一定道理。对等化机制的深入探究,既可直观考察汉语不同于西方语言的个性,又可验证"等 X"理论在汉外互译中的相对可能性。

2.等化机制≠直译策略

从名称上可以看出,等化机制和直译策略属于不同范畴。等化是一种全译求化单一机制,是上位概念,下辖一系列程序、手段、策略、方法、技巧等,侧重实践操作,也进行理论提升和系统建构。直译是一种全译策略,是下位概念,更加关注实践操作,可提升为方法论。换言之,等化机制可以下移为直译策略,但直译策略难以提升到等化机制。等化机制要求将原文信息逐一移植到译语之中,基于双语结构和概念上的双重平行,直译策略通常只要求译文跟原文整体上对应,有时需要做局部调整,如定语、状语的移位。因此,等化机制比直译策略的要求更严、难度更大、内涵更丰、外延更窄。例如:

[4]And Abner said to Joab,"Let the young men arise and play before us."

原译:押尼珥对约押说:"让少年人起来,在我们面前戏耍罢。"(钱锺书,1986:196)

试译:于是押尼珥言于约押:"让少年人起来耍于吾面。"

例4,钱氏引用《圣经》中的一句佐证《左传》中"戏勿胜"的道理。原译属于典型的直译,既再现了原文语值,又传达了语里,整体上保留了语表,几乎跟原文字词对应,但减译了连词 and,微调整了两处语序:said to Joab(对约押说)和 play before us(在我们面前戏耍)。这一语序调整使得译文不属于严格意义上的等化。鉴于古汉语与英语在语序上的某些相似,可用古汉语对原文等而化之,如试译。

既然等化机制有别于直译策略,它跟走向直译极端的硬译、死译不可同日而语,因为硬译、死译虽然做到了两个文本的语表对应,但语法不通,语义不明,更谈不上语值再现,貌似"译",实则非"译"。需要指出的是,许渊冲主张的各种对等和互换涵盖了所有的全译求化单一机制,不属于本书界定的等化范畴。

二、等化机制的理据

等化机制基于可译论:不仅意义传达是可能的,而且形式对等是可行的。正如钱锺书(1986:1367)在发掘翻译史料时引用纪昀所言:"自其同者言之,则殊方绝域,有不同之文字,而无不同之性情,亦无不同之义理,虽宛转重译,而义皆可明。"从"表-里-值"小三角考察,等化机制的运用理据在于:顺应原文的语值、语里和语表,化生译文的语表,符合语言实践的相似律。两个文本的"表-里-值"构成两个相似三角形,实现表里如一、里值再现、值里驱动语表的成型与成活,以及表-里-值之间的循环互动,原文中:语表→语里→语值→语里→语表,译文中:语值→语里→语表→语里→语值。既然等化机制确立的核心和基础是译文跟原文的语值趋同、语里对等,如果:原文$_{语值}$≈译文$_{语值}$,原文$_{语里}$≈译文$_{语里}$,那么:原文$_{语表}$≈译文$_{语表}$,这不仅是可能的,而且是必需的。从"语-思-文"大三角考察,等化机制的运用理据在于:原文和译文各自具有同构的思维流程,原文和译文同构的思维流程要求相同或近似的语表形式,原文和译文具有语言兼容性和文化互文性。

(一) 原文和译文各自具有同构的思维流程

等化机制要求译文与原文在语值、语里和语表三个角度完全对应,不但要求译文采用跟原文相同的语言形式、艺术手法、表达手段,而且要求译文表达跟原文相同或近似的内容、形象、意象和情感,最终确保译文读者对译文的美学体验等同或近似于跟原文读者对原文的美学体验。汉外全译中,原文$_{表层结构}$≠译文$_{深层结构}$,但原文$_{深层结构}$=译文$_{深层结构}$。当汉英语言各自都有同构的思维流程时(这在印欧语言中更加普遍),表层结构与深层结构一致,反过来会推进思维流程从表层向深层的"渐进式同构"。这时,单词/短语、小句、复句/句群等语言单位分别与概念、判断和推理等思维单位形成对应,言语表达序列反映大脑思维流程,大脑思维流程映射言语表达,即:原文_{表层结构}＝原文_{深层结构}，原文_{表层结构}＝原文_{深层结构}，经过等量代换可知：原文_{表层结构}＝译文_{表层结构}，等化机制应运而成。汉英通常都是顺向思维的因果关系，表现为由因导果的线性语言表达，汉语用"因为……所以……"结构的因果复句，英语用"because/since/as 引导的原因状语从句＋主句"的主从复合句，或者用 and/for 连接的表因果关系的并列句；两种语言有时也有逆向思维的因果关系，表现为执果索因的反向语言表达，汉语用"（之所以……）是因为……"结构的因果复句，英语用"主句＋because/since/as 引导的后置原因状语从句"之类的因果复句，以及"That is because..."和"The reason why... is/was..."之类的句式。

（二）原文和译文同构的思维顺序要求相同或近似的语表形式

人们对翻译尤其是全译的各种见解都基于一种假设：人类面对相同的世界，有着类似的经验，思维具有一致性，认识形式带有普遍性，不同民族表达思想的语言在形式结构和生成机制方面也有一定的相似性（许钧，2003:8－9）。这就构成人类在基本物质方面能够求同化异的基础，是全译可行性的前提，更是等化机制的重要理据。奈达正是从乔姆斯基的语言共性理论中找到了翻译等值的理论支持，用核心句作为语言转化的基本单位，并指出："……句子命题顺序多半会像时间顺序，即与时间顺序保持同构关系。"（见谭载喜，1999:146）人类在认识自然和社会方面具有共性，在反映客观事物和主观认识时可能采取相同的观察视角，运用相同的思维流程，借助对等概念做出相同或相似的判断和推理，最终找到相同的解决办法，用来表达同构思维顺序的言语单位在组合层次和顺序上会形成一种对应，如《淮南子》中"百川归海而海不盈"与《圣经》中"All the rivers run into the sea, yet the sea is not full"存在异曲同工之妙。汉英双语词典和翻译教材中，同一译例标明汉译英或英译汉，这可能由于编者没有仔细核对用例来源，同时也表明：东西方对于某些同构的思维顺序导致相同的表达顺序，往往出现惊人相似或高度互文。汉外互译中的等化译文常见于谚语、格言、警句之中，如：spare a rod, spoil a child——省下了棍子，宠坏了孩子；money is the root of all evils——金钱是万恶之源。

（三）原文和译文具有语言兼容性和文化互文性

汉外语言在时间上前后相继，空间上异方殊域，表达形式上千差万别，文化内涵上相异或相斥，但表面差异并不能掩盖相似的实质。钱氏提出的"东海西海，心理攸同；南学北学，道术未裂"可看作现代文化中介的箴言

(Mo,2015:317)。在中西文化交流史上,儒教和佛教文化具有一定的互文性;在文化多元主义的全球化时代,中西在学科、流派、科学、技术等方面存在兼容,文学叙述不仅采用相同或相似的神话、传说、意象、模式,而且还用相同或近似的遣词造句和布局谋篇。在这种背景下,汉外互译实践中运用等化机制具备天时、地利、人和的优势。汉语的"好久不见"跟英语的 long time no see 如出一辙;译者既可向汉语输入新奇的谚语"罗马不是一日建成的",也可向英语输入"good good study,day day up"之类的中式英语以及"One Country,Two Systems"之类的中国特色英语。随着时间的推移,原语中特殊的表达方式,经过个别译者的等化处理,以新奇的言语形式引入译语,在译语世界逐渐被接受和认可,使得两个文本在语言上兼容、文化上互文。因此,个别成功的等化案例得以推广,由个体走向集体,由区域走向全局,由共时成为历时,最终可能实现语言墙壁的凿通和人类文化的互文。

三、等化机制的类型

根据语表对应的程度和顺序,等化机制分为绝对等化和相对等化:绝对等化指译文和原文在语里对等、语值趋同的前提下,完全做到字比句次、互相回译而不见译痕;相对等化指译文和原文在语里对等、语值趋同的前提下,对原文形式稍做调整,采用译语中可接受的语表形式。换言之,相对等化可实现译文与原文相应单位的一一对应,但语序稍有调整,涉及单词和短语层级的移位,这不是严格上的等化,而是本章第四节将讨论的移化。例如:

[5]The ring on the fingers is a ring in the nose.
戴指之环即亦拴鼻之环耳。(钱锺书,1986:782)

例5,译文和原文整体上都是采取 SVC 结构,而且小句成分都形成一一对应,但原文的介词短语 on the fingers 和 in the nose 为后置定语,译文按照汉语表达规范调整为前置定语,涉及定语的移位,属于相对等化。严格来说,这是移化机制中的短语移化。为统一起见,本书提及的等化通常指绝对等化。

根据操作的基本单位,等化机制可分为五种类型即单词等化、短语等化、小句等化、复句等化、句群等化,执行从小到大、从低到高的操作程序,先进行单词等化,再依次进行短语等化和小句等化,最后在小句等化的基础上,实现复句等化甚至句群等化。运用频率依次递减:单词等化>短语等化

＞小句等化＞复句等化＞句群等化。

（一）单词等化

单词等化，指译文与原文在词汇层级的等化，这是最典型、最简单的等化类型，是其他层级等化的前提和基础。单词等化在词典编纂中运用普遍，是属于脱离上下文语境的等化情况。单词只有入句才能确定词序、显示词类、区分词性、明确词义，有时需要借助大单位如句群、语篇等，甚至放在更大的语言文化环境之中。既然"单词"或 word 是音、形、义结合在一起的最小语言单位，单词等化就可采取对译方法，包括音对、形对、义对，其中义译是单词对译的核心和主体，是信息传达的最佳方式和主要途径，只有在词汇空缺、文化信息或意象缺省的情况下才考虑音对，即如梁启超（1984:16）的主张："有义可译则译义，义不可译乃译音，此不易之法也。"无法传达原词的意义或借音表义时，也可考虑保留其特定的形式，即采取形对。

1.义对

义对，即义译，指译文与原文的单词在意义上的对应，是单词等化的首选。胡以鲁（1984:21－32）针对从西方引进的新名词，曾提出二十条义译原则。义对除了用于大部分普通名词，还用于一些常见的动词、形容词、副词、数词、代词，如山——mountain/hill，走——walk，高——high/tall，这些词在汉英互译实践和英汉双解词典中都可以进行回译。

由于语言中存在较多一词多义、同义/近义、反义、上下义等现象，原语的词义在译语中可能是一对一、一对多、多对多，如：工作——job、work、profession、occupation，工作、职业、职位——job，工作、职业、职位——job、work、profession、occupation。在具体的上下文语境中，词的内涵更丰、外延更窄，通常情况形成单一、明确、具体的意义，因而全译实践中的义对大多采取一对一。如：在《朗文当代高级英语辞典》（英英·英汉双解）（第 4 版）涉及 job 的 18 个例句（第 1220 页）中，15 例译成"工作"，另外 3 例分别译成"职位""饭碗""职业"，即：offer you the job——把这个职位给你，lose your job——丢饭碗，have a part-time job——兼职。

2.音对

音对，即音译，指译文与原文的单词在声音上的对应，是以转写拼音代替传达意义的全译方法。玄奘最早提出译名的"五不翻"原则：秘密故，含多义故，此无故，顺古故，生善故。换言之，神秘语、多义词、中国没有的物名、久已通行的音译以及为宣扬佛教需要的场合需要采取音译（陈福康，2010:29）。胡以鲁（1984:21－32）虽然主张义译，但认为必要时还得音译适用于音译的专名包括：人名、地名、官号、"无义可译"的鸟兽草木和金石化学之名、理学之名、机械之属、玄学多义之名、宗教神秘之名以及历史、民族和时代特有之名等。除专名之外，形式空缺、语义缺失、内涵独特、意象缺省的单词，以及某些新词新语、新造术语，一时难以传达其义，只能借用其音，如：风水——*fengshui*，胡同——*hutong*，Lekima——利奇马（2019 年 9 号台风）。

音译在印欧语系之间表现为原词借用，包括：人名（如 Shakespeare）、地名（如 London）的借用、新名词的通用（如 COVID‑19），这时既借音又借形，即"音从主人，形亦随主便"。音译在汉译外中用汉语拼音转写汉字，如大妈——*dama*，土豪——*tuhao*，外译汉时则用汉字切外语单词的音，如 logic——逻辑，sauna——桑拿，即"音从主人，形随客便"。一方面，音译有四大好处，即不滥、持久、竞争、新造生词（朱自清，1984：47‑49），还可以保留原语特有的词汇表达、文化意象和文化内涵，给译语受众带来直观的听觉信息、真切的异国情调、原汁的异域文化，也可以避免因义译造成的译文拖沓冗长、不知所云，如"太极"的音译 *taiji* 比意译 shadow boxing 更为英美人接受。另一方面，音译只是传达原词的音符，不能揭示其意义，有时读者不能顾名思义，不便理解和记忆，因此一些先前的音译术语被后起的义译术语所取代，如："德谟克拉西""赛恩斯"分别被替换为"民主""科学"。汉语中同音字多，方言土语各异，海峡两岸四地的发音不尽相同，如 Venuti 至少有"韦努蒂""文努迪""韦努狄"三个中文译名。因此，音译可能只是权宜之计，有时需要借助注释，如：钱锺书（1986：1‑3）将 Aufheben 音译为"奥伏赫变"时，指出它"以相反两意融会于一字"，"与'合并'、'会通'连用"，"与'解除'并用，以指矛盾之超越、融贯。"现在，音译的"奥伏赫变"基本上被义译的"扬弃"取代。《围城》中李梅亭将自己的名字译成有意义的 May Din Lea（其义分别为：五月、吵闹、草地），既切音又达意的名字更好记忆，如："佐治"好于"乔治"，"诗家谷"好于"芝加哥"（见钱锺书，1991：143‑144）。很显然，这是钱氏借他人之言表达自己之意。

除了采用纯粹音译，有时也进行音义合璧，即"音译＋义译"，如 Cambridge——康桥、剑桥，或音义兼译，达到既切音又传义的两全其美效果，如 totem——图腾。

3.形对

形对，即形译，指译文与原文的单词在拼写形式上的对应，是以借用词形代替传达词义的全译方法。形对多用来译介新名词如科技术语。由于语言接触的影响，日汉之间经常相互借用词语。一方面，日语中有大量来自汉语的借形词，估计近代以前的 2/3 日语文本用汉式日文（Sino-Japanese，即采用繁体汉字的日文)写成,当今日语词汇中有50％的汉语借词(Lindberg-Wada,2015:111-112);另一方面,现代汉语中也有大量日语借词,多为借形词,日语原词用汉字书写,汉语基本上照原样转写,发音以现代汉语为准,成为现代汉语词汇的"出口转内销",取代原先的音译或义译,如:philosophy的日语借形词"哲学"最终取代了"斐卤苏比"(音译)、"斐禄所费亚之学"(音义兼译)以及"理学""性学""爱知学"(意译)。

由于汉英属于不同的文字系统,互译时如不能义对,一般采取音对,形对相对较少,而且主要用于外译汉,通常有以下三种情况:①借形对译,即"借形词",借用原语单词的拼写(从汉语中借用时采用汉语读音),适用于汉语与汉字文化圈中日语、朝鲜语、越南语之间的名词互译,如:将日语的"工科"写作"工科"时不读成kōka,而读作gōngkē;②仿形对译,即"仿形词",仿照外语单词或首字母的图形,选用能够再现其形象的汉字,如钱氏(1986:1483)"谓形似希腊字母'λ',正类吾国谓雁飞作'人'字也"。有时可在仿照原语字母形状的汉字之后加上"字""形"等,字母之后的单词采用义译,如:V-slot——三角形槽,T square——丁字尺;③加字对译,即"外文字母＋'形'",保留外文字母,其后添加汉字"形",字母之后的单词采用义译,这是一种相对灵活的对译,如:C-network——C形网络,M-wing——M形机翼。

(二) 短语等化

短语等化,指译文与原文在短语层级的等化。短语等化以单词等化为基础,但难度稍人,频率略低,因为字词的对应相对简单,字词构成的短语则较为复杂,而且每种语言都有不同的短语组配规律,短语等化必须用于小句及更大的语言单位之中,主要适用于双语中没有歧义和多义的短语、约定俗成的常规搭配。例如:

[6] The cat said to the jaguar,

　　(西方谐语言猫不肯教虎缘树,自解曰:)

"A smart teacher never teaches a pupil all his tricks."

"良师　必不　尽其道　授弟子。"(钱锺书,1986:728)

例6,钱氏引用西方谐语印证汉语中的"似虎能缘木""未尽师术"。原文的名词短语a smart teacher、动词短语teaches a pupil、名词短语all his tricks分别与"良师""授弟子""尽其道"形成语表对应,选用"良师""授""弟子""道"等词既传达了原文语义,又符合汉语的习惯搭配,逼真地再现了猫对虎说话时的诙谐口吻,与该例上文引用陆游《剑南诗稿》中的"俗言猫为虎舅,礁湖百为,唯不教上树"浑然一体。又如:

[7] All emotion, if thorough enough, would take one to heaven.

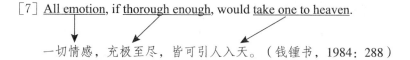

一切情感,充极至尽,皆可引人入天。(钱锺书,1984:288)

例 7,钱氏引用波德莱尔"人神融合之境"以及布莱克的话,来证明中西对神秘经验有近似的体会。原文中的自由短语 all emotion、thorough enough、take one to heaven 分别与"一切情感""充极至尽""引人入天"形成语表对应,而且位序一致,传达了一个中西皆同的道理,"引人入天"更似仿造"引人入胜"。

(三) 小句等化

小句等化,指译文与原文在小句层级的等化。小句等化以单词等化和短语等化为前提和基础,主要适用于命题成分对等、结构相同的双语小句。相对于单词和短语,小句等化的难度更大、频率更低,因为小句是最小的具有表述性和独立性的语法单位,其中的单词和短语在成句时受到限制。机器翻译和平行语料库中提到的"句对",通常是指小句对齐。两/多种语言有时可以形成基本单位的逐一对应,概念、意象、命题成分等思维单位也是逐项对应,表征简单判断的小句从局部到整体都形成对应。例如:

[8] Force and fraud are in war two cardinal virtues.

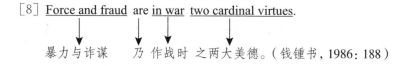

暴力与诈谋 乃 作战时 之两大美德。(钱锺书,1986:188)

例 8,为了印证中西"兵不厌诈"的道理,钱氏引用英国政治哲学家霍柏士(Thomas Hobbes,现通译作"霍布斯")的名言。英文词语 are、force and fraud、in war、two cardinal virtues 分别与汉译的"乃""暴力与诈谋""作战时""两大美德"形成语表对应、语义几乎对等(如果将 in war 译成"战时"或"战场上",就是完全对等)和语值趋同,所处位置完全相同。

汉英都属于 SVO 型语言,都有 SV、SVC、SVO、SVoO、SVOC 等五种基本结构类型,以及陈述句、疑问句、祈使句、感叹句四种语气类型,主干结构(不考虑定语、状语和独立成分)的思维顺序和表达顺序同构,语表对应的可能性很大(汉英单句的对应情况见表4-1),这是小句等化的必要前提。例如:

[9]吃饭还有许多社交的功用,譬如联络感情、谈生意经等等……(钱锺书,2002b:30)

原译:Eating also has a number of social uses, such as forging inter-personal connections, talking business, and the like.(Qian,2010:53)

Google回译成汉语:吃饭也有一些社会用途,如锻造人际关系、谈话生意等。

例9,汉语原文为SVOA结构,状语由介词短语充当。原译为人工翻译,在单词和短语层级与原文一一匹配,语序与原文完全一致,属于典型的小句等化。原译也可回译成汉语,语表几乎与汉语原文一致,但带有明显的翻译痕迹。

汉英单句的构成规则和结构特点不尽相同,并非总能一一对应,汉语的特殊句式如主谓谓语句、无主句、存现句和"把"字句等,在英语中没有相应句式。虽然汉英语主谓句的基本格局相同,即主干结构的顺序基本相同,但作为次干结构的定语、状语、补(足)语在位置上存在差异,有时虽然形成词语层级的语表对应,但小句层级可能需要调整定修饰语的位置。这种等化只是相对的,严格而言,它属于移化机制。例如:

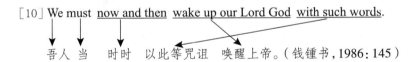

[10] We must now and then wake up our Lord God with such words.

吾人 当 时时 以此等咒诅 唤醒上帝。(钱锺书,1986:145)

例10,英文由英国随笔作家威廉·黑兹利特(William Hazlitt)译自16世纪欧洲宗教改革倡导者马丁·路德(Martin Luther)的德语原文,钱氏加以引用,与中国人的"怨天、诅天、问天者,尚信有天"相互印证。英语中的we、must、now and then、wake up our Lord God、with such words分别与汉译的相应词语"我们""当""时时""唤醒(我们的)上帝""以此等咒诅"构成语形对应、语义对等。译者为了再现原文的表达效果,同时遵循汉语的表达习惯,省去wake our Lord God中的our,将同义重复的Lord和God译为"上帝",根据上下文将words译为"咒诅",这是属于在单词和短语等化基础上的小句等化。由于英汉小句在语序上的不同:英语的方式状语在谓语之后,汉语的方式状语在主谓之间,即:原文小句结构是S-A-V-O-A,汉译的小句结构则是主-状₁-状₂-谓-宾,因此汉译只是属于相对的小句等化。

表 4 - 1　汉语小句划分及其在英语中的对应

汉语小句划分				相应的英语小句	
一级划分	二级划分	三级范畴	例句	有无对应	英译
结构类型	主谓句	主语类型 · 名词主语句	王先生开了一家诊所。	+	Mr. Wang ran a clinic.
		动词主语句	学习一门外语需要艰苦的努力。	-	Mastering a foreign language needs painstaking efforts.（动词→动名词）
		施事主语句	他用铅笔做作业。	+	He did his exercises with a pencil.
		受事主语句	他的练习做完了。	-	His exercises are finished.（主动→被动）
		用事主语句	铅笔用来写字。	-	A pencil is used to write.（主动→被动）
		谓语类型 · 动词性谓语句 · 状心式：他努力工作。		+	He works very hard.（状语后置）
		心补式：他工作很努力。		+	He works very hard.（补语→状语）
		动宾式：他吃了晚饭。		+	He had his supper.
		连动式：他起床看窗外。他去银行上班。		-	He got up and looked out of the window. He went to work in a bank.（不定式）
		兼语式：他叫我接电话。		+	He asked me to answer the phone.
		形容词性谓语句	这孩子很刻苦。	+	The child is hard-working.（增加 be 动词）
		名词性谓语句	今天星期六。	+ / -	Today is Saturday.（增补 be 动词）　It's Saturday today.（主语→状语）
	非主谓句	宾语类型 · 无宾句	他睡觉了。	+	He slept.
		单宾句	他在看电视。	+	He is watching TV.
		双宾句	我给了他一张电影票。	+	I gave him a movie ticket.
		谓词性 · 无主句	下雨了！	-	It is raining.（增补做主语的非人称代词 it）
		感叹句	太好了！	+	Great!
		祈使句	不要讲话！	+	Don't talk.（No talking! Stop talking!）

（续表）

非主谓句	名词性	感叹句	多残酷的人！	＋	What a cruel man!
		疑问句	又一个大学生？	＋	Another college student?
		呼语句	女士们、先生们！	＋	Ladies and gentlemen!
	摹声性	叹词句	哎呀！	＋	Ouch!
		拟声句	咔嚓！	＋	Crack!
语气类型	陈述句	肯定句	他回答对了。	＋	He answered correctly.（补语→状语）He gave a correct answer.（动词→名词）
		否定句	他没有正确回答。	＋	He didn't answer correctly.（补语→状语）He gave a wrong answer.（动词→名词、副词→形容词；否定句→肯定句）
	疑问句	一般问句	他走了吗？	＋	Is he gone?
		选择问句	你们喝茶还是喝咖啡？	＋	Would you like tea or coffee?
		特殊问句	你们什么时候回来？	＋	When will you be back?
		附加问句	我们不应灰心，是吧？	＋	We mustn't lose heart, must we?
	祈使句	要求、命令类	叫他不要再迟到了！	＋	Tell him not to be late again.
		建议、商量类	我们去游泳吧！	＋	Let's go swimming.
	感叹句	好/多么＋形容词/副词	你们学校好漂亮啊！	＋	How beautiful your school is!
		好/多么＋形容词＋名词	多么善良的一位老人！	＋	What a kind old man!

注："＋""－"分别表示汉英小句之间的对应和不对应；英译中的"→"意为"换为"。

（四）复句等化

复句等化，指译文与原文在复句层级的等化。复句的构成基础是小句，复句义由小句义以及小句之间的逻辑-语义关系来确定，因此复句等化以小句等化为前提和基础。译文与原文有时形成词语对应，语序和结构完全匹配，就可形成小句对应，多个小句对应就有可能逐层推进，最后形成复句对应。两个文本的概念、意象、命题成分等思维单位的逐一对应，有时顺着相同的判断、推理顺序，最终形成双语复句在表、里、值的对应或趋同。例如：

[11]禽啭于春,蛰啼于秋,蚊作雷于夏……(钱锺书,2002b:43)

Birds twitter in spring,crickets chirp in autumn,and mosquitoes gather before thunderstorms in the summer.(Qian,2010:63)

例11,原文为并列复句,由三个主-谓-状结构的文言小句构成(现代汉语通常为主-谓-状),思维模式和表达顺序与英语几乎一致,很容易在单词、短语、小句层级形成对应,不同之处在于,英译在第三个并列小句前面添加了连词 and。

[12]If all the world were paper,/And all the sea were ink,/if all the trees were bread and cheese,/What should we have to drink?

苟世界化纸,大海化墨水,树木尽化面包与干酪,则吾侪将以何物解渴乎?(钱锺书,1986:1482-1483)

例12,为了证明"天纸、雁书亦见西方诗文中",钱氏引用《牛津童谣词典》中的一首儿歌。原文是一个复合句,条件状语从句由 if 引导的三个并列分句组成。钱氏采用与原文字词一一对应、语序和结构完全相同的文言句式,唯一不同之处是添加了连接副词"则",既成功再现原文语值,又准确传达其语义,而且与上下行文保持高度一致。

汉语复句分为因果类、并列类和转折类三大类型,细分为若干小类;英语句子分为简单句、并列句和复合句,大多数英语并列句对应于汉语并列复句,有时对应于汉语单句,如连谓句等,复合句中包括名词性、形容词性或副词性从句,但这些从句是汉语没有的,即使有相应短语,但语序差异很大,有时需要移位。因此,复句等化比小句等化的难度更大、频率更低。例如:

[13]Even as I bear sorrow in my heart,but my belly ever bids me eat and drink,and brings forgetfulness of all that I have suffered.

吾心悲戚,然吾腹命吾饮食,亦可稍忘苦痛。(钱锺书,1986:239)

例13,为阐述汉语谚语"唯食忘忧",钱氏引用《荷马史诗》中奥德修斯之语,仿照古诗风格进行汉译。原文为包含让步/转折关系的复合句,从句由 even as 引导,主句由 but 连接,其中包含定语从句 I have suffered。译文与原文在复句层级整体对应、语序照旧,但将 I bear sorrow in my heart 压缩为"吾心悲戚",将 brings forgetfulness of 减译为"稍忘",将带有定语从句的结构 all that I have suffered 减译为"苦痛"。因此,该例不属于严格意义上的复句等化。

(五) 句群等化

句群等化,指译文和原文在句群层级的等化。汉语的小句联结为复句或句群,口语中稍加停顿,书面语中按"点号标句",而英语句群和复句的区分在语表上更加明显。汉语句群分为因果、并列、转折三大类,采取"以意驭形",内部组合可能使用特定的关系词语,但多数情况下无显性标记语,需要听读者推断句子间隐性的逻辑关系。英语句群"以形显意、以形达意",句群衔接、复句组构、单句成形大多依靠各种连接词,如关系代词/副词、连词、代词等,句群的逻辑-语义关系取决于作为组成部分的单句和/或复句的语义,句群全译归根结底寄托于小句。因此,句群等化以小句等化和复句等化为必要非充分条件,操作难度最大,使用频率最低。例如:

[14]This conference will serve a twofold purpose:comparing the literature and,inevitably,comparing the comparatists,i.e.comparing the American comparatists' way or ways with the way or ways of their Chinese opposite numbers. Thus,the conference itself may be considered an object lesson in cultural diversity and contextual relativism.... Are there also many different ways of comparing the literature? At any rate,the meetings of scholars to discuss literary problems are unlike the meetings of,say,diplomatists to negotiate military pacts or commercial treaties .(钱锺书,2005:417)

这个会议有双重目的:比较文学,同时也必然比较比较文学学者,就是说,对照美国学者研究比较文学的途径和中国对等学者研究比较文学的途径。因此,会议本身就可以作为社会人类学上所谓"文化多样"和"结构相对"的实例。……是否比较文学的方法也多种多样呢?无论如何,学者们开会讨论文学问题不同于外交家们开会谈判,订立条约。(钱锺书,2002b:199)

例 14 是钱锺书在首届中美双边比较文学讨论会(1983 年)上的双语发言稿,在句群上属于整体的语表对应、语里对等和语值趋同,但中文跟英文略有不同:一是增加了短语"研究比较文学"(根据表意需要)、"社会人类学上所谓"(对中国听众而言属于必要的背景信息);二是按照汉语表达习惯将

an object lesson in 和 there be 句型分别做了调整；三是将表单复数的 way or ways 译成"途径"，将 negotiate military pacts or commercial treaties 译成"谈判，订立条约"，省略了 military 和 commercial，将近义词 pacts 和 treaties 合并译成"条约"。由此可见，由于英汉两种语言的一些差异，很难实现严格意义上的句群等化。

第二节　繁化机制

繁化机制作为一种全译求化单一机制，遵循全译求化三位一体原则，遵守质量守恒定律，遵照信息冗余规律，执行"繁表不添里不增值"的操作法则，将原文没有的语表形式在译文中以恰当方式增补出来，但不添加语里意义，不增加语用价值，同时确保语际交流、思维转换和跨文化沟通的信道畅通、信息完整。根据操作的基本语言单位，繁化机制分为四种基本类型：词素繁化、单词繁化、短语繁化、小句繁化，还可分出更易于操作的小类。汉语词素的数量远远少于英语，词素繁化在英汉互译中存在非对称性，即词素繁化在英译汉中明显多于汉译英。大语言单位的繁化基于小语言单位，所以语言单位越大，繁化的难度越大、要求越高，频率越低。

一、繁化机制的内涵

（一）"繁化"的由来

"繁化"最初指汉字由简到繁的演变过程，实际上还包括增加汉字总数和个别笔画，目的是再现汉字因形示意的典型特征，增加汉字表意的准确性，提高阅读欣赏能力。"繁化"后来指语言发展变化的趋势，如：古汉语发展为现代汉语时在词汇、句子和语篇层面都呈现出繁化现象，繁化句在表、里、值三个层面具有不同于简单句或复合句的典型特征。"繁化"进一步引申到解决问题、操作流程、程序设计、软件开发、思维方式、行为处事等日常生活生产的诸多领域，旨在对看似简单的事物外表进行深入、细致的思考，挖掘形式简洁背后的深刻寓意或本质内涵，也不失为一种高级的思维形式和妙趣的生存智慧。

国内很少有人将"繁化"当作翻译学概念，但化简为繁的策略或手段一直在用，最早可追溯到东晋道安（1984：25－26）："考其所出，事周密耳，互相补益，所悟实多。"但这种译法的命名不统一，如增词（法）、加词（法）、添词、加字眼、词的增补、词量增加、增加词法、增加词语、增补词语、增益(法)、词语增添、重复法、词的增译、补译、加译、增译(法),大多停留在实践操作层面,缺乏系统深入的理论探讨。黄忠廉、李亚舒(2004:32-37)提出增译策略,分析其原因;黄忠廉等(2009:42-50)进一步提出增译方法,阐述其原则和操作技巧。朱英丽(2010)通过考察增译的内涵及其名称嬗变,确立了音位、语素、单词、短语和小句等五个层级的增译方法体系。笔者(2014:49-92)将增译界定为"增加式全译",论述单词、短语和小句三个层级的增译技巧,后来继续探究增译,详论其原因和类型,从而将增译纳入全译七法体系。中国知网中篇名含"增译(策略/方法)"的中文论文有96篇(截至2018年12月31日),大多涉及词语的增译。

维内和达贝尔内(Vinay & Darbelnet,1995:192,342)将 amplification 视为一种翻译技巧,认为弥补句法结构的缺陷、突出某词的意义,都是为了填补词汇或句法上的空白,并提出与之近似的显化(explicitation),"将原语的隐含信息在译语中明示出来的一种文体翻译技巧,因为这种信息在原文语境或情景中是很清楚的"。布鲁姆-库尔卡(Blum-Kulka,1996:17-35)提出"显化假说"(the explicitation hypothesis),认为翻译过程自身导致了多数显化现象。贝克(Baker,1993:233-250)认为,译文的显化程度总体上高于特定原文和译语原创文本,译者往往在译文中详述各种情况而不是保留某些含糊不清(Baker,1996:175-186)。此后,显化假说/理论在质疑和验证中得到发展。一方面,部分学者质疑显化假说的定义。塞吉诺(Séguinot,1988)认为,显化不仅仅限于文本冗长,还包括:在译文中添加原文没有明说的信息,明白表述原文隐含或通过预设理解的信息,通过聚焦、强调、措辞突出原文的某个成分;克劳迪(Klaudy,2008:106-107)区分了强制性、选择性、语用性、翻译固有性等四种显化类型;鲍姆加滕等(Baumgarten,Meyer & Özçetin,2008)、比彻(Becher,2010)、克鲁格(Krüger,2013)等先后指出,基于翻译语料库的实证研究未能界定显化概念,很难横向比较研究结果。另一方面,欧罗汉和贝克(Olohan & Baker,2000)、帕利高(Perego,2003)、帕派(Pápai,2004:143-164)等借助语料库,英格伦-迪米特洛娃(Englund Dimitrova,2005)运用有声思维和键盘录入,皮姆(Pym,2005:29-34)借助风险管理框架,克鲁格(Krüger,2013)运用认知语言学框架,对不同语言中不同文本的显化策略(expliciting/explicitation)和显化现象(explicitness)进行实证研究或理论探讨。

explicitation 引入中国时先后译为"明晰化""扩增""外显化""显化"等。中国知网中以翻译中的"明晰化"或"显化"为篇名的中文论文分别为67篇和35篇(截至2018年12月31日),可见"显化"译名后来居上。部分学者起初对明晰化持保留意见。肖明翰(1992)认为,《喧嚣与骚动》李文俊译本中的明晰化(clarification)倾向值得商榷,因为它损害了原著作者精心安排和试图表达的艺术化效果,而翻译最根本的原则是忠实于原文;陆云、刘昌海(1999)从"信"的角度指出翻译中的明晰化倾向存在语不尽意、越俎代庖、弃形存义、画蛇添足、叠床架屋等弊病。部分学者积极译介国外显化研究的新成果,阐述显化作为汉外互译的一种现象、策略或手段,重新界定其内涵和外延,指出广义上的显化包括语言形式的变化和意义的转换,分析显化的动因和成效,验证显化假说的合理性或进行局部修正。贺显斌(2003)认为,明晰化是译者阐释的结果,有助于读者深入理解原著,也容易使译文蒙上主观色彩,既体现了翻译的创造性,又表明了翻译的局限性。更多学者对显化进行实证研究,如:王克非(2003)通过考察汉英/英汉对应语料库,发现英汉、汉英译文都有扩增现象,不同的文本类型存在程度差异。胡开宝、朱一凡(2008)考察《哈姆雷特》汉译文本的显化及其动因;胡开宝、陶庆(2009)研究汉英会议口译中语篇意义的显化及其动因;黄立波(2008)发现英汉翻译中人称代词主语的语际显化以对应关系为主,而汉语翻译文本跟原创汉语文本相比表现出类比显化的趋势;胡显耀、曾佳考察翻译小说中语法标记的显化;唐芳、李德超(2013)考察职业译员与学生译员在汉英交替传译中运用显化的异同;黄国文、余娟(2015)设计了一个功能语篇分析模式的显化分析框架,讨论了《论语》英译本中显化在过程、参与者和环境成分三方面的表现;许家金、徐秀玲(2016)基于可比语料库,发现翻译英语中的多项语法和词汇衔接特征与原创英语呈现出衔接显化的特点,并讨论作为翻译共性的衔接显化。总体而言,国内翻译界的显化研究呈现出"五多五少"的特点:①范畴上,笔译研究多,口译研究少;②层级上,词汇和语法层级研究多,其他层级研究少;③路径上,结果导向研究多,过程和效果研究少;④内容上,翻译语言特征或译者风格研究多,结合或交叉研究少;⑤成效上,重复性、印证性研究多,开拓性、原创性研究少。

综上所述,国内外对"显化""明晰化"等概念并未达成共识,尚需深入、系统探究,尤其需要重新界定概念、聚焦操作类型、考察具体过程。

(二) 繁化机制的界定

笔者借鉴国内外对增译、显化(明晰化)的研究成果,按照"表-里-值"和"语-思-文"两个三角的研究思路(黄忠廉等,2009:232-253),将繁化确立为一种全译求化单一机制,定义如下:繁化机制(英译为 amplification),即化简为繁,指译者为了完整再现原文语用价值、准确传达其语里意义、成功实现思维转换,在译语中增补原文似无实有的语表形式时所采取的一系列相互联系和相互作用的程序、策略、手段、方法的行为。

繁化机制遵循全译求化三位一体原则,遵守跨语言、跨文化交际中的能量守恒定律,执行"繁表不添里不增值"的操作法则,在译文中增补原文没有的语表形式,但不添加其语里意义,不增加其语用价值。跨文化交际中的信息承载原语信息发出者的某种意图,通过译者的创造性劳动,经由时空变化,达至译语信息接收者,无论它采取何种外在形式,无论数量发生哪些变化,它内在的质都保持不变。译者对原文单位采取从无到有、从小到大、从短到长的量变过程,但必须确保原文信息不发生质变,即保证原文信息的恒定,追求译文语值保真、语里求善、语表造美。

繁化机制遵照信息冗余规律。奈达(Nida,1964:125-128)将信息论纳入翻译研究视野,提出了语言的冗余信息理论:为了达到交流效果,确保不因噪声导致曲解,自然语言生成的信息通常含有 50% 的冗余;译者为了实现动态对等,帮助译文读者产生与原文读者相同的感受,需要适当添加冗余信息。奈达和泰伯(Nida & Taber,1982:163,205)将冗余界定为"对相同信息单位做一次以上的表述",认为"所有好译文的趋势是比原文略长。"双语交际中,信息传递经过五个环节,即原语信息发出者→原语→译者(同时作为原语信息接收者和译语信息发出者)→译语→译语信息接收者,存在两个信道(原语和译语)和三类主体(原语信息发出者、译者、译语信息接收者),出现两次编码、解码和接收的过程。不同的语言系统、文化背景、思维方式可能就是噪声,或者产生噪声,会干扰信息传递,而译语信息接收者的信道能力通常小于原语信息接收者,势必导致一些信息损耗。汉英作为两个不同的信息表达系统,信息交换中难免受到冗余信息的干扰:单语系统内部有时不存在冗余信息,但在语际交流中,由于译语受众没有原语受众的文化背景,理解文本时不能做出正确推理,原文的某些缺失信息需要在译文中加以明示。另一方面,原文的冗余信息在译语中是不必要甚至不应该出现的,可能干扰语际交流中准确、有效的信息传递,这时就必须加以删减(这是第三节简化机制的理据)。例如:

[1]An evil viper once bit a Cappadocian,but it died itself,having tasted the venomous blood.

蝮蛇啮一人,其人无恙而蛇则死矣,盖人毒于蝮也。(钱锺书,1986:787)

例 1,原文中的 viper 是一种小型毒蛇,加上 evil 更强调其毒性,若直译成"一条恶毒的毒蛇",中国读者无法感知毒性有多大。钱氏通过增添冗余信息,将其译为我国各地都有的"蝮蛇"。Cappadocia 是古希腊地名,生活在这里的人即 Cappadocian,具有令人畏惧的神秘特质,音译"卡帕多细亚族"难以传递这一背景信息。钱氏减译为"一人",在后面增添冗余信息"其人无恙",并将 having tasted the venomous blood 中的隐含信息明晰为"盖人毒于蝮也",表明这是名副其实的"死亡之族"。总之,钱氏通过增删冗余信息,游刃有余地译出整个句子。

采用繁化机制增补语表,将原文看似若无的形式中所包含的实有在译文中再现出来,增添的语言单位是较小、较少的,补充的信息内容及其表达形式也是有限的,否则变量保质的全译会滑向突破质与量限度的变译。繁化机制的具体实施和运用表现在:一大策略,即化简为繁;两种手段,即增和补,增指增加语表形式,即原文中没有出现或承前蒙后省略的语言单位;补指"顺其性而扩充之曰'补'"(钱锺书,1984:61),补充原文不言自明的语里意义,包括在译文的序、跋、词汇表中增加副文本信息;四个增译技巧,即在译文中增添词素、单词、短语和小句,从心所欲而不逾矩地追求的全译艺术。

二、繁化机制的理据

汉英属于不同的语言文字系统,在语音、词汇、句法、语义、语篇、语用等方面存在差异,归结为"表-里-值"小三角的不同。中西社会文化系统的差异决定了中西哲学思维系统的差异,二者相互作用、共同外化于汉英语言符号系统的差异,归结为"语-思-文"大三角的差异。由这六点、九条线和四个面构成的一个立体棱台,展现了汉英在微观的语言层面和宏观的文化层面的诸多差异,需要在汉英互译中对原文的语表形式进行必要、恰当的增补,借助一定程度的冗余实现语际交流中的信息守恒,确保译文的语法正确、语义明确、修辞恰当。

(一)汉英语言符号系统的差异

文字系统上,汉字属于表意的方块文字,英文属于表音的字母文字,文字系统的差异导致语表形式难以兼容或借用。语言类型上,汉语是词根语(或孤立语),属于分析型语言,主要借助虚词、语序等手段表达语法关系;英语是屈折语,属于综合型语言,主要通过词本身的形态变化表示语法意义。汉英语言文字系统的差异主要体现在"表-里-值"小三角的差异。

1.汉英在运用语表形式上的差异

汉英在语表形式上的差异体现在遣词、造句、谋篇,具体包括词类、常用词的运用频率、短语的句法结构、特定句式的运用、语篇衔接手段等方面的不同。

（1）遣词的差异

汉语习惯用具体表达抽象,以实表虚,抽象名词数量少,且兼做动词和名词,介词较少,一部分由动词虚化而来,拥有丰富的四字成语,以具体的形象叙事状物、写景抒情。比较而言,英语大量使用由动词和形容词派生或转化而来的抽象名词,表达微妙情绪和复杂思想,用异常丰富的介词表达虚泛的意义,一般不能听音或见形知义。汉英的遣词差异,要求在汉英互译中增添译语中特有的词类,增加或重复必要的词语,确保所指内容具体化、含糊语言准确化、抽象概念形象化。例如:

[2]Her forehead jacinth lyke, her cheekes of opall hewe,/ Her twinkling eyes bedeckt wth [with] perle, her lippes of sapphire blewe./... / Her skinne like burnisht golde.

额如红宝石,颊如卵白宝石,眼中闪闪作珍珠光,唇如蓝宝石,肤灿烂如精金。（钱锺书,1986:1045）

例 2,原文是由一系列名词短语组成的诗句,对美貌女子进行静态描写。钱氏根据汉语的表达习惯,增添动词"如""作",让静态描绘带有动感,增加"光""灿烂",分别与"珍珠""精金"搭配,惟妙惟肖地刻画美女的丽质妍姿。

（2）造句的差异

汉语以流水小句见长,往往承前或蒙后省略单句的主语,语序灵活,通常没有外部形态标志,而是借助语义关系;英语以复杂长句居多,单句通常都有主语,有时省略相同结构的谓语或宾语,语序较为固定,句内成分有丰富的形态变化,从句之间主要通过显现的形态标志,如连词、介词、起连接作用的副词、从句的关系词等。汉译英时,通常需要确保句子有主语,必要时增添 it 作为形式主语,增加关联词;英译汉时,有时需要增补成对出现的连词,补出原文承前省略的句子成分。例如:

[3]If Galileo had said in verse that the world moved, the Inquisition might have left him alone.

苟伽利略只作诗述其地球转动说,则宗教法庭或且纵任之而不问。(钱锺书,1984:388)

例3,钱氏汉译时增加连词"则",与"苟"配对使用,符合汉语复句中连词成对出现的表达习惯;增加"只""作(诗)""其""说",符合原文语义,突出伽利略提出的"地球转动说",与上文中"诗虚而文实"遥相呼应;增加"不问",与"纵任"一起形成同义复现,更好再现 left him alone 的表达效果。

(3)谋篇的差异

布局谋篇上,汉语作为语义型语言,语篇呈螺旋式上升,往往借助语境或无形的衔接方式表达逻辑-语义关系,惯用习语、比喻、典故、排比、重复等手段达到一定的语用效果。英语作为语法型语言,语篇呈直线式连贯,注重以形制意,高度形式化和逻辑化,重形合与分析,少重复而多替代,借助省略、替代、照应、关联词等手段进行语篇衔接。因此,汉英互译时,需要增补必要的介词、连接词等,实现有效衔接与连贯。例如:

[4]①李梅亭的片子没有多大效力,汽车站长说只有照规矩登记,按次序三天以后准有票子。②五人大起恐慌:三天房饭好一笔开销,照这样耽误,怕身上的钱到不了吉安。

A.Li's cards had little effect on the stationmaster,who said there was nothing he could do for them.B.They must register for the buses like everyone else and they would certainly have tickets in three days. C.The five of them grew alarmed.D.Room and board for three days would be a considerable expense.E.If they were to go on delaying like that,their money would probably never get them to Chian.(钱钟书,2003:324,325)

例4,原文是典型的意合型语篇,句际与句内都没有关联词,但逻辑关系非常清楚:句①是因果式二重复句,第二分句中的谓语动词"说"之后包含两层信息:"(他帮不上忙,所以他们)只有照规矩登记";"按次序(他们)三天以后准有票子"。句②是三重因果复句,冒号前后为因果式复句(第一重),表明"五人大起恐慌"的原因,"开销"前后为因果式复句(第二重),"照这样耽误"和"怕身上的钱到不了吉安"构成条件式复句(第三重)。钱氏将原文分为五句:A 句中,补充"没有多大效力"的对象,即"汽车站长"(the stationmaster),很自然地借助 who 引导的定语从句解释"没有效力"的原因,并补充原文中不言自明的信息 there was nothing he could do for them;B 句增加连词 and 引出"登记""有票子"之间的顺承关系;E 句中,增加连词 if 明确表达出原文隐含的条件关系。

2.汉英在传达语里意义上的差异

语言中有时出现表里不一的情况,即一形多意、一意多形,这种差异在汉英互译中更加突出。原文的语里意义产生于特定的语言环境,外显于独特的语表形式,隐含于某些省略结构,这对原语读者是不言自明的,但必须在译语中补充出来。有些信息在原语中属于赘余,但在译语中是必要的,需要增添解释性词语、补充暗含意义或添加连接词(Shuttleworth & Cowie,2004:55)。因此,汉英互译中必须灵活处理,传达原文意义时需要增添单位,借助一定的译语形式。一方面,汉语语法具有语义兼容性和形式趋简性,(邢福义,1997)这就决定了汉译英时必须增加前后呼应的代词、起连接作用的介词、副词以及从句的关系词,才能保证译文语句通顺、表意完整。另一方面,英语句子的主谓结构高度语法化,在从句较多、结构复杂的书面语中,从句往往压缩为相应的短语,语义内容仍然复杂。因此,英译汉时,必须补充适当的语形,增加一定数量的信息冗余。例如:

[5]I saw a man who saw these too,/And said though strange they all were true.

吾曾见一人,渠亦尝亲观上述诸事,且云此等事虽差异而莫不确凿。(钱锺书,1994:199)

例 5,英语原文是一个三重复合句:who 引导的定语从句中包含宾语从句,其中的 though strange 实为 though they were strange,为了避免与上文的名词重复而用 these 作为代词照应。钱氏汉译时采用文言小句,将 saw 增译为"亲观",将 these 增译为"上述诸事",并将 though strange 增补为"此等事虽差异",将 they all were true 减译为"莫不确凿"。

3.汉英在反映语用价值上的差异

汉英反映语境值和文化值的差异非常明显,无须在此赘述,下面侧重分析在反映修辞值上的差异。

(1)熟语使用方面:汉语的四字成语形式精炼,充满活力,多用语形重叠或语义重复实现音节上的韵律美和结构上的对称美。相对而言,英语力避重复,不主张陈词滥调或老套说法。因此,英译汉中,有时需要运用四字成语再现原文某种格式具有的审美效果。

（2）音韵修辞方面：英语拟声词的数量比汉语多，运用起来更自由，但汉语拟声词的构造格式更丰富，达十余种。双声、叠韵在古汉语中具有特殊的修辞效果，是汉语音乐美的一个重要方面，但在现代汉语中的使用远远落后于英语的 alliteration 和 assonance。因此，汉英互译时，可适当增加汉语的双声、叠韵和英语的 alliteration、assonance，弥补译文因某种形式表达乏力而缺失的音乐效果。

（3）语义修辞方面：明喻与 simile、暗喻与 metaphor、双关与 pun、拈连与 zeugma、委婉语与 euphemism、夸张与 hyperbole、拟人与 personification 等存在较多差异，全译时如不能采取直译，则需要借助一定的增补手段，确保完整再现原文的修辞意义与效果。

（4）结构修辞方面：汉语的对偶、排比、反复比英语的 antithesis、parallelism、repetition 使用频率更高、范围更广，加上汉语有独特的顶针修辞，用来追求结构匀称、明确语义内涵、突出表达效果。因此，英译汉时，译者可以充分发挥汉语的优势，通过适当增添语言单位或借助修辞手段，确保译文结构匀称、韵律和谐、语义丰满、效果突显。例如：

[6] The Chinese use a thousand colours; the Greeks despise all colours as stains, efface every hue and polish the stone front to a glassy brilliance.

中国人五光十色，极涂泽之能事；希腊人视颜色若玷污然，尽除点染，只磨石光净如镜。（钱锺书，1994:131）

例 6，原文比较中国人与古希腊人彩绘的不同，结构醒豁，用词朴实，表意清楚。钱氏将 use a thousand colours 汉译为"五光十色""极……之能事"，可谓"极尽汉语修辞之能事"，着力渲染中国绘画的色彩绚丽和工笔重彩，将 a glassy brilliance 增译为"光净如镜"。他充分发挥汉语四字成语的优势，用简洁文言准确再现原文的语义，同时彰显汉语的言简意赅。

（二）中西思维方式的差异

思维和语言的关系密不可分，正如张隆溪（2011:191）所言，"道与逻各斯既是内在思维，又是表达思维的语言"。中式英语、欧化汉语的出现，源于中西思维方式的差异。中西思维方式存在十大差异：伦理型与认知型、整体性与分析性、意向性与对象性、直觉性与逻辑性、意象性与实证性、模糊性与精确性、求同性与求异性、后馈性与超前性、内向性与外向性、归纳型与演绎型(连淑能,2002)。这些差异影响汉英语言文字系统的不同,体现在两种语言的遣词造句、布局谋篇、表情达意、说理叙事等诸多方面。因此,汉英互译不仅是语言符号系统的更替,也是思维方式的转换。

中国人"万物皆备于我"的主体思维导致语言中的主体性叙述和"人治"倾向,句子常用人称主语,人称不言自明时又往往隐含或省略。英美民族的认知型思维导致语言表达中的"法治"倾向和兼顾主体与客体的描述,句子常用非人称主语。英汉互译时,需要结合译语的思维方式和行文规范,增添恰当的句子成分尤其是主语。例如:

> [7]于是从人生责任说到批评家态度,写成一篇篇的露天传道式的文字,(反正文章虽不值钱,纸墨也并不费钱。)(钱锺书,2002b:38)
>
> Thus, they write about everything from the individual's responsibilities in life to the attitude of the critic, their words flowing as volubly as an outdoor sermon. (Their essays maybe not be worth a dime, but at least the ink and paper didn't cost a penny.) (Qian,2010:59)

例 7,原文复句承前省略了前分句的主语,汉语读者可通过上下文来领会。译者按照英语的思维方式和语言表达习惯,补出主语 they 以及动词 write 的宾语 everything;在将"写成一篇篇的露天传道式的文字"转换成独立主格结构时,将 their words 用作逻辑主语。

中国传统思维讲究"只可意会,不可言传",有些概念和范畴缺乏周密界定,不太注重逻辑推理过程,反映在汉语表达中,就是一词多义现象,以及非常规的逻辑表达式、形散句等,需要读者的细心体会和揣摩。西方近代思维特别强调精确,概念清晰,判断准确,推理严密,在语言表达中,很少用笼统词语指称不同对象,小句成分、小句之间的逻辑-语义关系非常清楚(万光荣、余承法,2015)。中西模糊性和准确性的思维差异及其在语言中的表现,决定了英译汉语词语时需要结合具体语境明确其含义,并适当增加词语以准确传递其逻辑-语义关系。

笔者在"《毛泽东选集》汉英平行语料库"中输入"吃饭"一词,在显示的 38 个例子中,"吃饭"既有本义,也有引申义或比喻义,译成"eat"及其屈折变化形式只有 13 例,其他的处理情况为:feeding the population(7 例)、depend on(5 例)、live(by/on)(3 例)、supply of grain/food(3 例)、a dinner party、food、subsistence、thrive on、rely on、throw their lot in、fit the appetite to(the dishes)(各 1 例)。

(三) 中西文化背景的差异

汉英语言文字系统的差异,归因于中西文化背景的差异。语言与文化密不可分,文化需要借助语言来记录、保存和传承,而文化的发展又推进语言的变迁和发展。语言与文化的密切关系注定了翻译与文化的密不可分,汉英文化的差异给翻译带来极大挑战。在多元文化背景下的全球化时代,文化的理解与沟通显得更加重要,因为翻译不仅仅是一个技术层面的问题,而且首先是文化观念的理解和表达问题,跨文化理解不仅存在于差异较大的东西方文化之间,而且存在于有不少共同点的西欧文化之间(张隆溪,2011:72)。如果译者不能准确把握原文背后的文化背景信息,并借助不同手段或方式加以再现、外显,译文就有可能言不尽意或词不达意,甚至出现偏差或错误。由于地缘环境、历史发祥、人文肇始、经济形态、社会演变、政治格局、意识形态的不同,导致汉英在生态文化、物质文化、社会文化、宗教文化和语言文化等方面存在诸多差异,原语特定的语表很难在译语中找到对等,就必须进行恰当的增添、移植或替代。就语言文化而言,汉英文学作品中采取迥然不同的修辞手段,运用特定的成语、俗语、谚语,蕴含别具特色的神话典故,承载本民族丰富多彩的背景信息,这对本族语读者是不言而喻的,对异域读者有时却是一头雾水。等化译文看似保留原文的形象,但有时难以再现原文特定的文化值,就必须增补必要的背景信息,或直译加注,或意译添形。因此,中西文化背景的差异是译者采取繁化机制的深层次原因。例如:

> [8]古代诗人像陶渊明对于窗子的这种精神,颇有会心。《归去来辞》有两句道:"倚南窗以寄傲,审容膝之易安。"(钱锺书,2002b:15)
>
> Ancient poets like Tao Yuanming implicitly understood this essential quality of windows. One couplet in *The Return* [*Gui qu lai ci*] reads:"I lean on the southern window to express my pride / With just enough space for my knees, I find contentment."(Qian,2010:39)
>
> Note:Tao Yuanming 陶渊明(Tao Qian 陶潜[365 – 427])is one of the most famous pre-Tang poets,whose eremitic lifestyle and poems about idyllic pastoral life earned him the epithet"Poet of the Fields". (Qian,2010:76)

例 8,陶渊明在中国是家喻户晓的名字,很多英语读者却不知道陶渊明其人其诗、诗中含意以及钱锺书引用诗句的用意。因此,译者用简短的尾注概括陶渊明独特的诗风,用注中加注的形式标明其生卒年代,并根据自己对诗意的理解,增添主语 I,这既是汉语诗歌表情达意的需要,也是英语句法结构的必需。

三、繁化机制的类型

根据运用理据,繁化机制可分为三种类型:语法性繁化、语义性繁化和语用性繁化。语法性繁化,指因两个文本语法结构的差异而运用的繁化,主要表现在"语言的非对称性"(linguistic asymmetry)和"缺失的范畴"(missing categories)(Baker & Saldanha,2009:105),如汉语量词、英语冠词等。语义性繁化,指因完整传达原文语义之需而运用的繁化,主要是在译文中选择一些更加明确、具体的词汇。语用性繁化,指因灵活转换思维方式和成功再现原文语值而运用的繁化。语法性繁化和语义性繁化是强制性的(obligatory),否则译文不符合语法规范,无法准确传义;语用性繁化是选择性的(optional),不运用也能组构语法正确的译文句子,尽管译文总体上可能笨拙或不自然。

繁化机制的具体操作是增译或"深度翻译"(thick translation),即"试图通过注解和附录词汇表的形式将文本置于丰富的文化及语言环境之中"(Appiah,1993)。这在《围城》的英译本、法译本以及《人·兽·鬼》和《七缀集》的英译本中运用较多,译者除了在正文中大量使用之外,还增加了一些译者注。

根据增补的语言单位,繁化机制可分为四种基本类型:词素繁化、单词繁化、短语繁化和小句繁化。难度依次加大,频率依次递减,既可操作于不同语言单位,也可单独操作于某个语言单位,如原语词素扩展为译语单词,原语单词扩展为译语短语或小句,原语短语扩展为译语小句。

(一) 词素繁化

词素繁化,即原语词素在译语中的繁化,指译者根据原文语义传达和译语语法结构及修辞达意的需要,将原文词素增补或扩充为译文的单词或短语。词素是最小的音义结合体,按构词能力分为自由词素和黏着词素:自由词素本身具有完整意义,可作为单词独立使用,在全译实践中大多可以等化为译语单词,也可繁化为译语短语;黏着词素没有完整意义,主要功能是作为词缀(包括派生词缀和屈折词缀)与其他黏着词素组合为单词,全译时通常随附着的词根一起操作。因此,词素繁化主要是指词缀的单词化和短语化。

1.汉语词缀英译时的少量单词化

现代汉语词缀的判定标准不统一,数量也不确定,但通常可从语音的弱化、位置的固定、结构的黏着、构词的能产、语义的虚化等几个方面加以判定,近来出现了一些"新兴词缀"。《现代汉语词典》(汉英双语,2007年版)收录的5个常见前缀"阿-、第-、非-、老-、准-"和12个常见后缀"-巴巴、-儿、-尔、-乎、-化、-家、-么、-然、-头、-性、-于、-子",其英译包括三种情况:①多数采用简化机制,或者省略词缀,或者将词缀与词(根)一起整体翻译,如:阿婆——grannie,第一——first,老虎——tiger,盖儿——cover,木头——wood,桌子——table;②部分采用等化机制,即词缀对译,如:非-→non-/-un/-in,准-→quasi-/para-,**-化**→-ify/-en/-ize/-zation,**-然**→-ly,**-生**→-er/-ent/-ant,**-性**→-ity/-ness;③少量采取繁化机制,将词缀增译为英语单词,如:阿Q——Ah Q,老兄——Elder Brother,盆儿——little basin,善于——good at。

2.英语词缀汉译时的单词化和短语化

英语词缀种类繁多、数量巨大,在汉语中大多都没有对应形式,只能扩充为汉语词语。《朗文当代高级英语辞典》(英英·英汉双解,1998年版)列举的145个前缀和164个后缀的汉译情况(见表4-2)表明,大多数英语词缀汉译时需要进行单词化或短语化处理。

表4-2　英语词缀汉译时的单词化、短语化情况统计

类型	数量	汉译时的单词化		汉译时的短语化		汉译时的单词化和短语化	
		数量	占比	数量	占比	数量	占比
前缀	145	117	80.69%	3	2.07%	25	17.24%
后缀	164	129	78.66%	16	9.76%	19	11.58%

注:①没有英语词缀跟汉语词缀对译的情况,部分英语词缀不止一个义项,本统计以实际义项的数量为准。

②"汉译时的单词化"指英语词缀增译为汉语单词;"汉译时的短语化"指英语词缀增译成汉语短语;"汉译时的单词化和短语化"指英语词缀可同时增译为汉语单词和短语,如:Afro-译成"非洲(的)"(单词化)和"非洲和⋯⋯(的)"(短语化)。

③辞典中的"词头"(word beginnings)和"词尾"(word endings)即指前缀和后缀。

(二)　单词繁化

单词繁化,即原语单词在译语中的繁化,指根据原文语值再现和语里传递之需,结合译语表达规范,将原文单词增补或扩充为译文的短语或小句,包括原语单词在译语中的短语化和小句化。

1.单词短语化

单词短语化,即原语单词在译语中的短语化,指根据语法结构、语义传达和修辞表达之需,在译语中增补相应的单词,从而将原语单词扩充为译语短语,主要包括派生词和复合词的短语化以及单词增译后的短语化。

单词增译分为两类:实词增译,包括增补名词、动词、形容词、副词、数词、量词和代词;虚词增译,包括增补介词、连词、助词、冠词。一般而言,实词增译多用于英译汉,虚词增译多用于汉译英。例如:

[9]神功天运乃抑高明使之卑,举卑下使之高。

He [Zeus]is humbling the proud and exalting the humble.(钱锺书,1986:53)

例9,钱氏汉译时三次运用繁化机制:将众神之王宙斯(Zeus)增译为"神功天运",将 humbling 增译为同义的"抑""使⋯⋯卑",exalting 增译为同义的"举"和"使⋯⋯高",将两个动词短语增译为汉语对偶句式,并与上文引用《系辞》的"天之道其犹张弓与!高者抑之,下者举之⋯⋯"(钱锺书,1986:53)相互呼应和参照,曲尽其妙地形成中西互文。

[10]得学位是把论文哄过自己的先生;教书是把讲义哄过自己的学生。

Just as getting a degree is a matter of duping one's professor with a thesis,so teaching is a matter of duping the students with the lecture material.(钱钟书,2003:522,523)

例10,原文是用分号连接的并列复句,表明两个分句之间的内在联系。译者根据英语的句法结构和表达习惯,采用繁化机制:用英语连词 as...so...连接两个分句,彰显对照关系;增译名词 matter,明确"得学位"与"哄先生"、"教书"与"哄学生"之间的相似性。

2.单词小句化

单词小句化,即原语的词在译语中的小句化。语言形式上,单词小句化是根据原文语值再现和语义传达之需,遵循译语的表达规范,在译文中增补相应词语,从而将原文单词扩充为译文小句。"小句是最小的具有表述性和独立性的语法单位","主要指单句,也包括结构上相当于或大体相当于单句的分句"(邢福义,1995:420),可进一步分为四类:独立小句(相当于单句)、半独立小句(相当于复句中的分句)、非独立小句(相当于充当句子成分的主谓短语)和潜在小句(以单词或短语形式尚未显现的思维小句)(黄忠廉,2008:3-5)。

思维转换中,单词小句化是将原语单词表达的概念,分解为译语几个词语表达的简单/复杂概念,整合成一个简单命题/判断之后,外化为译语小句。单词小句化既涉及语言单位的语内替换(单语内部的单词、短语和小句的互换)和语际转换(双语中单词、短语和小句的加工处理及其相互之间的跨级转换),也涉及思维单位的跨级转换(简单概念→复杂概念和/或简单判断,简单意象→简单组象和/或简单组象,简单命题成分→复杂命题成分和/简单命题),包括以下三个阶段和六个步骤:原语理解阶段主要是将原语单词表达为简单概念;语际转化阶段主要是将原语单词表达的简单概念替换为译语单词表达的简单概念;译语表达阶段包括:译的简单概念映射为简单意象→简单意象聚合为简单组象→简单组象集成为简单命题/判断→简单命题/判断输出、外化为译语小句(余承法,2013:118)。下面通过实例加以分析。例如:

[11]Seth was the proud owner of a new sports car.

原译:塞思有了新跑车而洋洋得意。(《朗文当代高级英语辞典》,2009 年版)

试译:塞思新买了一辆跑车,非常自豪。

(1)原语单词表达为简单概念

例 11 中的十个单词 Seth、was、the、proud、owner、of、a、new、sports、car 可进行言语输入、语音编码、语法编码和语义特征提取,表达为相应的简单概念(见表 4-3)。

(2)原语单词表达的简单概念替换为译语单词表达的简单概念

根据信息守恒定律和概念对等原则,将原语十个单词表达的简单概念替换为译语单词表达的简单概念,即:Seth→塞思(发音转写);was→(过去)是;the 表示某种指代关系,在汉语中无对应概念,proud→自豪的;owner→主人;of→……的,a→一(个/位);new→新买的;sports→运动,用来修饰 car 时表示某种类型的车,即"运动型";car→汽车。

表 4-3　原语单词在译语中的小句化过程

原语小句	Seth was the proud owner of a new sports car.									
原语单词	Seth	was	the	proud	owner	of	a	new	sports	car
原语单词的语音编码（英式音＋美式音）	［seθ］ ［sɛθ］	［wəz］ ［wʌz］	［ðə；ði：］ ［ðə；ði］	［praud］ ［praud］	［ˈəunə］ ［ˈonɚ］	［ɒv；(ə)v］ ［ʌv；əv］	［ə；ei］ ［ə；e］	［nju：］ ［nu：］	［spɔ：ts］ ［spɔ：rts］	［ka：］ ［ka：r］
原语单词的语法编码	名词	be 的过去式	定冠词	形容词	名词	介词	不定冠词	形容词	名词	名词
原语单词的语义特征提取和概念输出	a male name	used to say that someone or something is the same as the subject of the sentence	used before nouns referring to actions and changes when they are followed by "of"	feeling pleased about something that you have done or something that you own, or about someone or something you are involved with or related to	someone who owns something	used to show who something or someone belongs to or has a connection with	used to show that you are talking about someone or something that has not been mentioned before, or that your listener does not know about	recently bought	a physical activity in which people compete against each other	a vehicle with four wheels and an engine, that can carry a small number of passengers
译语的单词/概念	塞思	（过去）是	表示限定关系	自豪的	主人	……的	一（个/位）	新买的	运动（型）	汽车
简单意象	一位男性	表示某人或某物过去与主语相同	/	由于什么事情而感到光荣	财物或权力的所有人	表示一种修饰或限定关系	用于未曾提到或对方不知道的人或物的名称（单数）之前	最近花钱得到的	用于或适合体育活动的类型	几位乘客坐的一种车，有四个轮子和一个引擎
简单组象	一位新买运动型车（跑车）的车主					一位自豪的车主				
简单命题	塞思是一位新买跑车的车主 （塞思新买了一辆跑车）					塞思是一位自豪的车主（塞思非常自豪）				

（续表）

	译文 A	塞思是一位自豪的车主的一辆新买的跑车。
译语 小句	译文 B	塞思是一位新买跑车的自豪的车主。
	译文 C	塞思是一位自豪的新买跑车的车主。
	译文 D	塞思新买了一辆跑车而非常自豪。
	译文 E	塞思非常自豪,他新买了一辆跑车。
	译文 F	塞思新买了一辆跑车,非常自豪。

（3）译语单词表达的简单概念映射为简单意象

将译语九个单词（the 无对应的汉语概念）的简单概念逐一映射为九个简单意象,并储存于译者大脑,即:塞思→一个男人的名字;（过去）是→某人或某物过去与主语相同;自豪的→一个人由于什么事情而感到光荣;主人→财务或权力的所有人;……的→表示一种修饰或限定关系;一（个/位）→用于未曾提到或对方不知道的某人或某物的名称（单数）之前;新买的→最近花钱得到的;运动型→用于或适合体育活动的类型;汽车→几位乘客乘坐的一种车,有四个轮子和一个引擎。

（4）译语的简单意象聚合为简单组象

简单意象经过投射,可进行适当的组合,如:"运动型""汽车"可组合为"跑车","一（个/位）""主人""……的""新买的""跑车"可组合为"一位新买跑车的车主","一（个/位）""自豪的""（车的）主人"可组合为"一位自豪的车主",再进一步聚合为两个简单组象:"塞思:一位新买跑车的车主""塞思:一位自豪的车主"。

（5）译语的简单组象集成为简单命题/判断

简单命题是一个小句表达的基本意义,包括说写者句子中提到的名称或谈论的事物及其所做的判断和表述,一个小句通常表征一个简单命题,即命题是能够单独进行判断的最小的意义单位,具体化为一个完整的简单组象。上述两个简单组象集成为两个相应的简单命题/判断,并储存于译者大脑,即:"塞思是一位新买跑车的车主","塞思是一位自豪的车主"。

（6）译语的简单命题/判断输出并外化为小句

译语的简单命题/判断经过概念的形成与整合、语义特征提取、语法编码和语音编码等四个环节,可输出为译语小句:"塞思是一位自豪的车主的一辆新买跑车"（译文 A）。这显然属于死译,故调整为"塞思是一位新买跑车的自豪的车主"（译文 B）,但仍然不为汉语读者接受,地道的表达应该是"塞思是一位自豪的新买跑车的车主"（译文 C）。译文本可到此为止,即英语小句→汉语小句,但考虑到 new 即 recently bought（新的→新买的）,这是原语单词的短语化,"新买的跑车"（a new sports car）陈述一种变化的客观事实,"自豪的"(proud)表达一种主观心情,二者之间存在因果关系,即塞思自豪是因为他是一辆新买的跑车的主人。再将 proud 与 owner 意象合并:a proud owner→an owner who was proud for buying or getting something,即原语单词的小句化,从而将译文 C 扩展为"塞思是一辆跑车的车主而且非常自豪"(译文 D,仍为单句)。也可以将表达心情和陈述事实分开,将静态判断改为动态变化,即:塞思非常自豪,塞思新买了一辆跑车;进而扩展为"塞思非常自豪,(因为)他新买了一辆跑车"(译文 E,为复句)。根据汉语表达的时间顺序和因果关系,再将译文调整为"塞思新买了一辆跑车,(因而)非常自豪"(译文 F),从而实现了两个原语单词 proud 和 new 在译语中的小句化"(塞思)非常自豪"和"(塞思)新买了(一辆跑车)"。

(三) 短语繁化

短语繁化,即原语短语在译语中的繁化,指根据原文语值再现和语里传递之需,并遵循译语的表达规范,将原语的简短短语扩充为译文中的繁长短语、小句甚至复句,即短语的扩大化、小句化和复句化,表现为原语短语在译语中从简到繁、从短到长、从小到大、从无到有的量变过程。单词繁化是短语繁化的前提和基础,增词不一定增短语,但增短语肯定涉及增词,因此短语繁化比单词繁化的难度大、要求高、频率低。

1.短语扩大化

短语扩大化,即原语短语在译语中的扩大化,指在译文中增加必要的词语,将原语的简短短语扩展为译语的繁长短语。

增补的短语通常为以下四类:①替代性短语,主要是英语中被替代或省略的名词性、动词性或分句性短语,或者因同义、近义或上下义而替代的短语;②概括性/列举性短语,主要是汉语的数量短语(如"两种")、数量名短语(如"三个方面")、数词短语(如"第一、第二")、代词短语(如"其一、其二")、主谓短语(如"一是、二是")等;③修辞性短语,因表情达意而运用的描写性短语(如"光明磊落")、同义反复短语(如 null and void)等;④注释性短语,为译语读者提供必要的文化背景信息而运用的短语。例如:

[12]Poetry,like schoolboys,by too frequent and severe corrections,may be cowed into dullness.

(柯尔律治亦谓:)"诗苟多改痛改,犹学僮常遭塾师扑责,积威之

下,易成钝儿。"(钱锺书,1984:557)

例12,钱锺书汉译时采用繁化机制,将介词短语 by too frequent and severe corrections 一分为二:"多改痛改""常遭塾师扑责",分别与"诗"(poetry)和"学僮"(schoolboys)形成主谓搭配,以确保意义显豁,将动词短语 may be cowed into dullness 扩充为表因果关系的两个动词短语"积威之下""易成钝儿",并与该引文前面的"诗文固须勤改,然痛改乃至手滑,苦思渐入魔道"和后面的"盖刻意用力,过则害事也"(钱锺书,1984:556-557)形成相互参印。

2.短语小句化

短语小句化,即原语短语在译语中的小句化,指在译文中增加必要的词语,再与其他词语组构成一个小句。汉语短语的构成带有句法特征,包括五个基本类型:主谓短语、动宾短语、偏正短语(定语+心语、状语+心语)、正补短语(动词+补语、形容词+补语),还有同位语短语、连动短语、兼语短语、介词短语和助词短语等。主谓短语在功能上相当于英语的名词性从句,偏正短语中的定语和状语可分别扩展为英语的定语从句和状语从句,同位语短语可扩展为英语的同位语从句,联合型动词短语可扩展为英语的并列小句,介词短语相当于英语中表示原因、时间、地点、方式、条件等意义的状语从句,"的"字短语可扩展为英语的定语从句。另一方面,英语中某些形容词短语、独立主格短语、非谓语动词短语是经济原则下的句法简化,都带有小句特征,可扩展为汉语小句。

思维转换中,原语短语表达的复杂概念对应于译语表达的复杂概念,可扩充为译语小句表征的判断,操作程序包括三个阶段、九个步骤。原语理解阶段包括:先将原语短语逐层分解为单词,再将这些单词表达为简单概念;语际转化阶段将原语单词表达的简单概念对应于译语单词表达的简单概念;译语表达阶段包括:将译语的简单概念重组成复杂概念,将复杂概念转换为复杂意象,将复杂意象分解为单个的简单意象,将这些简单意象聚合为简单组象,再将简单组象转换为简单命题,最后将命题转换、输出为译语小句(余承法,2013:125)。下面进行实例分析(见表4-4)。

[13]马并不以幽默名家,大约因为脸太长的缘故。(钱锺书,2002b:23)

The horse is not celebrated as a great humorist—likely because he has a long face.(Qian,2010:47)

表4-4　原语短语在译语中的小句化过程

	C1	C2	C3	C4	C5	C6	C7	,	C9	C10	C11	C12	C13	C14	C15
原语小句	马并不以幽默名家,大约因为脸太长的缘故。														
原句语用义	解释"马不以幽默名家"的缘故														
原语第一层级短语	马并不以幽默名家,大约因为脸太长的缘故(主谓短语)														
原语第二层级短语	马并不以幽默名家(主谓短语)							,	大约因为脸太长的缘故(介词短语)						
原语第三层级短语	马	并不以幽默名家(动词短语)						,	大约	因为脸太长的缘故(介词短语)					
原语第四层级短语	马	并	不以幽默名家(动词短语)					,	大约	因为	脸太长的缘故(名词短语)				
原语第五层级短语	马	并	不	以……名家			幽默	,	大约	因为	脸太长			的缘故	
原语第六层级短语	马	并	不	以	出名、成大家		幽默	,	大约	因为	脸	太长		的	缘故
原语单词	马	并	不	以	名	家	幽默	,	大约	因为	脸	太	长	的	缘故
原语单词的语音编码	mǎ	bìng	bù	yǐ	míng	jiā	yōu mò	,	dà yuē	yīn wèi	liǎn	tài	cháng	de	yuán gù
原语单词的语法编码	名词	副词	副词	介词	名转动	名转动	形转名	,	副词	介词	名词	副词	形容词	助词	名词
原语单词的语义特征提取与概念输出	哺乳动物,用于拉车、耕地、乘骑等	用在否定词前加强语气	用在动词、形容词前表示否定	用,拿	出名、成名	成为专家	有趣或可笑而意味深长	,	表示可能性大	表示原因	头的前部,从额到下巴	表示程度极高	两点之间的距离大	用在定语后表修饰	原因
译语的单词或简单概念	horse	at all	not	as	be famous	be an expert	humor	,	likely	for	face	too	long	/	reason
简单概念重组	horse	be not celebrated at all		for its humor (as a great humorist)				,	likely	for the reason of	its too long face				
复合意象分解	horse	be not celebrated at all		as a great humorist				,	likely	because	has a too long face / a face too long				

106

（续表）

组象聚合与选择	The horse is not celebrated at all as a great humorist	/	likely because he has a too long face
简单命题	The horse is not celebrated at all as a great humorist	/	likely because he has a too long face
命题重组和译语输出	The horse is not celebrated at all as a great humorist—likely because he has a too long face .		

例 13,如表 4-4,将汉语单句分解为六个层级短语和十四个单词,经过语音语法编码和语义提取,输出十四个概念,替换为相应的英语概念,加工处理和输出为十三个英语单词或短语。经过概念分解和重组,主谓短语"脸太长"分解为三个词"脸""太""长",转换而成的三个简单概念组合成复杂概念"一张太长的脸"(a too long face)。该复杂概念经过译者的大脑思维,形成一个复杂意象,进一步分解为两个简单意象:"有一张太长的脸"(has a too long face)和"一张脸太长"(a face too long),经过组象聚合和选择,选取 it has a too long face,形成汉语短语"脸太长"在英语中的小句化,进而形成一个简单命题,与前面的简单命题重组后输出英语复句。

除了汉语的主谓短语易于扩展为英语小句之外,名词短语、动词短语(尤其是动词拷贝结构)、形容词短语、介词短语在英译时也可做小句化处理。另一方面,英语的分词短语、不定式短语、介词短语、充当评注性状语的副词短语,以及独立主格结构等,都是由各种从句简化而来,可根据需要进行还原,汉译时可增译为小句。例如:

[14]A poem of any length neither can be,nor ought to be all poetry.
诗勿论长短,匪特不能通篇悉佳,亦不当尔。（钱锺书,1986:1200）

例 14,原文中充当后置定语的介词短语 of any length 带有无条件让步意味,相当于 no matter how long or how short,钱氏汉译时将其扩展为无条件分句"勿论长短";带有情态动词的联合型动词短语蒙后省略了相同的宾语 all poetry,汉译时分别做了小句化处理。

3.短语复句化

短语复句化,即原语短语在译语中的复句化。语言形式上是在译文中增加必要的短语或小句,将原文短语扩充为译文复句。思维单位上,原语短语表征的简单命题成分,实则相当于一个复杂命题成分或简单命题,经过结构分析、语义分析、编码解码之后表征为一个复合命题,外化为译语复句。短语复句化的步骤跟小句化大致相同,经过一系列环节之后,将简单命题成分扩展为复合命题,再输出为译语复句。

汉语作为一种意合型语言,有时用短语,尤其是四字成语引出一段历史掌故、寓言故事或名人名言,表达丰富含义或深邃哲理,英译时可根据需要扩展为相应的复句,如:瓜熟蒂落——when a melon is ripe it falls off its stem;things are easily settled once conditions are ripe。曾经的流行语"你懂的"由主谓短语＋助词"的"构成,旨在提醒听者注意前面提到的内容,在句法结构弱化、语义泛化和情态转移之后演变为一个话语标记语(杨国萍,2016:88-95)。虽然它与 you know 都具有元知识标记功能,都在话轮转换中对语境发展起着制约和推动作用,但"你懂的"对只可意会而不必说、不便说或不愿说的事情进行言简意丰的表达,因此不能与 you know 进行简单对译,需要扩展成复句 you know what I mean 或 you've got what I mean。这种复句化处理既突出了情况的转变,又表明了说话者对所述内容的某种取向,同时也是对先前话语意图的修正(朱冬怡,2015)。

(四) 小句繁化

小句繁化,即原语小句在译语中的繁化,指根据原语语值再现和语义传达之需,结合译语表达规范,将原语小句扩展为译语复句或句群,即小句的复句化和句群化,体现原语小句从简到繁、从短到长、从小到大的量变过程。小句繁化的前提和基础是单词繁化或短语的繁化,增补词语不一定产生新小句,但增补小句必然增补词语。因此小句繁化比单词繁化和短语繁化的难度更大、要求更高、频率更低。

1.小句复句化

小句复句化,即原语小句在译语中的复句化。语言形式上,小句复句化指在译语中增加词语之后,原语单词扩展为译语的短语或小句,原语短语扩展为译语小句,或者在增加词语的过程中产生新的小句,最终将原语小句扩展为译语复句。思维转换中,小句复句化是将原语小句表征的简单命题,扩展为译语复句表征的复合命题,其操作程序包括三个阶段、八个步骤。原语理解阶段包括:先对原语小句进行层次结构分析和语义结构分析,然后将原语小句表征为简单命题,再将简单命题分解为简单命题成分/意象/概念;语际转换阶段主要是将原语简单概念转换为译语简单概念;译语表达阶段包括：先将译语简单概念/意象组合为复杂概念/意象,然后将复杂概念/意象对应为几个简单命题,将几个译语简单命题对应为简单判断并外化为小句,最后将几个译语小句联结为译语复句(余承法,2013:125)。下面以实例阐述。

[15]A warlike, various and a tragical age is the best to write of, but worst to write in.

兵凶战危、惨戚多事之秋乃最宜入诗之题材,亦即最不便作诗之时世。(钱锺书,1986:53)

(1)原语小句的层次结构分析

采用七种句子理解策略,即词缀策略、助动词策略、词类策略、词序策略、连接词策略、短语规则策略和转换规则策略(颜林海,2008:140),可对原语小句的层次结构进行分析(见表4-5)。①词缀策略:不仅可以用来判定词类,还可找到小句的中轴。例句中的-like、-ous和-cal为形容词后缀,best和worst为形容词的最高级。②助动词策略:句中没有助动词,只有系动词be的第三人称单数形式。③词类策略:可帮助读者根据词的语法分类来了解它在句子中的句法功能。英语具有丰富的屈折变化,词类判定比汉语简单可行。例句中的词类包括:a、the为限定词,warlike、various、tragical、best、worst为形容词,and、but为连词,age为名词,is为系动词,to为不定式小品词,write为动词,of、in为介词。④词序策略:可以了解词的句法作用,切分句子成分并判定其相互关系。一般而言,英语的词类与句法功能有一定的对应性。例句中的基本结构为:定-主-谓(由两个形容词＋不定式短语构成)。⑤连接词策略:例句中and连接两个形容词,充当age的联合定语,but连接两个带不定式的形容词短语,充当句中的谓语。⑥短语规则策略:短语结构可分解为:短语标志语(specifier)、中心词(head)、补足成分(complement),例句中的短语结构为:XP→(specifier)X(complement),分解为:NP→(Det)N,VP→V(NP),AP→(Deg)A(to VP),VP→VPP。⑦转换规则策略:转换结构规则有助于分析句子的表层结构,从而找到深层结构。例句涉及删除规则,即句子是由"a warlike, various and a tragical age is the best to write of"和删除了主语的"a warlike, various and a tragical age is the worst to write in"两句合并而成的。

表 4-5　原语小句在译语中的复句化过程

原语小句	A warlike,various and a tragical age is the best to write of,but worst to write in.		
原语小句的结构分析	词级策略:-like、-ous 和-cal 为形容词后缀,best 和 worst 为形容词的最高级 助动词策略:无 词类策略:不定冠词＋形容词＋形容词＋连词＋不定冠词＋形容词＋名词＋be 动词＋定冠词＋形容词＋不定式小品词＋动词＋介词＋逗号＋连词＋形容词＋不定式小品词＋动词＋介词 词序策略:定-主-谓(由两个形容词＋不定式短语构成) 连接词策略:and 连接两个形容词,but 连接两个形容词短语 短语规则策略:XP→(specifier)X(complement),NP→(Det)N,VP→V(NP),AP→(Deg)A(to VP),VP→VPP 转换规则策略:to write of a...age,to write in a...age		
原语小句的语义分析	命题函数:P:is(a ... age,the best to...,the worst to...) 实词策略:5 个形容词,1 个名词,1 个 be 动词,2 个动词不定式 成分分析策略:三元命题 a ... age is the best to...,worst to... 语境策略:单词→短语→小句 信息分布策略:已知信息:a...age,新信息:the best to write of,but worst to write in 语篇策略:暂无,需阅读钱锺书引文的出处。		
一级复合命题	a warlike,various and a tragical age	is the best to write of,but worst to write in	
二级复合命题	a warlike,various and a tragical age	is the best to write of	is the worst to write in
命题成分/概念/意象	a,warlike,various,and,tragical,age,is,the,best,to,write,of,but,worst,to,write,in		
原语命题成分/概念/意象替换为译语	一个、战事的、各种的、和、悲剧的、时代、是、(the 和 to 都无对应)、最好的、写作、关于、但是、最坏的、写作、在……里面		
译语命题成分/概念/意象的重组	一个战事的时代、一个多种情况的时代、一个悲剧的时代、最好的写作(素材)、最不好的写作(时期)		
形成多个简单命题	一个战事的、多种的、悲剧的时代是最好的写作素材 　一个战事的、多种的、悲剧的时代是最不好的写作时期		
外化为译语小句	兵凶战危、惨戚多事之秋乃最宜入诗之题材。 兵凶战危、惨戚多事之秋亦即最不便作诗之时世。		
小句连接为复句	兵凶战危、惨戚多事之秋乃最宜入诗之题材,亦即最不便作诗之时世。		

（2）原语小句的语义结构分析

句子的语义分析就是将其表层结构转化为命题,以命题为单位保存在记忆中。运用四种语义分析策略,即实词策略、成分分析策略、语境策略、信息分布策略(颜林海,2008:151-153),可对例句进行语义结构分析(见表4-5)。①实词策略:实词的意义可以大致形成句子命题的意义,并能确定与之匹配的成分。例中的实词包括五个形容词、一个名词、一个be动词和两个动词不定式,名词和be动词形成句子命题的框架。②成分分析策略:成分分析是对构成句子的单词和短语的句法特征的分析,单词与单词、短语与短语之间的配置限制性形成了内在的语义内容。例句是一个三元命题结构:is(a...age,the best to...but worst to...),这种命题结构在阅读中比在听力中更容易形成和建立,也能更长久地保留在译者的工作记忆里。③语境策略:语境有助于加深对单词和短语特定意义的理解,从而消除句子的歧义,小到语言内部的单词、短语、小句、语篇,大到语言外部的社会环境或文化背景。例句的小语境:这是由18个单词、一个名词短语和一个动词短语(又分为be动词加上两个形容词短语)构成的一个单句;大语境:这是钱锺书在论述写诗与记史的关系时,引用英国17世纪诗人考莱(Abraham Cowley,现通译为亚伯拉罕·考利)的一句话。④信息分布策略:句子的信息结构通常为已知信息+新信息,读者在对句子进行加工时先找出已知信息,将新信息与已知信息联系起来并整合到记忆中。例句中的已知信息是a...age,新信息是is the best to write of,but worst to write in。译者在理解和翻译语句时,还需要将其纳入整个语篇,即借助语篇策略才能获得清晰的语义。

（3）原语小句表征为简单命题

若原语小句能够扩展为译语复句,其前提是该小句为相对复杂的独立小句或半独立小句。每个小句至少含有一个表达复杂概念的短语,甚至还包括嵌套式的短语类型,构成一个由复杂独立小句对应的复杂命题。例句是一个包含三元命题的结构:is(A,B),看似一个简单命题,实为一个复杂命题;其主语是一个名词短语,相当于一个简单命题:an age is warlike,various and tragical;谓语包含由两个形容词短语构成的一个复杂命题:it is the best to write of 和 it is worst to write in。整个复杂命题可分解为上述三个简单命题。

（4）原语简单命题分解为简单命题成分/意象/概念

小句表征的简单命题分解为命题成分,往往遵循取大优先的原则,先将命题分解为复杂命题成分,再逐级分解为简单命题成分。复杂命题成分和简单命题成分,分别对应语言单位中的短语和单词、形象思维单位中的复杂意象/简单意象、抽象思维单位中的复杂概念和简单概念,三对相应单位都是由后者构成前者。

(5)原语简单意象/概念转换为译语简单意象/概念

例中3个简单命题逐层分解为18个简单命题成分/意象/概念,依次转换为汉语的简单意象/概念:a→一个,warlike→战事的,various→各种(情况的)的,and→和,a→一个,tragical→悲剧的,age→时代,is→是,the→无对应,best→最好的,to→无对应,write→写作,of→关于,but→但是,worst→最坏的,to→无对应,write→写作,in→在……里面。

(6)译语简单意象/概念组合为复杂意向/概念,再次组合形成几个简单命题

上述13个汉语简单概念/意象可组合为5个复杂概念/意象:"一个战事的时代""一个多种情况的时代""一个悲剧的时代""最好的写作(素材)""最不好的写作(时期)";相邻的复杂概念/意象容易组合为简单命题,或者将不同的意象/概念搭配组合,如上述5个复杂意象/概念可进一步重组为两个简单命题:"一个战事的、多种情况的、悲剧的时代是最好的写作素材。""一个战事的、多种情况的、悲剧的时代是最不好的写作时期。"

(7)几个译语简单命题对应于简单判断,并外化为小句简单命题

简单命题作为信息的基本逻辑单位,是陈述性知识在大脑中的基本表征和记录形式,对应于简单判断,需要外化为小句。译者一旦形成了简单命题,就可借助大脑中的词汇库和语音语法进行编码,用小句形式再现简单命题。例中的两个简单命题可外化为两个小句:"兵凶战危、惨戚多事之秋乃最宜入诗之题材。""兵凶战危、惨戚多事之秋亦即最不便作诗之时世。"

(8)几个译语小句联结为复句

一个原语小句扩充为几个译语小句之后,可根据需要调整小句顺序,根据语义关系组成一个复句,这时删除不必要的重复,添加必要的复句关系词语。至此,例19的英语单句繁化为汉语复句:"兵凶战危、惨戚多事之秋乃最宜入诗之题材,亦即最不便作诗之时世。"

2.小句句群化

小句句群化,即原语小句在译语中的句群化,指在原语单词在译语中的短语化/小句化、原语短语在译语中的小句化/复句化、原语小句在译语中的复句化等一系列操作之后,原语小句就逐步扩展为译语句群。小句句群化过程也大致采取跟复句化过程相同的八个步骤,只是在最后一步中,先将个别小句独立为单句或扩展为复句,再跟其他小句或复句一起联结为句群。

例如：

[16]"译"、"诱"、"媒"、"讹"、"化"这些一脉通连、彼此呼应的意义，组成了研究诗歌语言的人所谓"虚涵数意"（polysemy，mainfold meaning），把翻译能起的作用（"诱"）、难于避免的毛病（"讹"）、所向往的最高境界（"化"），仿佛一一透视出来了。（钱锺书，2002a：77）

译文 A：The interrelated and interacting meanings in such characters as 译 *translate*，诱 *entice*，媒 *transmit*，讹 *misrepresent*，and 化 *transform*，constituting what a student of poetic diction would call *plurisignation*，tend to bring out the functions of translation，its unavoidable shortcomings，as well as the highest state of attainment to which it can aspire.（Ch'ien，1975）

译文 B：The interrelated and mutually denotative meanings of the words"translate"（*yi*），"inveigle"（*you*），"decoy"（*mei*），"misinterpret"（*e*）and"transform"（*hua*）constitute what scholars of poetic diction call"polysemy"or"manifold meaning"．This spectrum of meanings serve to tease out all the various aspects of translation；its function（"inveiglement"），its unavoidable shortcoming（"misrepresentation"），and the highest sphere to which it can aspire（"transformation"）.（Qian，2014：139）

例 16，原文为一个繁长单句，主语是一个定心短语，即"……的意义"，谓语部分由两个并列的动词短语构成，即"组成了……"和"把……透视出来了"。译文 A 将小句进行复句化，将第一个动词短语换译为英语做状语的-ing 分词，第二个动词短语保留为英语的谓语，意在强调后者。译文 B 则将小句进行句群化，将原文单句切分为两个译文复句，将两个并列的动词短语处理为两个英语单句的谓语，并重复句子的主语，旨在强调这两方面内容。译文 A、B 的语表形式相似，长度几乎相当，语义传达都非常准确，但就再现原文的语用价值而言，译文 B 对原文进行切分，句子结构清晰，表义清爽，表达效果更胜一筹。

汉语有时用短语表达一个完整的小句意义，有时将小句意义隐含在上下文之中，需要经过读者对表层结构进行加工、对深层结构进行处理，才能领会其中的意蕴或意图。英译时，译者需要对这些经过大脑加工的信息进行语际转化，增译小句来再现原文意义或意图，对结构进行重新安排，从而将汉语小句扩展为英语句群。例如：

> [17]她眼皮有些抬不起似地说："我们没有那么大的面子呀！"
>
> As if barely able to raise her eyelids, she said, "Who, me? I don't think I'm important enough!"（钱钟书，2003:50,51）

例 17，原文的背景是：在《围城》的故事开头，方鸿渐在回国的船上受到鲍小姐的引诱，跟她在一起浪漫了几天，疏远了对自己情有独钟的苏小姐。但船一到香港，鲍小姐无情地抛弃了他，他顿时有一种被玩弄的感觉。这时，苏小姐不仅没有落井下石，反而对他产生恻隐之心，他本以为"要奉陪你，就怕没福气"的冒昧话会碰个软钉子，但没想到苏小姐不计前嫌，主动迎接他的"挑战式邀请"。译者采用繁化机制，将"眼皮有些抬不起似地"扩展为省略 she was 的方式状语从句 as if she was barely able to raise her eyelids，并结合语境，将苏小姐的话理解为"我吗？我没有那么重要啊！"增加紧缩复句"Who, me?"以及小句 I don't think，从而将一个单句扩展为由两个复句集结而成的句群。

第三节　简化机制

简化机制作为一种全译求化单一机制，与繁化机制相对，旨在化繁为简，删减原文中的某些语言单位，以期精准传达原文语义、高效再现其语值，同时符合译语表达规范。作为汉外全译的常态机制，简化机制遵循全译求化的三位一体原则，受经济原则的驱动、合作原则的支配、信息冗余理论的管控，执行"简表不损里不减值"的操作法则，即：视具体情况简省原文的语表形式，但不损害其语里意义，不稀释其信息内容，不减少其语用价值，确保译文洗练畅达。根据操作的基本语言单位，简化机制分为四种类型，即单词简化、短语简化、小句简化、复句简化，还可分为各种小类，要求依次提高，难度依次加大，频率依次降低。

一、简化机制的内涵

（一）"简化"概念的由来

"简化"作为语言学术语，指语言在演变过程中由于地域、文化、社会、心理等多种因素的影响,在语音、词汇、句法上表现出一种由繁到简的发展趋势。叶斯柏森(Jespersen,1954:365-366)发现近代语言具有发音形式简单、词汇构成趋简、语法规则简化等优点,得出结论:"任何语言都经历了从繁复到简单的发展历程,简化现象是人类所有语言的发展趋势。"语言简化不仅是语言学家关注的焦点,也是经济学家感兴趣的话题,是信息时代日常交流的必需,比如缩略语和网络社交中的简易表情符号,不仅有助于语言的编码、储存和解码,而且促进人类方便、快捷、高效的沟通。就某种现代语言而言,简化还包括文字系统的简洁运用,如简化汉字因笔画、形体和数量的减少方便人们认读和记忆,推动了汉语的规范化,同时也适应信息技术发展和汉字信息处理的时代需求。

简化作为一种化繁为简的翻译方法或手段,在我国最早可追溯到东晋道安(1984:25-26):"竺叔兰为译,言少事约,删削复重,事事显炳,焕然易观也。"钱锺书(1986:1264)指出,道安"'失本'之三、四、五皆指译者之削繁删冗,求简明易了"。这种译法的命名尚不统一,有二十余种,如词量的减、化繁为简、简化、减(文)字、减词、简省、减缩、减词(译)法、句量的减、删减(词语)、删节(译)法、略译、省(词)译法、省译(法)缩减法、省略(法),等等。学者们从特定题材、文化差异、冗余信息理论等不同视角加以分析,借助平行或可比语料库进行实证研究,除了汉英翻译之外,还包括汉语与少数民族语言、日语、阿拉伯语、德语等语言之间的减译现象,但大多涉及词汇层级,较少论及短语及以上单位。黄忠廉、李亚舒(2004:37-41)提出减译策略,并分析其原因;黄忠廉等(2009:50-56)提出减译方法,分析其特点、原则和具体技巧;马骍(2010)突破以往研究中词汇层级的界限,通过回顾国内外有关减译的研究以及减译称名的流变,尝试构建俄汉全译中的减译方法体系,并分析其语言学、信息论和逻辑学理据;笔者(2014:93-128)将减译界定为"删减式全译",论述词、短语和小句三种减译技巧,后来进一步探究减译,详论其原因和四个小类,从而将减译纳入全译七法体系。截至2018年12月31日,中国知网中以"减译(方法/策略)"为篇名的论文有32篇,可见"减译"概念并未得到广泛认可和运用,仍须深入、细致探究。

西方翻译界有人注意到翻译中的简化(simplification)。布鲁姆-库尔卡和列文斯通(Blum-Kulka & Levenston,1978)认为词汇简化是"用少量的词表达原文的过程和/或结果",并提出六条普适性操作原则或策略。范德劳维拉(Vanderauwera,1985:93)验证了词汇简化假说,发现译文还存在句式简化和文体简化两种倾向,包括拆分长句、将精致措辞替换为简短搭配、减省冗余信息、缩减超长的迂回说法、删除修饰语等。贝克(Baker,

1996:175－186)认为简化包括两种类型:基于两种语言文化系统的差异采取的强制性简化,基于翻译过程中译者的策略选择、手段运用和译语规范等因素采取的选择性简化,都是译者在译文中对原文词汇、句法、文体三个方面进行"下意识的简化处理"。拉维奥萨(Laviosa,1998)基于英语可比语料库的考察,发现译文中词汇简化的四种核心模式。也有学者对简化提出质疑,如杰乐斯丹(Gellerstam,1996:53－62)发现译文词频的区别大于原创文本,莫芮恩(Mauranen,2000:119－142)认为译文的搭配范式比原创文本丰富。

国内外翻译学者在探讨翻译共性时,也关注与显化或明晰化相对、与简化在某种程度上相似的隐化(implicitation)。维内和达贝尔内(Vinay & Darbelnet,1995:344)最初将隐化定义为"依赖原文语境或情景的显性信息在译语中隐含起来的一种文体翻译技巧"。隐化被当作与 omission(减译)相同的翻译方法,但大多数情况是伴随显化进入人们的视野,专门的研究成果并不多见。《劳特里奇翻译研究百科词典》第一版中"翻译共性"词条下只收录了 explicitation,而无 implicitation(Baker,1998:80－84),第二版中的 explicitation 词条下只有一次提到 implicitation(Baker & Saldanha 2008:306－310);《翻译学词典》中也只收录了 explicitation,而无 implicitation(Shuttleworth & Cowie,2004:55－56)。施米德和沙夫勒(Schmied & Schäffler,1997:21－34)认为,翻译中的显化往往多于隐化,这组对立特征并非对称关系,因为显化的处理信息过程要比隐化简单。克劳迪(Klaudy,2001)提出显化与隐化的非对称假设,即:一个方向的强制性显化与相反方向的强制性隐化是相匹配的,但一个方向的选择性显化并不总是对应于相反方向的选择性隐化。为了验证非对称假设,克劳迪和卡罗利(Klaudy & Károly,2005)通过考察英-匈文学文本中的转述动词,发现译者往往在两个方向上都倾向于运用显化,而不常采用隐化,他们还从词汇和语法两个方面总结隐化的具体类型:词汇的抽象化、压缩、省略以及语法的抽象化、降格、收缩省略等。克鲁格(Krüger,2013)在认知语言学框架下对显/隐化进行了理论解释,认为语际显化与语际隐化是相互对应甚至平衡的。莫提萨利(Murtisari,2013)基于关联理论中的"隐含"和"明示"概念,对语际显化/隐化进行了明确界定,指出 de-explicitation(语际隐化、反显化)是"语义从明示到隐含或明示程度由高到低的转换",涉及范畴和级阶两类。

中国学者引进了简化概念,并进行了一系列实证研究。胡显耀(2007)、王克非和胡显耀(2008)、肖忠华和戴光荣(2010)等对文学作品汉译的研究验证了简化趋势的存在,朱晓敏(2011)、陈建生和崔亚妮(2010)等对政府公文英译的研究发现了译文的繁化趋势,秦洪武和王克非(2009)、白正权(2010)、王青(2013)等的研究结果对简化假设提出了挑战。于红(2016)的研究表明,译文简化呈现出多种特征,既有繁化趋势,也有简化痕迹,译文里不仅有原文的特征,也体现了译者的选择。周忠良(2016)对简化假设进行多维度、多层面检验后发现,词汇密度和高频词复现率支持译文类比简化,其余参数则支持语际简化,将这一结果归为原文对英译的渗透效果。所有这些研究都加深了对简化现象或策略的认识,但没有像显化假设那样达成广泛共识,因此需要更多语对、文本类型、语料和更大范围的验证,尤其需要对简化过程进行理论论证和实践验证。

国内有学者基于语料库同时对显化/隐化现象进行实证验证或质疑,大多涉及显化/隐化策略,专门研究隐化的成果较少。截至 2017 年 7 月 18 日,中国知网中以"显化"为篇名的论文有 234 篇,其中专门研究显化的有 206 篇,同时研究显化和隐化的有 24 篇,同时研究显化和简化的有 4 篇;以"隐化"为篇名的论文有 33 篇,只有 6 篇专门研究隐化,其余 27 篇同时研究显化和隐化("显化""隐化"篇名下同时研究显化和隐化的论文有 24 篇和 27 篇,存在交叉,取大值 27 篇)。

(二) 简化机制的界定

国内外的翻译共性研究呈现"四多四少"的趋势:①显化研究多,简化、隐化研究少;②简化受到的质疑多,简化和隐化之间的关系研究少;③以结果为导向的研究多,注重过程研究的较少;④重复性、印证性研究多,开拓性、原创性研究少。因此,有必要重新厘定简化或隐化的概念,注重过程研究和体系建构。基于已有研究成果,借鉴"表-里-值""语-思-文"两个三角的研究思路(黄忠廉等,2009:232 - 253),将简化确立为与繁化相对的一种全译求化单一机制,而不仅仅是一种全译策略或方法,试定义如下:简化机制(英译为 simplification),即化繁为简,指译者为高效再现原文语用价值、精准传达其语里意义,删减原文必需而译文不必要或不应该出现的语表形式时所采取的一系列策略、程序、手段、方法之间相互组合和相互联系的全译行为。

简化机制遵循全译求化的三位一体原则,执行"简表不损里不减值"的操作法则,即:简省原文的语表形式,但不损害其语里意义,不减少其语用价值,省略的语言单位必须是最小限度的,删除的信息内容及其表达形式必须是在译语内容渐变的量度范围之内,而且是译语不必要的,即"在英文内缺此则不成文法,而于中文内有之则反为蛇足之辞句"(钱锺书,1926)。

简化机制体现原文单位从多到少、从长到短、从有到无的量变过程,主张化繁为简、削繁求简,以简驭繁,以少胜多,正如钱氏(2002a:12)所言:"……以经济的笔墨获取丰富的艺术效果,以减削迹象来增加意境。"需要注意的是,"一方面得设法把一句话提炼得简洁而贴切,一方面得留神不删掉不可省的字"(杨绛,1986),否则会因为过度省略导致原语信息受损,或者因为追求译文简洁而忽略原文风格,最终量变引起质变,全译变成了摘译、编译或缩译之类的变译。简化机制运用删减策略,采取减译方法,操作于单词、短语、小句等微观语言层面,主要包括以下四种操作手段:①删除(deletion):删除原文必需而译文不必或不应出现的语表形式,尤其是上下文中不相关或者容易理解的语义过剩的单词,如汉语的量词、助词以及英语的冠词、表时态的助动词等,虽有显性的表达形式,但无实际内容,其意义或者不言自明,或者包含于其他语言单位之中,属于冗余信息及其表达形式,正所谓"删削之而不伤其性曰'修'"(钱锺书,1984:61)。②省略(omission):根据译语表达规范承前或蒙后省略某些原语单位,如汉语的概括性词语、英语的物主代词、连词等,虽有其形,但无实际含义,成为形式在场的内容不在场,在译语中纯属烦言赘语。③替换(replacement):用译语的简洁表达方式替换原语的繁复形式,如代词替换、同义词/近义词或上下义词之间的替换(Blum-Kulka & Levenston,1978),以及单词对短语、短语对小句的替换等,这些原语单位在译语中因替换而隐形,但其语里得以保留,语值仍然存在。④合并(converging):采取合并同类项的方式,将某些重复的原语单位作为公因式提取出来,跟与之搭配的其他单位重组,采用相应的译语形式表达出来,合并后的译语单位虽然只显形一次,但表意多次,从而精简整个译句。

二、简化机制的理据

简化跟繁化是运用理据相同、语言方向相对、操作程序相反的一对全译求化单一机制,也是基于语言文字系统、思维方式和文化背景的差异,而语言文字系统的差异具体表现在双语语法结构、语义传递和修辞达意等方面。日常生活中的简化现象比比皆是,如中国的 34 个省级行政单位都有简称,或取全称中的某个汉字(北京——京),或另用一个汉字(上海——沪);美国的五十个州也都有各自的简称,取全称中的首字母和另一个字母加以组合,以避免重复,如 Alabama——AL(亚拉巴马州),而且有些州名的汉译也采用简称,如 California——CA(加利福尼亚州——加州)。中国文化历来追求"言简意丰",郑板桥主张诗画中"删繁就简三秋树",刘知几强调编史时注重"点烦",杨绛不仅在理论上标举翻译"点烦"论,即去芜存菁、删减废字,更炉火纯青地运用于实践,将八十余万字的《堂吉诃德》初译本简掉成七十余万字的定译本,获得巨大成功。简化机制的具体运用就是点烦、删繁就简,除了跟繁化机制类似的运用理据之外,还驱动于语言的经济原则,受控于信息冗余理论,服从于言语交际中的合作原则。

（一）简化机制受语言经济原则的驱动

简化机制的直接驱动力是语言的经济性原则。经济原则跟精简原则(Principle of Parsimony of Levels)(Jaszczolt,2005:14)或省力原则(Principle of Least Effort)(Zipf,1949:21)一样,是人类语言的一种共性,追求简洁明快、省时省力的表达,体现在语音、词汇、句法、语义、语用、语篇等各个层级。使用形式上,说写者的经济原则以简化使用为目的,某个意思能用三个字表达就不用五个,一句话能说清楚的事尽量不用两句;使用效果上,听读者的经济原则以反歧义为目的,借助上下文加以体会。在原语理解阶段,译者作为听读者受到交际认知的驱动,经过由表及里和表里互证的言语活动,准确领会原文的语里意义;在语际转化阶段,译者经过大脑的思维流程和认知转换,将理解的原文信息以概念、判断、推理的形式储存于大脑,并进行不同语言的加工处理和转换;在译语表达阶段,译者作为说写者,在保证准确传达原文语义的前提下,对原文词汇、句法、语篇三个方面进行灵活的简化处理。在表意明确的前提下,尽可能选择简洁的语言形式,导致形式上的简化和弱化,在以文贵简洁、字少意丰为主要特征的古代汉语中更是如此。钱锺书在《一节历史掌故、一个宗教寓言和一篇小说》(2002a:164 - 183)中提到,竺法护翻译的《生经》、希罗多德记载的《史记》、邦戴罗创作的《短篇小说集》中讲了同一件事,但佛经译文没有遵循削繁求简的原则,因而"词句生硬""故事松懈""结构不干净利落"。他拿起"奥卡姆剃刀",对包含1162个单词的这节历史掌故进行了简化处理,以四字格译成酷似佛经笔法、包含965个汉字的文言文。下面试析首句的妙译。

[1]This king(they told me)had great wealth of silver,so great that none of the later-born kings could surpass or nearly match it.

译文 A:如是我闻,王积银多,后世嗣君,莫堪伦比。（钱锺书,2002a:168）

译文 B:他们告诉我说,这个国王拥有这样大量的白银,以致后来的国王无人能超过他或几乎比得上他。（王以铸,1959:162）

例1,原文复句包含三个小句,24个单词中只有1个形容词和2个副词,用词经济,结构并不复杂,按说已经很简化了。钱氏裁枝剪叶,仅用了4个简短小句、16个汉字,惜墨如金地再现原文的神韵,比用现代汉语译成的译文B少了23个字,"莫堪伦比"比none could surpass or nearly match it更胜一筹,译文A堪称删繁就简的典范。

(二)简化机制受信息冗余理论的管控

简化机制受控于信息冗余理论。传播学中的冗余信息并不是一些多余、不必要的信息,而是那些不影响信息完整、不以说写者个人意愿自由选择的内容,在很多情况下是必不可少的,旨在帮助信息接收者减少噪声的干扰,保持足够的信道容量。语言学中的冗余信息是指并不增加信息内容,却有助于语言构建、表情达意和听众理解的因素,体现在单语交际的语义、语法和语用层面。跨语交际中,由于信息传达的通道是不同的语言载体,反映不同思维模式和文化背景,原语中必要的冗余信息在译语中属于冗余过度,体现在信息表达的方式、密度、程度等方面。译者如果采取逐词逐句的对译,就会违反语言的经济原则,不仅让人感到啰嗦,而且影响交际效果。这时就要善于把握原文的主要信息和次要信息、必要和不必要的冗余信息,区分原文内容和形式之间的主要矛盾和次要矛盾、矛盾的主要方面和次要方面,恰当删减原文重复、累赘的语表形式,克服不必要的噪声干扰,确保跨语交际的顺利进行。"冗词赘语是中式英语的标志"(Pinkham,2000:2),有些欧化汉语就是因为机械保留原语的冗余信息及其表达方式造成的。一方面,汉语中的有些语言形式,如:量词和助词的使用,名词、动词、形容词和副词的重叠,单词、短语、小句的重复等,属于汉语特有的冗余表达,英语中没有对应的语表形式,不必也无法对译,只能进行删减或替换;另一方面,英语中的有些语言符号,如名词的复数、动词的时体态式、冠词、引导词there、各种关联词等,有时是不表达语用价值和语里意义、不传递思想感情的冗余信息,汉语中或者没有对应的语言形式,或者属于不必要的赘余信息,翻译时必须予以适当删减,正如纽马克(Newmark,2001:148)所言:"大多数语言都有一些包含较低语义内容的词汇和句法特性,在译语中没有对应形式,译者通常不需要考虑。"例如:

[2]But if the top of the hill be properest to produce melancholy thoughts,I suppose the bottom is the likeliest to produce merry ones.
脱在山巅宜生愁思,则在山足当发欢情。(钱锺书,1986:877)

例 2 中 but 为语篇标记词,起衔接作用,属于句法上的冗余信息;I suppose 表达说话者"认为某事属实,但不敢肯定",此处属于上下文推测的语用冗余,旨在表达个人主观想法而非客观陈述。在中国人看来,既然是"我"在表达个人观点,依据前面的"如果……"进行推理,"我认为"就显得多余,因此钱氏省略不译,而用"则"与前面的"脱"相呼应。properest 和 likeliest 之后省略了 place 之类的名词,钱氏将其分别与后面的动词不定式合并,同时减译为"宜生""当发"。他还将原文的名词短语 the top of the hill、melancholy thoughts 和 merry ones 分别减译为名词"山巅""愁思""欢情"。

（三）简化机制受交际合作原则的支配

简化机制遵循合作原则中的数量准则(所说的话应该满足交际所需的信息;所说的话不应超出交际所需的信息)和方式准则(说话要清楚明了,避免晦涩、歧义,追求简洁洗练)。译者必须准确理解原文信息,考虑译文读者的信息需求,删除不必要的信息内容及其形式,以确保译文简洁、规范。简化机制在某种意义上跟关联翻译理论不谋而合:关联翻译理论将翻译看作一个推理过程,遵循"以最小的力气,得到足够的语境效果"的认知原理,试图通过译文读者阅读时所花费力气与感受效果之间的因果关系来考察译文质量(林克难,2004)。译文读者能花费最小的力气获得最大的语境效果,就在于译者充分考虑他们的认知背景和阅读需要,尽可能用最少量、最简单的语言去传递最大量、最精确的信息,实现最有效的语际交流。例如:

[3]他又谢了苏小姐一遍,苏小姐又问了他一遍昨晚的睡眠,今天的胃口,……

He thanked Miss Su again. She inquired once more about his sleep and appetite.(钱钟书,2003:196-197)

例 3 的背景是:赵辛楣头天晚上邀请一帮朋友聚会,设计灌醉了方鸿渐,让他在苏文纨面前出丑。但没料到的是,苏小姐时时处处保护鸿渐,提前撤席并护送酩酊大醉的鸿渐回家。第二天一大早,苏小姐打电话询问鸿渐的病情,邀请他过去交谈。原文连用两次"苏小姐",而英语为了简洁起见,将第二个替换为代词 she,这是遵循合作原则中的方式准则。苏小姐询问鸿渐的"睡眠"和"胃口"分别是"昨夜的"和"今天的",这个语境信息对读者是不言自明的,译者没有机械对译成 yesterday's sleep 和 today's appetite,而是遵循数量准则,做了灵活的简化处理。

三、简化机制的类型

根据操作理据,简化机制可分为语法性、语义性和语用性三种类型。语法性简化,因消除双语语法结构差异而运用的简化;语义性简化,因克服双语文化背景差异和简练表达原文语义而运用的简化;语用性简化,因再现原文语用价值和追求言简意丰的表达效果而运用的简化。语法性简化和语义性简化是强制性的,是全译时必须运用的简化,只有简化形式、简省单位,译文才有可能结构清爽、表达通畅,语义简明,不会导致欧化汉语或中式英语。语用性简化是选择性的,可用可不用,用时可保证译文精练、流畅,不用时也是达意准确、表达规范的译文。

根据操作单位,简化机制可分为四种基本类型:单词简化、短语简化、小句简化和复句简化。低层级单位的简化是高层级单位简化的基础和前提,难度依次加大、频率依次递减。翻译界以往在论及减译时,大多只停留在单词和短语层级的技法探讨,在考察作为翻译共性的简化或隐化时,往往过分强调数据统计,注重结果考察,而忽视了操作过程。因此,有必要借助全译语料库,深究简化机制的操作类型。

(一) 单词简化

单词简化,即原语单词在译语中的简化,指根据语值再现和语义传达之需,遵循译语表达规范,将原语单词压缩为译语词素,或者将似有若无的单词在译语中直接删除,而保留基本语义,包括单词的词素化和零化。

1.单词词素化

单词词素化,即原语单词在译语中的词素化,指将原语单词的意义用译语词素表达出来,多用于汉译英,偶尔见于英译汉。

英语拥有种类繁多、数量很大的词缀,能表达各种意义,这是汉语词缀无法匹配的。汉语的否定概念可用表示否定意义的形容词,如"坏",也可造生字如"孬",但大多数情况下由"不"加上一个肯定的形容词或短语构成,如"不好""不友好"。英语拥有很多否定前缀如 de-、dis-、im-(il-/in-/ir-)、mal-、mis-、non-、un-等,以及否定后缀如-free、-less 等。汉语中的否定形容词英译时,可译成由 not 加上肯定形容词或副词构成的短语,通常将否定副词"无、不、没(有)"减译成英语的否定前缀或后缀,这与本章第二节提到的英语词素汉译时的单词化正好相反,如:不友好——unfriendly,管理不善——mal-management。另外,汉语中表示复数概念的名词在英译时,可简化为词缀-s/-es,如:人群——crowds,车辆——vehicles;序数词"第 X"一般压缩为英语词缀-th,如:第五——fifth;用来表达形容词/副词比较级、最高级的副词"更""最"通常词素化为-er、-est,如:更高——higher,最快——fastest。

2.单词零化

单词零化,即原语单词在译语中的零化,指在译文中省略原文出现的单词,仍然保留其义,或将其义隐含在其他词语之中,正所谓:"……词若缺负未足,而意则充实有余;犹夫'无极而太极'、'无声胜有声',似为有之反,而即有之充类至尽。"(钱锺书,1984:54)首先省略的是虚词,属于语法性简略,多用于英译汉;其次是实词,属于语义性和语用性简略,多用于汉译英。

(1)虚词省略

虚词省略,主要是根据译语的表达需要,省略原文中一些无关紧要的虚词,主要包括英语冠词、汉语助词以及英汉双语中的介词和连词。

冠词是英语中最典型的限定词,对中心词起限定作用,表意功能主要是类指和特指。而汉语没有对应的词类,汉译时需要简省或灵活处理。

助词是汉语中独立性最差、意义最不实在的一类特殊虚词,绝大多数居于后位,在句中起助加作用,这是英语缺失的词类,英译时通常省略,但有时可借助词汇、句法手段保留其用法,如时态助词表明时态的作用可借助英语动词的屈折变化加以区分,语气助词表达的语气可通过英语的疑问句、感叹句得以体现出来。例如:

　　[4]这使我更高兴了,便谦逊地说:"老人家太看得起我了! 我配做你的朋友么?"(钱锺书,2002b:10)

　　I was delighted,and replied modestly."You think too well of me! Am I worthy to be your friend?"(Qian,2010:34)

例 4,原文的时态助词"(更高兴)了"表示行为的实现,译者在省略的同时,借助 be 动词的过去式 was 来表达;结构助词"地、的"分别放在形容词"谦逊"和人称代词"你"之后,英译时都做了简化处理,借助副词词尾-ly 和物主代词 your 来表达其结构上的助加功能,一并删除了"得"的形式和功能;语气助词"(看得起我)了""么"的感叹和疑问语气则分别通过感叹句(用陈述的形式加以表达)和疑问句体现出来。

英语介词的数量丰富,既跟名词、代词或名词性短语和从句搭配,表达时间、地点、范围、方式、目的、结果、条件、原因、让步、比较等,又与动词、形容词一起构成各种动词短语、形容词短语,还有包含两个、三个甚至四个单词的复杂介词短语。比较而言,汉语是动词优势的语言,介词数量较少,一部分由动词虚化而来。根据介合作用在语法上的不同反应,汉语介词主要分为两类:涉动介词和涉形介词(邢福义,2016:191-194),虽然分别归向动词和形容词,但不像英语那样与动词或形容词构成固定短语。相当一部分英语介词的意义和用法在汉语中是缺失的,需要恰当省略。利用检索软件Word Smith 5.0 提供的词表工具,通过计算钱锺书《在中美双边比较文学讨论会上的发言》(英汉双语)(钱锺书,2005:416-418;2002,198-199)中的类符/型符比以及介词的占比和使用频率,得出介词使用情况和词汇丰富程度的比对数据。

表 4-6 《在中美双边比较文学讨论会上的发言》双语文本中的介词使用统计

文本类型	文本长度(字/词)	介词用量(个)	介词占比(%)	类符	形符	类符/形符比(TTR,%)	句子数量(个)	平均句长(字/词)	介词的使用频率(个/句)
英语	537	73	13.59	295	537	54.93	22	24.41	3.32
汉语	828	21	2.54	344	828	41.55	23	36.00	0.91

由表 4-6 可知,介词在英汉双语文本中的占比分别为 13.59% 和 2.54%,英语介词的用量是汉语的 5.11 倍,使用频率是汉语的 3.65 倍。如果分别以英汉文本为原文和译文,发现汉译的平均句长高于原文,但类符/形符比低于原文,其词汇密度更小,这在某种程度上也证明了汉译文本的简化特征。

英语注重形合,单词、短语、句子之间多用连词,一般不能省略,要求结构完整、语义贯通;汉语重意合,按照一定的时空顺序和逻辑关系组词造句,语序通常固定,连词使用较少。因此,英译汉时,往往可以省略一些无关紧要的连词,如表示顺承关系的并列连词 and 以及复合句中的某些从属连词。另一方面,汉语复合句中的句间连词通常成双成对出现,如:"因为……所以……",而英语并列句和复合句作为两种不同的句子类型,分别使用并列连词和从属连词,用了 because 就不能用 so。利用检索软件Word Smith 5.0 提供的词表工具,可得出钱锺书《在中美双边比较文学讨论会上的发言》(英汉双语)中连词的使用情况。由表 4-7 可知,连词在英汉双语版中的占比分别为 6.33% 和 2.29%,英语连词的用量是汉语的 1.79倍,使用频率是汉语的 1.87 倍。

表 4-7　《在中美双边比较文学讨论会上的发言》双语文本中连词使用统计

文本类型	文本长度（字/词）	连词用量（个）	连词占比（%）	类符	形符	类符/形符比（TTR,%）	句子数量（个）	平均句长（字/词）	连词的使用频率（个/句）
英语	537	34	6.33	295	537	54.93	22	24.41	1.55
汉语	828	19	2.29	344	828	41.55	23	36.00	0.83

（2）实词省略

实词省略,指省略原文形式似有而实际意义却无的实词。原文中有些实词虽有其形,却无其义,或者其含义包含在其他词语中,全译时可以省略。一般而言,实词省略属于语义性或语用性简化,其中,代词省略多用于英译汉,名词、数词、量词的省略多用于汉译英,而动词、形容词、副词的省略用于英汉互译。

尽管英汉语都有代词,但英语代词的系统更发达、种类更多、数量更大、用法更广,还拥有比汉语更丰富的照应关系。相比之下,汉语代词的种类、数量和用法很少,在言语交际中,只要不影响指称混乱或产生歧义,人称能省则省、能减则减。英语中的关系代词、不定代词和非指代性 it,包括虚义it、先行 it 和强调句引导词 it,更是汉语中没有的代词系统,汉译时必须删除或替代。

名词省略多用于汉译英,偶尔用于英译汉。美国职业翻译家平卡姆(Pinkham,2000:1)曾指出,中国人翻译的几乎每一篇英文都有一些不必要的词,最多的是名词和动词,而且二者形影相随。汉英互译中会遇到一些范畴名词、重复使用的名词、固定短语中同现的近义词或隐含其义的名词,能省则省,能换就换,能并就并,尽可能做到简洁达意。

汉语为了讲究韵律,追求对仗,习惯将同义词或近义词并置一起,构成同义反复的四字词语,有时为了突出强调、前后照应或语篇连贯,经常在句中重复同一名词,而英语力避重复,习惯在并列结构中进行省略、合并或替代。因此,汉译英时,尤其是口译中,需要简省同义或重复的名词,以使译文简洁洗练,符合规范。例如:

[5]要得到群众的拥护吗? 要群众拿出他们的全力放到战线上去吗? 那末,就得和群众在一起,就得去发动群众的积极性,就得关心群众的痛痒,就得真心实意地为群众谋利益,解决群众的生产和生活的问题,盐的问题,米的问题,房子的问题,衣的问题,生小孩子的问题,解决群众的一切问题。

Do we want to win the support of the masses? Do we want them to devote their strength to the front? If so, we must be with them, arouse their enthusiasm and initiative, be concerned with their well-being, work earnestly and sincerely in their interests and solve all their problems of production and everyday life——the problems of salt, rice, housing, clothing, childbirth, etc.（周仕宝、杨坚定、孙鸿仁:《毛泽东选集》汉英平行语料库）

例 5 中连用七个"问题"是为了引起听众高度关注群众中的各种问题。"群众的一切问题"就是"生产和生活的问题",就是包括"盐、米、房子、衣、生小孩子"在内的问题,除第一、七个"问题"之外,重复的其余五个都是范畴名词。译者将"解决群众的生产和生活的问题"和"解决群众的一切问题"合并处理为 solve all their problems of production and everyday life,重复一次 problems,并用带介词 of 的后置定语将其他部分串联起来,最后用 etc.加以概括,避免形式上的重复拖沓,做到了言简意赅。

数量词系统是现代汉语词类系统中的一个特殊子系统,有时可以单独充当句子成分,但经常组合成数量结构仍然充当句子成分。数词系统包括基数词和序数词。量词系统包括单音量词(分为惯用物量词、惯用动量词和度量衡量词)、复音量词、复合量词、准量词。相比之下,英语没有这样复杂的数词系统,用法单一,大多只充当定语。因此,汉译英时的数量词省略是常见现象,可以省略、合并或替换。

汉语形容词构成灵活,用法较多:可以重复使用,以示突出或强调;可以同时使用同义词或近义词,形成结构对仗、气势连贯的四字成语,可以重叠运用,形成 AA 式、ABB 式、AABB 式、ABAB 式、A 里 AB 式的叠词,以强调度量或表达爱憎;可以交叉使用,将形容词的语义包含在所修饰的名词之中,形成适度冗余的同一反复。相比之下,英语避免重复,形容词一般不重复使用,不并置同义词或近义词,不能通过重叠构词。因此,上述三种情况中出现的汉语形容词英译时,通常需要进行省略、直接删除或恰当替换。例如:

[6]辛楣道:"她也真可怜——"瞧见鸿渐脸上酝酿着笑容,忙说——"我觉得谁都可怜,汪处厚也可怜,我也可怜,孙小姐可怜,你也可怜。"

Hsin-mei said, "I really feel sorry for her." Noticing a smile brewing on Hung-chien's face, he quickly added, "I feel sorry for everyone, for Wang Ch'u-hou,for myself,for Miss Sun,and for you,too."（钱钟书，2003：564，565）

　　例 6，赵辛楣连用六个"可怜"，句式结构也基本一致，回忆往昔时发出感慨，并对身边所有人表达同情。译者为了避免重复，只将前两句处理为相同的句式 I feel sorry for her/everyone，其他四处则用介词短语 for ＋NP 加以简化处理，契合当时的语言环境和人物心境，也符合英语的表达习惯。

　　汉英副词都有相同种类的副词，如时间副词、关联副词、程度副词、否定副词、频度副词等，而且都充当小句的状语，但汉语副词的数量更大、种类更多、用法更广。有些汉语副词在英语中没有对应形式，包括时间副词"在、正（在）、将（要）"等，语气副词"索性、竟然、居然、偏偏、难道、莫非、何尝"等，英译时只能省略或借助其他形式；或者虽有对应形式，如"现在、过去、将来、已经、曾经"等时间副词，但英语常用动词的屈折变化加以表达或替换，如果机械照搬，可能导致英语行文的累赘拖沓。汉语副词可以重复使用，以示强调；可以重叠，形成 AA 式、AABB 式、ABAC 式，可以同时使用同义或近义的副词，组成同义反复的四字结构；可以与所修饰的形容词或动词交叉使用，以加重语气；有些关联副词充当辅助性语法成分，与连词配对使用。相比之下，英语副词的使用显得简洁、干脆，不刻意使用华丽修饰，不勉强追求突出强调，一般不重复使用，不重叠构词，不使用同义反复，不交叉使用，通常不与关联词配对。汉译英时，上述情况中的副词大多需要省略，有时也可加以替换。例如：

　　　　[7]照例这本书该献给她。
　　　　This book should be dedicated to her.（钱钟书，2003：4，5）

　　例 7，原文中的副词"照例"意为"按照惯例或常情"，跟后面的情态动词"该"（情理上必然或必须如此）连用，意在强调"做某事是正确或明智的"。英译时，情态动词 should 即可充分达意，as usual/as a rule 则是可有可无的表达。

　　汉语句子的基本格局是"动词核心，名词赋格"（邢福义，2016：43－56），即：汉语句子的核心通常是动词，其他成分都围绕动词组织起来，共同表述一个意旨。由于汉语动词和名词往往相互依赖和制约，而动词本身没有形态变化。英语动词按照在句中的作用，可分为主动词和助动词，主动词除了汉语动词的基本用法之外，还有时、体、态、式等语法形式的差异。因此，汉英互译中,动词通常不能省略,但汉英中的轻动词、汉语中重复使用和重叠构形的动词以及拷贝句中的动词、英语中的某些助动词和系动词 be,在有些情况下需要进行简化或替换。例如:

> [8]让我想一想,早晨九点钟出去的,是不是? 我等你吃饭等到——
> Let me think. You left at nine this morning, didn't you? I've been waiting for you to eat...(钱钟书,2003:656,657)

例 8,译者将原文中的重叠式"想一想"简省为一个动词 think,将正反连用式的动词短语"是不是"换译成反义疑问句 didn't you,将动词拷贝句"我等你吃饭等到"中的延续性动作用现在完成进行时 I've been waiting 加以表达,进而自动省略第二个动词"等"。

跟汉语一样,英语的助动词也包括行为、心理、使令和历程等类别,还有一类特殊的助动词:其中的情态助动词相当于汉语的能愿动词,但基本助动词 be(协助主动词构成进行体或被动语态)、do(协助主动词表示否定意义或构成疑问句)、have(协助主动词构成完成体或完成进行体),在汉语中没有对应形式,汉译时要么进行省略,要么进行替换。例如:

> [9]Your brother has just been made bishop of Alexandria.
> 君之兄弟新任为亚历山大城主教矣。(钱锺书,2002b:158)

例 9,助动词 has 和 been 在原文中必不可少,分别协助动词 make 构成完成体和被动语态,而汉语中没有与之相应的词类,只能进行省略或替换。钱锺书巧妙地将 just 译为"新",将相对复杂的动词短语灵活简化为"新任为",异曲同工、简洁明了地传达了原文语义。

(二) 短语简化

短语简化,即原语短语在译语中的简化,指根据语值再现和语义传达之需,结合译语表达习惯,将原语短语压缩为译语的短语或单词,或者直接删除,即短语的单词化、词素化和零化,以单词简化为必要非充分条件,删减单词不一定导致删减短语,但删减短语必然涉及删减单词。跟单词简化相比,短语简化要求稍高,难度稍大,频率稍低。

1.短语单词化

短语单词化,即原语短语在译语中的单词化,指将原语短语压缩为译语单词,同时保留其语义,经常用一个译语单词代替原文一个较长而译语又无字面对应的形式,主要用于汉译英,分为以下三种情况。

①省略基础上的单词化:在省略原语短语中同义或近义、重叠的单词之后,原语短语就自动简化为译语单词,如:光明磊落＝光明/磊落——selfless,terms and conditions ＝ terms/conditions——条款。

②压缩基础上的单词化:原语短语中的单词压缩为译语词素之后,整个短语就简缩为一个单词,如:形容词短语"不幸福的"中,否定副词"不"词素化为 un-之后,整个短语就译成了形容词 unhappy。

③概念表达上的单词化:原语短语表达的复杂概念可以压缩为一个单词表达的简单概念。汉语的某些动宾短语可压缩为动词,如:调查研究→调研,某些并列短语可以简缩为相应的单词,如:太阳和月亮→日月。英语中有些介词短语相当于相应的介词或副词,如 in spite of＝despite,in a careful way＝carefully。语际交流中,原语短语表达的复杂概念可以压缩为单词表达的简单概念,再对应为译语单词表达的简单概念,如:兄弟姐妹→姊妹,elder and younger brother and sister→ sibling;或者直接将原语短语表达的复杂概念替换为译语单词所表达的简单概念,多见于双语词典释义,如:拿手好戏＝(比喻)某人特别擅长的本领,forte。

随着生活节奏的加快、新词新语的出现,加上语言经济性原则的要求和求异求简心理的驱动,现代汉语出现了大量由短语压缩而来的复合词,形成了短语的单词化现象,如:语文、数学、外语→语数外,北京外国语大学附属中学→北外附中,英语中有大量复合词、混成词、缩略词,如:a school student in the seventh grade→a seventh grader;Social Science Index Citation→SSCI。根据这些构词法,可将原语短语压缩为译语单词或在译语中创造新词,如:Lesbian,Gays Bisexual,Transgender and Queer/Questioning→ LGBTQ,女同性恋者、男同性恋者、双性恋者、跨性别者、酷儿→性少数群体。汉语典故、寓言、名人名言中保留了很多四字成语,丰富的意蕴不是某个单词所能涵盖,译成英语时,通常有两种处理方式:讲述成语或典故的来龙去脉,再引出比喻义,以帮助英语读者获得完整、准确的了解;只译出该成语的比喻义或引申义,用英语中的现有单词概括其大意,实现简洁、通畅的语际交流,如《现代汉语词典》(汉英双语)对"云谲波诡"的释义为小句,英译则简化为形容词:

[10]汉代扬雄《甘泉赋》:"于是大厦云谲波诡。"形容房屋构造就像云彩和波浪那样千姿百态。后多用来形容事态变幻莫测。

Sweet Spring Rhapsody by the Han-dynasty writer Yang Xiong:"The structure if the building is as varied in shapes and postures as the clouds and waves."(oft.of the development of an event) unpredictable;capricious;fickle;bewilderingly changeable.

2.短语词素化

短语词素化,即原语短语在译语中的词素化,指将原语短语压缩为译语词素,同时保留其语义,主要用于汉译英。派生法是英语中常见和能产的构词法,一个词根加上不同前缀或后缀可构成新词,表达原本需要借助更多词语才能表达的含义,如:use——abuse(＝to treat someone in a cruel or violent way,often sexually,虐待、性虐待),misuse(＝to use something for the wrong purpose,or in the wrong way,often with harmful results,错用、误用、滥用),useful(＝helping you to do or get what you want,有用的、有益的),或者同一个前缀加上不同词根可构成新词,表达基于但不同于词根的复杂含义,如:undo＝to open something that is tied,fastened or wrapped,解开、打开、松开;unpaid ＝ done without receiving payment,不收报酬的、无偿的。汉译英时,有些汉语短语的意义可直接用英语词素表达出来,而不必采用单词或短语,如"在(某物)之下""在……里面/下面",用一个前缀under-即可简明达意,不必译成短语 under something 和 inside or beneath something。只要译者掌握了基本的构词知识,便可迅速搜索大脑中积累的词汇知识,用词缀、词根准确有效地翻译相关短语。这为汉英习译者提供了便利,为口译员节约时间和精力去处理更加复杂的信息结构。

3.短语零化

短语零化,指根据原语理解和译语表达的需要,直接删除原语中一些修饰性、重复性、列举性或概括性的短语,但不影响整个结构的意义传递,或将其意义涵盖在其他词语之中,体现原语短语从有到无的量变过程。

中国人为了追求韵律和谐、结构匀称、行文丰满、表达有力、气势磅礴,习惯运用一些形容词、副词等修饰性短语,多为一些没有实际意义的烦言赘语,或者其意已经包含在所修饰的成分之中,英译时往往需要删除这些华丽的修饰语。例如:

[11]不过,我坚信今天在座各位所共有的是一种兴奋的"开始感",想像里都浮现出接二连三这种双边讨论会的远景,参加的人会一次比一次多,讨论的范围会一次比一次广,一次更比一次接近理想的会

议——真诚的思想融合。（钱锺书,2002b:199）

I firmly believe, however, that the present company all share a buoyant sense of beginning with a long vista of many such Sino-American symposiums to come, symposiums which will progressively count more participants, range over wider fields, and approach nearer the ideal meeting if true minds.（钱锺书,2005:417,418）

例 11,钱锺书自译时,将短语"接二连三"压缩为一个形容词 many,删除三个"一次比一次",将其语义分别包含在"多""广""更接近"之中,并借助比较级 more、wider 和 nearer 表达出来,从而将包含 88 个汉字表达的意义,用只含 46 个单词的英语句子精准地传达出来。

汉语为了突出强调或修辞达意,往往采用反复、对偶、顶真、回环、排比等修辞手段,重复一些形容词短语、副词短语、名词短语和动词短语,而英语的一个重要原则是避免不必要的重复,或依据上下文省略,或采用名词性替代、动词性替代、分句性替代。因此,汉语的一些重复性短语在英译时通常需要删除,以求"辞达而已",符合英语的表达规范。

原语习惯运用数(量)名短语、基数词＋"是/来/则"、序数词短语、介词短语或不定式短语记叙事件、描写事物、抒发情感、列举对象、论证观点,或者进行解释和概括,形成总-分、分-总结构……。译语为了追求简洁、顺畅和连贯,有时并不采用这种行文,而是根据具体情况酌情删减。例如:

[12] The first is physical. The second is intellectual and is much higher. The third signifies a nobler power of the soul which is so high and so noble that it apprehends God in His own naked being.

（爱克哈特以学为有上中下三等:）下学以身;中学以心知;上学以神,绝伦造极,对越上帝。（钱锺书,1984:365-366）

为了阐述"神"的含义,钱氏引用古今中外相关言论进行佐证,例 12 即为引用德国 14 世纪神秘宗师爱克哈特论"学"的一段话。既然上文指出"学"之"上中下三等",为了行文清畅,他就删除了列举性短语 the first、the second、the third,顺势以"下学""中学""上学"连贯成文,与前面引用的《文子·道德篇》"上学以神听之,中学以心听之,下学以耳听之"形成呼应,证明爱克哈特所论"与文子契合矣"（钱锺书,1984:44,365-366）。

（三）小句简化

小句简化，即原语小句在译语中的简化，指基于语值再现和语里传达之需，并根据译语的表达规范，将原语的繁长小句压缩为译语的简短小句、短语或单词，甚至直接删除，即小句的紧缩化、短语化、单词化和零化，但其基本语义保留不变。小句简化以单词和短语的简化为基础和前提，操作难度更大，要求更高，运用频率更低。

1.小句紧缩化

小句紧缩化，即原语小句在译语中的紧缩化，指通过删减原语小句中的冗词赘语，将繁复小句紧缩为译文的简短小句，但不减少原文的语里意义，不损害其语用价值。

汉语注重以简驭繁，以精短形式表达复杂语义，承载较多信息，善用流水小句和紧凑短句，书面语中虽然也用字数多、结构复杂的句子，但常用标点把句子的主谓宾分开，形成层次分明、语义连贯的格局。相比之下，英语造句大多通过衔接、连贯手段结成错综复杂的关系网络，将各种成分附着在句子的前后，使得整个句子犹如一棵枝繁叶茂的大树。基于中西文化差异和汉英行文不同，英语小句译成汉语时，往往需要将冗长话语、繁冗句式剪枝去蔓、同类合并。文言句式是汉语相较于英语的一大优势和一条捷径。例如：

[13] Your eye goeth not with your hand; your hand goeth not with your mind.

原译：汝目不随手，手不随心。（钱锺书，1986：509-510）

试译：你的眼睛不跟你的手移动，你的手不跟你的心移动。

例13，钱锺书在论述"心手与物相应"时，引用英国戏剧中人物之语。原文为由两个对仗小句构成的并列复句，形式简洁，语义明了，但连用四个代词 your 和两个动词短语 goeth not with，在汉语读者看来仍然不够简约。若运用等化机制逐一译出，如试译文，则显得拖沓累赘。钱氏削繁求简，省去原文小句中无关紧要的代词 your，将 eye、hand、mind 分别译成文言词语"目""手""心"，将原文的两个小句简化为两个四字结构，与上下文浑然一体，形式简洁而寓意深刻，表达精炼而内涵丰富，思路明晰而用语典雅。

英语正式信函中，为了表达诚挚谢意、客气请求或委婉拒绝，通常采用句式繁长、结构复杂、繁文缛节的行话套语，汉语则用约定俗成、言简意赅的格式。因此,英语商务信函中的结尾句"Your favorable information will be highly appreciated"通常译成洁雅的汉语小句"恭候佳音""盼复";英语中较长的外交照会"I avail myself of this opportunity to express to Your Excellency the assurances of my highest consideration"(正式)或"The Embassy of the People's Republic of China avails itself of this opportunity to express to the Embassy of _____ the assurances of its highest consideration."(普通)也一律简化为清朗的"顺致最崇高的敬意"。

2.小句短语化

小句短语化,即原语小句再译语中的短语化,指将原语小句压缩为译语短语而基本语义保持不变。小句短语化在语际转化中是原语小句在译语中的短语化过程,思维转换中是原语小句表征的简单命题分解转化为译语短语表征的复杂命题成分的范畴化过程,具体表现为:通过形象思维转换,将原语小句映射的简单组像压缩、重组为译语短语映射的复杂意象;通过抽象思维转换,将原语小句表达的简单判断压缩为译语短语表达的复杂概念。

小句短语化跟短语小句化在语对上正好相反,过程相逆,分为三个阶段和九个步骤。原语理解阶段包括:对原语小句进行结构分析和语义分析,将小句表征为简单命题,然后将简单命题逐层分解为多个简单命题成分,再将简单命题成分对应于原语简单概念;语际转化阶段主要是将原语简单概念转换为译语简单概念;译语表达阶段包括:先将原语简单概念映射于简单意象,再将简单意象重组为复杂意象,然后将复杂意象抽象为复杂概念,最后将复杂概念输出、外化为译语短语。例14的原文和译文为钱锺书在欧洲研究中国学会第26次会议(1978年,意大利奥蒂塞伊)上的中英文演讲稿。下面进行具体阐述。

[14]这种类似提供了研究的问题:是由于共同的历史来源呢,还是出于典型的心理活动呢?(钱锺书,2002b:173)

Such parallels and similarities may be due to a common historical source or they may simply exemplify a meeting of minds.(钱锺书,2005:404)

(1)原语小句的结构分析

首先采取自上而下的理解策略,将原文逐层进行语篇、句群、复句、小句、短语、单词的结构分析。例14原文为句子(sentence,记作 S),包含三个半独立小句,即分句(clause,记作 C):"这种类似提供了研究的问题"(C1)、"是由于共同的历史来源呢"(C2)、"还是出于典型的心理活动呢"(C3)。即 S=C1+C2+C3。现在运用助词策略、词类策略、词序策略、连接词策略、短语规则策略和转换规则策略,对三个小句进行结构分析:C1 是一个 SVO 型小句,短语构成规则为:C1=NP1+VP1,NP1=代词"这"+量词"类"+动词"类似"(已经名词化),VP1=动词"提供"+时态助词"了"+动词"研究"+结构助词"的"+名词"问题";C2 是一个 SVC 型小句,短语构成规则为:C2=NP1+VP2,VP2=判断动词"是"+介词"由于"+形容词"共同"+结构助词"的"+名词"历史"+名词"来源"+语气助词"呢",其中"呢"表明这是一个疑问语气,涉及转换移位规则;C3 也是一个 SVC 型小句,短语构成规则为:C3=NP1+VP3,VP3=副词"还"+判断动词"是"+动词"出"+介词"于"+形容词"典型"+结构助词"的"+名词"心理"+名词"活动"+语气助词"呢",其中"呢"表明这是一个疑问语气,涉及移位转换规则。(详见表 4-8)

表 4-8　原语小句在译语中的短语化过程

原语小句	原语小句结构分析	原语小句表征为简单命题	原语简单命题分解为命题成分	原语命题成分对应于简单概念,再转换为译语简单概念,并映射为简单意象	译语简单意象重组为复杂意象	译语复杂意象抽象为复杂概念	译语复杂概念外化为译语短语
这种类似提供了研究的问题	C1=NP+VP NP=代+量+动(名词化) VP=动+"了"+动+"的"+名	二元中项命题 P1:R1(X1,Y1),即:提供了(这种类似,研究的问题)	这	such	such parallels and similarities	such parallels and similarities(have provided research questions 为随后的两问,故蒙后删除)	such parallels and similarities
			种	kind			
			类似	similarities			
			提供	provide	have provided a research question		
			(了)	(auxiliary indicating a past tense)			
			研究	research			
			(的)	(auxiliary indicating modification)			
			问题	question/problem			
(这种类似)是由于共同的历史来源呢	C2=NP+VP NP=代+量+动(名词化) VP="是"+介+形+"的"+名+名+"呢"	二元中项命题 P2:R2(X1,Y2),即:是(这种类似,由于共同的历史来源)	这	such	such parallels and similarities	将 such parallels and similarities 替换为 they 或省略(下同);due to a common historical source	may(将疑问改为推测)be due to a common historical source
			种	kind			
			类似	similarities			
			是	be	are due to		
			(由于)	(due to)			
			共同	common	a common historical source		
			(的)	(auxiliary indicating modification)			
			历史	history			
			来源	source			
			(呢)	(auxiliary indicating a question)	(?)		

（续表）

（这种类似）还是出于典型的心理活动呢	C3＝NP＋VP，NP＝代＋量＋动（名词化），VP＝副＋"是"＋动＋介＋形＋"的"＋名＋名＋"呢"	二元中项命题P3：R3(X1,Y3)，即：是(这种类似,出于典型的心理活动)					
			这	such	such parallels and similarities	作为疑问，also 可改为 or；为避免重复，可将 are due to 删除或换为 exemplify；可将 typical thinking activities 替换为 a meeting of minds	or exemplify a meeting of minds
			种	kind			
			类似	similarities			
			（还）	（also）	are also due to		
			是	be			
			出	occur/happen			
			（于）	from			
			典型	typical	typical thinking activities		
			（的）	(auxiliary indicating modification)			
			心理	thoughts/emotions			
			活动	activity			
			（呢）	(auxiliary indicating a question)	(?)		

（2）原语小句的语义分析

原文是一个包含两重结构的复合句，表征为一个复合命题，包含由三个小句表征的三个简单命题，即三个二元中项命题：P1：R1(X1，Y1)；P2：R2(X1，Y2)；P3：R2(X1，Y3)。三个简单命题 P1、P2、P3 有相同的中项 X1（即"这种类似"），P2 和 P3 还有相同的关系项 R2（即"是"），中项 Y2 和 Y3 具有相同的表述结构，这为理解和英译时的删除合并创造了条件。

（3）原语简单命题逐层分解为简单命题成分，对应于简单概念

上述三个二元简单命题各自分解为两个复杂命题成分：X1（这种类似）＋Y1（提供了研究的问题），X1＋Y2（由于共同的历史来源呢），X1＋Y3（出于典型的心理活动呢），进一步分解为十四个简单命题成分（不含虚词和重复的实词）。可借助单语词典和语境确定这些命题成分相应的简单概念。这：指示代词，指示较近的人或事物；种：量词，表示种类，用于人和任何事物；类似：动词，大致相像；提供：动词，供给（意见、资料、物资、条件等）；研究：动词，考虑或商讨；问题：名词，须要研究讨论并加以解决的矛盾、疑难；是：动词，联系两种事物，表明陈述的对象属于"是"后面所说的情况；共同：形容词，属于大家的，彼此都具有的；历史：名词，过去的事实；来源：名词，事物所从来的地方，事物的根源；出：动词，发生；典型：形容词，具有代表性的；心理：名词，泛指人的思想、感情等内心活动；活动：名词，为达到某种目的而采取的行动。

（4）原语简单概念转换为译语简单概念

译者借助双语词典，结合具体语境，将原语简单概念转换为译语简单概念：这——this/such，种——kind，类似——be similar（similarity），提

供——provide,研究——research,问题——question/problem,是——be,共同——common,历史——history,来源——source,出——occur/happen,典型——typical,心理——thoughts/emotions,活动——activity。

（5）译语简单概念映射于简单意象

译者在将原语简单概念转换为译语简单概念的同时或稍后,就从逻辑思维转向形象思维,将加工概念所形成的信息与大脑中储存的相关形象进行匹配,寻找跟这一概念对应的记忆载体,建立形象思维单位,即简单意象,并与原语的简单意象形成对应。C1的六个简单概念在汉英中相应的简单意象为:这:指示代词→such;种:种类→kind;类似:大致相像,此处已经名词化→similarities;提供:甲向乙供给什么→provide for;研究:用脑思考、寻求解决→research;问题:思考的对象或结果→target/object。也可依此类推出其他两个小句中分解和转换而来的简单概念所映射的简单意象。

（6）译语简单意象重组为复杂意象

原语理解就是对原语词语经由概念转换而成的意象进行解码的过程,译语表达就是将跟原语意象对应的译语意象进行编码的过程。译者考察原语意象的语境,在脑海中建构译语意象的雏形,决定保留或改变译语简单意象的组合方式。意象重组遵循从小到大、自下而上的顺序,但不是单一的线性过程,因而是一个循环往复的过程。such（这）、kind（种）、similarities（类似）可以就近重组为复杂意象 such kind of similarities→such similarities;provide（提供）、research（研究）、question（问题）就近重组为 provide research questions→have provided research questions,再与前面意象组合为更加复杂的意象 such similarities have provided research questions（第一复杂意象）;be（是）、due to（由于）重组为 are due to;common（共同的）、history（历史）、source（来源）重组为 a common historical source,再与 are due to 重组为更复杂的意象 are due to a historical resource（第二复杂意象）;occur/happen（出）、from（于）组合、替换为 due to,再与 also（还）、be（是）重组为 are also due to,这是一个疑问,必须调整为 or are due to;typical（典型的）、thinking（心理）、activities（活动）重组为 typical thinking activities,再与 or are due to 重组为更复杂的意象 or are due to typical thinking activities（第三复杂意象）。译者再结合原语语境和构想中的译语雏形,选择最有利于语际转换的那种组合,从而确定译语简单意象的重组途径和方式。

（7）译语复杂意象转换为复杂概念

确定了上述三个复杂意象之后,还须继续进行抽象思维,以便将其转换为复杂概念。第一复杂意象中的 research questions 即为冒号后面的第二、三复杂意象,它们之间存在同指关系,可以蒙后省略。第二、三复杂意象都指向第一复杂意象中的 such similarities,它们之间构成同位关系,可以考虑替换成 they 或承前省略。also 将第二、三复杂意象连接起来,但因为是表达疑问,必须替换成 or。第二、三两个复杂意象中的 are due to 存在重复,须将第二个删除或替换为 exemplify。还可将第三复杂意象中的 typical thinking activities 替换为 a meeting of minds。如此一来,可将三个复杂意象转化、合并为三个复杂概念:such similarities、are due to a common historical source 和 or exemplify a meeting of minds。

(8)译语复杂概念输出、外化于译语短语

译者将三个复杂概念通过语音输出和文字记录,外化为语表形式,即一个名词短语和两个动词短语。考虑到已经删除前面的 research questions,而两个动词短语表达的是疑问,这种疑问表现为一种可能性,可用 may 表达出来,从而将名词短语分别与两个动词短语组合,形成两个主谓短语:such similarities may be due to a common historical source 和 they may exemplify a meeting of minds,带上语气即为小句,如原译就是由两个小句构成的复句。实际上,既然这两个主谓短语的主语 such similarities 和 they 是同指关系,完全可用 or 连接成一个更大的主谓短语:such similarities are due to a common historical source or exemplify a meeting of minds,带上语气即为一个小句,如试译文。这样就可以将原语复句中的三个小句分别简化为三个短语,最后重组为一个单句,似乎更适合本文出现的口译场合。

除了汉语小句简化为英语短语之外,英语小句尤其是复合句中的从句也可按上述步骤简化为汉语短语:名词性从句可简化为汉语的主谓短语,定语从句可简化为汉语中前置的定语短语,表示时间、地点、原因、条件的状语从句可简化为做状语的介词短语。

3.小句单词化

小句单词化,即原语小句在译语中的单词化,指将原语小句压缩为译语单词,而基本语义保持不变,旨在以简驭繁、以表衬里。小句单词化,语际转化上是原语小句在译语中的单词化过程,思维转换上是原语小句表征的简单命题分解为译语单词表征的简单命题成分的范畴化过程,具体表现为:通过形象思维转换,将原语小句映射的简单组像压缩、重组为译语单词映射的简单意象;通过抽象思维转换,将原语小句表达的简单判断压缩为译语单词表达的简单概念。

小句单词化比短语化要求稍高、难度稍大、频率稍低,因为小句单词化通常需要经过小句的短语化阶段,将原语小句表征的简单命题分解为复杂命题成分之后,需要逐层分解为简单命题成分并转换为简单概念,有时也可能一次性将原语小句表达的简单命题分解、转换为译语单词表达的简单概念。小句单词化与单词小句化在语对方向上正好相反,过程相逆,跟小句短语化的操作步骤大致相同,但是需要将原语小句进行短语化之后再压缩为译语单词,即:将原语小句表达的简单判断逐层分解为简单概念,将原语小句表征的简单命题逐层分解为简单命题成分,然后将原语小句映射的简单组象分解、析出的复杂意象进一步浓缩为简单意象,再将这一简单意象抽象为简单概念,最后通过语音或文字,外化为语表形式即译语单词。例如:

[15]The thieves came as they had done before, and one of them crept in; when he came near the vessel, at once he was caught and held in the trap.

二贼又来,一先蛇行,至于箧处,顿陷机中,无复脱理。(钱锺书,2002a:168)

例 15,钱氏将方式状语从句 as they had done before 中的五个单词逐一析出,确定每个单词表达的简单概念,运用形象思维找到相应的简单意象,并依据对原句的整体理解,将这些简单意象重组为简单组象(came)in the same way that they had done before。由于 came 与 had done 所指动作方式相同、时间有先后,所以将其中的 they had done before 承前省略,并将整个简单组象压缩为复杂意象 one more time,再进一步压缩、替换为简单意象及其简单概念 again,最后通过语音和书写外化为汉语的"又",完成英语状语从句汉译时的单词化过程。

4.小句零化

小句零化,即原语小句在译语中的零化,指基于原语达意和译语规范,对原语中的个别小句进行删除、合并或替换,但整体语义保持不变,主要体现为原语小句在译语中从有到无的量变过程,多见于汉译英。

汉语为了连贯、对照或强调,习惯直接重复上文已经出现的小句,或采用对偶、排比、顶真、回环等修辞手段加以重复,形成不同类型的重复句式。英语力避无意义的重复,注重语表形式的变换。因此,汉译英时,需要根据语句的具体语境和英语的习惯表达,对不同的重复句式做灵活处理。"$X_1Y_1+X_1Y_2+\cdots\cdots+X_1Y_n$""$X_1Y_1+X_2Y_1+\cdots\cdots+X_nY_1$"之类强调性重复句式英译时,需要先将重复结构 X_1、Y_1(多为主谓短语或动词短语)作为公因式提取出来,再与非重复结构合并、重组,即:$X_1Y_1+X_1Y_2+\cdots\cdots+X_1Y_n=$

$X_1(Y_1+Y_2+\cdots\cdots+Y_n)$，$X_1Y_1+X_2Y_1+\cdots\cdots+X_nY_1=(X_1+X_2+\cdots\cdots+X_n)Y1$，从而将几个并列的汉语小句进行成分共享，自然挤兑了几个重复小句。例如：

[16]马克思主义，理论源泉是实践，发展依据是实践，检验标准也是实践。

For Marxism, practice is the source of its theory, the basis for its development, and the criterion for testing its truth.（胡锦涛《在庆祝中国共产党成立90周年大会上的讲话》）

例16，原文是典型的$X_1Y_1+X_2Y_1+X_3Y_1$强调型重复句式，Y_1（是实践）出现三次，可以将其作为公因式提取出来，充当X_1（理论源泉）、X_2（发展依据）和X_3（检验标准）的共享主语和谓语，从而将原文复句简化为译文单句，语义得到完整保留，但语气没有弱化。

虽然英美人也崇尚（"意以言简为贵"），呼吁"省略不必要的词"，主张"句子不应有冗余的词汇，段落不应有繁赘的句子"（Strunk & White, 1979:23），但简洁写作并非一日之功，并非人人能及，即使是名家名作也未必总是字字珠玑。钱锺书在写作《谈艺录》时，"凡所考论，博采'二西'之书，以供三隅之反"（1984:序1），对援引的有些西方文学文化经典语句进行单词化、短语化（如上所引各例）或零化处理。这些短小精悍的文言佳译，犹如镶嵌在他皇皇巨著中的奇珍异宝，为著作锦上添花，令读者回味无穷。例如：

[17]Women should marry when they are about eighteen years of age, and men at seven and thirty; then they are in the prime of life, and the decline in the powers of both will coincide.

女十八而嫁，男三十七而娶，则将来可以同时衰老。（钱锺书，1986:944）

例17为钱氏论述"四十容貌改前"时引用亚里士多德之语，汉译时分别采用了小句的单词化、零化和简短化。时间状语从句when they are about eighteen years of age可压缩为短语at about eighteen，钱氏汉译时直接单词化为"十八"；"十八"跟"而嫁"连用，同时表达年龄和事件，与后面的"三十七"分别是女人和男人的黄金时期（then they are in the prime of life），故略而不译。最后一个分句"the decline in the powers of both will coincide"书卷气较浓,不够简洁,他简化为"则将来可以同时衰老",实则涵盖 in the prime of life 之意。这一简练译文与上文提到的《周礼》《礼记》和《内则》"皆言古制男子三十而娶,女子二十而嫁;知齐年则难偕老"形成互文通训。

(四) 复句简化

复句简化,即原语复句在译语中的简化,指根据原语的语值再现和语义传达,结合译语表达规范,将原语的繁长复句压缩为译语的简短复句或小句,保持基本语义不变,体现原语复句在译语中的从繁到简、从长到短、从大到小的量变过程。

复句简化的操作步骤跟小句简化大致类似,但复句表征的复合判断/命题/组象简化的结果,可能是一个紧凑的复合判断/命题/组象,也可能是一个压缩的简单判断/命题/组象,通常不能进一步分解为概念/命题成分/意象,更不可能完全删除,因此复句简化只有紧缩化和小句化两个小类,以短语和小句的简化为基础和前提,受制于原语的复句格式及其表达的语义关系,依赖于译者高超的语言驾驭能力,因此实际操作的难度更大、要求更高、频率更低。

1.复句紧缩化

复句紧缩化,即原语复句在译语中的紧缩化,指在压缩或删除原语复句中的小句、短语或单词之后,较长的原语复句就压缩为稍短的译语复句,但基本语义保持不变。复句紧缩化跟小句、短语和单词的简化密切相关,在删减原语复句中的小句或词语之后,原语复句在译语中仍为复句,但相对简短。

一般而言,英语的复句结构比汉语繁复,往往形成叠床架屋的句式。汉译时,可砍削一些无关紧要的小句或短语,甚至删除某些重复形式,使得汉译复句的结构更加紧凑,或者译为汉语紧缩复句,即长复句变短,短复句更短,简至不能再简,约至不能再约。例如:

[18] We must not, then, tear down the bridge that is already there, nay rather, we must build another alongside it, if that be possible, and cast the fellow out of Europe in a hurry.

万勿切断津梁,毋宁增桥以便虏酋之仓皇东遁耳。(钱锺书,1986:861)

例 18,原文为并列复合句:nay rather 前后为并列句,前半部是一个带定语从句的复合句,后半部是一个带状语从句的复合句。钱氏未受原文格局的羁绊,而是以简驭繁:他先删除第一个复合句中的定语从句 that is al-ready there,因为"津桥的存在感"之义已经包含其中,且有"切断"作为提醒,如译成"切断存在的津桥",就会重复拖沓,即使如此,汉译仍为小句;然后删除英语中惯用的条件状语从句 if that possible(如有可能),将并列的动词短语 build another alongside 和 cast the fellow 分别减译为"增桥"和"虏酋",最终将稍显繁复的英语并列复合句紧缩成了一个简明的汉语选择式并列复句。

汉语复句英译时,在准确传达语义和不损害句法结构的前提下,可充分利用英语的语法衔接和连贯手段,将复句中的某些形式进行名词性、动词性或分句性替代,或者省略并列句中的相同结构,或者省略复合句中的主句以及 that-分句和 wh-分句。例如:

[19]有些事从局部看可行,从大局看不可行;有些事从局部看不可行,从大局看可行。

Some things may seem right when viewed from a narrow perspective but prove wrong when viewed from a broader perspective—and vice versa.(《邓小平文选》汉英平行语料库)[①]

例 19,汉语原文是二重并列复句,复句内的两个分句也构成并列,四个分句"从大局/局部看(不)可行"中的重复性内容较多。译文将一个主语 some things 贯穿四个小句,采用分句性替代 when viewed...,将 seem right 和 prove wrong 形成对仗,并用 vice versa 替换后一复句,堪称追求精简、得其精华的妙译。

2.复句小句化

复句小句化,即原语复句在译语中的小句化,指原语小句在译语中的短语化、单词化或零化之后,整个复句就自动压缩为译语小句。复句小句化以小句简化为前提和基础,多为小句简化的结果,原语小句压缩为译语词语甚至被删除之后,复句就顺势降格为译语小句。

小句在汉语语法系统中的中枢地位,决定了汉语篇章句法的流水式特色,小句向内包容单词和短语,向外联结成复句和句群。这种似断似连、自由摆渡的小句格局具有英语小句无可比拟的优越性,为英语复句的

---

① 顾群超、杨坚定、孙鸿仁:《邓小平文选》汉英平行语料库,http://corpus.usx.edu.cn/dengxiaoping/index.asp,检索日期:2016 年 12 月 2 日。

汉译带来了极大便利。译者只要抓住英语复句中的主句、确定分句中的主语,就能以主句打头、主语带队、逗号牵线,跟出一个个承前省略的小句,将繁长的英语复句层层剥离、步步推进,最终形断义连地贯穿起来。例如:

[20]When it was morning the king came to the chamber,and was a-mazed to see the thief's headless body in the trap,yet the chamber unbro-ken,with no way of passing in or out;and he knew not what to do.

诘旦王来,睹无头尸,落机关中,户键依然,无出入处,惶惑罔措。(钱锺书,2002a:168)

例20,英语原文为并列复合句:and 将并列句一分为二,前半部是主从复合句,主句为并列句,结构稍显复杂,后半部为简短的单句,宾语是由宾语从句压缩而来的动词不定式短语 what to do。钱氏模仿佛经语言,用四字结构将原文复句分为六个小句,将时间状语从句 when it was morning 简化为名词"诘旦",将主句 the king came to the chamber 压缩为主谓短语"王来",再跟"诘旦"组合,就将原文的主从复合句压缩为汉语小句"诘旦王来";将 was amazed to see...的繁长单句分解为四个小句,并将 was amazed 与 and he knew not what to do 简化并重组为"惶惑罔措",中间五个分句都用逗号串联起来,形式简洁明快,语义连贯自然,译笔成趣。

汉语虽以流水小句见长,但有时为了突出或强调,习惯重复某些小句,从而形成气势恢宏的排比句式。这些并列复句英译时,需要根据英语的表达习惯,将重复的内容进行省略或替换,从而将汉语复句压缩英语小句。例如:

[21](李公麟谓:"虽失其足,走自若也";)失其足,"象"已不存也,走自若,"意"仍在也。(钱锺书,1986:719)

(Li Gonglin said,"Although it has lost its legs,it is galloping still.")The image was no longer intact,but the"meaning",the impres-sion that it was still running,was preserved as before.(Qian,1998:29)

例21,钱氏引用了李公麟的话,并进行诠释,就必须重复"失其足"和"走自若"。如果英译跟着重复,势必啰嗦,这就需要省略旧信息"失其足"

(it has lost its legs)，只译出新信息"'象'已不存也"(the image was no longer intact)，原文中的第一个复句就自动压缩为英语小句。

第四节　移化机制

移化机制作为一种全译求化单一机制，根据原语的语值再现和语里传达之需，遵循译语表达规范，对原语进行语表形式的位置移动。移化机制遵循全译求化三位一体原则，符合信息传递过程中的质量守恒定律，执行"移表不动里不扭值"的操作法则，即：移动原文的语表形式，但不变动其语里意义，不扭曲其语用价值。根据语言单位的移动方式，移化机制分为三种类型：原形移化、无形移化和有形移化，就运用频率而言，有形移化＞无形移化＞原形移化；根据有形移化的语言单位，移化机制分为四种基本类型：词素移化、单词移化、短语移化和小句移化。词素移化发生在词内部，单词移化不一定涉及词素移化；单词移化和短语移化发生在小句内部，短语移化通常包括单词移化；小句移化发生在复句内部，包括短语移化和单词移化。因此，单词移化是移化机制的基本类型，短语移化是常见类型；就运用频率而言，短语移化＞单词移化＞小句移化＞词素移化。

一、移化机制的内涵

（一）"转移"概念的由来

"转移"(transfer)是转换生成语言学的一个重要术语，指将句中某一语言单位从其原始位置移到另一位置，主要采取前置、后置和倒装等语法手段，引起句子语序的变化，达到特定的表达效果。中外学者运用不同的研究范式，采用不同的操作手段，整合不同的理论流派，对转移的类型、动因、本质、模式等进行了详尽的观察、描写和解释，既做历时研究，也做共时探讨，既探求不同语言转移的共性，也挖掘个别语言转移的特性。

转移作为一种手段或方法在国内翻译实践中由来已久，可追溯到东晋道安(1984:24)："胡语尽倒，而使从秦"。跟转移类似的操作手段是移位和换序。由于汉外语言的语序不尽相同，互译时必须适时调整语言单位的顺序，确保译文传意准确无误、表达地道通顺。中国知网中以"翻译转移"为篇名的论文 89 篇(截至 2018 年 12 月 31 日)。翻译教材中探讨了汉英互译时处理语序差异的方法，如钱歌川(1980:87 - 89)的"倒译法"、张培基等

(1980:126－155)的"名词从句、定语从句、状语从句的译法"、吕瑞昌等 (1983:31－45)的"语序的变换",但翻译学界对转移、移位、换序的认识不相 同,术语不统一,内涵不明确,外延不具体。黄忠廉、李亚舒(2004:41－48) 提出全译中的转换概念,认为转与换相伴而生,不做严格区分,包括正反、主 被、动静、虚实、词类转换、成分六种转换方法。黄忠廉等(2009:56－81)区 分了转译和换译:转译即转移式全译,"是方向或情况的改变,是单向的行 为,包括移位、转化和词义引申";换译即交换式全译,"是双向行为,包括肯 否换译、主被换译、动静换译、语序换译、句型换译、虚实换译、词类换译等"。 笔者(余承法,2014:129－168)用"移译"替换"转译",并界定为"移动式全译, 指照顾译语结构和表达习惯而转移原文语言单位的全译方法",认为转译中 的语序换译和虚实换译分别属于有形移译(即移位)和无形移译(即语义引 申),通过例证论述三种移译技巧:原形移译、有形移译和无形移译并继续探究 移译,详论其内涵、原因和类型,从而确立了移译在全译方法论体系中的地位。

　　Transfer(转移)作为西方翻译学术语,没有统一的界定,但通常认为至 少包括两种含义。一方面,转移指整个翻译过程,赖斯和弗美尔(Reiss & Vermere,1984:108)将翻译定义为"符号从一个体系到另一个体系的特殊 转移类型";皮姆(1992:32,129,131)指出"文本转移"是书写材料从甲时到 乙时或甲地到乙地的简单运动,包括外部转移和内部转移;伊文-佐哈尔 (Even-Zohar,1990)提出"转移理论",认为转移是从一个文化系统移植到另 一个文化系统,跟雅各布逊(Jakobson)的翻译三分法比较相似;埃科(Um-berto Eco)将符号转移分为拷贝、转写和翻译(Shuttleworth & Cowie, 2004:176);苏珊·戈佩菲里(Göpferich,2010:374－377)也将转移分为语 内转移、语际转移和符际转移三种类型,包括勒菲弗尔的文学改写和她本人 提出的跨文化技术写作。另一方面,转移指翻译过程的某个阶段。最有名 的是奈达和泰伯(Nida & Taber,1982:33,99－119)基于转换生成语法的 "核心句"概念提出的翻译过程三阶段——分析、转移、重组,将转移界定为 "译者大脑中将经过分析的材料从甲语转移到乙语",强调在转移过程中应 优先考虑三点:①必须尽一切可能,以最低程度损失转移信息内容;②必须 尽可能传递信息的内涵、情感色彩和影响;③将甲语的信息转移到乙语时, 可以或必须转移部分形式,但任何情况下形式都不能优先于信息的其他方 面。机器翻译中也提到转移方法(transfer approach),包括原文的结构分 析、抽象层面的双语投射以及译文的合成(Baker,2001:141),这是将其作为 整个翻译过程来理解的。卡特福德(Catford,1965:43－48)除了提出 trans-lation shift(翻译转换)的概念之外,还将 transference(转移)视为翻译操作中的一个过程,在译文中保留原语的意义,保存原语语值,还认为这种限制性的"意义转移"并非通常所说的"翻译",因为转移是将原语意义移植到译语之中,而翻译是将原语意义替换为译语意义。纽马克(Newmark,2001:81-82)认为 transference(转移)是将原语单词移动到译文中的翻译方法,这跟卡特福德的 transference 意义相同,包括音译。鲁文-兹瓦特(Leuven-Zwart,1989,1990)系统地提出了翻译转移模式,包括在微观层面的比较模式和在宏观层面的描写模式,对翻译质量评估具有很大的解释力。随着对转移研究的深入,安托斯(Gerd Antos)等提出建立一个新的跨学科——Transfer Studies(转译学),认为这是研究该术语相关广义知识的一个领域,旨在分析以选择性、持续性方式获取知识时采用的原则、方法和策略。

(二)移化机制的界定

综上所述,国内外翻译学界对转移、移位尚未达成共识,研究视角不同,所用的术语很多,汉译也五花八门,如:adjustment(调整)、modification(调整)、modulation(调适)、restructuring(调整)、shift(转移、转换)、transfer(转移、转换)、transference(转换、移位)、transformation(转换)、transposition(置换)等。中国学者近年来注意区分"移""换",但作为全译七法的移译尚未引起重视,如中国知网中以"移译"为篇名的 13 篇论文中(截至 2018 年 12 月 31 日),大多是"翻译"或"转换"的同义词,可见"移译"概念尚未被广为接受。基于此,将移化确立为一种全译求化单一机制,而不仅仅是一种方法或技巧,并定义如下:移化机制(英译为 transference),即移而化之,指译者应原文语用再现和语义传达之需并结合译语的思维模式和表达习惯,在译文中对原文的语言单位进行位置移动时所采取的一系列策略、程序、手段、方法之间相互组合和相互联系的全译行为。

移化机制遵循全译求化三位一体原则,执行"移表不动里不扭值"的法则,即:按照译语的思维方式和表达习惯,适当移动原文的语表形式,但不变动其语里意义,不更改其语用价值。移化机制通过原文语形的移动来实现译文表达的规范、地道,体现原文单位空间位置移动的量变过程,采取的主要手段是移位和调序,这其实是一种手段的两个方面:微观上看,是移动某个语言单位的位置;宏观上看,是调整语句的顺序。杨承淑(2002)基于乔姆斯基最简方案理论中的经济性原则,提出同声传译中顺译操作的"移位五通则":能不移位就不移位;能拖延移位就尽量拖延;能减少移位就尽量减少;移位的数量能少则少;移位的距离能短则短。译文需要尽可能跟原文保持相同的步调、采用一致的语序,只有译文无法跟原文保持相同的步调、采用一致的语序时,才进行必要、延迟、省力、少量、短距的移位。因此,译文中对原文语言单位的移动,必须以兼顾原文的语表形式为前提,以符合译语思维方式和表达规范为宗旨,大多在句子及其以下单位操作,在句子以上层级的移位可能会超出渐进的量变范围,属于变译范畴中的编译。

二、移化机制的理据

移化机制的运用理据在于汉外语序的不同,语序的差异反映了中西不同的社会文化系统和哲学思维系统。语言、思维、文化三者密不可分,两两之间互相影响、互相促进,语言系统的差异反映文化系统的差异,归根结底由思维方式的差异所决定,文化差异反映了不同的思维观念和思维方式。

汉英语序对比研究既要考察表层的排序组合问题,包括多层级(词素、单词、短语、小句、复句、句群、语篇等)、多维度(具有强制性、非强制性,或者二者兼有)、可逆性(语言单位排列组合的位置互换)、多样性(分为自然语序和倒装语序),也需要考察深层的思维活动模式和语际转换中各层次的语序问题。中西思维方式的诸多差异导致汉英语序的不同:概言之,汉语语序具有强制性和稳定性,而英语语序在强制性、稳定性的同时还具有一定的灵活性和变通性;具言之,汉英语序在时序律、范围律、主客律、表面律和因果律等五个方面存在一些差异(刘宓庆,2006:277-279)。

(一) 汉英语序的时序律差异

中国先民在长期的生存、繁衍以及与自然打交道的过程中形成的整体性哲学思维,强调"万物一体""天人合一",主张顺应自然、取法自然,遵循自然、社会、人类发展的先后顺序。汉语句子采取常规的 SV 结构模式和主题—述题序列,注重意合,遵循时序律,即按照行为、事件发生的先后顺序。西方自亚里士多德开创形式逻辑以来,形成分析性思维传统,明确区分人与自然、主观与客观、现象与本质,语言表达中通常采用 SVO 结构和主位-述位序列,既遵守时序律,又强调形合,将时序和形态标记结合使用,有时出现后续行为前置的情况。例如:

[1]上帝在人类灭绝后才出世,不知不觉中占有许多便宜。(钱锺书,2002c:5)

Without knowing it, God got a few lucky breaks by coming into being after mankind had gone extinct.(Qian,2010:97)

例1,汉语原文中几个动作的先后顺序是:人类灭绝→上帝出世→上帝不知不觉地占便宜。这符合中国人的思维流程和表达顺序。英译中几个动词的顺序正好相反,但表义清楚明白,符合英美文化的分析性思维习惯,整个译句采取主从复合句的形式,围绕主句的谓语动词短语 got a few lucky breaks("占有便宜"),前面分别有方式状语 without knowing it("不知道",采用动名词形式,这是后续行为的前置)和 by coming into being("出世",采用动名词形式),再补充"出世"的时间是 after mankind had gone extinct("人类灭绝后",采用过去完成式,这是前面行为的后置)。

(二) 汉英语序的范围律差异

中国先哲主张从社会政治现实和伦理道德中探索自然、认识世界,从维护封建等级秩序和人伦关系来安邦治国,强调君臣、父子、夫妻、长幼的伦常治道,坚持先国后家、先人后己,主张大局意识和集体主义,强调个人服从组织、下级服从上级、团体服从社会。这种伦理型思维模式体现在语言运用中,范畴描写采取从大到小、从高到低、从整体到局部的顺序,空间描述采取由体到面、由线到点的视角。西方传统哲学与科学密切相关,注重探索自然的奥秘,产生了以实验为基础的逻辑方法和以概念、判断、推理为主的思维形式,形成了认知型思维方式,表现在语言实践中,英语采取从小到大、从局部到整体的顺序和由点到面的视角进行范畴描写和空间描述。中国传统思维方式具有后馈性特征,带有浓厚的历史意义和较弱的空间意识(连淑能,2002),以及浓厚的等级意识、集体意识和较弱的平等意识、个人意识,这在组词成句、布局谋篇中表现得比较突出:"时空""世界"的构成本身就是典型的先时间后空间的思维方式,"古今中外""中学为体、西学为用"的短语组构也带有明显的厚古薄今、用中排外的致思倾向,句子向左、向首部扩展,修饰语多前置,少插入语,国家/社会、集体、个人的排序也是遵循大局意识和等级观念(余承法,2016)。反观西方,开放、多变的海洋地理环境,迁徙、流动的游牧生活环境和崇尚自由、民主、平等、博爱的社会政治环境,导致西方人形成重视空间、不受地域限制、打破等级秩序的超前性思维,语言表达中先空间后时间,范畴描写从小到大、从局部到整体,空间描述联点成线、接面为体,句子向右、向尾部扩展,修饰语可前可后,还有插入语。例如:

[2]不出上帝所料,两人一同病倒,不多时,都吐口气死了,实现了一切情人"同年同月同日死"的盟誓。(钱锺书,2002c:15-16)

As God anticipated,both of them fell sick,and a short while later, both breathed their last, realizing the vow that all lovers share to "die on the same day of the same month of the same year". (Qian, 2010:105)

例 2,汉英句子基本上遵守相同的时序律,但不同的是:汉语句中的定语在前,英语则用后置的定语从句;汉译时间范畴的顺序是"年月日",英语则是与之相反的"日月年"。

(三) 汉英语序的主客律差异

中国传统的整体性思维强调天人合一、主客统一、身心合一,以主客一体实现整体和谐为目标,同时主张意向性思维,即"万物皆备于我",用主体修养代替认识客体,使主客体相互融合、认知合一。这种思维方式表现在语言运用中,主体在前,客体随后,施事在前,受事在后,大多采用人称主语。西方的分析性思维主张从人与自然的对立中认识世界,强调"天人对立",同时坚持对象性思维,认为人类只有认识自然,才能探索和征服自然。分析性和对象性思维反映在英语语言表达中,总体上跟汉语一样遵循主客律,但其可逆性远远大于汉语,宾语和补足语前置的情况较多,除了常见的 SVO 句式,还有 SOV、OSV、CS(补-主)、ASV(状-主-谓)等倒装句,主语除了人称主语,还用 it 和 there 等非人称主语。例如:

[3]It is highly wrong to join together two young persons of the same age; for the strength of man lasts far longer, while the beauty of the female body passes away more rapidly.
男女同年,不宜婚偶,以男血气之刚较女容貌之美为经久。(钱锺书,1986:943)

例 3,英语原文站在评价的角度,认为同年男女结婚 highly wrong,出于句式表达需要,用 it 做形式主语,而将动词不定式短语充当的真正主语置于其后,形成倒装结构。钱氏汉译时采用汉语中典型的人称主语来强调同年男女"不宜婚偶",并将其与随后的原因贯穿下去。

(四) 汉英语序的表面律差异

中国人习惯归纳型思维,强调人的直觉体悟和直观经验,主张从主体出发观察和总结客观现象,从个别扩展到一般,从现象上升到本质,缺乏严密的逻辑推演和论证体系。西方自亚里士多德开始提倡演绎法,主张从总体认识部分、从一般认识个别,认识到归纳法和演绎法辩证统一、互相补充。这种思维模式的不同,反映在中西语言运用中就是表面律的异同:汉语句子从表到里,层层推进,结构松散,但语序较为固定,侧重意合,在修饰语的排列上,说写者主体观察的、表示事物现象的形容词距离中心词较远,而不以说写者主体意识为转移的、表示事物本质的形容词更接近中心词;英语句子总体上也遵循表面律,但句子结构相对复杂多变、紧凑繁复,注重形合,修饰语的排列跟汉语既有相同、固定的一面,也有不同、灵活的一面。例如:

> [4]今非昔比,"好些河水已经流过桥下了";我也不妨说,北京附近那样世界闻名的古迹、卢沟桥即西方所称马哥波罗桥下也,流过好多水了。(钱锺书,2002b:182)
>
> Much water,however,has run under the bridges since his time, and under the Look-kou Bridge known in the West as the Marco Polo Bridge,that famous ancient monument in the outskirts of Peking, much water has likewise flown.(钱锺书,2005:402)

例 4,汉语稿中,作为"卢沟桥"同位语的"古迹",前面依次出现修饰语"北京附近""那样""世界闻名的",除"那样"之外,基本上是按照从大到小(范围律)、由表及里(表里律)的顺序排列;英语则同时采取前置和后置修饰语,前置修饰的依次是指示代词 that、评价性形容词 famous、表达新旧的形容词 ancient(不同于汉语的表里律),后置修饰的介词短语中,则采取从小到大(范围律)的顺序。汉英句子范围律和表里律的差异反映中西不同的思维方式。

(五) 汉英语序的因果律差异

中国人擅长直觉性思维,注重整体上感性、模糊地把握对象的本质,强调灵感和顿悟,有时甚至不用概念描述,不用推理论证。(连淑能,2002:40 – 46)这种超越理性的内心直觉方法,与内向性思维密切相关,强调只可意会而不可言传。这种思维方式在汉语语序中的因果律中表现为:通常是先原因/条件后结果、先前提后结论,复句结构多为先从句后主句、先叙述后结论、先陈述后评价。亚里士多德开创的形式逻辑分析了论证中的概念、判断和推理,提出了归纳和演绎两种思维方法,概括了同一律、矛盾律、排中律,创立了演绎推理的三段论,使得逻辑性成为西方思维方式的一大典型特征

（连淑能,2002:40-46）。逻辑思维后来进一步发展为辩证逻辑,形成了诸多逻辑工具和系统。这种逻辑性思维方式帮助西方人重视认识论和方法论,重视语法、语义、语用三个层面的分析,在语言实践中既遵循语序的因果律,也表现出很大的灵活性,既由因导果,又执果索因,从句可位于主句前后。英语句子有时看似混乱无序、时空错位,但因为有严密的逻辑思维、明显的屈折变化和显性的衔接手段而能纵横捭阖、自由穿越。例如:

[5]"闹"字可用,则"炒"[同'吵'字]、"斗"字、"打"字皆可用矣!（钱锺书,2002a:62）

原译:If the word"clamour"(*nao* 闹)can be used thus,then surely the words"quarrel"(*chao* 炒/吵)、"struggle"(*dou* 斗)and"hit"(*da* 打)may likewise be used! (Qian,2014:114)

试译:Surely the words"quarrel"(*chao* 炒/吵),"struggle"(*dou* 斗)and"hit"(*da* 打)may likewise be used if the word"clamour"(*nao* 闹)can be used thus.

例5,汉语原文为条件在前、结论在后的复句。英译既可遵循这一因果律（如原译）,也可逆行,先给出结论,后指明前提（如试译文）。当然,英译是遵循还是逆行因果律,还要综合考虑上下文的连贯、作者的语义重心和语用意图等多种因素。

三、移化机制的类型

根据不同的标准,移化机制可分为不同的类型。

（一）根据原语单位移动方式的分类

根据原语单位在译语中的移动方式,移化机制可分为三种基本类型:原形移化、有形移化和无形移化。就运用频率而言,有形移化＞无形移化＞原形移化。

1.原形移化

原形移化,类似于零翻译,指将原语单位的拼写和/或声音原封不动地移植到译语,这是最经济、最省力、最简洁的移化类型。

汉外互译时,外语中的基本语言单位都有可能直接原形移植到汉语,但易于操作、最为常见的是单词,其次为短语,句子整体移化的情况比较少见;汉字可能直接进入汉文化圈中的语言,如日语、朝鲜语等,进入西方语言中通常需要将汉字转写成拼音。单词和短语的原形移化相当于等化机制中的音对＋形对（＋义对），或西方学者提到的 transliteration（音译）、transcription（注音）、borrowing（借用，融入译语后被广泛运用，不再视为外来词）、cultural borrowing（文化借用，将原语形式逐词搬到译语的一种文化置换，）translation loans（翻译借词）等，同时移植原语词语的音、形、义。单词或短语的原形移化多为专有名词、新兴科技名词和缩略语，常用于具有亲属关系的语言之间，英语从其他语言中的借词、汉字在东亚文化圈中的借用，非亲属语言之间也会运用原形移化，如某些科技新词成为世界很多语言中的通用词。钱锺书在学术著作和文学作品中大量引用西方语言中的专有名词甚至术语，在采取音译或意译的同时，往往将原名置于译名之后的括号中，为了表明出处，同时方便读者，如"鲁本斯"（Rubens）、"奇崛派"（Barock）。有些译者在外译中文学术著作时，将一些中文的专有名词进行原形移化，采取"汉语拼音＋汉字"，如苏轼——Su Shi 苏轼，在翻译具有文化特色的词语（包括术语）或需要突出的汉字时，往往采取翻译加注（即斜体的汉语拼音＋汉字）的形式，借以表明中西文化有别、翻译求同存异（例 5）。钱氏在中文论著中对引用外文语句的处理方式跟词语一样，也是先汉译、后原语移植，但在英译这些著作时，就会出现外语的原形移化（即回译成所引用的原语），如艾朗诺（Ronald Egan）、雷勤风（Christopher G.Rea）、邓肯（Campbell M. Duncan）等在英译钱氏著作时，对其中引用的非英文词语或句子采取英译＋外语的原形移化（即回译成原语）相结合的方式。可见，句子的原形移化用来处理原文引用中的外语时，包括以下两种情况：

（1）若该外语即为译语，则直接回译，即原形移化。例 6 中，钱氏引用的原语来自英国 20 世纪英国哲学家以赛亚·伯林（I.Berlin）的著作《俄罗斯思想家》（*Russian Thinkers*），译者将其直接原语移化为英语。

[6]托尔斯泰是天生的狐狸，却一心要作刺猬。

Tolstoy was by nature a fox, but believed in being a hedgehog.
（钱锺书，2002a:28）

（2）若该外语为第三语言，则采取译成目的语＋回译成原语（作为夹注附在译文之后）的方式。例 7 中，原文括号中的话是钱氏引自法国 19 世纪文艺批评家圣佩韦的原话，译者先译成英语，然后将其原形移化（即回译）为法语：

[7]圣佩韦也说，尽管一个人要推开自己所处的时代，但仍要和它

接触，而且接触得很着实（On touche encore à son temps,et très fort, même quand on le repousse）。（钱锺书,2002a:2）

Sainte-Beuve,too,has claimed that one is nonetheless brought into contact with one's own age,and powerfully so,even if one were to wish to reject it(on touche encore à son temps,et très fort,même quand on le repousse).(Qian,2014:29)

2.无形移化

无形移化,即语义引申,指在理解原语单位（多为单词）本义的基础上,挖掘它在特定语境中的新含义或引申义,再用恰当的译文表达出来。无形移化实际上是原文词语的性质转移,译者运用"化"的"无形变化"之义,通过原文有形的语言符号,理解它在特定语境中无形的语里意义和蕴含的语用价值,采用译文有形的语表形式。原文的词语,从有形的表层结构到隐形的深层结构,再到无形的语里意义和语用价值,再转换为译语中等值或等价的无形含义,最后外化有形的译语形式,虽几经迁徙和改头换面,但无形的语义始终不变,正所谓："躯体换了一个,而精魂依然故我。"（钱锺书,2002a:77）

3.有形移化

有形移化,指根据译语句法和修辞的需要,对原语单位进行显而易见的位置移动,这是最典型、最常见的移化类型。局部上看,有形移化是移动原语单位的空间位置,即移位;整体上看,有形移化是调整原语小句成分和复句中分句的顺序,即调序。语序通常指小句成分的排列顺序,是语用价值和语里意义在语表形式上的外在表现,也反映了言语使用者的思维历程及其所在语言世界的文化背景。中西不同的思维模式造成汉英在表达方式和习惯上的不同,互译中就涉及原单位从词素到句群存在移位或调序的问题。

（二）根据原语单位操作层级的分类

移化（尤其是有形移化）可操作于词素、单词、短语、小句四个层级,因此可分为四种类型:词素移化、单词移化、短语移化和小句移化。词素移化发生在单词内部,但单词移化不一定涉及词素移化;单词移化和短语移化发生在小句内部,短语移化通常包括单词移化;小句移化发生在复句内部,包括短语移化和单词移化。因此,单词移化是移化机制的基本类型,短语移化是常见类型。就运用频率而言,短语移化＞单词移化＞小句移化＞词素移化。

1.词素移化

词素移化,即原语词素在译语中的移化,指在译语中对原语单词的构成词素进行位置移动。这是由于汉英造字构词的方式和规则不同，尤其是词素的位置不同，主要涉及英语单词汉译时的词素移化。英语的构词方式与汉语大致相同，通常认为有七种：派生法、合成法、转换法、拼缀法、截断法、缩略法和逆生法。汉译时词素移化较多的是派生词和复合词，在所有构词中的占比不大，这表明英汉在构词的位序上大同小异。

（1）英语派生词汉译时的词素移化

英语的大多数前缀不改变词根的性质，只改变其意义，这类派生词汉译时，前缀一般不须移位，如 unhappy——不高兴的，pro-American——亲美的；少量前缀相当于汉语中相应的字或词，带有这些前缀的派生词汉译时，前缀需要繁化为单词，再进行移位，如：devolution——权力下放，antenatal——产前的。大多数后缀改变词根的性质，其意义附加在词根上，这类派生词汉译时，后缀通常不需要移位，如：translator——译者，dangerous——危险的；但有些后缀如-ess、-let、-wards 跟前缀一样，不改变词根的性质，但改变其意义，带有这些后缀的派生词汉译时，将后缀所表达的意义形式进行前移，如：tigress——母老虎，booklet——小册子；有些后缀如-less、-en 等既改变词根的性质，又改变其意义，带有这些后缀的派生词汉译时，大多需要将后缀表达的意义进行移位，如：useless——没有用的、无用的，worsen——变坏。

（2）英语复合词汉译时的词素移化

英语的复合名词和形容词汉译时，其中的词素是否需要移位，跟单词的演变过程有关。如果是与句法形式有关的构词，如 apple-picking，从句法结构 to pick apples 到分词结构 picking apples，没有发生语序变化，但从分词结构 picking apples 再到名词 apple-picking，发生了语序变化，汉译时就需要进行词素复位，保留原来动词短语的语序，即 apple-picking——摘苹果。如果是与句法无关的构词，如 taxi-driver，在构造上可能先有 driver（由动词加后缀派生而来），再在前面加 taxi 构成偏正结构的复合名词，本身不存在语序变化，汉译时也不需要对构成词素进行移位，按顺序译成"出租车/的士司机"即可。这种方式也可扩展到复合形容词：如 heart-breaking，由动词短语 to break one's heart（伤某人的心）通过语序变化而来，汉译时就需要进行词素复位，译成"（令人）伤心的"。由此可以发现一个规律：这些复合词中都含有动词词素，译成动词突出的汉语时，通常保留其动作语义，需要将动词词素进行前移。

2.单词移化

单词移化，即原语单词在译语中的移化，指在译语中对原语小句中单词的位置进行移动。根据单词移动的不同方式,单词移化细分为单词的原形移化、有形移化和无形移化。原形移化在前面已有所涉及,本小节只讨论后二者。

(1)单词的有形移化

单词的有形移化,即单词移位,指在译语中对原语单词进行显而易见的空间位置移动,主要分为短语和小句中单词的有形移化。

①短语中单词的有形移化

短语中单词的有形移化,指在译语短语中对原语短语中的单词进行位置移动。汉英短语的构词规则和方式大同小异,都有简单和复杂之分,简单短语都可根据结构方式分为五种类型:主谓短语、动宾短语、偏正短语、联合短语、述补短语。汉英短语按照中心词所属词类,分为名词短语、动词短语、形容词短语、副词短语、介词短语等,汉语还有独特的数量名短语,如"一本书";"的"字短语,如"教书的"。汉英主谓短语和动宾短语中的语序基本相同,互译时通常不需要移位,但有些偏正短语、联合短语和述补短语中的语序略有差别,需要视具体情况对其中的单词进行移位。

汉英的简单型定心短语,即定语和心语都是由单词充当,基本上采取"定语+心语"的常态语序,互译时通常不需移位,如:佳译——fine translation。但英语中由不定代词+形容词构成的定心短语属于异态语序,互译时需要移位,如:合适的某个人——someone suitable。汉英中简短的状心短语,即状语和心语都是由单词充当的,大多数形容词短语基本上采取"副词+形容词"的常态语序,互译时不需要移位,如相当复杂——rather complicated,但副词 enough 是个特例,汉译时需要移位,如 good enough——(足)够好;汉语的偏正型动词短语采取"副词/形容词+动词"的常态语序,英语则采取"动词+副词"的常态语序,互译时需要移位,如高兴地离开——leave happily。

由于人类文化存在相通性,思维存在共性,汉英联合短语表现出一定的共性规律。英语中大多数联合式名词短语也遵守这些原则。大多数汉英联合短语具有相同的认知次序和排序原则,互译时一般不须移位。但是,由于文化传统、思维方式、认知视角等方面的差异,汉英联合短语中的语序还是存在一些"小异"。就空间顺序而言,汉英联合短语都遵循从上到下、从高到低、由近及远、先纵后横的原则,如上中下——upper,middle and lower,起伏——ups and downs,可进行对译。但汉英方所短语的语序存在差异,如:back and forth——前前后后,to and fro——来来回回。汉英虽然都以"东西"为基础方位、"南北"为参照方位,但汉语反映参照点先于目标的认知过程,英语反映目标先于参照点的认知过程(张璐,2002),在方位组合上出现相反的顺序。因此,汉英方位标互译时,应根据译语顺序进行移位,即:东西南北——north,south,east and west,东南、东北、西北、西南——southeast,northeast,northwest,southwest。汉英联合短语虽然总体上遵循时序律和表面律,但汉语的范围律要求采取从大到小、先整体后部分的排序,而英语相反,互译时就需要进行移位,如:汉语时间短语是按照"年月日"排序,英语是"日月年"(英式英语)或"月日年"(美式英语);汉语地名是按照"中国——省/自治区/直辖市——县/县级市/市辖区——路名/街道名——门牌号",英语则正好相反。

汉语述补短语通常由"动词+('得')+动词/形容词/副词""形容词/副词+'得'+形容词/副词"构成,助词"得"是述补短语的充分性标志,而英语没有严格意义上的述补短语。汉语中主要由动词做述语的述补短语大多相当于英语的状心短语,如果译成英语中"动词+副词"的状心短语时,不需要移位,但涉及成分互换;如果译成英语中"副词+形容词/副词"的状心短语时,不仅需要移位,还涉及成分互换,如:看得清楚(动词+"得"+形容词)——see clearly(动词+副词),clearly discernable(副词+形容词)。汉语中主要由形容词做述语的述补短语相当于英语的状心短语(形容词+enough 除外),英译时除了需要移位,还涉及成分互换,如:短促得可怜——pitiably short-lived。

②小句中单词移位

小句中单词移位,即在译语小句中对原语小句中的单词进行位置移动,主要包括否定句和疑问句的单词移位。

汉英的否定表达在语表、语里、语值三个层面不尽相同。在否定概念方面,汉语多借助"无、不、莫、未、没、别、勿"等否定词,大多形成语表、语里同时否定,偶尔出现语表肯定、语里否定的含蓄否定句。英语用词汇和/或句法手段表达否定,既用由否定前缀或后缀构成的单词,如 uninterested、useless 等,也用暗含否定的词,如 fail、beyond 等,也用否定词 no 加名词或由 no 构成的不定代词如 nothing、nobody 等,还用 not、neither、nor 跟情态动词、助动词或 be 动词一起表达表里一致的否定,还用虚拟语气、暗含否定表达含蓄否定。在否定位置方面,汉语的否定副词大多直接放在被否定的对象之前,如不怕辣、辣不怕、怕不辣,可以否定做谓语的名词、动词和形容词,"无、没、没有"等还可以否定不做谓语的名词或代词。英语的否定限定词 no 置于名词或名词短语之前,none of 放在名词之前,否定副词 no 通常单独使用,否定副词 not 放在情态动词、助动词或 be 动词之后。在否定范围方面,汉语的否定词在表达全称范围的词语如"一切、所有、全部"等之前,属于部分否定,在表达全称范围的词语之后,属于全部否定。英语则用 neither(两者)、none(三者及以上)of＋范围词,或者用 no＋名词或由 no 构成的不定代词,表达全部否定,not 无论置于 all、every、both、much、many、always、some 等单词的前后,都表达部分否定。

总之,汉英互译时,需要明确原文表达否定的类型,考虑是否需要增减、变换(如正反互换),再根据译语表达规范进行恰当移位。例如:

[8]A poet nothing confirms, and therefore never lieth.
诗人不确语,故亦不诳语。(钱锺书,1986:98)

例8,原文用不定代词 nothing 和副词 never 表达否定,nothing confirms 是 confirms nothing 的倒装,never 在谓语动词之前。钱氏采用文言笔法,将 nothing confirms 恢复原位,用副词"不"分别否定名词"确语""诳语",形成前后对照,真可谓意丰笔减、译趣横生!

汉语疑问句英译时,需要采用英语的疑问语序,并将疑问词和/或情态动词、助动词或 be 动词移到主语之前。一般疑问句译成英语单句时,根据需要增加相应的情态动词、助动词或 be 动词,并将其移到句首。如例9中 aren't 移到主语 you 之前:

[9]苏小姐笑道:"快去罢,不怕人等得心焦么?"
Miss Su said with a smile, "You'd better hurry. Aren't you afraid someone will get impatient?"(钱钟书,2003:16,17)

汉语特殊疑问句译成英语单句时,需要将相应的疑问代词/副词移到句首,whose、how many 等疑问词做定语时,其心语也需要一起移到句首,并将情态动词、(第一个)助动词或系动词 be 移到疑问词和主语之间。如例10中,疑问副词 where 移至句首,情态动词 can 移到 where 和主语 you 之间:

[10](女学生像苏小姐才算替中国争面子,人又美,又是博士,)这样的人到哪里去找呢?
(Women students like Miss Su give China a good name. She's beautiful and has a Ph.D.besides.)Where can you ever find such nice people?(钱钟书,2003:10,11)

英语的疑问语序汉译时,需要将其恢复到陈述语序,同时省去汉语中不必要的情态动词或助动词,若必须保留断事动词"是",也需要将其复位。如果是特殊疑问语序,需要将疑问词和/或情态动词、助动词或 be 动词移到主语之后,将做小句主语的 who/what 译成"谁/什么",保持原位不动,做宾语的 who/what 译成"谁/什么",移到谓语动词之后,做定语的 whose/which 译成"谁的/哪个",连同其心语一起移到谓语动词之后,做时间状语的 when 译成"何时/什么时候",移到时间状语的位置。例 11,原文为一般疑问句,助动词 did 位于句首。译文将其恢复为陈述语序,删去助动词,加上"否"强调其疑问语气。

[11]And now I view him better.Did you e'er see one look so like an archknave?

吾已审视此子,必为大憨。相貌奸恶,汝曹亦曾睹其偶否?(钱锺书,1986:314,315)

(2)单词的无形移化

单词的无形移化,即词义引申,包括单词在单语内部的词义引申和在双语之间的表里替换或含义再现。某个单词在特定语境中获得新含义,原来的词汇形式已经徒有其"表",语际转化中保留其意义,而失去其外壳。单词的语义引申包括两种语义变迁模式:一是辐射式,以单词的本义为中心向四周辐射,即语义由 A 引申为 A_1、A_2、A_3……,所有引申义都以本义为基础和核心;二是连锁式,以单词的本义为起点形成链条式引申,即语义由 A 引申为 A+B,由 A+B 引申为 B,依次类推,直到最后本义消失、新义产生。语际的语义引申即 modulation(调适),是"因视角改变而引起的信息形式的变化","字面翻译或置换会带来一种语法正确的表达方式,但在译语中被认为不合适、不自然甚至别扭,采用调适方法就合情合理"(Vinay & Darbelnet,1995:36)。有些单词在原语具体语境中获得新义,但在译语中没有与之对应的现成单词,有时即使形成语表对应,但语里意义差别很大,或者即使能够表达字面意义,但无法完整再现其深层含义。这时必须对原语和译语的表-里-值进行循环互动,引申出原语单词所包含的特定语境意义,包括三个阶段:原语单词的语内引申、原语单词的语际概念转移和译语单词的选择表达;具体分为九个步骤:语表考察(把握原语单词的语法意义)→语里考察(理解其语里意义)→表里印证(寻找其语法意义和语里意义之间的关系)→语值考察(考察原语单词的特定语用价值)→表里值结合考察(引申出原语单词在特定语境中的功能和意义)→原语单词转换为意象→意象转换为译语概念→外化为译语语表→在译语中选择恰当的单词。结合汉英双语中单词运用的不同倾向,结合单词的语义引申过程,可将单词的无形移化细分为四个小类:专业化、普通化、具体化和宽泛化。

①专业化

专业化(specialization),指基于原语单词包含的抽象宽泛的含义,结合具体语境,理解其专业化含义,用译语中的某个具体单词加以表达。有些科技语原来是共核词汇,在特定语境中缩小了宽泛的指称含义,产生了专业含义,全译时必须借助双语中表-里-值的多次考察和验证,获得该词最本质最核心的含义,选择或创造译语中最能表达该含义的单词。例如:

[12A]The subjects covered in this chapter are exercise and nutrition.

本章涵盖的主题是运动和营养。

[12B]My favorite subject is math.

我最喜欢的学科是数学。

[12C]The movie has been rated"R"due to adult subject matter.

这部影片因其成人题材而被列为限制级。

[12D]Monet loved to use gardens as his subject.

莫奈喜欢以花园作为他的绘画主题。

[12E]The subjects of this experiment were all men aged 18 – 35.

这个实验的对象均为年龄在 18 至 35 岁的男性。

[12F]"She"in"She hit John"or"elephants"in"Elephants are big" are the subjects.

"She hit John"中的 she,或"Elephants are big"中的 elephants 是主语。

[12G]He is a British subject.

他是英国国民。(《朗文当代高级英语辞典》(英英·英汉双解)(第 4 版))

例 12 体现 subject 的不同词义。其本义是"(对话、讨论、书、电影等的)主题、题目、话题"(例 12A);用于指称知识领域,引申为"学科、科目、课程"(例 12B);用于文学方面是 subject matter,引申为"题材、内容"(例 12C);用于艺术方面,引申为"(绘画、摄影等的)主体"(例 12D);用于科学实验中,引申为"实验对象、接受实验的人或动物"(例 12E);用于语法学概念,专业化为"主语"(例 12F);用作政治学概念,引申为"(君主国的)臣民、国民"(例 12G)。

②普通化

普通化(commonization),跟专业化相反,指根据专有名词或成语典故的所指,结合具体语境理解其缩小的概念内涵,选用译语中的普通词汇。钱氏(2002:9)尝言:"某一地域的专称引申而为某一属性的通称,是语言里的惯常现象。譬如汉、魏的'齐气'、六朝的'楚子'、宋的'胡言'、明的'苏意'……"有些专有名词最初指称特定的人、物、事、时、地等,但随着时间的推移,特定的指称意义渐渐弱化,最后成为普通意义。原语读者大多了解这些单词的源流变迁,但译语读者知之不多。如果译者保留其形,仅译出字面意义或特定的指称意义,译语受众一时难以理解;如果将专有名词或成语典故的来龙去脉娓娓道来,势必显得有些冗长、累赘,增加听读负担。这时,译者就必须摆脱语言形式的束缚,扩大其概念的外延,缩小其内涵,用通俗易懂的译语形式表达出来,并确保译文简明可读。例如:

[13]She launched into the saga of her on-off engagement.

她开始讲起她一会儿订婚一会儿退婚的长篇故事。(《朗文当代高级英语辞典》(英英·英汉双解)(第 4 版))

例 13,Saga 初为专有地名,后来普通化为 saga,指古代挪威和冰岛地区海盗的传奇故事,再普通化为"一长串的事件、长篇的描述",汉译时将其进一步引申为"长篇故事"。

③具体化

具体化(specification),指结合具体的上下文,将原语单词表达的笼统、抽象的含义,选用译语中某个具体的单词加以表达,即如鲁文-兹瓦特(van Leuven-Zwart,1989:151-181,69-95)的主张:"通过增加额外的词或使用意思更具体的单词,产生一个意义更准确的译素(transeme)"。英语中由形容词或动词派生而来的抽象名词,尽管指代不明、含义不清,但往往具有"虚""泛""暗""曲""隐"的魅力。与之不同,汉语用词倾向具体、明确,除了从日语引进的新名词之外,大多数本土名词都可表达常见的概念意义。因此,具体化倾向用于英译汉,为了满足汉语读者的审美期待,译者需要根据特定语境,化虚为实,变抽象为具体,包括:增加范畴名词,用汉语动词替换英语抽象名词,采用形象的四字成语。例如:

[14]... not so much plagiarism as that most fatal plagiarism whose originality consists in reversing well-known models.

非作抄胥之谓,乃取名章佳句为楷模,而故反其道,以示自出心裁,此尤抄袭之不可救药者。(钱锺书,1984:561－562)

例14,钱氏充分利用汉语四字成语和流水小句的优势,将 well-known、originality 和 the most fatal 分别译为形象具体的四字词语"名章佳句""自出心裁""不可救药",将原本抽象的名词 plagiarism 先后具体化为"抄胥""抄袭者",reversing 译成形象可感的"反其道",形象再现了那些蹈袭、反仿之流的偷梁换柱之作,与该引文前面提到的王荆公等的观点形成暗合。译文对相关词语的具体化、形象化引申,实乃"矜持尽化,语迹俱融"的译笔。

④宽泛化

宽泛化(generalization),跟具体化相反,指单词的具体含义在使用中逐渐失去其形象可感、具体可触的含义,需要译者进行模糊理解和抽象概括,并用译语中正确、恰当的形式再现出来。鲁文－兹瓦特(Leuven-Zwart,1989,1990)认为宽泛化就是"将译文译素向比原文译素更宽泛的概念转换";赫维与希金斯(Hervey & Higgins,1992)认为该术语是指"在译语中用比原语表达方式更宽泛、更抽象的表达方式进行翻译的情形"。汉语习惯采用比喻、象征等手法,用一些具有鲜明民族色彩或特定文化内涵的词语表达人或物的特征和属性。译者必须透过词语的形象外表和字面意义,概括其抽象的概念或内涵,再选用译语中的恰当词语加以表达。因此,宽泛化多用于汉译英,可以帮助译文摆脱原文的形式束缚,避免译语受众望文生义和牵强附会。例如:

[15]汝非妇人女子,何须置镜?惟梨园子弟,身为丈夫而对镜顾影,为世所贱。

You are not a woman, so what need do you have of a mirror? That sort of thing is for actors only. A real man who gazes at himself in the mirror will only be scorned by society.(钱钟书,2003:18,19,20,21)

例15,"梨园弟子"源自典故:梨园是我国古代宫廷中的一个音乐机构,唐玄宗曾叫乐工、宫女在这里演习音乐舞蹈。他们好乐善乐,常常言传身教、亲力亲为,人们因此将梨园的艺人称呼为皇帝的子弟,简称"梨园子弟"

或"梨园弟子",后泛指戏曲演员,即俗称的戏子。例中方鸿渐的父亲得知他"揽镜自照,神寒形削",非常生气,认为"置镜"乃"梨园子弟"所为,以此痛骂儿子。若采取直译或直译加注,似乎都不能很好地传达该词的文化内涵,虚化为 actors 却可准确传达其语境意义。

3.短语移化

短语移化,即原语短语在译语中的移化,指在译语中对原语小句中的短语进行位置移动。单词和短语都是小句构件,但单词是语言运用中的"备用性材料",而绝大多数短语是"组装材料"(邢福义,2016:136-140)。为方便起见,本小节仅以独立小句即(简)单句为例,主要讨论短语充当句子成分时的移化。

汉语没有丰富的形态变化,句子通过动词核心、名词赋格,总体遵循时序律、范围律、主客律、表面律、因果律,形成层层推进的流水小句。英语中丰富、严格的形态变化要求句子成分之间在名词和代词的性、数、格以及动词的时、体、态、式等方面必须保持一致,整个句子以主谓为核心,其他成分通过词汇、语法手段形成繁复长句,句子语序不像汉语那样严格。汉英都属于 SVO 型语言,单句结构的语序通常为:

汉语句子:[状语](定语)主语‖[状语]谓语〈补语〉(定语)宾语

英语句子:[状语],(定语)主语(定语)‖[状语]谓语(定语)宾语〈补足语〉[状语]

可见,汉英句中主、谓、宾的常态顺序保持一致,定、状、补的顺序不尽相同,英语句中定语和状语的位置比汉语更加灵活,互译时必须根据译语的表达顺序进行移位,以免出现中式英语或欧化汉语;汉语补语和英语补足语的用法和位置不同,互译时可能需要同时交换和移位;英语出于强调、修辞的需要,形成各种倒装句,而汉语的倒装现象不如英语那样普遍,汉英互译时还涉及倒装句的移位或复位。

(1)定语短语的移化

定语短语的移化,指在译语中移动原语小句中定语短语的空间位置,这是由于文化传统、思维模式和语言规则的影响,以及汉英定语的构成和排序存在差异。

汉语句中的定语由词语充当,"的"是定语的语法标志,常态顺序是"定语+心语"。根据定语的构成要件及其与心语的结构关系,汉语小句中的多项定语可大致分为两类:①联合式多项定语,各项定语之间无主次、正偏之分,而是并列组合,改变相互位置时不改变基本语义;②累加式多项定语,各项定语按照一定的逻辑-语义关系、借助一定的语法手段逐层排列在心语之前,通常不能改变相互位置,有时出现定语嵌套定语的情况。根据定语与心语之间的语义关系,汉语定语分为八种类型,排列顺序大致是:领属定语(谁的)+时地定语(何时何地)+指别定语("这个/些、那个/些")+数量定语(多少)+行为定语(做什么的、用来干什么的)+断事定语("是/属于……的")+涵义定语(内涵是怎样的)+性状定语(什么样的)(邢福义,2016:79-85),如:(他们)(昨天)(那)(三个)(在会议上讨论的)(属于理论构思范畴的)(以学生为中心、以实践为导向进行开放式教学的)(成熟)想法。两项定语之间的排序有时是强制型的,指别定语在前,数量定语在后,如"那三位翻译专业学生";领属定语在前,性状定语在后,如"我们乐观的心态";有时又是倾向型的,数量定语在前,性状定语在后,如"好听的一首诗",或者性状定语在前、数量定语在后,如"一首好听的歌",取决于音节韵律、信息焦点、说写者喜好等因素。

英语句中的前置定语和后置定语都是常态结构,定语与心语的组合有三种基本模式:定语+心语,心语+定语,定语+心语+定语。前置定语主要由单词充当,后置定语主要是短语和定语从句,有时副词也可做定语,但也有例外。英语简单句中的多项定语存在结构模式的多样性和排列顺序的相对灵活性,排序依次为:限定词[前位+中位+后位(+后位)]+评价类+大小(形状、新旧)类+颜色类+国别(来源、材料)类+用途(类别、目的)类,如:the man's first three interesting little red English oil paintings。属于同一层次的形容词做并列定语时,较短的形容词靠前,较长的形容词靠后,用 and、but 或 or 连接,或用逗号断开,如"a rainy,windy,freezing day"。因此,汉英互译时,短语中的多项定语需要根据译语表达习惯进行移位。

(2)状语短语的移化

状语短语的移化,指在译语中移动原语小句中状语短语的空间位置,这是由于受到文化传统、思维模式和语言结构规则的影响,汉英状语的用法、构成和排序存在差异。

汉语句中的状语在组成结构上可以是单词或短语,在词类性质上可以是动词、形容词、副词或短语。"地"是状语的语法标志,通常形成"状语+心语"的常态格局,位于主谓之间;有时为了突出状语,将其后置,形成"心语+状语"的异态格局。但后置状语和补语存在区别,如:"他离家出走了,偷偷摸摸地"(后置状语,说明动作的时间和状态);"他离家出走了,非常生气"(补语,补充说明主语的状态)。根据状语与心语之间的结构关系,汉语多项状语可大致分为两个类型:①联合式多项状语,各项状语之间无主次、正偏之分,而是并列组合,改变相互位置时不改变基本语义;②

累加式多项状语,各项状语按照一定的逻辑-语义关系、借助一定的语法手段逐层排列在心语之前,通常不能改变相互位置,有时出现状语嵌套状语的情况。根据状语与心语之间的语义关系,汉语状语分为九种类型,排列顺序大致是:因由状语("由于/依据/为了"等构成的介词短语)＋时间状语(由时间名词、副词或短语,或介词短语充当)＋地点状语(由方所名词、副词或短语,或介词短语充当)＋语气状语(由语气副词充当)＋幅度状语(一般由副词充当)＋否定状语(由否定副词充当)＋关涉状语(由"把/对/向/比/跟/关于"等介词短语充当)＋性态状语(往往由形容词或形容词短语充当,有时候也可以是动词或动词短语)＋数量状语(通常由数词加动量或物量充当),如:海关官员们[为了节约时间][昨天晚上][在现场][确实][都][没有][对所有的行李箱][仔细地][一一]检查(邢福义,1996:103-105)。有些状语的排序具有强制性,时间状语与地点状语同现时,时间状语在前,如:他们[明天][将在机场]见面;语气状语与幅度状语同现时,语气状语在前,如:我们[确实][都]辛苦。有些状语的排序不同,表意有别,如:"[十分][不]礼貌"表示根本不礼貌,"[不][十分]礼貌"表示有点礼貌,但还不够。

另一方面,英语句中的状语更加复杂多变。

①充当状语的不仅包括单词(通常是副词)和短语(如介词短语、分词短语、不定式短语、名词短语等),还有各种状语从句。前置和后置状语都是英语句子的常态语序,状语还存在联合和嵌套的情况。状语与心语的组合有三种基本模式:状语＋心语,心语＋状语,状语＋心语＋状语。

②副词做状语时,修饰动词、形容词、其他副词、名词甚至名词短语,根据句子需要可放在句首、句中(动词之前或助动词与主要动词之间)、句末,如:A.[Recently]they had an accident.B.They [recently]had an accident.C.They had an accident [recently].副词短语做状语时,起三种作用:(1)修饰性状语,表示动作、过程、状态等发生和存在的时间、地点、方式、原因、结果、条件、目的、让步等意义,由介词短语、副词(短语)甚至名词短语充当,也可由非限定性分句充当,在句中的位置非常灵活,如:A.She worked [deep into night].B.[A happy child],Jack was welcomed [here and there].(2)评注性状语,对整个句子进行说明或解释,通常位于句首,有时也可位于句中或句尾,常用逗号跟句子隔开,如:A.[Very luckily],he won the first prize.B.She,[without any doubt],made a wise decision.(3)连接性状语,通常由连接副词(短语)、解说短语和介词短语充当,在句中的位置很灵活,如:[All in all],he is a famous popular singer.从句充当状语时,分为表示时间、地点、

方式、原因、结果、目的、条件、让步的状语从句(状语从句的移位将在下一小节详细讨论)。

③单句中多项状语的排列顺序:[时间状语]＋主语＋[频度状语]＋谓语＋宾语＋[程度状语]＋[方式状语]＋[地点状语]＋[时间状语]＋[原因/目的状语],如:[Last year],he [often]played soccer [very hard][with his peers][in Smith Park][on weekends][in order to practice his skill].

因此,汉英互译时,短语中的多项状语需要根据译语表达习惯进行移位。

(3)倒装句中的短语移化

汉英句中的主谓、动宾是常规搭配、正常语序,谓语前置、宾语前置是变式搭配、倒装语序,倒装的原因包括突出强调、承上启下、制造悬念、平衡结构、描写生动等。一方面,汉语还有定语后置、状语后置的倒装句,而英语句中定语、状语的位置非常灵活,前置、后置都是常态;另一方面,英语句中由谓语和宾语前置形成的倒装比汉语更加普遍,英语还有比汉语更加丰富的形态变化来帮助倒装。因此,汉英互译时,应该根据原语的表达意图和语用价值,结合译语的表达规范,根据具体情况对倒装句中的短语进行恰当移位。

①汉语倒装句中的短语移化

现代汉语属于屈折变化不太丰富的语言,对语序的要求比较严格,小句中的主谓、动宾、定心、状心、心补之间的搭配是常态语序,异态语序并不多见。有时为了特殊需要,将上述配对成分之间进行倒置,形成谓语前置(多见于疑问句、感叹句和祈使句)、宾语前置(置于主语和/或谓语之前)、定语后置(置于心语之后)、状语前置(放在句首)、状语后置(置于句末)等异态语序的各种倒装句。汉语句中有些前置的谓语短语(谓语和主语之间通常用逗号断开)、宾语短语可以根据需要复位,英译时可以仍旧倒装,也可通过移位将倒装语序恢复为正常语序。例如:

[16]我房舱又不是你管的。
原译:You don't take care of my cabin.(钱钟书,2003:48,49)
[17]淑英假如活着,你今天留洋博士回来,她才高兴呢!
If Shu-ying were alive today,how happy she'd be to have you come back from abroad with a Ph.D.!(钱钟书,2003:58,59)

例16是宾语前置的句子,用"是"字强调"我房舱不归你管",正常语序是"你又不管我房舱"。原译采用正常语序,将宾语 my cabin 回复到谓语

take care of 之后。例 17,how happy 在小句句首,符合英语的表达习惯,这属于强制性的倒装移化。

②英语倒装句中的短语移位

英语小句的语序相对灵活,有时为了语法结构、语义表达和修辞语用的需要,变换小句成分(尤其是主谓)之间的位置,形成疑问、祈使、感叹、假设、平衡、衔接、点题、否定和韵律等九种类型的倒装(Fowler,1965:297)。因此,英语的倒装句在类型、数量和用法上多于汉语,汉英互译时,必须根据原文语义传达和语用再现的需要,结合译语的表达习惯和规范进行倒装性移位和常态性复位。英译汉时,通常需要将英语句中的倒装成分进行复位,采用汉语中的正常语序。例如:

> [18]La! Mr.Ritson,what a quantity of mites you are eating!
> 嘻! 翁翁啖生蛆多矣哉! (钱锺书,1994:186)
> [19]I need only the hand of Raphael.His brain I already have.
> 吾具拉斐尔之心,只须有其手尔。(钱锺书,1986:1179)

例 18,原文为感叹型倒装句,包含感叹词的宾语移到句首。汉译则采用正常语序,将宾语复位,what a quantity of mites 意为"好多的生蛆",钱氏译为"生蛆多矣哉",以示强调,曲尽其妙地再现原文语值。例 19,原文第二句为衔接型倒装,将宾语 his brain 移到主谓部分 I already have 之前,与第一句有机衔接。汉译将原文两句调换顺序,合二为一,原文的倒装句就很自然地采用了正常语序。

4.小句移化

小句移化,指在传达原文语里、再现语值的前提下,在译语中移动原语小句对应的空间位置,包括复句中的分句移化和句群中的单句移化。

(1)分句移化

分句移化,指根据需要在译语中移动原语复句中分句的空间位置,这是由于汉英复句的类型、构成和分句位置的较多差异造成的。汉英互译时,有时需要将原语复句中的分句简化为短语,或者将原语复句分化为几个单句,或者将原语短语繁化为译语分句,或者将几个原语单句合化为一个译语复句,这些情况有可能改变原语复句中分句的常态位置,将其前移(多用于英译汉)或后移(多用于汉译英)。

①汉语复句英译时的分句移位

根据分句之间的逻辑-语义关系,汉语复句分为三大类:因果类、并列类、转折类。不同类型的汉语复句英译时,应该结合原文的衔接连贯、语义重心及其复句构成诸多因素,保留前置从句的原位或进行后移:英译主句前已有一个从句时,另一个必须移位;英译主句太短、从句太长时,从句必须后置;汉语复句中后置的分句,通常是为了强调或修辞需要,在英译中通常是后置,不需要移位。

汉语因果类复句通常采取先因后果、先原因后判断、先假设/条件后结果的顺序,有时也采用前果后因的异态语序,或是为了突出、强调原因,或是为了语义通畅、语篇连贯,而英语复合句中的原因状语从句可位于主句的前后。因此,汉语因果复句英译时,原因分句的移位是选择性的,需要视具体情况而定。如果英译中的原因状语从句较长,或者带有几个并列、连锁的原因时,需将原因状语从句移到主句之后;如果汉语因果复句是执果索因式的异态语序,可采用英语的强调句型"It is because(of)...that...",这时需要将原因状语从句(短语)前置。例如:

[20]女人不傻绝不因为男人浪费摆阔而对他有好印象。

If women weren't fools, they'd never be impressed by a man just because he is extravagant.(钱钟书,2003:138,139)

例 20,原文复句是典型的常态语序,原因分句在结果分句之前。英译时,主句前已有 if 引导的条件状语从句,为了平衡句子,译者将原因状语从句后置,同时用 because 前加上 just 以示强调。

汉语并列类复句通常遵循时序律,可译成英语并列句或压缩后的简单句,大多遵循原文顺序,不需要移位。"一 A,就 B"是兼表连贯和条件关系的复句格式(邢福义,2001:519-524)。若单纯强调 A、B 两个行为紧接,属于连贯句,可译成 and、and then 连接的并列句,不须移位,如例 21,when 引导的时间状语从句仍保留原位。若强调 A、B 两个行为紧接的同时还表示 A 为 B 的特定条件,属于条件句,应该译成 once、the moment、as soon as、no sooner than 引导的时间或条件状语从句,从句可位于主句前后,有时需要考虑移位,如例 22 中 if 引导的条件状语从句位于主句之后。

[21]方鸿渐诚心佩服苏小姐说话漂亮,回答道:"<u>给你这么一讲,我就没有亏心内愧的感觉了。</u>"

Fang Hung-chien sincerely admired Miss Su for her eloquence. He replied, "<u>When you put it that way, I don't feel so guilty any-</u>

more."(钱钟书,2003:100,101)

[22]有些人,临睡稍一思想,就会失眠。(钱锺书,2002c:4)

Some people are unable to sleep if a thought crosses their mind right before bed.(Qian,2010:96)

汉语转折类复句一般采取先让步(或假设)后转折的顺序突转式复句,通常译成由 but、yet 或用分号和 however/nevertheless 等连接的并列分句,句序固定,不需要移位。以"虽然……但是……"为代表的实让复句和以"即使……也……"为代表的虚让复句,将让步分句译成 though/although、even if/though 引导的让步状语从句,置于主句前后,也可译成 but 连接的并列句,保留原文语序(如例 23);或减译为 despite/in spites of+名词短语、even +介词短语充当的状语短语,通常位于句首(如例 24)。忍让式复句通常译成"would rather+动词原形+than+动词原形"(保留原文语序)或"than+动词原形+would rather+动词原形"(调整原文语序)之类的英语单句(如例 25)。

[23]她虽然常开口,可是并不多话,一点头,一笑,插进一两句,回头又跟另一个人讲话。(钱锺书,2002c:38)

She often opened her mouth,but she didn't say much—just a nod,a smile,and an occasional word or two before she turned to converse with someone else.(Qian,2010:126 – 127)

[24]行者虽然感慨,却留心想起唐僧的梦来,说芭蕉树下方是井。

Despite his distress Monkey remembered how in his dream the Tang Priest had been told that the well was under a plantain.(《西游记》汉英平行语料库①)

[25]众将大怒,急来渊营商议曰:"我等虽死,岂肯从反臣耶?"

And they were greatly enraged.They came to their commander's tent to say:"We would rather die than follow a rebel!"(《三国演义》汉英平行语料库②)

---

① 朱湘华、杨坚定、孙鸿仁:《西游记》汉英平行语料库,http://corpus.usx.edu.cn/xiyouji/index.asp,检索日期:2017 年 8 月 5 日。

② 吴小林、杨坚定、孙鸿仁:《三国演义》汉英平行语料库,http://corpus.usx.edu.cn/sanguo/index.asp,检索日期:2017 年 8 月 5 日。

②英语复句汉译时的从句移位

根据分句之间的语义关系,英语复句分为并列句和复合句。并列句是由 and、or、but 等并列连词或其他手段连接起来的,两个或两个以上意义相关、结构相同、功能相同的分句,相当于现代汉语的并列复句,汉译时大多维持原文语序。复合句是由一个占主要地位和另一个或几个占次要地位的分句由从属连词连接起来的,占主要地位的分句是主句,占次要地位的分句是从句。根据在句中的意义和功能,从句分为名词性从句、形容词性从句和副词性从句。

名词性从句在句中做主语、宾语、同位语和主语补语,语序相对固定,相当于汉语单句中的主谓/动宾短语,汉译时常用简化机制,压缩为相应短语,有时进行必要移位。例 26,原文为主从复合句,if 引导的宾语从句充当 asked 的宾语。钱氏将结构较长、稍繁的宾语从句简化为动宾短语"约为兄妹",保留原位。

[26]I asked Dorothy Edwards in a letter if she were willing to adopt me as her brother,and allow me to adopt her as a sister.

吾乃与书约为兄妹。(钱锺书,1986:703)

形容词性分句即定语从句,由 who、which、when、where 等关系代词/副词引导,分为两大类:限制性定语从句对先行词起修饰限定作用,位于主句之后,口语中没有前后停顿,书面语中不用逗号,通常译为汉语中的前置定语,有时译为并列复句的后分句。非限制性定语从句对先行词起补充说明作用,大多置于主句之后;由 as 引导、修饰整个主句的个别定语从句可放在主句之前,口语中有停顿,书面中常用逗号与主句断开,在功能上相当于状语从句,表示条件、原因、结果、目的、让步等意义,译为汉语的定语短语时,需要移位,译为汉语的状语短语、并列分句时,通常不需要移位。例如:

[27]like that of a looking-glass,which is never tired or worn by any multitude of objects which it reflects.

……有若镜然,照映百态万象而不疲不敝。(钱锺书,1994:10)

例 27,原文虽然不长,却是一个定语从句嵌套定语从句的复杂句子。钱氏将非限制性定语从句与主句部分断开,再将限制性定语从句前移,跟 objects 一起译成小句"照映百态万象",将 which is never tired or worn…译成"不疲不敝",后移与"照映百态万象"一起形成并列复句。

副词性从句即状语从句,包括时间、地点、条件、目的、原因、方式、结果、让步等类型,位置非常灵活,可位于句首、句中或句末。状语从句在前、主句在后的复合句符合表面律,最能体现主从的逻辑-语义关系,跟汉语复句的语序高度吻合,汉译时一般不需要移位。如果将英语复合句中的状语从句位移至句中或句末,句子的基本语义关系不变,但语义重心和会话含义会发生些许变化。译成汉语时,从句是否移位,需要考虑英语句子的"表-里-值"小三角关系,并遵循汉语复句中从句在前、主句在后的顺序,有时也需要将时间、地点、方式状语从句压缩为汉语的短语甚至单词。例如:

[28A]*If local residents are willing to put up with them*, nuclear plants are a clean and economical way of producing vast amounts of much-needed energy.

试译:如果当地居民愿意承受,那么核电站是生产大量急需能源的一种清洁、经济的方式。

[28B]Nuclear plants, *if local residents are willing to put up with them*, are a clean and economical way of producing vast amounts of much-needed energy.

试译:如果当地居民愿意承受,核电站就是生产大量急需能源的一种清洁、经济的方式。

[28C]Nuclear plants are a clean and economical way of producing vast amounts of much-needed energy, *if local residents are willing to put up with them*.①

试译:核电站是生产大量急需能源的一种清洁、经济的方式,如果当地居民愿意承受的话。

例28A,if 从句位于句首,处于一般强调的位置,主句是语义重心,表示说话者赞成建立核电站,后面极有可能出现"Diminishing oil supplies make plans for a number of such plants especially urgent"这样的分句。汉译时,译成条件分句,保留原位,形成先从后主的常态语序。例28B,if 从句是一个插入小句,处于最不强调的位置,只是顺便提及,语义重心仍在主句上面。

---

① 例28A、28B、28C英语原文见章振邦主编《新编英语语法教程》(第三版),上海外语教育出版社,2000年,第753—765页。

汉译时,仍旧译成条件分句,保留原位,但为了突出说话者的话语重心,在主句中增加了副词"就"。例28C,if从句位于句末,处于最受强调的位置,说话人特别估计当地居民的感受,接着极有可能出现"In fact many of them aren't."这样的分句。汉译时,将if从句译成后置的条件分句,强调这是建核电站的重要前提,以引起听众的注意。

(2)单句移化

单句移化,指根据需要在译语中移动原语句群中某个单句对应的空间位置。单句移化并非孤立进行,通常引起句群内部的调整:将原语句群合并、重组为译语复句甚至单句,将原语复句分解、重组为由几个译语单句组成的句群,原语单句压缩为译语词语或扩展为译语复句或句群,在对这些分化、合并、压缩、扩展的语言单位进行重组时,可能涉及单句的移位。就句群组构和语篇衔接的词汇、语法和逻辑而言,汉语作为注重形合的语言,比英语更多运用词汇手段,包括重复词汇、使用同义词/近义词、反义词和上下义词等;英语作为注重意合的语言,比汉语更多运用语法手段,包括动词时、体、态、式的一定搭配,以及照应、替代、省略、平行结构等;汉语和英语虽然都运用逻辑手段,即表示时间与空间关系、列举语与例证、引申与转折、推论与归纳、原因与结果等表达逻辑-语义的过渡词语,但英语对语表形式的要求更严格,运用更多的逻辑连接手段,包括连词、连接性副词、从句引导词、介词短语、无动词分句、非限定分句和限定分句等。

因此,汉英句群和语篇互译时,除了考虑语篇衔接手段的异同、句群的类型结构及句子的位置,还要考虑原文说写者的表意重心和话语意图,根据译语的常态语序和表达习惯,并结合译语受众的审美预期和接受习惯,自始至终从双语中"表-里-值"进行多次考察和验证,综合运用增、减、移、换、分、合等手段处理原语的句群、复句和句子,尤其是要着重考虑单句是否移位、如何移位等问题。下面通过实例分析。

[29]你说我忙,你怎知道我闲得发慌!我也是近代物质和机械文明的牺牲品,一个失业者,而且我的家庭负担很重,有七百万子孙待我养活。当然,应酬还是有的,像我这样有声望的人,不会没有应酬,今天就是吃了饭来。在这个年头儿,不愁没有人请你吃饭,只是人不让你用本领来换饭吃。这是一种苦闷。(钱锺书,2002b:14)

You think I'm busy, but I'm so idle I'm going stir-crazy. I, too, am one of the unemployed—a sacrificial object of modern material and

mechanized civilization. Plus, I'm burdened with heavy family responsi-
bilities: I have seven million offspring to support. I do still have social en-
gagements, of course—someone of my level of prestige always does. To-
night I came from a dinner. In times like these I don't have to worry for
lack of dinner invitations; I just find it depressing that people don't let
one use one's talents to earn a meal. (Qian, 2010:38)

　　例29,原文句群包含四个句子,除了最后一个为单句之外,其他均为复
句。译文包含六个句子,皆为复句,而且对原文的句群结构进行了一定调
整,除了采用繁化机制(增译 I'm going stir-crazy,补充描绘"闲"的程度)、
分化机制(将原文第一句和后半句和第二句分别一分为二)、合化机制(将原
文最后两句合为一句)之外,还根据语义连贯的需要,采用移化机制,将短语
"一个职业者"(one of the unemployed)移至"牺牲品"(a sacrificial object)
之前,借以说明前者是后者带来的结果。"这是一种苦闷"是对陈述句"人不
让你用本领来换饭吃"做的评论,可压缩为动词短语 find it depressing,再
进行移位,最后跟 that 宾语从句合并。因此,这里的单句移化与其他求化
机制组配运用,以追求译文的尽善尽美。例如:

　　[30]In summer I'm disposed to shirk, / As summer is no time
for work. / In winter inspiration dies / For lack of outdoor exercise. /
In spring I'm seldom in the mood, / Because of vernal lassitude. / The
fall remains. But such a fall! / We've really had no fall at all.
　　炎夏非勤劬之时;严冬不宜出户游散,无可即景生情,遂尔文思枯
涸;春气困人,自振不得;秋高身爽,而吾国之秋有名乏实,奈何! (钱锺
书,1986:1408)

　　例30,原诗八行六句:第一句为复合句;第二、三句为单句,但均可扩展
为主句在前、原因状语从句在后的复合句;第四、五、六句均为单句。钱氏将
原诗第一句的复句简化为单句,将四季分别增译为"炎夏、严冬、秋高、春
气",将第二、三句中的原因状语短语前置,将作为抒发感慨的第五句"But
such a fall!"与第四、六句合并,且移位到句末,还将第六句的否定转换为肯
定结构。总之,单句移化跟简化、繁化、合化、换化等四种机制组配使用,与
上下文引用的中国古诗主旨相同、词句贴近、笔调一致。

第五节　换化机制

换化机制作为一种全译求化单一机制,根据原语的语值再现和语里传达之需,遵循译语的思维方式和表达习惯,将双语的语表形式进行互换。换化机制遵循全译求化三位一体原则,执行"换表不易里不变值"的操作法则,即:替换原语的语表形式,但不易动其语里意义,不改变其语用价值。根据双语互换的单位,换化机制可分为单词换化、短语换化、小句换化,根据互换方式可分为动静换化、主被换化和正反换化。单词换化包括词类换化和动静换化,短语换化主要表现为小句成分换化,小句换化包括句类换化、主被换化和正反换化,每种换化还分为若干小类,呈现丰富多彩的换化机制类型。

一、换化机制的内涵

(一)"转换"概念的由来

国内对翻译转换的关注最早可追溯到支谦(1984:22)的《法句经序》:"名物不同,传实不易";"今传胡义,实宜径达"。中国知网中以"翻译转换"为篇名的 1000 多篇论文中,涉及转换的模式、思维、生成、过程、理据、机制、策略、手段、方法、技巧等不同方面,以转换策略、方法或技巧居多,涉及词类/词性、成分、句类、句类/句式、句法/结构、视角/视点、正反、语态、肯否、概念、虚实、动静、形象、思维(方式/模式)、文化、语码、符号、图形、三维(文化)等各种转换类型。这些论文多以译例分析、个案研究为主,属于形而下的零星式研究,较少进行深入的理论探讨,而且对翻译转换的认识不统一,界定分歧较大,没有区分"转""换",导致"翻译转换""翻译转换(方)法""转换法""转换翻译法""转译""换译"等各种名称。中国知网中以"转译"为篇名的论文有 508 篇(截至 2018 年 12 月 31 日),见于翻译学、语言学("转译"即为"理解")、物理、化学、生物、计算机、建筑学、美术学等不同学科领域,翻译学中的"转译"既包括作为翻译类型或方式的间接翻译(根据另一种语言的译文进行翻译),也包括作为全译策略或方法的转换翻译。

黄忠廉、李亚舒(2004:41-48)对翻译转换进行了较为全面、细致的研究,提出了全译的转换策略,认为转、换往往相伴而生,不做严格划分,黄忠廉等(2009:56-81)区分了转译和换译:转译是方向或情况的改变,是单向行为,包括移位、转化和词义引申;换译是双向行为,包括肯否、主被、动静、语序、句型、虚实、词类等方面的换译。倪璐璐(2011)通过考察古今中外"换译"的称名嬗变,尝试建立俄汉全译之换译体系,后来(2016)从符号学的语形、语义和语用三个角度将换译的本质属性概括为换形保义显值和换形舍义融值,借助义素分析法重新厘定换译的内涵。笔者(2014:169-280)用"移译"替换"转译",将"换译"定义为"交换式全译,指将双语语言单位的表达方式和手段互相交换的全译方法",分析了六种换译类型(词类、成分、句类、动静、肯否、主被)及原因,确立了换译在全译方法论体系中的地位。中国知网中,以"换译"为篇名的论文仅7篇(截至2018年12月31日),可见该概念在译学界尚未达成共识,仍需深入探究。

Translation shifts(shifts in translation,翻译转换)是西方译学界经常讨论的话题。维内和达贝尔内(Vinay & Darbelnet,1995:67,203,307)多次提到 shift,如 semantic shift(语义转换)、shift the level of expression(表达层次转换)等。卡特福德(Catford,1965:73-82)最早在翻译的语言学理论框架中讨论转换,将其界定为"从原语到译语过程中形式对应发生的偏离",详细描述了 level shifts(级阶转换)和 category shifts(范畴转换)两种类型。任何一种转换类型都源自不同的描写视角,如:波波维奇(Popovič,1970,78-87)的构成性转换和个人性转换基于原文和译文的文体特质,从文学翻译的角度将"转换"界定为文体范畴中的 shifts of expression(表述转换),并宽泛地定义为"所有那些原文中没有或原文中有而译文中无的所有内容";鲁文-兹瓦特(Leuven-Zwart,1989,1990)的调适、调整和变异三种转换类型基于原语和译语的译素与元译素之间的互相关系;图里(Toury,1980:54-55)的强制性转换(语言动因)和非强制性转换(文学和文化动因)取决于译文的初始规范在多大程度上是可接受性还是充分性的规范。在所有的转换类型中,探究最多的是强制性转换和选择性转换(Baker,2001:228),这种区分是类似于波波维奇的构成性转换和个人性转换,以及图里认为的强制性转换和非强制性转换。除了 shift 之外,西方学者还提出了其他一些术语,如:奈达(Nida,1964:226-240)的 adjustment(调整),奈达和泰伯(Nida & Taber,1982)的 transfer(转移)、restructuring(重组)、transformation(转换),维奈和达贝尔(Vinay & Darbelnet,1995:36)的 modulation(视角转换)、transposition(置换),威尔斯(Wilss,2001)的 modulation(视角转换)、replacement(替换)、substitution(替换)、transposition(语法转换)、transfer(转换),纽马克(Newmark,2001:85-89)的 modulation(正反转换)、transposition(置换),以及 interchange(互换、换译)(见迪里索、利加恩克、科米尔,2004:73,211)等。事实上,modulation、transposition 的内涵不尽相同,adjustment、restructuring、transformation 不是交换,而是移位,卡特福德的结构转换和单位转换分别属于移位和增减。

（二）换化机制的界定

中西关于翻译转换的术语不统一，内涵不清晰，外延不一致，分类角度不相同，导致研究中的混乱和实践中的困惑，有必要重新界定。基于上述研究成果，按照"表–里–值"和"语–思–文"两个三角的研究思路，可将换化确立为一种全译求化单一机制，定义如下：换化机制（英译为 interchange），即换而化之，指译者为了完整再现原文语值、准确传达原文语里，遵循译语的思维模式和表达规范，交换双语的语表形式时所采取的一系列程序、手段、策略、方法之间互相联系和组合的全译行为。

换化机制遵循全译求化三位一体原则，是译文保真、求善、造美必不可少的一种双向交换行为。换化机制有时跟移化机制相伴而生：移化是单向式全译行为，重在移动原语单位的空间位置，换化是双向式全译行为，旨在交换双语单位的类型或表达方式，二者有时组配使用、相得益彰，确保译文传义准确，为读者理解和接受。换化机制的操作法则是：换表不变意不动值，即交换双语的语表形式，力求不变更原文的语里意义，不更动其语用价值。换化机制力图通过双语语表形式的互换，实现语义从原语到译语的转移：采取的手段是交换，即：交换形式，转移内容，保留风格；运用换译方法，包括词类、小句成分、句类等语言单位之间的换译，以及动静、主被、正反等表达方式之间的换译。语言是选择的艺术，单语内部可用不同的语表形式表达同一语里意义、再现同一语用价值。全译是同义选择的艺术，表现在单词、短语、小句和复句本身及其互相之间的同义选择（黄忠廉，2011）。虽然中西文化背景和思维模式存在差异，但东西方对于客观世界的认识和主观世界的表达，总会存在一些契合点，采用一些殊途同归的表达方式，采取形异而实无别的语言形式：甲语用肯定，乙语可能用否定，则进行肯否互换；甲语取动态，乙语可能取静态，则进行动静互换；甲语采用主动，乙语可能采用被动，则进行主被互换；甲语主观描述，乙语可能客观描述，则进行主客互换。在译语表达阶段，译者需要对原文和译文的同义句式进行单语内部的"表–里–值"印证和观照，以及双语之间两个三角的互衬和互参，在加深理解原文的同时，推动译文的成型成活。

二、换化机制的理据

根据双语语表互换的单位，换化机制分为词类换化（词汇层级）、成分换化（短语层级）、句类换化（句子层级）；根据双语语表互换的方式，换化机制分为动静换化、主被换化和正反换化。运用换化机制，总体上是由于双语语言文字系统的不同，导致双语在语言单位上不能形成一一对应关系，即双语之间存在语形矛盾，具体表现在词性、词类、词义、句类等方面（倪璐璐，2016），并反映语言背后不同的思维方式和文化传统。在具体操作上，每种换化类型的理据稍有不同。

（一）词类换化的理据

词类换化是指两个文本不同词类之间的互换，这是因为双语中词类划分的依据不同，词类使用的频率不同，单词的形义对应关系不同。

1.词类划分的主要依据不同

汉语词类划分的主要依据是单词的语法特征，包括形态、组合能力和造句功能，意义只起参考作用（邢福义，汪国胜，2003:268-271）。根据语法特征可将单词分为实词和虚词：实词充当句子的主语、谓语、宾语，包括名词、动词、形容词、数词、量词、代词；虚词不能做句子的主语、谓语、宾语，有的甚至不能做任何句子成分，包括副词、介词、连词、助词和拟音词。英语词类划分的主要依据是意义，分为实义词和功能词：实义词有明确的概念意义，相当于汉语的实词，包括名词、动词、形容词、副词和数词；功能词没有独立的概念意义，主要是表达语言单位之间的关系，又称形式词，相当于汉语的虚词，包括代词、介词、连词、助词、冠词和限定词。

汉英都有实词和虚词，但由于词类划分的主要依据不同，判定标准不完全一致，包含的词类及其小类也不完全对应。就大类而言，副词在汉语中属于虚词，在英语中属于实词；代词在汉语中属于实词，在英语中属于虚词；汉语的拟音词一部分相当于英语的动词或名词（属于实词），一部分相当于英语的感叹词（通常认为既非实词亦非虚词）；汉语实词包含英语中没有的量词，虚词包含英语中没有的助词，而英语的虚词包含汉语没有的助动词和限定词。就小类而言，汉语的很多词类分工更细、用法更多，如汉语动词在实词中最为复杂，分为六类：行为动词、心理动词、历程动词、断事动词、使令动词和辅助动词（细分为能愿动词和趋向动词）（邢福义，2016:149-152），而英语动词通常分为及物动词和不及物动词。另外，汉语的量词、助词是英语没有的词类。因此，汉英互译中，对于原语特有而译语缺失的词类，除了进行适当增减之外，还需要根据具体情况进行恰当换化，才能准确完整地传达原文语义，确保译文通顺流畅。

2.词类使用的频率不同

汉英实词包含的词类大同小异，但构词方式和使用频率不同。汉语主要采取复合构词,将两个实词素组合在一起构成新词;而英语主要采取派生构词,同一词根加上不同的前缀、后缀可构成词类不同、意义有别的词,在汉语词汇系统中经常缺失。汉语重人称与英语重物称的区分主要表现在名词与代词、动词与名词/介词的使用上:在词类的使用频率上,汉语名词多于代词,动词多于名词,而且动词不需要任何变化就可以充当各种句子成分;英语代词多于名词,名词和介词多于动词,大量使用由动词、形容词转化而来的抽象名词,常用介词表达名词之间的语法和语义关系。因此,汉英互译时,除了采用增减手段之外,还需要进行词类互换。

3.单词的形义对应关系不同

全译中单词的"一意多言"式矛盾不仅体现在单语内部单词的形义矛盾,如多义词、同义词/近义词、同声/同形异义词、反义词、上下义词等,也体现在双语之间单词的形义矛盾。在凯德(Kade,1968)列举的四种翻译对等中,只有完全对等(一对一)是严格的对等,可以采用等化机制,而其他对等,如兼备(一对多)、近似(整体对部分)、零度(一对零)并非真正意义上的对等,而是体现双语中词语不同的形义关系,互译时需要进行选择和替换。如wife一词,对应于汉语中的不同词语,如妻子、妻室、夫人、娘子、爱人、内人、贱内、内助、中馈、拙荆、小君、细君、室人、媳妇、堂客、婆娘、婆姨、老婆、屋里人、内当家、屋里的、烧火佬、孩子他妈,汉译时的选择需要考虑具体语境、作者表意、读者需求等诸多因素。双语间不仅同一词类存在言意矛盾,不同词类之间也会出现一对多的情况。例如,跟"坏"相对的形容词"好",至少可对应于英语中四个不同的词类:good、kindness、well、in good health,英译时就需要考虑词类换化。另一方面,英语中同一词根后加上不同词缀,可构成意义相近的不同词类,汉译时可能视情况换成意义相同/相近的词类,如:use(*n*.用途、用处)→useful(*adj*.有用的,可视情况换成名词"用途、有用")→usefulness(*n*.有用性、有效性,可视情况换为名词"用途、有用")。

(二) 成分换化的理据

成分换化是指两个文本中不同小句成分之间的互换,这是因为:中西不同的思维模式导致汉语是话题突出、意合明显的语言,英语是主语突出、形合明显的语言,形成汉英小句成分的位置和功能、小句成分配置以及基本句型等方面的差异。

1.汉英小句成分的位置和功能不尽相同

汉英小句成分中,主、谓、宾的位置基本一致,定、状、补的位置稍有不同,功能也有差异。汉语小句成分的构成复杂多变、位置灵活,小句成分和词类之间往往形成一对多、多对一的对应关系。汉语小句的主语可有可无，可有双主语，包括有灵主语和无灵主语，分为施事、受事、用事、于事、断事和描事六种语义类型（邢福义，2016:58－60）；不仅表示时间、方所、人物、事件的名词（或名词短语）可以充当主语，数量词和代词可以充当主语，而且动词、形容词也可以充当主语，表示时间、方所的介词短语也可充当小句主语。相比之下，英语小句的主语结构比较单一，都由名词或名词性短语充当。谓语部分的格局也有所不同：汉语的谓语复杂多样，可以由动词、形容词甚至名词、数（量）词直接做谓语，也可以由各种短语做谓语，还可以由一个或多个动词（短语）充当，形成诸如"把"字句、"是"字句、存现句、主谓谓语句、拷贝句等特殊句式。英语小句的谓语必须由动词充当，谓语部分表现为及物动词带宾语、不及物动词不带宾语，双宾语和复合宾语（宾语＋补足语）跟汉语也不完全对应。另外，汉英中虽然都有补足语，但功能和位置大相径庭：汉语小句中，谓语之前的是状语，谓语之后的是补语，都是修饰谓语，移位的同时还进行互换，如极好——好极了；英语小句中的补足语分为主语补足语和宾语补足语，分别说明、修饰主语和宾语，主语补足语通常用在系动词之后，相当于汉语"是"字动词后的宾语，宾语补足语相当于汉语兼语式中兼语后面的谓语。因此，汉英互译时，小句成分存在换化的可能性甚至必要性。原语小句中不能互易的两个成分，在译语小句中却可以互易，有时需要借助单词的形态变化或添加虚词。

2.汉英小句的成分配置存在差异

一方面，汉英的小句成分在配置上存在一些共性：①配对性，即形成两两搭配，如主谓、动宾、定心、状心、心补之间的配对；②层次性，即小句成分可以进行不同层次的划分，配置在不同层次上；③扣合性，尤其是就谓语而言，其两个配对成分同时出现，如兼语式中的"宾主扣合"、状动宾中的"心动扣合"、双宾结构中的"动动扣合"（邢福义，2016:38－41）。另一方面，汉英小句的成分互易体现不同程度的灵活性。汉语不受形态限制，小句成分之间不要求严格一致，主宾、状补、定状之间有时可以互换位置、改变功能，小句的表意重心、语用价值可能有所不同，但基本意思不变。英语小句由于受到形态的约束，语序相对固定，句式严谨规范，成分之间通常需进行形态变换之后才能互易。因此，原语中灵活互易的两个小句成分，在译语中有时不能互易，只能将其中某一成分换化为译语小句中的另一成分。

3.汉英小句的基本类型稍有不同

汉英最基本的小句格局是 SV，但主语和谓语的情况差异很大，尤其是谓语动词的不同特性，导致谓语结构的多样性和复杂性，决定了不同的基本句型。由于原则、目的、方法不一致,汉语句型的分类系统相差很大。吕叔湘(1999:21－27)确立了以动词为核心、包含三个层级众多小类的现代汉语句型系统:一级:主谓句、非主谓句;二级:主谓句,包括动词谓语句、名词谓语句、"是"字句和小句谓语句;三级:动词谓语句,包括十三个小类,小句谓语句,包括四个小类。英语除了祈使句和省略型感叹句之外,主语和谓语通常不能省略,肯定式主谓结构按照谓语动词的类别和特征分为七种基本句型:SV、SVO、SVoO、SVOC、SVOA、SVC、SVA,以及疑问句、否定句和被动句等基本句型的变体。汉英基本句型的这些差异,决定了互译中必须首先确定小句成分尤其是主语和谓语,其次对相关成分进行换化。

(三) 句类换化的理据

句类换化是指双语中不同小句类型之间的互换,其理据在于:单语内部本身存在句类换化的现象,英语的句类换化更加频繁,可用陈述句分别表达疑问、祈使和感叹等语气,还可在不同从句类型之间进行互换,如非限制性定语从句可与表示原因、条件、时间、地点等语义关系的状语从句进行互换。汉语的句类之间也存在换化现象,有时这种换化不需要借助语气助词、副词、连词或介词等明显的标记词,只是书面语中标点符号的细微差异或口头语中的语音停顿。英汉互译中的句类换化,实际上是人类逻辑思维的流程和范畴之间具有内在的共性,也是双语交际中的语用等值对语里的内在要求和语表的外在表现。

1.概念和判断之间具有内在必然联系

语言/言语单位中的单词和短语,分别对应于抽象思维单位中的简单概念和复杂概念;单词和短语联结而成小句和复句,分别对应抽象思维单位中的简单判断和复合判断。概念是判断的前提,判断是对概念内在的区别和规定,以差别的形式表现出来,表达概念的词语分别以主词和谓词的身份出现,通过判断动词"是"联结起来,表达一个完整判断,即词语与句子之间建立起统一性或普遍性。黑格尔(2003:337)指出,"判断表示概念的统一性是原始的,而概念的区别或特殊性则是对原始的东西予以分割。这的确足以表示判断的真义。"判断是概念的区别或规定性的表述,完成判断表述的词语之间可以通过去掉"是"或 be 而降格为概念之间的环节,即表达判断的句子可以用词语的形式体现出来,而词语表征的概念可以通过不同的语气加以外显,概念和判断之间内在的必然联系就可以借助不同的语气类型加以体现,这为互译中的句类转化提供了逻辑思维的前提和基础。

2.判断与推理之间具有通约性和连贯性

简单判断与复合判断之间,因使用表达概念的不同助词和简单繁复的不同谓词,在语表形式上存在细微差异,但在深层表达中存在本质相同的普遍性,仍然是一种质的判断,构成语言/言语单位中的小句和复句之间互换的桥梁和纽带。在黑格尔(2003:355)看来,"推论是概念和判断的统一";"推论是判断,因为同时它在实在性中,亦即在它的诸规定的差别中,被设定起来了。"用来表达判断的句子之间,通过词语的互相联结,形成概念各个环节的统一,步步走向句子的集结,即判断汇聚为推理,而推理本身就是证明判断的过程。因此表达判断或推理的语言形式尽管有所不同,但在反映事物普遍规定的历程中走向了融合,实现了互换,最终体现为概念的高度外化,即句子或句群以词语的形式加以联结,借助不同的语气标记,互相之间存在较大的连贯性,这就为语内和语际的句类互换提供了可能。

3.句类换化符合言语行为理论和功能对等理论

奥斯汀(Austin,1962:94-107)的言语行为理论(speech act theory)强调单语交际中听/读者对说/写者的言语行为做出的实际反应。不同的言内行为借助不同的语气类型表达出来,可能让听读者做出相同的言外行为,最终实现相同的言后行为,带来相同的影响或效果。例如,说者可用四个不同语气的句子"我想请您帮忙。"(陈述句)"我能请您帮忙吗?"(疑问句)"请您帮个忙。"(祈使句)"您能帮忙该多好啊!"(感叹句)做出不同的表述性言语行为,但听者均可理解为说者发出了帮助请求,接着做出相同的施为性行为,从而实现了相同的成事性行为,即说者以不同语气类型发出的请求得到了满足,为交际行为取得了预期成功,也为单语交际中的句类换化提供了语用学依据。

奈达和泰伯(Nida & Taber,1982:22)的功能对等理论(theory of functional equivalence)强调双语交际即翻译中听读者对译者表达出来的原文说写者的言语行为做出的实际反应:译文的可接受性不在于词语可理解、句子可合法建构,而是信息对译文听读者产生的影响,必须跟原文对原文说写者产生的影响相同或一致。以上述四个句子为例:译者可采用语义对等的方式,依次译为英语中四个对应句类:"I'd like to ask for your help."(陈述句)"May I ask for your help?"(疑问句)"Please help me."(祈使句)"How nice it is of you to help me!"(感叹句)也可根据上下文将这四个句子换成表达请求的委婉型陈述句"I wonder whether you could help me.",从而获得双语交际中相同的言后行为;还可根据需要将直接引语换译为间接陈述"The speaker asks for the listener's help.",以便译语听读者获得跟原语听读者相同的言后行为效果。因此,从语用学角度来看汉英互译,原文说写者采用不同句类可能表达稍异的言内行为,但译者可能理解或做出相同的言外行为,对译文听读者产生跟自己理解原文时相同的言后行为影响,在创造相同/相似的语言文化环境中实现高度一致的语用效果。

(四) 动静换化的理据

动静换化是指双语中运动与静止两种方式之间的互换,既反映单语内部从不同角度客观再现事物的运动和静止两种状态,也反映双语之间从动静两个视角观察同一种运动状态,并运用不同的言语表达方式进行主客观描写。在语言层面,动静换化源于汉英不同的语言类型,操作于双语中动词跟其他词类之间的互换;在思维层面,动静换化是由于中西不同的思维模式;在文化层面,动静换化是由于中西不同的文化传统;在哲学层面,动静换化遵循客观物质世界中运动与静止对立统一的辩证唯物主义原理。

1.动静换化的语言学理据:汉英不同的语言类型以及动词的差异性运用

汉语中,单词的形态稳定,又能相对独立地搭配,多用词汇手段表示语法意义。汉语小句的谓语具有较大的自由度和自足性,可由动词、形容词、名词、数词等较多词类充当,相应地减弱主语的作用,而且构成复杂多样。动词不受形态规则的约束,缺乏时、体、态、式的形态变化,使用起来灵活方便,可以充当任何句子成分,还借助语音重叠、动词重复,形成连动句、兼语句、动词拷贝句等特殊句式,因而动词的运用十分广泛,使得汉语成为动词优势的语言。英语具有丰富的形态变化,句法是以谓语动词为主轴与主语搭配形成的变化体系(刘宓庆,2006:114)。谓语动词的基本特征体现在:小句必须以动词为基础和核心,任何其他词类都不能代替这个位置;谓语动词与主语的结合不像汉语那样具有随意性和单一性,必须遵循人称和数的一致。动词的使用受到形态规则的严格约束,一个小句通常只能使用一个谓语动词(并列谓语动词除外),大量使用介词、由动词词根派生而来的名词或形容词以及少量副词表达动作,有时借助现在分词、过去分词、动名词、动词不定式等非谓语动词。名词化是英语中的常见现象,用名词代替形容词,造成名词连用,使得英语成为名词优势的语言。英语还频繁使用介词,从而降低了动词的使用频率,弱化了动作意味,语言表达呈现静态倾向。汉语主"动"、英语偏"静"的差异,决定了汉英互译是动静互换的过程,而且动静换化跟词类换化、成分换化可同时操作于某一语言单位。

2.动静换化的文化学理据:中西不同的思维模式和文化传统

动静换化的深层次理据在于中西不同的思维认知模式和文化传统,因为思维模式决定语言构造的生成机制,语言是解释思维活动的最重要手段;文化传统制约语言系统,语言是文化最重要的载体。中国的农耕文化和大陆文明强调在农业生产中亲身实践,习惯运用直觉体悟来感知外部世界,主张实践主体的动态观察和细致描述,强调人、自然和社会的动态平衡与和睦共处。汉民族的螺旋型思维强调直观感受和动态进程,导致语言实践中多用动词,善用简短小句,惯常层层推进、步步为营,形成动态格局,追求动感效果。西方的游牧民族在与自然抗争的过程中,形成了工业文明和海洋文明,自亚里士多德开创形式逻辑以来,注重演绎,擅长推导,重视理论体系的建构而忽略实践经验的积累,主张对客观世界进行客观思考和静态描写。英美民族的直线型思维强调平实静态感,导致英语中多用名词、介词、形容词,多用长龙句式,抽象多于具体,概括多于细节,形成静态格局,追求静感效果。

3. 动静换化的哲学理据:运动与静止对立统一的辩证唯物主义原理

动静换化遵循客观世界中运动与静止对立统一的辩证唯物主义原理。世界是物质的,物质是永恒运动的,物质与运动密不可分。运动是物质的存在方式和固有属性,是绝对的、无条件的;静止是运动的一种特殊形式,是相对的、有条件的。运动和静止是对立统一的,没有绝对的运动,就无所谓相对的静止。运动与物质不可分离的原理必然导致运动守恒,物质运动的形式多种多样,互相转化时的总量不变。钱锺书(1984:53)对"动""静"的辩证关系进行了独到、精辟的阐释:"仁者知者于山静水动中,见仁见智,彼此有合,故乐。然山之静非即仁,水之动非即智,彼此仍分,故可得而乐。"汉语中用动态形式表达的信息,跨越时空之后进入英语世界时,可能表现为静态形式,虽然量上有所差异,但质保持不变,依然存在于两个文本及其反映的两个世界之中。中国传统哲学坚持动态思维,认为资源在社会各阶层之间采取大致相同的流通渠道,玄览的思维运动实现由静到动、由动到静及至动静的对立统一,因而汉语多从主观、动态切入。西方的普世价值观坚持静态思维,注重权利平等,主张各个社会阶层之间拥有大致相等的权利,因而西方人对社会的认识多从客观切入、静态渗透。中西动态与静态的思维差异决定了汉英语言中动态和静态的表达倾向,而运动与静止对立统一的原理为动静换化提供了哲学依据和物质基础。

(五) 主被换化的理据

主被换化是指双语中主动与被动之间的互换,其理据在于:中西主体意向性思维与客体对象性思维的不同,导致汉英不同的语言结构类型,外显在汉英被动语态使用范围和频率方面的较大差异。

1.汉语被动句比英语的使用范围小、频率低

汉民族传统的主体意向性思维要求以人文为中心来观察、分析和推理客观事物,强调在语言运用中将句子重心聚焦于动作者,以其作为句中主语,主谓之间多为施事与动作的关系,因而主动语态的使用非常频繁。根据汉民族的思维习惯,行为事件大多通过人的主观能动性加以完成,语言表达中或者使用以人做主语的主动句,或者使用形式主动、意义被动的受事主语句。汉语动词基本上没有屈折形态变化,同一动词在表达主动和被动含义时没有多大区别,主动、被动的句法界定是隐性、模糊的,导致汉语显著的受事"施事化倾向",即主动形式表达被动含义,而显性被动更多依仗词汇化手段(刘宓庆,2006:312)。汉语中表达的被动意义原来以拂意居多,但随着中西文化交流的日趋频繁,现代汉语受西方语言的影响逐渐增多,现代被动语态的使用频率有所增加,有时也用来表达如意或褒义,如"被推荐为模范、被荣记三等功"。被动句在形式上受到诸多限制,主要表现为三种情况:①显性被动句,使用被动标记"被、叫、给、让、(遭)受、遭到、(蒙)受";②半隐性被动句,包括"是……的""……的是……""为……所……""……加以/予以……""……可以/必须……"等五种格式;③隐性被动句,又称中动句,是形式主动、意义被动的句式。

2.英语被动句比汉语的使用范围大、频率高

欧美民族的客体对象性思维侧重对客观世界的观察,强调以客观世界为认知对象,探索外部世界对人的影响,主张主客二分、物我二分,在语言运用中要求将视点放在行为动作的受事或结果上,一切非人称事物都可以做句子主语,跟谓语之间构成受事与动作的关系,因而被动语态使用频繁。英语语态的句法界定是外显、明确的,动词的语态形式是基本语法手段,结构稳定、规范且简单,可以表达拂意、如意和中性等情感意义。英语被动句由"系动词+补足语"结构演变而来,既可表示动作本身(动态句),也可以表示动作状态或结果(静态句),这也跟汉语被动句多用来表达动作有所不同。被动语态是英语的常态语法,是动词屈折形式的重要表现,英语中被动句远远多于汉语,但主动句总体上占据绝对优势。被动句的运用主要是以下五个原因:①语法上,由于英语重形合的特点,注重句法结构和表达形式的完整,有些主动句不能很好地衔接和平衡,往往需要采用被动句;②语义上,在施事无从得知、不便指明、不言自明或不如受事那样重要时,往往需要采用被动句;③语用上,有时为了达到结构紧凑、前后连贯、承上启下的修辞效

果,更适合使用被动句,还可形成灵活多变的表达手段;④文体方面,科技类、新闻类、公文类、论述类等具备较强信息功能的文本,往往多用被动句;⑤语境中,主动句、被动句在结构上都可,但在特定语境中有时只能使用被动句。

(六) 正反换化的理据

正反换化是指双语中正面肯定和反面否定两种表达方式的互换,只交换语表形式,不影响基本语义的表达,这是中西两种思维模式在语言层面的反映,遵循相反相成、否定之否定的辩证唯物规律。

1.正反换化反映了中西不同的思维模式

中国封建社会长期实行的一体化政治结构,要求个人跟社会的信仰同步,产生了大一统的传统思想,体现了人际交往中的四大礼貌原则。①求同准则:交际双方力求和谐一致,对别人提出批评、建议时,先褒后贬、先扬后抑,以礼貌、友好的方式协商解决冲突;②贬己准则:多贬损自己,少贬损他人,少赞誉自己,多赞誉他人;③称呼准则:按照上下、贵贱、长幼的顺序处理人际关系,采用恰当的称呼方式进行社会交往;④文雅准则:选用雅言,禁用秽语,多用委婉语,避免直接提及令人不愉快的事情。与之不同的是,古希腊哲学家苏格拉底、柏拉图和亚里士多德等在求知的某些问题上,既有继承性又有求异性,近代产生于科学与民主氛围中的求异性思维使西方人形成了个体主义,敢于挑战和否定先哲前贤的权威。这种求异性思维,导致西方的人际交往总体上遵循礼貌原则,但跟汉民族语言文化存在一些不同之处。中国人在恭维他人时遵循慷慨准则,在接受恭维时遵循贬损准则,贬损他人时遵循赞誉准则,贬损自己时遵循谦逊准则,但西方人在恭维和被恭维时都遵循一致准则,尽可能赞誉他人,也大方接受他人对自己的赞誉。在遵循面子原则时,中国人受大一统思想的影响,多注重积极面子,尽量让个人的面子服从团体和社会的面子,而西方人尤其是美国人受自由主义和个人主义的影响,彰显个人自信,尊重个人隐私,同时为了维护自由和法治,对不利于公众利益的言行,敢于直接表达不满甚至公开抗议。这些差异反映在汉英的正反运用和肯否表达之中,原语的正面表达在译语中可能需要从反面着手,原语的反面表达在译语中可能需要正面切入,原语的双重否定在译语中可能需要负负得正,原语的单面表达(即或正或反)方式在译语中可能采取双面表达(即正反结合)。

2.正反换化遵循相反相成、否定之否定的辩证唯物规律

钱锺书(2002b:211)曾指出,"这种正反转化是事物的平常现象,譬如

生活里,使彼此了解、和解的是语言……"。肯定和否定、正面和反面作为人们认知和表达客观世界的两种方式,是对客观世界的记录和反映。同一判断,既可正面肯定,又可反面否定,在形式上虽然存在差异,在量上出现不一致,但有时在表达判断的质上具有统一性,这构成了正反换化的逻辑依据。客观世界中的事物和现象都存在对立统一,正所谓"均一事之殊观或一物之两柄也"(钱锺书,1986:55)。在 SVO 结构中,对同一动作而言,主语是施事,宾语是受事,主宾换位置后,施事变成受事,受事变成施事。若 SV 是正面描述,则 OV 是反面描述,主被换化可看成另一种形式的正反换化,单语内部是这样,双语之间的翻译也是如此,这体现了现象之间相反相成、互相转化的辩证唯物规律。

对立统一、相反相成规律在语言上的一个表现就是"反训",即用反义词解释词义。钱锺书(1986:445-446)指出,"《老子》用'反'字,乃背出分训之同时合训,足与'奥伏赫变'(aufheben)齐功比美","'反者道之动'之'反'字兼'反'意与'返'亦即反之反意,一语中包赅反正之动为反与夫反反之动而合于正为反"。"'正言若反'之'正',乃反反以成正之正"(钱锺书,1986:464),而"'反'包含先有'正',否定命题总预先假设着肯定命题"(钱锺书,2002d:12)。正反互化的辩证法在语言表达中的体现:含有肯定成分的某些语表形式,其真值条件和语里意义并不具有真正的肯定性质,即"言是若非";含有否定成分的某些语表形式,其真值条件和语里意义并不具有真正的否定性质,即"言非若是";含有双重否定的语表形式,其真值条件和语里意义具有加强的肯定意味,即否定之否定、"反反以成正"。英汉互译中的正反换化,符合"正言若反""反言若正""反反复正"的辩证思维原理。因此,译者在理解原文时必须借助其语表形式深入其语义真假值,语际转换时必须化解双语内部以及双语之间正反内容之间的矛盾和冲突,表达译文时必须摆脱原文肯定或否定表达的形式束缚,坚持形式服务于内容,注重语义真假的精准传达。正所谓:译艺之"化",正言若反,界泯障除。

三、换化机制的类型

根据双语互换的操作单位,换化机制可分为三种类型:词类换化(单词层级)、成分换化(单词和短语层级)、句类换化(句子层级)。根据双语语表互换的方式,换化机制还分为动静换化、主被换化、正反换化、视角换化、形象换化等小类,动静换化跟词类换化和成分换化存在交叉,主被换化和正反换化多用于句子层级,可归属于句类换化。

根据双语语表互换的动因,换化机制可分为强制性、选择性和伴随性三个范畴。强制性换化指双语语表之间必须进行的换化，是全译操作之前必须满足的必要条件，主要是由于双语文字系统的差异；词类换化、动静换化大多属于强制性换化①。选择性换化指双语语表之间可有可无的换化，多为文化传统、意识形态、文本类型等方面的原因；句类换化、主被换化、正反换化多属于选择性换化，成分换化则可以是强制性，也可以是选择性②。伴随性换化指因运用其他求化机制而顺便进行的换化，多与移化机制相伴而生，也可与其他机制组配运用；换化机制的小类之间有时也出现伴随性换化，在原文主动句换化为译文被动句时，原文主语和译文宾语之间随之互换。

根据双语语表互换的需要，换化机制可分为语法性、语义性和语用性三个范畴。语法性换化是因双语语法结构的差异而进行的换化，包括词类换化、成分换化、句类换化和主被换化；语义性换化是指因双语传义角度或方式差异而采取的换化，包括动静换化和正反换化；语用性换化是指因双语语用环境和修辞表达的细微差异而进行的换化，包括文化、语码、符号的换化以及动静换化、主被换化和正反换化。一般而言，大多数语法性和语义性换化属于强制性换化，部分属于伴随性换化，而语用性换化多属于选择性换化。

（一）词类换化

词类换化，指两个文本中不同词类之间的互换，即卡特福德（Catford，1965:78-79）主张的 class shifts，"译语单位的翻译等值与原语单位属于不同词类"，或维内和达贝尔内（Vinay & Darbelnet，1995:36）提出的 transposition（置换）即"将一种词性替换为另一种词性，而不改变意义和信息"。动静换化可看作一种特殊的词类换化，指原语中表示动态意义的动词与译语中表示静态意义的非动词之间的互换。

词类互换本身是一种构词法，在单语内部运用较多，包括：古汉语中的词类活用、英语中的 conversion（转换法），即通过保留词形、改变词性而使旧词获得新意。汉英互译中，词类对等是最常见的关系类型，但词类换化也运用得很普遍，操作起来很方便，有时在不经意之间即可完成，这是因为汉

---

① 维内和达贝尔内从英法互译的角度认为，置换（transposition）可以是强制性和选择性。由于在汉英之间的词类划分标准和类型差异很大，词类换化是强制性的，只不过这种换化是在不经意之间完成的，有时并未引起足够重视。如："He is a very diligent student."（他是一个很勤奋的学生）和"He studies very diligently."（他很勤奋地学习/他学习很勤奋）中的形容词 diligent 和副词 diligently 虽然都译成词义相同的"勤奋"，但"勤奋"是形容词，所以第二句属于词类换化。

② 将"He studies very diligently."译成"他很勤奋地学习"，属于成分对等、位置移动，如译成"他学习很勤奋"，属于位置不动、成分换化（状语→补语）。因此，这种成分换化既是强制性也是选择性的。

英词类不同的划分标准和类别，以及汉语缺乏丰富的形态变化。词类换化主要操作于双语的名词、动词、形容词和副词之间，也见于其他词类之间，尤其是原语特有而译语缺失的词类。词类换化是双向的，可以原语作为参照，逐一考察某一词类经常跟译语中哪些词类进行互换。为简便起见，以下用"↔"表明汉英互译时的互换。

1.汉语名词↔英语动词、形容词、副词、介词（短语）、代词

汉语名词作为实词，可以自由地充当小句成分，大多可译成英语名词，但有些名词不仅与英语动词、形容词等实词互换，有时也可与副词和代词等虚词互换，既符合译语的思维习惯和表达规范，又减少译文的词汇密度，从而提高译文的可接受度。

（1）汉语名词↔英语动词

汉语中有些名词跟动词"是""在于"等连用表达判断，如："目的是/在于""特点是""重点/在于""区别在于"，英译时需要分别换译成动词（短语）aim at/is intended（meant）to、is characterized/featured by、emphasize、differ from。英译汉时，上述动词（短语）通常换译为名词加上"是/"或"在于"。英语中由名词派生或转化而来的动词，已失去原有的动作意味，或者在汉语中没有与之对应的动词，需要换译为汉语名词。从动态与静态的角度来看，汉语名词↔英语动词也是汉英动静换化的结果，但进行这种词类换化或者动静换化的英语动词通常是动作意味较弱、陈述和判断意味较强的一些动词。

（2）汉语名词↔英语形容词

有些汉语名词具有修饰和描写作用，相当于英语中的形容词。英语中说明人或事物特征的形容词汉译时，往往在对译成相应的形容词后，加上"性、体、度"等（类）词缀，或者直接换译为汉语名词。"the＋形容词"表示一类人或事物，实际上已转成名词，汉译时须在对应的形容词后面加上"人、者、员"等词缀来指代人，或加上"事情、事物、东西、问题"等抽象名词来指称事物。

（3）汉语名词↔英语副词、介词（短语）

汉语中的部分时间名词如"昨天、现在、起初"、方所名词如"上、下"等，可以自由充当小句状语，而英语的这类状语大多由时间副词、方位副词或介词短语充当。汉译英时，这些名词需要换译成相应的英语副词或介词短语；英译汉时，这些时间副词、方位副词需要换译为相应的时间名词和方所名词。如：昨天——yesterday，起初——at first。英语中有些副词词缀，如 over-、-wise 等，含有"在……之上""在……方面、以……方式"等意义，加在

名词或形容词词根前后构成表示方位、频率、方式的副词,汉译时需要强制性换译为汉语名词(短语)。

(4)汉语名词↔英语代词

汉语中名词多,代词少,而英语的代词系统很发达,往往用代词替换名词。汉译英时,需要将汉语名词强制性地换译为英语代词,以使行文简洁、通畅。英语中还有一些不定代词,尤其是名词替代词如 one、all、both、some、any、none 等,汉译时也需要换译为名词。

2.汉语动词↔英语名词、形容词、副词、介词

汉语动词没有形态变化,动词连用也很普遍,而英语动词有丰富的形态变化,小句中通常只有一个谓语动词或并列谓语动词。因此,汉英互译时,大多数汉语动词可以译为英语动词,但有些动词需要根据具体情况与英语名词、介词、形容词、副词等进行互换。从动态与静态的角度来看,汉语动词与英语名词、介词、形容词和副词的互换属于动静换化,较多地体现为汉语主"动"、英语主"静"的表意倾向。

(1)汉语动词↔英语名词

汉语动词几乎不受限制地充当小句成分,而英语小句中动词通常只能做谓语,充当主语或宾语的汉语动词英译时,需要适时换译为英语名词(由动词转化或派生而来)或动名词,才能确保译文的语法正确、结构简洁。连用的汉语动词英译时,有时为了简化结构,需要将第二个换译为英语名词。英语中由动词转换或派生而来的动名词和名词,汉语中与其词义对应的通常为动词,就需要进行词类换化。如例 1 中的名词 glimpse 和 shake 分别换译为动词"瞥"和"握"。

[1]O! One glimpse of the human face,and shake of the human hand, is better than whole reams of this cold,thin correspondence,etc.

得与其人一瞥面、一握手,胜于此等枯寒笔墨百函千牍也。噫!
(钱锺书,1984:320)

英语中带有词缀-er/-or 的名词并非总是表示职业或身份,有时强调动作的执行者,带有很强的动作意味,有时需要换译为动词才符合汉语的表达习惯。如例 2 中的 woman-hater 和 woman-lover 分别换译为动词(短语)"仇恶女人"和"恩爱"(形容词活用为动词)。

[2]Yes,he is a woman-hater in his tragedies;for certainly when

he is in bed he is a woman-lover.

渠只在剧本中仇恶女人耳,在枕席上固与之恩爱无间也。(钱锺书,1994:106)

(2)汉语动词↔英语形容词

汉语中的有些心理动词并不表示强烈的动作意味,而表示人的一种情绪或心理状态。英语中表示人的心理动作时,既可以用动词,也可以用形容词,或由动词派生而来,或使用 -ing 或-ed 分词,如:满足、满意——satisfy、satisfying、satisfied、satisfactory,这样就可以简化句子结构。汉译英时,可将某些心理动词换译为英语中表示心理、知觉、情感、愿望等含义的形容词;英译汉时,需要将这些形容词换译为汉语中相应的动词。例 3 中的动词"知道"换译为形容词 aware;例 4 中的形容词 pure 和 circling 换译为名词短语"圆转环行"。

[3]上帝也有人的脾气,知道了有权力就喜欢滥使。(钱锺书,2002c:3)

God's temperament was also human. Aware Of his own powers, he liked to wield them arbitrarily.(Qian,2010:95)

[4]So the Soul,that Drop,that Ray,/ Of the clear Fountain of E-ternal Day,/…/ Does,in its pure and circling thoughts express/ The greater Heaven in an Heaven less.

露珠圆澄,能映白日,正如灵魂之圆转环行,显示天运也。(钱锺书,1984:431)

(3)汉语动词↔英语副词

汉语的"上、下、上来、下来、回去"等趋向动词,用在动词或形容词后面做趋向补语,而英语句中的两个谓语动词不能直接连用,或者用连词构成并列谓语,或者将其中一个改为非谓语动词或副词。因此,某些汉语动词需要换译为相应的英语副词,而带有动作意味的英语副词需要换译为汉语趋向动词。如例 5 中的 up 和 down 换译为"升降"。

[5]Court motions are up and down,ours circular…ours like mill-wheels,busy without changing.

朝臣有升降,我侪只旋转耳,犹磨坊轮然,忙煞不移故处。(钱锺书,1986:929)

（4）汉语动词↔英语介词

汉语中的"有、没有"等有无类动词，以及"（好）像、似、（犹/有/比）如"等像似类动词，跟其后的宾语之间构成断事关系，而没有施事、受事、用事等关系。英语动词的使用受限，但介词数量众多、使用频繁，有些介词短语本身就带有动作意味。因此，汉译英时，为减少过多使用英语动词而导致句子结构繁杂，需要将某些汉语动词换译为英语介词；英译汉时，某些含有动作意味的介词需要换译为相应的汉语动词，以突出汉语主"动"的表意倾向。如例 6 中的介词 without 换译为"无"。

[6]There could be no attunement <u>without</u> the opposites high and low.

<u>无</u>高下相反之音则乐不能和。（钱锺书，1986:237）

3.汉语形容词↔英语名词、动词、副词

汉语形容词表示人或事物的性质和状态，可以自由充当各种小句成分，但英语形容词大多只能做定语或补足语，因此汉语形容词有时视具体情况进行换化：充当主语和宾语的汉语形容词需要换译为英语中相应的抽象名词，做谓语的汉语形容词需要换译为英语中相应的动词，做状语的汉语形容词需要换译为英语中相应的副词。

（1）汉语形容词↔英语名词

汉语中带有性状或现象意味、充当小句主语或宾语的形容词英译时，如果译成英语形容词，就会使用形容词＋抽象名词构成的名词短语，但有时为了简化起见，可以换译为英语中相应的抽象名词，这属于选择性换化。如例 7 中的"盲目无知"换译为 ignorance。

[7]但是，<u>盲目无知</u>往往是勇气的源泉。（钱锺书，2002a:115）
<u>Ignorance</u> can，however，be the inspiration of derring-do.（Qian，2014:189）

（2）汉语形容词↔英语动词

汉语形容词可以直接充当小句谓语，多数不能带宾语，但有时也会出现"入句变类"的现象，在具体句式中可带上宾语，转变成动词。英语中，与之对应的可以是形容词，也可以是由形容词转化而来的动词。因此，这些汉语形容词英译时，既可以译成英语中相应的形容词，也可换译成由形容词转化而来的动词。如例8,"清楚"换译为动词clear。反之,由形容词转化而来的英语动词汉译时,如汉语中没有与之对应的动词,则通常需要换译为词义相同的形容词。

[8]柔嘉冷笑道:"啐！我看你疯了。饿不死的,饿了可以头脑清楚点。"

"Tsui!"said Jou-chia with a scornful laugh,"I think you've gone mad.You won't die of hunger.It should clear your head a little."(钱钟书,2003:686,687)

(3)汉语形容词↔英语副词

汉语形容词可以直接修饰名词和动词,而英语形容词或兼为副词,如fast,或需要加-ly派生为副词,如happy→happily。因此,部分汉语形容词与英语副词具有相同的意义与功能,为二者互换提供了语义基础。汉译英时,修饰动词的形容词必须强制性地换译为英语中词义相同的副词(由同根的形容词派生而来);英译汉时,部分英语副词必须强制性地换译为汉语中意义相同的形容词,如例9中的really换译为形容词"真"。另外,汉语名词换译为英语动词、形容词时,修饰该名词的形容词伴随性地换译为英语副词;反之亦然。

[9]But you must really cry and not dream that you were crying and wake dry-eyed.

然相传苟梦哭,必睡中真哭至痛泪承睫。(钱锺书,1986:496)

4.汉语副词↔英语名词、(助)动词、形容词、代词、介词(短语)

跟名词、动词、形容词等实词相比,副词的语义相对较虚。汉语副词"以能修饰谓词作为必要条件","以纯状语性作为充要条件"(邢福义,2016:161-162),通常译成英语中做状语的副词,但也可选择性或伴随性地换译为英语名词、(助)动词、形容词、代词、介词(短语)。

(1)汉语副词↔英语名词(短语)

汉语中某些时间/范围副词,如"一直""一路"等,相当于英语中的all+时间/地点名词,表示动作持续的时间或地点,通常需要进行换化。在"多语种在线语料库检索平台BFSU CQPweb"的"TED speeches英汉平行语料库"①中,检索到 217 例包含 all the time 的句子,其中 174 例换译为汉语副词(见表 4-9)。

表 4-9　"TED speeches 英汉平行语料库"中 217 例 all the time 的汉译情况统计(单位:例)

换译为副词 174	一直	总是	经常	不停	不断	时刻	始终	随时	通常	老是	成天	永远	往往	长期	时时	终究	频繁
	64	31	15	14	12	11	5	5	4	3	1	3	2	1	1	1	1
译成短语 29	整天	每天	每时每刻		所有时候		任何时候		每次	无时无刻		从头到尾		每当		其他情况 14	
	5	5	5		4		3		3	2		1		1			

(2)汉语副词↔英语(助)动词(短语)

汉语的多数频率副词相当于英语的频度副词,少数相当于英语的(情态)动词(短语),如:往往——tend to,常常——used to;有些否定副词相当于英语的基本助动词或情态助动词,如:别/不用/莫/勿——don't;少数时间副词、表示推断语气的副词相当于英语的情态助动词或半助动词,如:将(要)——will,shall,be going to。汉英互译时,上述副词需要与相应的动词或助动词进行互换,如例 10 中的 cannot 和 may 分别换译为"非"和"或"。

[10]While the perception that there is white before us cannot be false,the perception that what is white is this or that may be false.

见有白色者当前,非错觉;见白色者为某物,则或是误会。(钱锺书,1994:27)

(3)汉语副词↔英语形容词

汉语动词或形容词换译为英语名词时,前面的副词往往伴随性地换译为英语形容词,如例 11 中的"提倡"换译为 promoter 时,它前面的副词"最"伴随性地换译为 greatest。反之,英语名词换译为汉语动词或汉语形容词时,修饰该名词的形容词伴随性地可换译为汉语副词。

[11]中国是世界上最提倡科学的国家,没有旁的国度肯这样给科

①　许家金等:多语种在线语料库检索平台 BFSU CQPweb,网址:http://111.200.194.212,检索日期:2017 年 9 月 24 日。

学家大官做的。

China is the <u>greatest</u> promoter of science of any country in the world; no other government body is so willing to offer high posts to scientists.(钱钟书,2003:376,377)

(4)汉语副词↔英语代词、限定词

汉语的关系副词"互相"对应于英语代词 each other、one another,时间副词"先后、相继"对应于 one after another,范围副词"都、全部、总共"对应于限定词 all,部分范围副词和频率副词有时跟数量词连用构成"又一次、再一个"等短语,相当于限定词 another。因此,汉英互译时,这些汉语副词可与英语代词或限定词进行互换,如例 12 中的代词 one another 换译为副词"互相"。

[12]See the mountains kiss high heaven,/And the waves clasp <u>one another</u>;/... / What are all these kissings worth,/ If thou kiss not me?

葛观乎高岭吻天,波浪<u>互相</u>抱持,……汝若不与我吻抱,此等物象岂非虚设?(钱锺书,1994:75 - 76)

(5)汉语副词↔英语介词短语

汉语中有些时间、范围、语气副词,既可对应于英语副词,也可换译为介词短语,如:永远——always,forever,for ever,for a long time,始终——throughout,from beginning to end,from start to finish,等等。

5.汉语量词↔英语单位名词

量词是汉语中的一个特殊词类,数量众多,使用灵活,大多跟数词组合使用,构成数量词,有时可与英语单位名词互换。"个、根、张、件、头、条"等惯用物量词修饰的名词对应于英语中的可数名词时,量词英译通常省略,如:一个人——a person;物量词修饰的名词对应于英语中的不可数名词时,通常与英语单位名词进行互换,如:一块口香糖——a piece of chewing gum。汉语物量词表示成双、成组、成群等含义时,跟可数名词复数连用,通常与英语中表示相同含义、形成固定搭配的单位名词进行互换,如:一群人——a group pf people。"次、便、趟、回"等惯用动量词主要与英语副词 once、twice 和名词 time 互换,如:又一次——once more,once again。

6.汉语拟音词↔英语名词、动词

汉语拟音词作为一类特殊的成分词,具有"独用性、拟音性和非定型性",既能独用,有时也能入句活用为名词、动词、形容词,包括叹词和象声词(邢福义,2016:185-189)。汉语叹词表示感叹和呼应的声音,模拟声音造词和句中用法相当于英语感叹词,大多可进行对译;如果没有对应的词(类),就需要采取音译。汉语象声词表示物体声响或动物叫声,而英语中表达这类意义的通常为名词或动词。因此,汉英互译中必须采用换化机制,将汉语象声词与英语名词或动词进行互换。据统计,《围城》中计20例"哈哈",其中16例叹词"哈哈"音译为"ha,ha",4例象声词"哈哈(大笑)"换译为同义的 laugh heartily(2例)和 guffaw(2例)。例如:

[13]Women and children use chiefly the vowels ee and eh,and adult men the vowels ah and oh.It is interesting to note that in Chinese the word for laugh is Hsiao,which contains three out of the four vowels.

尝睹一英人书论笑有四声,汉文"笑"字之拼音能包举其三:嘻嘻、哈哈、呵呵。(钱锺书,1986:1143)

例13,钱氏在谈论"笑"时引经据典,将英国学者兼传记作家约翰·托马斯·格雷格(John Young Thomas Greig)著作中出现的感叹词 ee、eh、ah、oh 音译为汉语叹词"嘻嘻、哈哈、呵呵",与后面引用海涅游记提到的中国人名"嘻哈呵"(Hi-Ha-Ho)形成呼应,既模拟其音,又传达其义,将这三个字纳入"笑"字发音之下,此乃入化佳译!

7.汉语助词↔英语介词、连词、定冠词

助词是汉语的一个特有词类,附着于单词、短语和小句,主要起助加作用,往往成为某个词或结构的标志,包括结构助词、时态助词、表数助词、比况助词和语气助词(邢福义,2016:203-220),在英语中没有对应的词类,通常采取繁化/简化、移化、换化等机制类型。

(1)结构助词↔英语介词

典型结构助词"的"是定语标志,有时简化为英语所有格标记的词尾-'s,有时换译为英语介词 of、from 等,同时将"的"字前后的语言单位进行移位,如:无毛两足动物的基本根性——the basic nature of hairless, two-legged animals。反之,英语中部分做定语的介词短语汉译时,介词可换译为结构助词"的"。典型结构助词"地""得"分别是状语和补语的标志,在英语中无对应词类,只能做简化处理。

(2)表数助词↔英语定冠词、介词、连词

汉语复数助词"们"在英语中无对应词类,通常词素化为名词复数词尾-s/-es;序数助词可换译为定冠词 the,如:第一圈牌——the first round of mahjong;概数助词"多"往往换译为表达概数的介词 over、more than 等,如:一千多字的讲稿——a draft of over one thousand words;概数助词"来、把"通常换译为表达概数的介词 about、around、连词 or so、or more 等,如:十来个人——about a dozen of people,个把工具——one tool or two。反之,英译汉时,定冠词 the、表概数的介词、连词和形容词换译为汉语表数助词。

(3)比况助词"(像)似的"↔英语介词、连词

汉语比况助词表比况意味,附着在单词或短语之后,构成典型的"(像 X)似的"之类比况结构,充当小句状语。英译时,名词(短语)后面的"似的"通常换译为介词 like,如:一点萤火似的自照着——illuminate itself like the speck of light from a firefly;形容词(短语)后面的"似的"换译为连词 as...as...,如:身上软得像皮糖似的——he felt as limp as taffy;主谓短语后面的"似的"换译为连词 as if/though,如:方鸿渐心中电光瞥过似的——it was as though lightning had flashed through his mind。反之,英译汉时,介词 like、连词 as...as...、as if/though 等换译为汉语比况助词"(像 X)似的"。

(4)时态助词、语气助词的英译处理

"着、了、过"等时态助词表达的持续、实现和经验行为,英译时做简化处理,借助各种助动词和主动词的屈折形式加以体现,如:胖人身体给炎风吹干了——the scorching wind blew dry the bodies of fat people。"的、了、呢、吗、啊"等语气助词通常附着在小句末尾,配合小句语气表达特定意图,加强语气表达的信息量,在英语中无对应词类,英译时通常采用繁化或简化机制,如:"他原来知道啊! ——So he knew it!""他是知道的。——He did know it.""他不知道吗? ——Didn't he know it?"

汉英词类换化的情况比较复杂,呈现一对多或多对一的关系,可用图 4-1 表示。

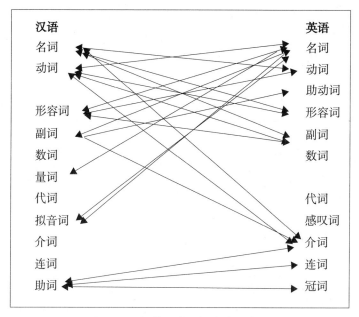

图 4-1　汉英词类之间的换化情况

（二）成分换化

　　成分换化,指将原语小句中的某一成分与译语小句中的另一成分互换。根据句法结构分析,小句是由各种短语按照一定的语法规则构组而成,而短语通常不单独使用,一般充当某种小句成分,因此成分换化的主体是短语,次体是单词,在主、谓、宾、定、状、补等小句成分之间展开,有时也涉及短语之间的动静换化和小句中主被换化。汉英短语在构成、类别、功能和语义等四个方面存在一些差异,并非总是一一对应,需要进行适当互换。为方便起见,本小节讨论的句子主要是独立小句,即汉英语中的(简)单句,有时根据上下文表述需要也简称为"句(中)"。

　　成分换化跟词类换化既相互联系又相互区别。一方面,两种换化词类存在部分重合。大多数词语充当某个单句成分,原语单词从一个类别换化为译语中的另一个类别时,通常引起句中功能的改变,这时词类换化引起成分换化,这两种换化实际上是某个语言单位换化的两个方面:从单词的语法性质来看,属于词类换化;从单词的造句功能来看,属于成分换化。另一方面,两种换化的操作层级不尽一致。词类换化仅限于词汇层级,某个单词发生词类性质的改变,不一定引起成分换化;成分换化涉及单词和短语,某个单句成分发生换化时,其中的单词可能不发生词类换化,如例 14 中的词类换化和成分换化见表 4-10。

[14]苏小姐骂方鸿渐无耻,实在是冤枉的。

Miss Su's condemnation of Fang Hung-chien for being shameless was actually unjust.(钱钟书,2003:16,17)

表 4-10　词类换化和成分换化对照

类型	原语单句	译语单句
单句的成分划分	苏小姐骂方先生无耻(主语),实在是冤枉(谓语)。	Miss Su's condemnation of Fang Hung-chien for being shameless(主语)was actually unjust(谓语).
一级短语划分	苏小姐骂方先生无耻(主谓短语)实在是冤枉(谓语短语)	Miss Su's condemnation of Fang Hung-chien for being shameless 名词短语 was actually unjust 动词短语
二级短语划分	苏小姐(名词短语)骂方先生无耻(动宾短语)实在(副词)是冤枉(动词短语)	Miss Su's(名词短语的所有格)condemnation of Fang Hung-chien for being shameless(名词短语)was(be 动词)actually unjust(形容词短语)
三级短语划分	苏小姐(名词短语:姓氏+称谓)骂(动词)方先生无耻(主谓短语)实在(副词)是冤枉(动词短语)	Miss Su's(名词短语的所有格)condemnation of Fang Hung-chien(名词短语)for being shameless(介词短语)was(be 动词)actually unjust(形容词短语)
词类划分	苏(姓氏名词)小姐(名)骂(动词)方(姓氏名词)先生(名词)无耻(形容词)实在(副词)是(动词)冤枉(形容词)	Miss(名词)Su(名词)'s(名词所有格符号)condemnation(名词)of(介词)Fang(名词)Hung-chien(名词)for(介词)being(动名词)shameless(形容词)was(be 动词)actually(副词)unjust(形容词)

　　汉语单句成分与词类之间存在一对多或多对一的关系,有时根据意旨表述的需要,在交换两个成分的位置时,也改变其功能,即成分互易,但单句的基本语义保持不变。成分互易主要发生在不同配对成分之间,如:主语和宾语(学生来了 vs.来了学生);谓语和定语(好大的风啊 vs.风好大啊);定语和状语(他用了一个不恰当的比喻 vs.他不恰当地用了一个比喻);状语和补语(他用错了几个词 vs.他错用了几个词)。成分互易有时也发生在配对成分之间,如主语和谓语:一盒月饼八十八元 vs.八十八元一盒月饼。汉英小句成分与词类关系的差异性以及汉语单句成分的互易性,为汉英互译中的

成分换化提供了必要性或可能性：必要性表明成分换化的强制性；可能性表明成分换化的选择性。成分换化有时会形成"连锁反应"，引起不同成分的伴随性换化，并跟移化机制相伴而生，跟繁化机制同时运用。为方便讨论，这里仅以汉语单句为切入点，逐一聚焦主、谓、宾、定、状、补与英语单句中其他成分之间的互换。

1.汉语主语↔英语谓语、宾语、定语、状语、补足语

汉语主语的概念较宽，种类较多，功能相对较弱，对全句并不"具有全面密切的关系"，不必具有名词性，而具有很大的词类兼容性，与其他成分之间存在灵活的逻辑-语义关系。相比之下，英语主语的概念比较严谨，词类单一，具有名词性和形态可识别性，对全句具有"全面密切的关系"，与谓语动词关系极为密切（刘宓庆，2006:83-88）。汉英主语之间的差异，决定了汉语句中主语与英语句中非主语之间的互换。

（1）汉语主语↔英语谓语

汉语单句的主语和谓语不仅可以进行位置易变，还可以进行功能互易，但基本语义保持不变，语用焦点稍有不同。英语单句中，充当主语和谓语的词类相对固定，谓语必须由动词充当，主谓互易的情况比较少见。因此，某些汉语单句英译时，应该视具体情况进行换化。例15A和15B进行主谓互易，基本语义完全相同，而英语大多采用"sth.＋costs＋（money)"格式，即15B的英译，将汉语单句主语"八十八元"换成英语单句谓语costs 88 RMB。

[15A]一盒月饼八十八元。

A box of moon-cakes costs 88 RMB.

[15B]八十八元一盒月饼。

A box of moon-cakes costs 88 RMB.（笔者用例）

（2）汉语主语↔英语宾语

汉语单句NP＋VP中，有时NP是受事宾语，VP由主谓短语充当的谓语，分解为NP1＋VP1，整个单句实际上是宾语前置的倒装结构，即NP＋NP1＋VP1，这时的受事宾语易变为受事主语（例16A），有时用作话题（例16B）。这类汉语单句英译时，可保留主动句，无论是否进行移位，都应将受事主语换成受事宾语，如译文A、B;也可换成被动句，原句的受事主语仍为译句的受事主语，如译文C,这时采用的是主被换化。

[16A]这部电影我从没看过。

[16B]这部电影，我从没看过。

译文 A：I have never seen this movie.

译文 B：This movie I have never seen.

译文 C：This movie has never been seen by me.（笔者用例）

英语单句汉译时，有时为了强调宾语，可将其移至句首作为汉语单句的话题，或者换译为受事/用事主语。如例17，原文是典型的 SVO 结构，宾语带有定语从句，符合"尾重"的句法特点。钱氏在汉译时，将宾语"things and events，phenomena of all sorts that go without notice，"移至句首，换成受事主语"事物之未得人垂注者"，从而起到突出、强调的作用，并且呼应其他汉译句子的结构。

[17]And the world is full of things and events，phenomena of all sorts，that go without notice，go unwitnessed.

事物之未得人垂注者，是处皆有。（钱锺书，1986：1349－1350）

（3）汉语主语↔英语定语

汉语单句 NP＋VP 中，有时 VP 是由主谓短语充当的谓语，可分解为 NP1＋VP1，句中就有双主语：NP 为大主语，NP1 为小主语，而 NP 与 NP1、VP1 与 NP1 之间可分别构成领属关系。如例18中，"他家庭幸福"有两种结构划分："他//家庭幸福"（"他"做大主语，"家庭"做小主语）；"他家庭//幸福"（"他"做定语，跟"家庭"一起充当主语）。这类汉语句子英译时，由于英语中没有双主语句式，需要进行灵活处理：或者保留大主语"他"（he），将小主语"家庭"换译为宾语 family（如译文 A）；或者将大主语"他"换译为定语 his（如译文 B）。类似英语单句汉译时，可将原句定语换为译句主语，形成汉语的双主语结构。

[18]他家庭幸福。

[18A]他//家庭幸福。

译文 A：He has a happy family.

[18B]他家庭//幸福。

译文 B：His family is happy.（笔者用例）

（4）汉语主语↔英语状语

汉语存现句的基本格局为"某时间/地点存在着（出现了/消失了）某人某物"，基本特点表现为主语的方所性/时间性、动词的存现性、宾语的施事性和不确定性（邢福义，2016：118-120）。英语存现句的基本格式为There is/exists/remains＋主语（由人称或事物名词充当），主语相当于汉语存现句中的受事宾语，出现在句末地点/时间状语句，相当于汉语存现句中的方所/时间主语。英汉存现句互译时，需要根据译语的思维方式和表达习惯，进行换化处理。如例 19 中的主语"中国诗文"换译为状语 in Chinese poetry and prose；例 20 中的状语 in limited professions 换译成主语"凡百行业"。

[19]中国诗文有一种描写手法，古代批评家和修辞学家似乎都没有理解或认识。（钱锺书，2002a：62）

There is a type of descriptive device found employed in Chinese poetry and prose that ancient critics and rhetoricians alike appear neither to have fully understood nor in fact been at all conscious of. (Qian,2014:114)

[20]There is boundless theft in limited professions.

凡百行业亦即穿窬。（钱锺书，1986：530）

（5）汉语主语↔英语补语

汉语判断句中的主语有时用形容词或带有形容词的名词短语充当，后跟动词"是"，以强调断事宾语的重要性，如"重要的（XX）是、关键的（XX）是、根本的（XX）是"。英译时往往需要进行移位，采用"sth.＋ is ＋ adj."或"it is ＋ adj."句式，有时加上动词不定式做真正主语，将汉语单句中的形容词主语换成英语中描述性的补足语。如例 21，为了平衡英语单句的结构，译者将做主语的名词短语"最具有代表性、最主要的流派"换成英译单句的补语 the most representative and most important school。

[21]中国画史上最具有代表性、最主要的流派是"南宗"。（钱锺书，2002a：8）

Within the history of Chinese painting，the"Southern School"was indeed the most representative and most important school. (Qian,2014:40)

2.汉语谓语↔英语主语、宾语、定语、状语

主谓配置是汉语句中最基本的配置,动宾配置是最灵活的配置(邢福义,2016:65),其灵活性既表现在充当动语①的词类异常丰富,不仅可由动词(短语)充当,还可由名词(短语)、形容词(短语)充当,也可由数量短语、介词短语、代词甚至拟音词充当。汉语谓语的独立性、自足性较强,主要依靠结构助词表达时态和语态。另外,汉语谓语跟其他成分构成主谓、并列谓语、动宾、状动、动补等语义关系,但在深层语义上可能是对主语进行范围限定、对另一谓语进行补充说明、对宾语进行修饰或限定。汉语单句中还可出现主谓互易、定谓互易等现象。另一方面,英语谓语必须以动词为基础和核心,必须与主语搭配,按语法原则、逻辑原则和就近原则形成主谓在人称和单复数上的一致,谓语动词具有时、体、态、式等语法范畴。汉英谓语的差异,决定了汉语句中的谓语跟英语句中的非谓语之间的互换。

(1)汉语谓语↔英语主语

既然汉语中存在主谓互易的现象,汉英互译中有时也需要进行主谓互换。英语单句的主语有时由动词派生而来的名词充当,该名词还保留动态特征;谓语由弱化动词 be、seem、look、appear 等充当,具有较浓的静态意味,句法上的主谓关系是深层语义上的动宾关系。这类句子汉译时,通常需要将英语主语换成汉语谓语。如例 22,英语存现句换成汉语中带动词的主谓句,主语 celebration 换译为谓语"纪念"。

[22]At this very moment there is proceeding,unreproved,a blasphemous celebration of the birth of Shakespeare,a lost soul now suffering for his sins in hell.

世上纪念莎士比亚生辰,地狱中莎士比亚方在受罪。(钱锺书,1986:688)

(2)汉语谓语↔英语宾语

汉语句子通过增添"做出、给(出)、进行、制定、加以、得以"等轻动词,将原来单一的谓语动词扩展为动宾短语,这时出现谓宾互易现象。英语中也可通过增添类似的轻动词,如 have、take、make、give、do 等,将原来的动词

---

① 邢福义根据汉语小句中的不同配置,将动词(或动词性短语)分别称为谓语(形成主谓配置)和动语(形成动宾配置)(邢福义,2016:57-76)。英语中无所谓"动语",但习惯用 predicate(谓语)或 predicative verb(谓语动词)。为方便起见,本书将句中带宾语的动词或动词性短语统一称作谓语。

转化为名词,从而实现谓宾互易。因此,汉英互译中,汉语单句的谓语可与英语单句的宾语进行互换。如例23,宾语 provision 在汉译中因省略轻动词 make 而译为谓语"供养"。

[23]Make not provision for the flesh,to fulfill the lusts thereof.
毋供养肉体,纵随嗜欲。(钱锺书,1986:429)

(3)汉语谓语↔英语定语

汉语单句中,形容词修饰心语(多由名词或代词充当)时做定语,描述主语时做谓语,它们之间的深层语义关系相同,存在定谓互易的现象,如:好大一棵树!(定语);这棵树好大!(谓语)。英汉互译时,就需要将汉语谓语与英语定语进行互换。如例24,定语 what a quantity of 换译为谓语"多矣哉"。

[24]La! Mr.Ritson,what a quantity of mites you are eating!
嘻! 翁翁啖生蛆多矣哉!(钱锺书,1994:186)

(4)汉语谓语↔英语状语

连动句是汉语的一个特定句式,针对同一主语连续使用动词(短语),连动项之间存在各种深层语义关系,如:"举头望明月"表示行为之间的前后相继,"坐地铁上班"表示方式与目的/结果,"微笑着说道"表示方式与动作,"躺着不动"表示同一行为的肯定与否定,"学习刻苦"表示行为与性状。无论哪种语义关系,每个动词都具有谓语中心的地位,语义指向均为主语。跟汉语相比,英语连动句的使用范围小、频率低,大多数情况只对应于汉语连动句中的第一种语义关系。因此,汉语连动句英译时,表示主要动作的动词译成英语单句的谓语,表示性状、情态、目的、结果、方式等含义的动词/形容词换译为英语句中做状语的名词、形容词、副词、介词短语,这既是小句成分互换,也是词类互换。反之,英语单句的有些状语含有动态意味,尤其是分词短语做伴随状语时,可视情况换译为汉语连动句的谓语。如例25,现在分词短语 thinking the counsel good 做伴随状语,修饰谓语 went away home,钱氏将其分别译为"携头""回家",构成并列谓语,表意精准,行文精练。

[25]The brother consented and did this,thinking the counsel good.Then he set the stone in place again,and went away home,car-

rying his brother's head.

  弟解其意,依言而行,还石原处,携头回家。(钱锺书,2002a:168)

  (5)汉语谓语↔英语补足语

  有些汉语判断句中,省略系动词"是",直接由名词或形容词充当谓语,而英语判断句中的 be 动词不能省略,且其后的成分为补足语。因此,英汉互译时,需要将汉语谓语与英语补足语互换。如例 26,补足语 not yet near day、the nightingale 和 not the lark 分别换译为谓语"尚未明""夜莺啼""非云雀鸣也"。

  [26]It is not yet near day./It was the nightingale,and not the lark.

  天尚未明;此夜莺啼,非云雀鸣也。(钱锺书,1986:111)

3.汉语宾语↔英语主语、谓语、定语、状语、补足语

  汉语宾语的构成材料很复杂,既包括人、物体、处所、时间,还包括动语涉及的行为属性或性质状态,至少包括五种基本语义类型,即受事宾语、施事宾语、断事宾语、于事宾语、反身宾语。比较而言,英语宾语的特点受制于英语形式主轴这个基本语法范畴,主宾之间、动宾之间的语义关系比较简单,主要是名词(短语)充当宾语,双宾结构跟汉语既相同又存异。因此,汉语宾语的差异性特征,决定了汉语句中的宾语与英语句中的非宾语之间的互换。

  (1)汉语宾语↔英语主语

  现代汉语中的名词赋格现象,包括双名移位赋格和双名隔位赋格(邢福义,2006:53-56)。双名移位赋格指两个名词 N1、N2 共同由动词 V 的后位移到前位,基本语义不变,但两个名词的句法成分同时发生变化,构成不同的句法格局,V+N1N2 是动宾格式,N1N2+V 是主谓格式,两个名词同时移位后出现主宾互易,如:天天吃苹果梨子 vs.苹果梨子天天吃。双名隔位赋格是指两个名词 N1、N2 隔开用在动词 V 的前位和后位,基本语义不变,但两个名词的句法成分发生变化,功能略有不同,如:人走桥上 vs.桥上走人,虽然都是 SVO 结构,但前一句的"人"是施事主语,"桥上"是于事宾语(表示行为发生的位置),后一句中的"桥上"是用事主语(表示行为的工具),"人"是施事宾语。换言之,两句中的主宾可以互易:"人"由施事主语易变为施事宾语,"桥上"由于事宾语易变为用事主语。英语大多采取 SVO

202

格局,即使采用倒装结构,单句成分也保持不变,如:The waiter didn't know this. → This the waiter didn't know. 因此,主宾互易的汉语单句英译时,汉语单句的宾语需要换成英语单句的主语。

在以"某时间/地点存在着(出现了/消失了)某人某物"为基本格局的汉语存现句中,"某人某物"是施事宾语,而在以"There is/exist/remains＋sb/sth"为基本格局的英语存现句中,sb/sth 是主语。因此,英汉存现句互译时,汉语单句的施事宾语需要与英语单句的主语进行互换,如例27,主语one or two faces 换译为施事宾语"一二妇人"。

[27]But then there's <u>one or two faces</u> 'ere that' ud stop a clock.
然此间有<u>一二妇人</u>,其面貌足止钟不行。(钱锺书,1986:39)

(2)汉语宾语↔英语谓语

如前所述,汉英都可通过增添轻动词,将谓语动词扩展为动宾短语,这时存在动宾互易。若省略轻动词,直接采用动词,则原来的宾语成为谓语。因此,汉英互译中,不仅汉语单句的谓语、宾语可分别与英语单句的宾语、谓语进行互换。如例28,译者将"没有"换译为助动词 had ＋ not,跟宾语"决定"对应的 decided on 就作为译句的谓语。

[28]这封信的措词,他还没有详细<u>决定</u>,……
He had not yet <u>decided</u> on the exact wording of the letter,…(钱锺书,2003:542,543)

(3)汉语宾语↔英语状语

动词的及物性决定了其后的小句成分:及物动词(短语)后面带宾语,不及物动词后面带状语。汉英中某些语义相同的动词(短语),在及物性上不尽相同,用法上存在一些差异。因此,有时需要视具体情况将汉语句中及物动词的宾语与英语句中不及物动词的状语进行互换。如例29,strike sb. as sth 为动词短语,意为"给某人留下某种印象",介词短语做状语。钱氏将strike 译为及物动词"道(出)",并将 the reader 和 as wording of his own highest thoughts 合成宾语"人心中事",言简意赅地传达原文语义。

[29]Poetry should strike the Reader <u>as a wording of his own highest thoughts</u> and appear almost a Remembrance.

好诗当道<u>人心中事</u>，一若忆旧而得者。（钱锺书，1984:255）

汉语中的于事宾语表示行为发生的空间/时间，谓语动词和宾语之间包含"在、到、过、入"等深层语义关系，对应于英语中及物动词的宾语，有时根据前面不及物动词的搭配需要换译为地点状语，如：去香港（于事宾语）:→go to Hong Kong（地点状语）。

（4）汉语宾语↔英语补足语

汉语判断句中断事动词后面的成分为断事宾语，表示对主语有所断定的客观事物；英译句中系动词 be 后的成分为补足语，补充说明主语的情况、性质、状态等。因此，汉英判断句互译时，需要将二者进行互换。如例 30，be 动词后的补足语 surely the greatest triumph in English of"the Critical Muse"换译为断事"为"后的宾语"英语中此体绝群超伦之作"。

[30]...(Coleridge's)"Kubla Khan"(is) <u>surely the greatest triumph in English of"the Critical Muse"</u>.

柯（尔）律治《呼必费汗》以诗评诗，为<u>英语中此体绝群超伦之作</u>。（钱锺书，1984:370）

汉语的双宾结构中，一种情况是以"叫"作为典型的谓语动词，前宾语指人，后宾语指人的身份或者对其所做的评价或定位，这种双宾结构相当于英语中以 call、name 为典型标志的复合宾语，即"call/name＋sb＋sth"，sth 做 sb 的补足语，补充说明 sb 的身份、地位等。汉英互译时，需要将汉语双宾结构中的后宾语与英语复合结构中的宾语补足语（主动句）或主语补足语（被动句）进行互换。例如：

[31]有人叫她"熟食铺子"(charcuterie)，因为只有熟食店会把那许多颜色暖热的肉公开陈列。

Some called her a *charcuterie*—a shop selling cooked meats—because only such a shop would have so much warm-colored flesh on public display.（钱钟书，2003:14,15）

[32]This change and adaptation is called the *Modification of Species*.(Wells,1921:17)

此等变形以适应环境之现象，名曰"种化"(Modification of Species)。（钱锺书，1926:30）

例 31,汉语双宾结构中的后宾语"熟食铺子"换译为英语复合结构中的主语补足语 a charcuterie;例 32,钱氏将英语被动句换译为汉语主动句时,主语补足语 the Modification of Species 也就相应地换译为宾语"种化"。

4.汉语定语↔英语主语、谓语、宾语、状语、补足语

根据汉语定语与心语的关系,可将定语分为物体类和行为类两个类别(邢福义,2016:74 - 83)。物体类定语表示是人和事物以及跟人和事物相关的数量、时间、方所等意义,包括领属定语、数量定语、指别定语、时地定语,大多数可对译为英语句中的相应定语,不需要进行换化处理,如:我的书——my books,三篇论文——three articles,这些笔记本——these note-books;但出现在句首的领属定语有时可以与主语互换,如:这名男生的性格内向↔这名男生性格内向,汉英互译时就需要将汉语单句的定语换成英语单句的主语。状况类定语表示跟心语事物有关的性状、行为等意义,包括性状定语、行为定语、断事定语和涵义定语,有些性状定语和性态状语存在位置变易和功能互易,部分行为定语和断事定语可与谓语互换。因此,汉英互译中,汉语定语可与英语非定语进行互换,并引起双语中其他成分的换化。

(1)汉语定语↔英语主语

出现在汉语句首的领属定语,有时可以提升、变换为主语,英语句中也出现这种情况。单语内部的定语和主语可以互换,双语之间翻译时定语和主语也可以互换。如例 33,无论"这名男生"在句中做定语还是提升为主语,根据英语的表达习惯,相应的 this boy 只能充当译句的主语,如译文 B、C、D,译文 A 则不是地道的英语表达。

[33]这名男生的性格内向。↔这名男生性格内向。

译文 A:This boy's personality is introverted.

译文 B:This boy has an introverted personality.

译文 C:This boy is introverted(in personality).

译文 D:This boy is an introvert.(笔者用例)

(2)汉语定语↔英语谓语、补足语

汉语单句的定语和谓语存在互易现象:用在名词之前进行修饰时是定语,用在名词之后进行描写或说明时就是谓语,尤其是行为定语和断事定语更容易向谓语转化。汉英互译时,有时需要将汉语定语与英语谓语或补足语进行换化。汉译英时,充当定语的动词(短语)译成英语句中的定语从句时,就换译为英语定语从句中的谓语;英译汉时,英语定语从句译成汉语句中的前置定语时,其谓语需要相应地换译为定语,如例 34 中做谓语的动词短语 points the way to a wanderer 换译为充当前置定语的动词短语"导人出迷途"。

[34]The man who kindly points the way to a wanderer,does as though he kindle a light from the light that is his;it shines none the less for himself when he has kindled it for his fellow.(Warmington, 1935:373)

导人出迷途者,如许人就灯取火,人得有光,而己光不减。(钱锺书,1984:203)

(3)汉语定语↔英语宾语

汉语习惯在形容词或其他定语之后加上范畴名词,表示人或事物的一种情形或状态,英语则利用丰富的词形变化,直接使用跟形容词同根的抽象名词。因此,汉译英时,在运用简化机制减省范畴名词时,需要将汉语定语换译为英语宾语;英译汉时,在运用繁化机制增添范畴名词时,需要将英语句中的宾语换译为汉语句中的定语。如例 35,译者省略做宾语的范畴名词"现象""行为",将做定语的形容词"混乱"换译为做宾语的抽象名词 confusion,将做定语的动宾短语"不尊重上级政权"换译为做宾语的名词短语 disrespect of authority a higher level。因此,该例在单词层级属于词类换化,在小句层级属于成分换化。

[35]在政权中工作的同志,要遵守政权的纪律和秩序,反对混乱现象,反对不尊重上级政权的行为。

Comrades working in the government should observe discipline and the procedures of the government and combat confusion and oppose disrespect of authority at higher levels.(《邓小平文选》汉英平行语料库)①

(4)汉语定语↔英语状语

汉语形容词既可修饰名词做定语,也可直接修饰动词做状语,有时出现

---

① 顾群超、杨坚定、孙鸿仁:《邓小平文选》汉英平行语料库,http://corpus.usx.edu.cn/dengxiaoping/index.asp,检索日期:2017 年 8 月 4 日。

定语和状语互易的现象。英语中状语多由副词(短语)、介词短语充当,形容词不能做状语。英汉互译时,汉语定语可以与英语状语互换,还需要移位,基本语义不变,语值不动。如例36,钱氏将原文中的定语从句 which we tonight present you here today 简化为定语短语,同时省译动宾短语 present you,将时间状语 tonight 和 today 分别换为做定语的"今昼"和"夜场"。

[36]You who stand sitting still to hear our play,/Which we tonight present you here today.

请诸君兀立以安坐,看今昼之夜场戏文。(钱锺书,1986:605)

5.汉语状语↔英语主语、谓语、定语

汉语句中状语的构成复杂,除了副词的纯状语性之外,几乎任何词语带上"地"都可强制性地充当状语,其种类较多:状况类短语包括表性态、幅度、程度、否定、关涉、语气等类别,物体类状语包括表时地、数量、事物等类别(邢福义,2016:89-92)。汉语单句的状语可以与主语、谓语、定语、补语进行互易,而且基本语义不变,因此汉英互译时,汉语状语可以跟英语句中的非状语进行互换。

(1)汉语状语↔英语主语

汉语中有些表示事物的名词(短语),由结构助词"地"促成其状语身份。若去掉"地",则可转化为主语。如:辣椒豆角茄子南瓜地种了一园子 vs.辣椒豆角茄子南瓜种了一园子。前一例中,联合型名词短语"辣椒豆角茄子南瓜"带"地",做状语;后一例中,去"地",名词短语转化成为受事主语。这两个句子的状语与主语互易。汉译英时,需要考虑句子成分之间的深层逻辑-语义关系,按照英语句子的形合特点,有时需要将汉语状语换化为英语主语;英译汉时,则需要视具体情况将英语单句的主语换译为汉语单句的状语。如例37,如果以"一园子"作为语义中心,则以 the garden 作为英译句子的主语,联合型名词短语跟 be 动词一起做谓语(如译文A);如果仍以联合型名词短语作为语义中心,则需要将主动语态换译为被动语态,将做状语的名词短语转译为主语(如译文B)。

[37]辣椒豆角茄子南瓜地种了一园子。→辣椒豆角茄子南瓜种了一园子。

译文 A：The garden is full of peppers, beans, eggplants and pumpkins.

译文 B：Peppers, beans, eggplants and pumpkins are planted in the garden.（笔者用例）

（2）汉语状语↔英语谓语

汉语中的一些性态状语有时跟谓语互相转化：做状语时，位于心语之前，书写中用状语标记词"地"加以显化，语音上跟心语紧密相连；如果不用"地"，语音上有停顿，书写中用逗号，往前靠向主语，就转化为谓语。如：他很生气地离开了房间 vs.他很生气，离开了房间。"很生气"在前一例中带有标记词"地"，做状语，在后一例中无"地"，做谓语。汉译英时，可结合上下文、根据表意重心，将汉语单句的状语换译为英语句中的谓语。例38中，译者将做状语的"言过其实地"换译为谓语 went out of his way，而将做谓语的"担保"换译为做状语的不定式短语 to assure her。

[38]鸿渐忙言过其实地担保，他怎样把友谊看得重。

Hung-chien quickly went out of his way to assure her how much he valued friendship.（钱钟书，2003：100，101，103）

英语中以 seem、happen、appear、tend 等加动词不定式构成的复杂谓语，真正的谓语中心不是这些动词，而是其后的不定式。汉译时，通常需要将谓语动词换译为做状语的副词"似乎/好像、碰巧、（看来）好像、往往"，如例39中的谓语动词 seemed 换译为做状语的副词"直"。

[39]This cuss <u>seemed</u> to be nothing if not a professor.

此伧<u>直</u>是大学教授而已。（钱锺书，1986：660）

（3）汉语状语↔英语定语

汉语中的一些性态状语有时跟定语互相转化：用在谓语之前，是状语；移到主语或宾语之前，成为定语。汉译英时，可根据英语句子的表达需要，将汉语句中的状语换译为英语句中定语，如译文 A 和 B。英译汉时，可根据表达需要将英语单句的定语换译为汉语单句的状语。如例40，他地道地说一口长沙话 vs.他说一口地道的长沙话。"地道"用在谓语之前，有状语标记词"地"，做状语，用在宾语之前，有定语标记词"的"，做定语。

[40]他地道地说一口长沙话。→他说一口地道的长沙话。

译文 A:He speaks authentic Changsha dialect.

译文 B:He speaks Changsha dialect in an authentic way.（笔者用例）

6.汉语补语↔英语谓语、状语

汉语小句的心补配置，即"带补心语＋补语"结构，在成句能力上弱于动宾配置和主谓配置，但强于定心配置和状心配置，心语和补语之间有时出现结构助词"得"，形成"心〈得〉补"的格局（邢福义，2016:96-97）。对于心语而言，补语大致有两种类型：状况类补语包括结果、趋向、可能、程度、评判等五种，物体类补语包括时地、数量和关系三种（邢福义，2016:97-103），即汉语单句的补语通常指向心语（大多数是谓语）。英语单句的补足语指向主语和宾语，对主语和宾语起补充说明作用，主语补足语通常用于"主语＋系动词＋补足语"结构中（英语补足语相当于汉语判断句中的谓语或断事宾语），宾语补足语用于复合宾语结构中。因此，汉英补足语的概念、位置和功能存在较大差异，无法进行对译，通常需要做换化处理。

（1）汉语补语↔英语谓语

对于汉语单句的主语来说，部分补语具有谓语功能，若去掉心语，补语就转化为谓语，如：他长胖了 vs.他胖了。前一例中有谓语动词"长"，形容词"胖"是补语；后一例中没有谓语动词，形容词"胖"直接做谓语。英译时，可将这些具有变化性质的汉语动词译成英语句中的系动词，做补语的汉语形容词译为英语中做补足语的形容词，但整个结构一起做句中谓语，如：He gets/is fat[主语＋谓语（系动词＋主语补足语）]。英语句中由系动词加形容词构成的谓语结构汉译时，可根据汉语表达习惯省略系动词，英语补足语就可换译为汉语谓语。如例41，钱氏将 was sensible 理解为 realized，省去系动词 was 的同时，将补足语 sensible 换译为谓语动词"深知"。

[41]Augustus was <u>sensible</u> that mankind is governed by names; nor was he deceived in his expectation,etc.

奥古斯都大帝深知民可以"名"御，世可以"名"治。（钱锺书，1994:95）

（2）汉语补语↔英语状语

汉语句中的状语用在谓语之前，起修饰作用，而移到谓语之后、起补充作用时就做补语，部分补语和状语可以互相转化，包括：结果补语和结果状语的互换，如：你错写了几个单词 vs.你写错了几个单词；时地补语和时地状语的互换，如：他1970年出生于香港 vs.他1970年在香港出生；程度补语和程度状语的互易,如:她天天高兴得很 vs.她天天很高兴。英语句中的补足语通常用来补充说明主语或宾语的性状,而用来修饰、说明谓语的成分,无论在谓语前后,都是做状语。因此,需要将汉语补语与英语状语进行互换。如例 42,地点补语"在沙发里"换译为地点状语 on the sofa;例 43,结果状语 shaping it just like the anchovy 换译为结果补语"作此鱼形"。

[42]赵辛楣躺在沙发里,含着烟斗,……

With a pipe in his mouth,Chao Hsin-mei lounged on the sofa;...
(钱钟书,2003:108,109)

[43]His cook took a fresh turnip and cut it in slices thin and long,shaping it just like the anchovy.

……庖人因取萝菔,切作此鱼形。(钱锺书,1986:1379)

(3)汉语补语↔英语宾语

汉语句中的结果补语表示行为、形状带来的结果。用 X、Y 分别代表心语和补语,二者的语义关系为:Y 是 X 导致的结果,这种语义联系通常是直接的,即行为或性状 X 直接导致 Y 这一结果。汉译英时,可将该形容词换译为表示结果或状态的抽象名词,充当谓语动词的宾语。英语句中做结果宾语的抽象名词汉译时,由于汉语中没有与之对应的抽象名词,往往需要将名词换译为形容词,置于谓语动词之后做结果补语。英语不及物动词之后的同源宾语结构,在汉语中没有对应格式,有时需要换化为补语,如:live a happy life——过得很开心,die a young death——死得很年轻。

(4)汉语补语↔英语定语

汉语句中有些补语在语表上置于谓语之后,实际语义指向是谓语后的宾语,这时出现补语与定语互易,如:他走错了一步棋 vs.他走了一步错棋,"错"在前后例中分别做补语和定语,但语义指向都是"棋"。英语中可直接用形容词做定语、副词做状语,构成"动+定+宾"、"动+宾+状"的格局。汉英互译中,有时需要将汉语补语与英语定语进行互换,如上述两例都可译为 He made/took a wrong move,补语"错"换译为定语 wrong。

(三) 句类换化

句类换化,是指双语中不同句子类型之间的互换,属于句子层级的换化类型。句类换化与繁化机制、简化机制之间存在部分重合,如小句和复句之间的换化:就句子类型的变化而言,属于原语小句与译语复句之间的换化;就语言单位的增减而言,属于原语小句的繁化(即原语小句在译语中的复句化)或原语复句的简化(即原语复句在译语中的小句化)。句类换化与分化机制、合化机制之间也存在部分重合,如小句和复句之间的换化:在句子类型的变化上,属于原语小句与译语复句之间的换化;在句子的长度和结构上,属于原语小句合化为译语复句或原语复句分化为译语小句。句类换化包括三个小类:小句换化、小句与复句的换化、复句换化。

1.小句换化

小句换化指不同小句类型之间的换化。小句作为全译转化的中枢单位,具有语表形式的独立性和语里意义的完整性:根据成分配置的不同情况,分为主谓句、非主谓句及其不同的小类;根据不同的表述意旨,分为陈述句、疑问句、祈使句和感叹句等四种语气类型。一般而言,句子的语气和句子基本用途一致:陈述句用来陈述事实或表达看法,分为肯定句和否定句;疑问句用来提出问题,包括一般疑问句、特殊疑问句、选择疑问句和反意疑问句;祈使句表达请求、希望、命令、要求、禁止、劝告等;感叹句用来表达某种强烈感情色彩。由于交际的主体、意图、环境、方式等不同因素,句子语气类型与句子用途并非完全对应,有时即使同一交际主体在同一交际环境中针对同一交际话题表达同一交际意图,也会在合作原则和礼貌原则的指导下,采用不同的交际方式,运用不同的语气类型。

小句全译以结构类型和语气类型之间的等化为主、换化为辅,而小句换化主要体现为小句语气类型之间的换化。不同的语气类型可以表达相同语义、再现相同语值、实现相同意旨,同一语气类型也可以表达不同语义、再现不同语值、实现不同意旨。单语交际如此,跨语交际更是如此。译者作为第三交际主体参与进来,在思维方式、文化传统和表达习惯等不尽相同的交际环境中,更加清楚句子类型在语气和用途之间的不对应。陈述句除了主要用来陈述事实、表达看法之外,还可间接隐含地提出疑问、表达请求/要求或抒发感叹,据此可将其表意类型细分为疑问陈述句、祈使陈述句、感叹陈述句三个小类(王国栋,2014:9)。因此,汉英互译中,在原文语里不变、语值不改的前提下,译者需要根据句类语义的兼容性,结合具体语境进行小句语气类型之间的换化,如将原语陈述句与译语疑问句、祈使句或感叹句进行互换。

(1)原语陈述句↔译语疑问句

陈述句用来陈述客观事实或表达主观看法,交际双方有时会用陈述句表达疑问语气。说话者有时对事实或看法不太确定,为了遵循合作原则中质或量的准则,会借助一定的语气表述形式,如运用词汇形式、在陈述句末尾用问号,采用"疑问陈述句"。因交际环境的制约,如电话交谈、说者口音、周围噪声、第三方插话等,听者没有完全听懂,但出于礼貌,不便要求对方重复,或对自己表达的看法没有十分把握,但又不得不推进交际的顺利进行,在陈述中带有疑问的语气或口吻,以便对方予以确认。因此,虽然交际主体在语表上采用陈述句,但语义上还有不完全确定的因素,语值中体现在文化、语境、修辞等方面兼有陈述和疑问的语气。汉英互译中,译者必须结合具体语境揣摩信息发出者的意图,将原语陈述句换译为译语疑问句。如例44,钱氏结合上下文,将英语否定陈述句换译为汉语反问句,突出原文中说话者对妓女的质疑和反驳。

[44] You are no more sure of this than if, after running through coarse rushes, you were to say you had been pricked by one in particular.

　　脱汝经行刺苇丛中,肌肤剺创,汝能断言某一苇直伤汝尤甚耶?(钱锺书,1986:551)

另一方面,原文可能用一般疑问句来表达自己的猜测,希望得到对方确认,或者采用反问句强调个人观点或陈述客观事实,或者在直接引语中用疑问句,而改用间接引语时就需要改为陈述句,这些情况都导致疑问句向陈述句转化。对于原语中"语表上有问、语义上无疑、语用上更不用回答"(黄忠廉,2010)的"陈述疑问句",译者可以直接用陈述句加以表达。如例45,译者将反问句直接表达为否定陈述句,强调"莫辨彼此"。

[45] O body swayed to music, O brightening glance, / How can we know the dancer from the dance?

　　舞人与舞态融合,观之莫辨彼此。(钱锺书,1986:1312)

(2)原语陈述句↔译语祈使句

陈述句有时并不陈述事实或表达观点,而是向受话人提出请求、要求、建议、希望等,祈使语气大于陈述语气,采用"祈使陈述句"。汉语陈述句中有时使用能愿动词"应该、需要"、使令动词"请求、叫、让"等,英语陈述句中有时用情态动词、助动词,语表上采用陈述句,实际表达说话者的祈使语气。另一方面,汉语祈使句如果有主语,通常是第二人称,即采用"你(别/不要)做什么!"格式,而英语祈使句的第二人称通常省略,直接使用动词原形,采

用"(Please)＋do..."或"Don't ＋ do..."格式,但如果要表达说话人的意图,
就采用陈述型祈使句;或者在将直接引语改为间接引语时,祈使句换译为陈
述句,如"我要你(别/不要)做什么""I ask/order/beg you(not)to do..."等
格式。因此,陈述句和祈使句虽然语表形式不同,但由于句类语义的兼容
性,表达的语里意义有时却是相同的,汉英互译时就可将原语祈使句与译语
陈述句进行互换。例如:

[46]别客气,我求你明天来。

You're being polite.Please come tomorrow.(钱钟书,2003:126 - 127)

[47]We must not, then, tear down the bridge that is already
there,nay rather,we must build another alongside it,if that be possi-
ble,and cast the fellow out of Europe in a hurry.

万勿切断津梁,毋宁增桥以便虏酋之仓皇东遁耳。(钱锺书,
1986:861)

例 46,祈使句"别客气"其实是在说对方"很客气",因而直接采用陈述
句"You're being polite.";陈述句"我求你明天来"表达一种非常真诚的请
求,直接采用英语祈使句"Please(do)come tomorrow"。例 47,原文的"we
must(not)"其实表达一种强烈禁止,钱氏借助语气副词"万勿""毋宁",将
英语陈述句换化为汉语祈使句。

(3)原语陈述句↔译语感叹句

陈述句在主要陈述事实或表达观点时,有时在句末采用感叹号"!",汉
语还可在感叹号前添加语气助词"啊""嘛"等,使得句子带有一定的感叹意
味,形成"感叹陈述句"。另一方面,某些感叹句虽有感叹意味,只是在陈述
句末尾添加感叹词,其实就是一种强调性陈述,而译语中陈述句的某些形容
词或副词完全可以表达这种"陈述型感叹"。因此,汉英互译时,就需要根据
句子语义的兼类性,将原语陈述句与译语感叹句进行互换。例如:

[48]"What meanest thou by such mad tricks? Surely thou art mad."

"汝干这种疯狂的把戏,于意云何? 汝准是发了疯矣!"(钱锺书,
2002a:100)

例 48,"Surely thou art mad."作为较强肯定的陈述句,钱氏将其换化
为感叹句,传达强烈的感叹语气,以便与前一句的疑问语气形成呼应。

（4）原语疑问句↔译语祈使句

由于特定的交际语用环境和双方主观意图，以及小句的语气类型和使用目的不完全对应，疑问句除了主要用来提出疑问之外，还可间接陈述事实或看法、提出要求/建议、表达不满/批评或发出感叹，据此可将其表意类型细分为陈述疑问句、祈使疑问句、感叹疑问句三个小类（王国栋，2004:9）。因此，在汉外互译中，根据单句语义的兼容性，结合具体环境，可将原语疑问句换化为译语陈述句（上面已涉及）、祈使句或感叹句。

说话者使用疑问句，有时并不提出疑问，而是表达委婉的邀请、间接的建议或礼貌的请求。汉语往往在句末加上语气助词"吧"和感叹号来表达商量口吻，英语则采用"Will/Would you please...?"句式表达请求或要求，在语气上是疑问句，在用途上却是祈使，语用上不需要对方回答，而是盼望对方做出某种行动反应，其功能等同于祈使句，即"祈使疑问句"，可在语内变换为祈使句，语际转化中就可以换化为译语祈使句。反之，原语的"疑问祈使句"可换化为译语的疑问句。

（5）原语疑问句↔译语感叹句

疑问句通常用来提问和求答，有时也用来表达间接感叹，如汉语中用反问句或否定疑问句来表示感叹，英语中有些带句末感叹号的否定疑问句，借助否定加疑问的语表形式表达对美好事物的赞叹，属于一种特殊的感叹句，即"疑问感叹句"，抒发说话者强烈的感情色彩。汉英互译时，译者可视具体情况将原语疑问句换化为译语感叹句。例如：

[49]I need only the hand of Raphael. His brain I already have.... I'm the half of a genius! Where in the wide world is my other half? Lodged perhaps in the vulgar soul, the cunning ready fingers of some dull copyist or some trivial artisan who turns out by the dozen his easy prodigies of touch!

吾具拉斐尔之心，只须有其手尔。吾已获天才之半，茫茫大地，将底处觅余半也！安知此巧手不为心神琐浊之画匠所有，徒用以摹古媚俗乎？（钱锺书，1986:1179）

例49，原文"Where in the wide world is my other half?"为特殊疑问句，似乎是有疑而问，实则表达一种感叹。钱氏透过原文语表，直探其语义和语用，灵活进行语气换化，将疑问句换化为感叹句，而将其前的感叹句换化为陈述句，将其后的陈述句换化为疑问句。

（6）原语祈使句↔译语感叹句

祈使句主要用来表达请求/要求,有时也可间接表示判断、提出疑问或表达感叹,据此可将其表意类型细分为陈述祈使句、疑问祈使句、感叹祈使句三个小类(王国栋,2004:9)。说话者有时在祈使句末加上感叹号,以表达诚恳请求、严厉警告或强烈命令,汉语祈使句还在谓语动词前加上语气副词"千万""务必",句末加上语气助词"啊",带有叮咛或敦促的语气,形成"感叹祈使句"。汉英互译时,译者可根据交际场景和双方意图,将原语祈使句换化为译语陈述句、疑问句或感叹句。例如:

[50]"别妆假! 你有本事一辈子不娶老婆。"

"Don't you put on! If you were any good,you'd never get married for the rest of your life."(钱钟书,2003:64－65)

例50,原文的背景是:方鸿渐回国后住进岳父家,十五六岁的小舅子周效成拿他和苏小姐开玩笑,鸿渐顿时"笑容全无,脸色发白"。效成被父母大骂,心里委屈,于是对鸿渐发怨气。事实上,鸿渐已经"妆假"了,效成用的是祈使句,实则表达对鸿渐的强烈不满。因此译者采用祈使句的同时,加上第二人称you和句末感叹号,以突出效成的感叹语气。

值得注意的是,感叹句作为抒发某种强烈感情的句子,在言语交际者的表达中体现得很明显,在人工译本中比机器译本中再现得更加充分,据统计,差距达到83%,这表明人工译者更会识别原语交际者表达的语气或情感,更善于加入个人的情感,机器翻译在情感表达与再现方面相对比较欠缺(蒋跃,2014:101)。因此,人工译者要善于利用人类的丰富情感体验、充分发挥人的主观能动性,再生出以情动人、以人为本的入"化"译作。

2.小句与复句的换化

小句与复句的换化,指原语小句与译语复句之间的互换。小句与复句之间的跨级换化跟繁化与简化、分化与合化密切相关:增添词语或小句将原语小句繁化为译语复句,或者通过删减小句或词语将原语复句简化为译语小句;表达方式上属于双语小句与复句之间的互换;句子长短上是将原语小句分化为译语复句,或将原语复句合化为译语小句。小句繁化为复句、复句简化为小句分别在本章第二、三节做了详尽探讨,小句分化为复句、复句合化为小句将在本章第六、七节中考察,故本节从简论述。

小句与复句的跨级换化,既包括原语小句升级为译语复句,也包括原语复句降级为译语小句。一方面,原语小句的词语扩展为译语小句,整个小句就繁化为译语复句。汉语句中的主谓短语扩展为英语从句,从而将汉语单句换化为英语复句;英语句中的形容词、副词及其短语、非谓语动词短语等本身由从句简化而来,具有独立表意能力,汉译时可恢复或扩展为小句,从而将英语单句繁化为汉语复句。另一方面,汉语复句的某些分句表达的语义可简化为英语词语,从而将汉语复句换化为英语单句;英语复句中的名词性从句、定语从句以及部分状语从句也可简化为汉语句中的短语或单词,从而将英语复句简化为汉语单句。如例 51,原文中的介词短语 by being apt to the setting 形式上是方式状语,语义上是由条件状语从句压缩而来,钱氏将其扩展为小句"安插恰在好处",与其前后的内容浑然一体地构成复句。

[51]The words are indubitably vulgar,but they are made sublime by being apt to the setting.

语本伧俗,而安插恰在好处,顿成伟词。(钱锺书,1984:326)

3.复句换化

复句换化,是指双语中不同复句类型之间的互换,既包括复句大类之间的互换,也包括复句小类之间的互换,具体操作于双语复句中分句之间的互换。

汉英复句划分的标准和类型存在较大差异。汉语复句基于"从关系出发,用标志控制"的原则,分为因果类复句、并列类复句和转折类复句,每类包括若干小类及其相应句式(邢福义,2001:6-12;38-47)。英语复合句中的从句主要分为限定性分句、非限定性分句和无动词分句三种类型,根据句法功能将限定性分句进一步分为名词性分句(包括主语从句、宾语从句和同位语从句)、形容词性分句(即定语从句)和副词性分句(即各种状语从句)。在语义不变、语值不动的前提下,复句及其分句之间的转化非常自由、频繁;语际转换中,不同语种中复句的逻辑关系在语表上的体现形式更加丰富多彩,各类复句及其分句之间的互换更加频繁和多变。例如:

[52]It is highly wrong to join together two young persons of the same age;for the strength of man lasts far longer,while the beauty of the female body passes away more rapidly.

男女同年,不宜婚偶,以男血气之刚较女容貌之美为经久。(钱锺书,1986:943)

例 52，英语原文为并列复合句：for 连接两个并列分句，第二分句包含由 while 连接的两个并列分句。钱氏将英语并列句换化为"以"连接的汉语因果复句（前果后因），将小句"it is highly wrong..."繁化、换化为因果复句"男女同年，不宜婚偶"（前因后果），而将 while 连接的并列句简化、换化为小句"男血气之刚较女容貌之美为经久"，从而实现译文的言简意赅。

（四）动静换化

动静换化，指双语中运动与静止两种表达方式之间的互换。在单语内部是从不同角度客观再现事物的运动和静止两种运动状态；在双语之间是从动、静两个视角观察事物的同一状态，采取不同的表达方式。动静换化有时跟词类换化存在重合：从表达方式的动静角度看，属于原语动态表达与译语静态表达之间的换化；从词类角度看，属于汉语动词与英语名词、形容词、副词、介词等之间的换化。动静换化有时跟主被换化密切相关：将原语的动态换化为译语的静态，除了进行词类换化之外，还进行句类换化，将原语强调动作描述的主动句换化为译语侧重静态描写的被动句。

根据不同操作目的，动静换化可分为三种类型：语法性、语义性和语用性。语法性换化是为了满足汉英动词使用频率和表达习惯的不同需要而采取的动静换化；语义性换化是为了准确、完整地传递原文描写事物运动或静止时的表意重心而采取的动静换化；语用性换化是为了更加充分、有效地再现原文作者采用动静方式的表达效果而采取的动静换化。语法性和语义性换化大多属于强制性换化，语用性换化大多属于选择性换化，是在修辞、语用层面选择更优更美的表达方式。根据具体的操作流程和模式，还可将动静换化细分为动态化和静态化两个小类。

1.动态化

动态化是指将原语的静态表达换化为译语的动态表达，多用于英译汉，因为汉语多用动词，而英语多用名词。

英语经常对动词进行派生、转化、虚化或弱化，采用名词、介词、形容词、副词等非动词表达某些动态概念，因而语表上多呈现静态。相比之下，汉语则是动态倾向，主要表现在：动词连用是常见现象，动词可以重复、重叠、合成、合并，动词无形态变化的约束，使用起来非常方便自由，因而动词（短语）可以充当各种小句成分。由于汉英动词的差异，以及对于运动和静止的不同表述方式，汉英互译的过程往往是动态与静态互换的过程，动态化主要包括：①抽象名词的动态化，如：formation → form（形成）；②施事名词的动态化，如：a big eater → eat a lot（吃得多）；③连用名词和复合名词的动词化，如：download of a GPS equipment APP→ downloading an equipment APP of Global Positioning System［下载用于安装全球定位系统（GPS）的应用软件］；④介词的动态化，如：a fight for the abolishment of the slavery system → fight in order to abolish the slavery system（为废除奴隶制度而战斗）；⑤弱化动词的强化，如：make a decision to buy a laptop → decide to buy a laptop（决定买一台笔记本电脑）；⑥虚化动词的实化，如：place a stress on the proper use of verbs → stress how to use verbs properly（强调如何正确使用动词）；⑦形容词、副词的动词化，如：all people，asleep or awake，indoors or outdoors → all people，who fall asleep，keep awake，stay indoors or go outdoors（所有的人，睡着的、醒着的、待在室内的、走出室外的）。

2.静态化

静态化是指将原语的动态表达方式换化为译语的静态表达方式，多用于汉译英。静态化的操作理据跟动态化相同，即汉语是动词优势的语言，英语是名词优势的语言。汉译英时，应结合具体语境，将汉语动词换化为英语名词、介词、形容词、副词或非谓语动词，或根据需要减译动词或动词短语，使译文符合英语静态表达的习惯和规范。例如：

[53]男人怕上帝把他的请求告诉女人，女人不知道上帝已经把她的请求告诉了男人，所以双方不约而同地对上帝又怨恨，防他嚷出彼此的私房话来。（钱锺书，2002c：12）

Man worried that God would reveal his request to woman，and woman was unaware that God had already revealed her request to man. Thus，without having planned it，both resented God and wanted to prevent him from spilling the beans to the other.（Qian，2010：102）

例53，原文十个动词中，"请求"虽为动词，但其功能相当于名词，译者将其换化为名词request，并将否定的短语"不知道"换化为系动词＋形容词"was unaware"，采用动词短语"prevent...from..."之后，将动词"嚷出"换化为名词spilling。原文十个谓语动词，译文只用了五个，大大简化了句子结构，表意更加简洁、地道。

（五）主被换化

主被换化，是指双语中主动语态和被动语态之间的互换。在形态变化丰富的语言中，语态表示主语与动词之间的施事/受事与动作关系：施事做主语时,用主动语态;受事做主语时,用被动语态。语态作为一种特定的语法范畴,以动词的形态变化作为标志手段,而汉语缺乏动词的形态变化,被动语态范畴的表现手段及更深层的思维方式不同于英语类印欧语言,最明显的差异在于:汉语用词汇化手段表示被动性,英语用动词的屈折形态变化来表示被动性(刘宓庆,2006:311–312)。单语交际中有时出现主动句与被动句的互换,双语交际中尤其是汉外互译中,主动句和被动句虽然可以进行等化处理,但由于汉英被动语态范畴的上述主要差异及其背后不同的思维方式和文化背景,主动句和被动句之间经常需要互换。

主被换化跟成分换化往往密切相关,有时存在重叠:主被换化涉及双语小句的主语和宾语(多为介词宾语)之间的互换,而双语小句的主宾互换往往伴随主被换化。主被换化跟动静换化既有联系又有区别。一方面,它们有时存在交叉,将原文主动句换化为译文被动句,就是将原文主"动"的表现形式换化为译文偏"静"的再现方式,反之亦然。另一方面,主被换化和动静换化侧重不同:主被换化属于语态范畴在表达方面的换化,往往牵涉到句法调整,动静换化大多属于词汇(如词类之间)的换化;主动换化主要属于主谓、动宾之间的换化,而动静换化是动词与非动词之间的换化,有时并不涉及语态换化。

根据操作流程和模式,主被换化细分为主动化和被动化,下面将详细探讨。

1.主动化

主动化,即化被动为主动,主要用于英译汉。汉语中主动、被动的句法界定是隐性、模糊的,导致现代汉语中出现受事"施事化"的倾向,以语表的主动表达语里的被动,主要借助词汇手段表示显性的被动范畴,有时也借助动词"遭""受""蒙受"等,而且汉语的"一般'被'字句为遭受型,基本表义倾向为拂意"(邢福义,2004)。由于汉外语言接触和语言生活的丰富多彩,现代汉语被动语态的显性形式有增多的趋势,消极意义有所减少,出现表称心倾向的承赐型"被"字句,但以表拂意的显性"被"字句居多。比较而言,英语中主动、被动结构的界定分明而严谨,被动语态只是一种语法范畴,并无汉语中的拂意等情态表意功能,主动句和被动句在深层结构上通常是相同的,二者互换之后,语里意义仍然相等。另外,英语中除了主要用动词的屈折变化形式来显示被动句之外,有时也用名词、形容词和介词短语表示被动意义。因此,英译汉时,需要注意汉语对被动句的社会接受习惯,避免被动句的消极意义,适时摆脱英语被动句的形式束缚,将英语被动句换化为汉语主动句等其他句式;汉译英时,大多汉语被动句可保留为英语被动句,但有时也可根据具体情况和语用再现的需要,将其换化为英语主动句。

(1)英译汉的主动化

汉语隐性语态的结果是没有明显的形式标记区分主动语态和被动语态,这种现象从古延续到今,另一个结果是受事概念的施事化、受事主语和施事主语同现的情况(刘宓庆,2006:313-315),如"任务他总算完成了",反映了汉语重"意"轻"形"的意念主轴机制。英语被动句的主要表现手段是动词的被动语态,采用"be+过去分词"结构,也可用名词、介词短语和形容词,但这些在汉语中没有对应手段,汉译时需要灵活处理。英译汉的主动化主要是将英语被动句换译为汉语的无主句或省略主语句(如"据说/报道/估计""可以说""由此可见")、通称主语句(如"人们/有人"+动宾短语)、判断句(如"姓名/目的/特征是……")、主动句(例54)、受事主语句(例55)、处置句(例56)等。

[54]But the gold from which this diverse coinage is struck is always the same precious metal.

黄金可铸各种货币,通用虽异,而本质无殊。(钱锺书,1984:601)

[55]Some books are to be tasted, others to be swallowed and some few to be chewed and swallowed.

书有只可染指者,有宜囫囵吞者,亦有须咀嚼而消纳者。(钱锺书,1986:1229)

[56]We have had the *brow* and the *eye* of the moon before; but what have we reserved for human beings, if their features and organs are to be lavished on objects without feeling and intelligence?

语已有月眉、月眼矣。复欲以五官百体尽予此等无知无情之物,吾人独不为己身地耶。(钱锺书,1984:344)

(2)汉译英的主动化

由于汉英被动句在使用频率上的诸多差异,汉语被动句除了对译成英语被动句之外,有时可根据具体语境将其换化为隐含被动意义的英语主动句。例如:

[57]鲍小姐顶灵便地推脱方鸿渐的手臂,嘴里深深呼吸口气,道:"我给你闷死了!……"

　　She deftly pushed aside his arm, and breathing heavily said, "You're suffocating me...."（钱钟书,2003:34-35）

　　[58]慎明道:"不管它鸟笼罢,围城罢,像我这种一切超脱的人是不怕被围困的。"

　　Shen-ming said, "Whether it's a bird cage or a besieged fortress, someone like me who's detached from everything has no fear of a siege."（钱钟书,2003:184,185）

　　[59]狼信以为真,专心寻刺,被驴踢伤逃去,……（钱锺书,2002b:35）

　　The wolf believes him, and while he is focused on looking for the thorn the donkey kicks him in the head and escapes.（Qian,2010:57）

　　例57,将施事"你"换译为主语 you 时,就自动将汉语被动句换化为英语主动句;例58,动词"被围困"换化为名词 siege 之后,被动形式在译文不复存在,但被动含义仍然保留;例59,将"被驴踢伤逃去"换化为主动句 the donkey kicks him in the head and escapes 之后,译文衔接更加自然,结构更加简化。

2.被动化

　　被动化,即化主动为被动,多用于汉译英。就总体运用频率而言,英语被动式远远多于汉语被动式。被动语态是英语中的常见现象,这是基于施事、句法、修辞、文体的需要,结构被动句多于意义被动句,而且英语的被动式与物称相辅相成,尤其是用 it 做主语的非人称被动式,往往不指出施事,而让事实或观点以间接、客观的方式呈现出来,常见于公文、科技、新闻等领域的应用文本。另一方面,汉民族"事在人为"的主体思维导致被动句的使用受限,受事主语产生大量的"当然被动句",意义被动式多于结构被动式,在无法指明施事时,主语往往采用物称、泛称或加以省略,即使是被动式,也经常指出施事,即"中国正常的被动式是必须把主事者说出的"(王力,1984:129)。一般而言,汉译英中的被动化是常态,英译汉中的被动化是异态。

　　汉译英时,意义被动句、判断句、物称句、泛称句、无主句以及特定场合中的主动句,有时需要换化为英语被动句,以符合英语的句法、修辞、行文、语用等表达习惯或规范。英译汉时,英语中 work、lie、prove 等不及物动词没有被动结构,谓语由抽象名词(由相应的动词派生而来)或介词短语充当,如 requirement、commandment、be beyond description、be under construction 等,可根据具体情况换化为汉语被动句。例如:

　　[60]鲍小姐生长澳门,据说身体里有葡萄牙人的血。

Miss Pao was born and raised in Macao and was said to have Por-
tuguese blood.(钱钟书,2003:30,31)

[61]...representing Lucifer establishing his seat in the north,and
the fall of the angels,who change into devils as they rain upon the
earth.

……画魔鬼雄长于北,天使之遭上帝贬斥者纷如雨下而成小鬼。
(钱锺书,1994:71)

例60,译者将主动结构"生长"被动化为英语中的典型结构 was born
and raised,将泛称结构"据说"被动为 was said to,并与前一分句共用主语
she;例61,the fall of the angels 表示天使的降落或堕落是由于"遭上帝贬
斥",因此钱氏将该名词短语进行被动化处理。

(六) 正反换化

正反换化,指全译中将双语的正面肯定与反面否定两种表达方式进行
互换。

人类对同一客观现象的认识,既可从正面表达,也可从反面切入,既可用
肯定形式表达否定意义,又可用否定形式表达肯定意义,还可用双重否定表
达加强肯定。汉英互译时,原语的正反表达可做等化处理,但由于全译中的
"一意多言"式矛盾,同一语义内容可以借助不同的表达方式,原语肯定可换成
译语否定,原语间接否定或双重否定可换成译语加强肯定,反之亦然,所谓"正
反换化"。钱锺书(2002b:211)认为:"这种正反转化是事物的平常现象,譬如
生活里,使彼此了解、和解的是语言,而正是语言也常使人彼此误解以至冤仇
不解。""由通而忽隔,当然也会正反转化,由隔而复通。"全译中的正反换化正
是为了发挥译文的引诱功能,在化解语际矛盾时避免胡猜乱测的"讹",消除译
文与原文的不隔,实现人类语言墙壁的凿通和文化的互文。

根据具体操作方式,正反换化可细分为正化和反化,运用理据相同,操
作过程相反,即:英译汉时采取正化的内容或结构,汉译英时采取反化。

1.正化

正化,即化反为正、反说正译,既包括将原语的否定换化为译语的肯定,
又包括将原语的双重否定换化为译语的弱化肯定或加强肯定。正如钱锺书
(2002d:12)所言:"按逻辑来说,'反'包含先有'正',否定命题总预先假设着
肯定命题。"采用正化,先将原语的否定表达在语内恢复为肯定表达,即反话
正说,然后借助译语的肯定形式加以体现,旨在准确传达原文的精神风貌、

满足传情达意的需要,并确保译文符合译语表达习惯。

(1)汉译英的正化

汉译英的正化主要包括以下三种情况:

①汉语中某些表达多余否定的词是否定形式表达肯定含义如"不胜""不管""非常""无妨"等,为否定词与动词或形容词构成的否定结构在发展过程中的词汇(董秀芳,2002),已失去原来的否定意义,整个结构英译时只能做正化处理,如:不胜感激——be much obliged,be deeply grateful;好不要脸——it's really disgraceful。

②汉语中某些"肯定＋否定"的选择疑问,英译时为简洁起见,可保留肯定部分,进行正化处理,如"愿意不愿意"简化为 would you like,译文显得更加简洁。

③将汉语中的某些否定结构换化为英语中形式上肯定的词语,仍能表达否定含义,形式上更加简洁,还可起到加强语势、突出语气的效果,如"瞧不起"可换译为形式肯定但意义否定的单词 scorn。

(2)英译汉的正化

英译汉的正化主要包括以下三种情况:

①英语中有些结构看似语表否定,实则语里肯定(或间接表达肯定),汉译时可结合语境和汉语表达习惯,或者化反为正,或化否定为疑问,以保留原语的感情色彩。如例 62,钱氏将"no more sure... than"做正化处理,并采取疑问结构"能断言……尤甚耶?"

②英语中有些否定结构在汉语中没有对应的否定表达,汉译时只能采用肯定形式,如"not...until..."一般正面表达为"直到……才……"。

③英语中某些否定形式的比较级,如 no/nothing/nobody... than...看似否定,实为加强肯定或表达肯定的最高级,汉译时可以用最高级直接表明暗含意义。如例 63 中的"nothing more powerfully excites any affection than"正面表达为"最能强烈地激发情感"。

[62]You are no more sure of this than if,after running through coarse rushes,you were to say you had been pricked by one in particular.

脱汝经行刺苇丛中,肌肤剺创,汝能断言某一苇直伤汝尤甚耶? (钱锺书,1986:551)

[63]Nothing more powerfully excites any affection than to conceal some part of its object.

把对象的一部分隐藏不露,最能强烈地激发情感。(钱锺书,2002a:13)

（3）双重否定的正化

汉英都有双重否定结构，借助词汇手段如"未尝不可、难免犯错、不虚此行、不无遗憾"、no rare occurrence（＝a frequent occurrence）、no small（＝very great）、not unkindly（＝kindly）、not unnaturally（＝naturally）等表达加强肯定，用反诘句进行强调或突出，用虚拟语气表达迂回肯定，即"否定之否定"。汉英互译时，大多可保留原文的双重否定，如果译文中没有相同的双重否定结构，就需要做正化处理。例如：

[64]因为认识字的人，未必不是文盲。（钱锺书，2002b：48）

Literate people，after all，may yet be literature-blind.（Qian，2010：67）

[65]None e'er learnt the art of bow from me，who did not in the end make me his target；No one learnt rhetoric from me，who did not make me the subject of a satire.

以我为弓矢之鹄招者，曾从我学射者也；以我为嘲讽之题目者，曾从我学文者也。（钱锺书，1986：728）

例64，"未必不是"表达一种弱化肯定，译为 unnecessarily not 显得别扭，不如 may be 来得干脆利落。例65，原文中 none...who did not... 为双重否定，若译为"没有谁……不……"，则显得拖沓；钱氏将其译为强化的肯定"……者，曾……"，曲尽其妙地传达了原文意旨。

值得注意的是，汉英互译中处理双重否定结构时，还必须仔细品味单语内部和语际之间正说与反说之间的细微差异，正如钱锺书（2002d：12）曾言，"将'数峰无语'改用正面的说法，例如'数峰毕静'，就减削了意味，除非那种正面字眼强烈暗示山峰也有生命或心灵"。因此，双重否定的正化是选择性而非强制性的，需要根据双语表达的细微差异、迥异的思维习惯、不同的文化背景，针对具体语境做出灵活选择。

2.反化

反化，即化正为反、正话反说，既包括将原语的正面和肯定表达换化为译语的反面和否定表达，又包括将原语中的单面肯定表达换化为译语中的双重否定或迂回否定，旨在准确传达原文的精神风貌、符合译语的表达习惯、满足修辞达意的语用需要。

（1）汉译英的反化

汉译英的反化旨在消除汉英在表达否定意义时不同语表之间的差异，主要包括以下三种情况：①汉语中用肯定形式表达的隐含否定意义，可在英译时进行反化，如例66中的"忍住笑"实际上是"忍住不笑"，可反化为tried hard not to laugh；②汉语中的有些肯定形式实际表达做事情的困难，英译时可充分发挥英语中否定表达的优势，如例67中的"难逃"亦即"没有东西能逃"，可换化为英语中表达相同含义的否定结构nothing can escape；③汉语中某些用于强调的表达形式，可通过英语中相应的否定结构进行处理，如例68中的"根本"表达一种强调，正好对应英语中的否定结构nothing but，同样可以加强语气。

[66]苏小姐忍住笑，有点不安。

On the other hand, Miss Su tried hard not to laugh, though she was a little ill at ease.（钱钟书，2003：110，111）

[67]……吾知汝实为怀春，难逃老夫洞鉴也。

…I know full well that what ails you are the"yearnings of springtime".Nothing can escape this old-timer's sharp eye.（钱钟书，2003：20，21）

[68]现在全明白了，她那句话根本是引诱。

Now he understood everything.That remark of hers was nothing but a"come-on".（钱钟书，2003：50，51）

（2）英译汉的反化

英语除了使用带否定前缀和后缀的单词以及否定句之外，还经常用肯定形式表达否定含义。词语层级包括：名词failure、ignorance、negation等，动词avoid、decline、defy等，形容词（短语）absent、clear、far from等，副词barely、hardly、rarely等，介词above、against、beyond等，连词before、after、in case等。句法层级包括：省略句、含蓄虚拟句、反意疑问句等。汉语中除了少量肯定词汇和句法结构（如用疑问句或感叹句）表达否定意义之外，大多数情况下用否定形式表达否定含义。因此，英译汉时，上述词汇和句法结构需要进行反化。如例69，肯定形式"has kept him awake"，反化为"为虱咬不得眠"，比直接译为"使他保持醒着"显得自然、地道。

[69]We do not know what the Buddhist does when he catches a flea that has kept him awake for an hour.

萧伯纳尝诧佛子为虱咬不得眠，设捉得虱将作么处置。（钱锺书，1986：685）

（3）肯定结构的双重否定

原文中表里均为肯定的某些结构，可根据具体语境和译语习惯表达为双重否定结构，以便加强语气，突出表达效果。这跟双重否定正化为加强肯定的理据相同，操作相反。如例70，钱氏将全称肯定结构 settling on all the flowers 双重否定为"无花不采"，又将原文的双重否定 ought not to leave anything untasted 正化为全称肯定"滋味尝遍"，使得译文言简意丰。

[70]Just as we see the bee settling on all the flowers, and sipping the best from each, so also those who aspire to culture ought not to leave anything untasted, but should gather useful knowledge from every source.

独不见蜜蜂乎，无花不采，吮英咀华，博雅之士亦然，滋味遍尝，取精而用弘。（钱锺书，1986:1251）

第六节　分化机制

分化机制作为一种全译化单一机制，指因原文的语值再现和语义传达之需，在遵循译语表达规范的基础上，对原文语表形式采取的化整为零手段、拆分策略和分译方法，执行"分形不离义不损值"的操作法则，即：拆分原文的语表形式，不剥离其语里意义，不损害其语用价值，同时确保译文地道、顺畅。根据操作目的，分化机制分为三种类型：语法性、语义性、语用性。语法性分化和语义性分化是强制性的，语用性分化是选择性的。根据操作的语言单位，分化机制分为五种类型：单词分化、短语分化、小句分化、复句分化和句群分化，它们既可自下而上逐层推进，也可自上而下顺次操作，而且语言单位层级越高，分化的可能性越大，频率也越高。

一、分化机制的界定

（一）分化机制的内涵

"分化"的本义为"分施教化"，如佛经中"是为菩萨能少分化众生"（姜子夫，2005:22）。作为生物学术语，分化是指在生物个体的发育过程中，细胞向不同方向发展，各自在构造和功能上由一般变为特殊的现象，后来引申为"性质相同的事物变成性质不同的事物；统一的事物变成分裂的事物"，运用到农学、植物学、动物学、园艺学、化学、哲学、历史学、政治学、文字学、语音学、语言学等众多学科领域。

　　翻译学中的"分化"概念源自分译方法或技巧，一直受到高度关注。截至 2018 年 12 月 31 日，中国知网中以"分译（法）"为篇名和关键词的中文论文分别为 34 篇和 142 篇。这些研究以外译汉居多，主要探讨词语和句子层级的操作，而句子层级又多聚焦于长句。一些翻译教材先后探讨分译，如：钱歌川（1980：92 – 98）提出英文长句汉译中的"切断法"，张培基（1980：113 – 116）等提出的"分句法"，吕瑞昌（1983：146 – 154）等提出汉语长句英译时的"断句"，等等。翻译专著中有对分译方法的系统阐述，尤以黄忠廉等的研究最具特色。黄忠廉、李亚舒（2004：49 – 53）指出分的策略主要是将原文长句分译为几个短句，构成复句或句群，包括单句分译和复杂句分译，黄忠廉等（2009：82 – 89）认为分译适用于小到单词、大到复句等语言单位。张丽娥（2011）、韩倩（2014）分别探讨英汉、俄汉全译中的分译方法，涉及分译的理据、原则和技巧。余承法（2014：317 – 318）进一步探究分译的内涵和外延，确立了较为完备的分译方法体系。

　　所有这些对于分译事实的观察、描述、分析和解释，为基于"表–里–值"小三角和"语–思–文"大三角建立分化机制奠定了坚实基础。据此可将分化机制定义如下：分化机制（英译为 division），即分而化之，指译者根据原文语值再现和语义传达之需，并遵循译语表达规范，拆分原文语表形式时所采取的一系列程序、手段、策略、方法之间相互组合和相互联系的全译行为。分化机制采取化整为零手段、拆分策略和分译方法，即：拆散原文结构（多为长句），分离其中的单词、短语或小句，译成相对独立的表意单位，再根据原文的逻辑–语义关系和译语表达习惯，重组拆分后的各个语言单位。对原文语表的拆分，必须保证其全部信息不被分割、整体风格不受损害，同时兼顾译文的衔接连贯和地道表达。值得注意的是，有些语句看似可以拆分，但立足于全篇，拆分之后可能出现语义不完整、表达不连贯、行文不流畅，这时不能因小失大、因形损意。如果原文的风格和特色是繁杂长句，译者就不应对原文语句进行任意拆分，必须尽可能保留其整体风格和语用价值。因此，分化机制的操作准则是分形不离义不损值，即：拆分原文的语表形式，但不剥离其完整的语里意义，不损害其特有的语用价值，同时确保译文符合表达规范，即钱锺书（1986：1058）所谓"分而不隔，反亦相成"。

　　分化机制分为三个阶段和八个步骤。1）原语理解阶段包括三个步骤：①把握全局，整体勾画；②区分主次，确立重心；③结合标记，逐层拆分；2）语际转化阶段包括两个步骤：④语言单位，思维转换（如：原语单词→简单概念,原语短语→复合概念,原语小句→简单判断,原语复句→复合判断,原语句群→推理);⑤思维外化,逐一对应(如:简单概念→译语单词,复合概念→译语短语,简单判断→译语小句,复合判断→译语复句,推理→译语句群);3)译语表达阶段包括三个步骤:⑥基于语义,调整顺序;⑦遵循规范,组织译文;⑧比读双语,润校译文。

(二) 分化机制的外延

分化机制跟繁化机制既相联系,又相区别。一方面,分化与繁化存在部分重合:运用分化机制拆分原文小句中的单词或短语时,可能增加词素、单词或短语,从而将该单词或短语扩展为独立的译文小句;拆分原文复句中的小句时,会增加新的小句,从而将原文小句扩展为译文单句或复句,这跟繁化机制中词素、单词、短语和小句的繁化操作结果是一样的。另一方面,分化与繁化的操作手段和单位不同:分化机制旨在化整为零,侧重分解原文结构,主要运用分离法,操作于小句及以上单位(多为复句),在分解复句中的分句或分离词语时,不一定增添语言单位;繁化机制采取增补手段,侧重增添译语单位,主要运用增补方法,操作于小句及以下单位。在繁化机制的几种类型中,小句繁化的概率最低、难度最大。

分化机制有时跟移化机制、换化机制组合运用。拆分原文单位时,有时需要根据译语表达规范进行重组,这时需要运用移化机制,调整相关单位的语序。原语短语中的单词、小句中的短语拆分之后,原语短语可能升格为译语小句,原语小句可能独立为译语单句或升格为译语复句,原语复句可能分化为译语句群,这时需要运用换化机制,将原语词语换化为译语小句,原语复句换化为译语句群。运用移化机制将原语小句中的定语、状语移位之后,该成分可能跟其心语重组为主谓、动宾等句法关系,从而将短语分化为小句;将原语复句中的分句移走之后,另一分句可能进一步分离,从而将原语复句分化为译语句群,原语小句成为译语复句,这既是分句与复句的换化,也是原语小句向译语复句的分化。因此,受多种因素的共同影响、按照不同目的和需要,这三种机制可能同时操作于同一语言单位,形成全译求化组合机制(详见第五章相关内容)。

二、分化机制的理据

根据分化机制的内涵和外延可知,分化是缘于汉英语言类型存在差异(主要在句法结构上),加之汉民族与英美民族存在不同的思维方式;分化符合人类逻辑思维转换的规律,旨在完整再现原文语值、准确传达其语义,同时确保译文符合译语规范。

（一）分化机制缘于汉民族与英美民族不同的思维模式

傅雷（1984:694）精准地概括了东西方思维方式的差异："况东方人与西方人之思想方式有基本分歧，我人重综合，重归纳，重暗示，重含蓄；西方人则重分析，细微曲折，挖掘唯恐不尽，描写唯恐不周；此两种 mentalité 殊难彼此融洽交流。"体现在语言使用上，中国人做文章是把语言化整为零，西洋人做文章是把语言化零为整，这是汉英全译中分化机制的思维学理据。

汉民族有重综合、善归纳、带含蓄的思维方式，语言使用中习惯采用流水句式，语言单位之间的逻辑-语义关系无需较多显性连接，听读者结合语境可以进行揣摩、归纳和分析，因而句式安排注重言简意赅，体现灵活简便的特征，包括省略句、无主句、泛指人称句、多动词句等多种小句结构，小句铺排不影响复句组构，句中标点多，繁长复句少。相比之下，英美民族持重分析、善演绎、喜直白的思维方式，在语言运用中注重单位之间的有形衔接和连贯，单句区分主谓宾，复句区分主从，一个主句通常附带多个从句，组构为繁复长句，看上去无标点，读起来难换气，这就导致英汉全译中长句的切分问题。

（二）分化机制符合人类逻辑思维转换的规律

全译的基本单位与思维单位形成一一对应关系：单词→简单概念，短语→复杂概念，小句→简单判断，复句→复合判断，句群→推理。语际转换中，既可进行思维单位的同级转换，也可进行跨级转换，即：原语简单概念→译语复杂概念，原语简单/复杂概念→译语简单判断，原语简单判断→译语复合判断，原语简单/复合判断→译语推理。原语较小思维单位向译语较大思维单位转换时，外化为显性的语言单位，通过增添译语单位，将其从句中分离，引起分化。具言之，原语单词表达的简单概念在语内扩展为复杂概念，分化并对应于译语短语或小句；原语词语表达的简单/复杂概念在语内扩展为简单判断，分化并对应于译语小句；原语小句表达的简单判断可在语内扩展为复合判断，分化并对应于译语复句；原语句子表达的简单/复合判断在语内扩展为推理，分化并对应于译语句群。

（三）分化机制解决汉英不同的语言类型及其体现于句法结构的差异

汉英属于不同的语言文字类型，句法结构上表现为汉语重意合与英语重形合、汉语多隐性与英语多显性，行文方式上外化为汉语的伸展性与英语的收缩性。

　　一方面,现代汉语作为典型的分析语言,句法偏重意合,语言单位之间往往不是借助显性的语言形式,而是通过词汇手段和句法手段来表达隐性的逻辑-语义关系,遵循时间先后、空间大小、事理逻辑等顺序,因而多用松散句、短小句、省略句、流水句、紧缩句和并列复句。另外,古代汉语中流传下来的成语、谚语、俗语构成了现代汉语意合句的重要部分。值得注意的是,汉语历来就有断句不严的习惯,句中两个相邻语言单位(如单词和短语)的划界有时并不分明,出现主谓难分、主从难辨的纠葛现象,使得现代汉语句子的平均结构短于英语。另一方面,现代英语作为一种综合-分析语言,句法偏重形合,语句安排通常以谓语为中心、以主谓结构为主干,语言单位之间往往借助语言形式手段来表达各种句法和语义关系,遣词注重搭配,造句追求严谨,形式力求接应,短语不短,句式繁长。因此,分化在实际运用中,英译汉多于汉译英。

三、分化机制的类型

　　根据操作目的,分化机制分为三种类型:语法性分化、语义性分化和语用性分化。语法性分化是为了遵循译语语法规范而采取的分化,旨在确保译文听得懂、看得顺、读得通;语义性分化是为了准确传达原文语义而采取的分化,尽可能让译文层次清晰、逻辑分明、表意通畅;语用性分化是为了完整再现原文语值、更好表达译文效果而采取的分化。语法性分化和语义性分化是强制性的,是译文保真求善的要求;语用性分化是选择性的,是译文造美的要求。

　　根据操作的语言单位,分化机制分为五种基本类型:单词分化、短语分化、小句分化、复句分化和句群分化。单词和短语的分化多见于小句内部,是小句分化的前提和基础;复句分化以小句分化为前提;句群分化又以复句分化为前提,分化的结果是一个原文段落分解为两个或以上译文段落。分化机制既可自下而上,单词和短语从句子中的分离引起小句和复句的分解,也可自上而下,先将句群分解为句子,然后将复句分解为小句,最后将小句中分离的单词和短语在译文中组成新的小句。一般而言,语言单位越大,拆分的可能性越大,分化机制的运用频率也就越高。

(一) 单词分化

　　单词分化,指将原文句中的某个单词跟其他语言单位分开,译成一个相对独立的短语甚至重组为一个小句。根据语言单位和抽象思维单位的对应关系,一个单词通常表达一个简单概念,但有时相当于一个短语表达的复杂概念或小句表达的简单判断,如:fortunately 相当于 happening because of good luck(因为幸运而发生)或 it is fortunate that...(幸运的是)。译语跟原语没有对应的单词时,可将原语中单词的义项分解为多个语义单位,对应于译语的单词和短语,经过语义切分,成为译语中相对独立的短语甚至小句。原语中的有些固定搭配,若机械译出,可能出现搭配不当、生硬拗口、词不达意等情况。这时需要综合考虑句子的整体意义,变换词语间的搭配关系,将词从短语中剥离出来,重组为译语中的短语或小句。例如:

> [1]《归去来辞》有两句道:"倚南窗以寄傲,审容膝之易安。"(钱锺书,2002b:15)
>
> One couplet in *The Return* [*Gui qu lai ci*]reads:"I lean on the southern window to express my pride/With just enough space for my knee,I find contentment."(Qian,2010:39)

　　例1,"审容膝之易安"是由动宾短语充当的小句,"容膝之易安"为主谓短语做动词"审"的宾语,其中的"之"为结构助词,取消主语"容膝"和谓语"易安"之间的独立性,但二者暗含逻辑上的转折关系。译者采用分化机制,将"容膝"从短语中剥离出来,译成相对独立的短语 with just enough space for my knee,将"审"和"易安"合并重组,译成新的小句 I find contentment,从而理顺了译文的句子结构。

　　单词分化多用于英译汉。原语中能分化的单词,多为起修饰、限定作用的副词、形容词,偶尔可以是动词或名词。

　　1.副词分化

　　副词分化,指将副词从原文句中分离出来,重组为译文中相对独立的短语或小句。英语中有些副词,如 personally、obviously、undoubtedly 等,表达说话人对整个小句内容的评价,不是小句的核心成分,通常位于句首,偶尔位于句中或句末,口语中自成一个语调组,书写中常用逗号与其他成分断开,其取舍不影响表达句子的基本含义,可在语表上与句子其他成分分离开来,这就为英译汉中的副词分化提供了条件。另一方面,汉语中习惯分开客观事实与主观评价,成为形断意连的二分结构。如果简单地将上述英语副词理解为谓语动词的方式状语,机械地译为"……地",会导致汉译搭配不当、句式臃肿、行文不畅。因此,有时需要将充当评注性状语的这类副词从句中剥离,译为汉语中相对独立的评注性短语或小句(通常为省略型)。当然,这在某种程度上可看作繁化机制中单词的小句化(详见本章第二节"繁化机制"相关内容);副词分化着眼于句子结构的调整,副词的小句化注重副词语义的精准传达,二者相得益彰,推进译文尽善尽美。例如:

> [2]I personally don't think much of the idea.
> 原译:就我个人而言,我认为这个主意不怎样。(《朗文当代高级英语辞典》(英英·英汉双解)(第4版))
> 试译:我个人认为这个主意不怎样。

例2,副词 personally 作为整个句子的评注性状语,强调说话者表达自己的观点,相当于 as far as I am concerned。原译为了突出说话者意图,将 personally 从句中分离,译成相对独立的状语短语"就我个人而言"。当然,也可保留原文语序,将其译为"个人",如试译。

2.形容词分化

形容词分化,指将形容词从原文句中分离出来,重组为译文中相对独立的短语或小句。原语中有些形容词跟心语搭配时,大多数情况下遵循语言常规的习惯搭配,有时也出现由作者临时新造但仍可接受的超常搭配。若采取直译,在译语中可能属于失范搭配,其意义可能无法用一个单词充分表达。如例3,"和气"本来修饰"笑道",但"笑"和"道"是两个动词。译者为了准确达意,先将"和气"与"笑"重组,再与"道"分开,译为现在分词短语 smiling pleasantly,做方式状语。这样就消肿除胀,实现译文跟原文的"不隔"。

> [3]苏小姐……,心上高兴,倒和气地笑道:"让他来,我最喜欢小孩子。"
> Smiling pleasantly, she said, "Let him come. I love kids."(钱钟书,2003:10,11)

(二) 短语分化

短语分化,指将原文句中某个短语跟其他单位分开,重组为译文中的一个小句。短语分化比单词分化更为常见,因为有些短语是由小句压缩而来,如英语的不定式短语、分词短语、形容词短语、名词短语、介词短语等,以及汉语的主谓短语、(联合型)形容词短语等,都可在单语内部与小句互换。汉英互译时,可将原文中的某些短语从句中剥离出来,通过调整语序,用地道、自然的译文小句表达其含义。短语分化跟繁化机制中的短语小句化相辅相成:短语分化注重调整原文结构,以便在精准传义的前提下确保译文自然、地道;短语小句化旨在准确再现原文信息,通过增添词语,使原文短语扩展为译文小句。这两种求化机制类型是殊途同归,最终都是为了准确传达原文语义、完整再现原文语值,同时确保译文顺畅、地道。

1.英语短语的分化

英语中的分词短语、不定式短语、介词短语、形容词短语、名词短语等由相应的小句压缩而来,汉译时可视情况分化为小句。例如:

[4] You shall see sweet silent rhetoric, and dumb eloquence speaking in her eyes.

双目含情,悄无言而工词令,瘖无声而具辩才。(钱锺书,1986:1222)

[5]Better for one to fall than the whole army.

宁亡一人,毋覆全师。(钱锺书,1986:277)

[6]Cutting his throat was a very good return for his begetting you.

若翁生汝,汝则杀之,足以报施。(钱锺书,1986:1027)

例4,原文小句结构稍长,其中的 speaking in her eyes 做宾语补足语。钱氏将其从句中分化出来,译成小句"双目含情",并移至句首,将分词短语补充说明的两个名词短语 sweet silent rhetoric、dumb eloquence 分别扩展为小句"悄无言而工词令""瘖无声而具辩才"。例5,不定式短语 to fall 做单句的形式主语,但主谓之间形成让步-结果的逻辑关系。钱氏顺势将带有逻辑主语的不定式短语 for one to fall 从句中分化出来,译成让步分句"宁死一人",从而分化出结构清晰、语义醒豁的汉译复句。例6,钱氏采用四字词语,将动名词短语 cutting his throat、名词短语 a good return、介词短语 for his begetting you 从句子中分化出来,分别译成小句"汝则杀之""足以报施""若翁生汝",并调整语序,创造出趣味横生、形断意连的绝妙佳译。

2.汉语短语的分化

汉语中位于句首的有些形容词短语相当于副词的功能,可做表示原因、让步、评注等含义的状语,位于句末的有些形容词短语,可做主语补足语或伴随状语,相当于省略主语和判断动词"是"的压缩型小句。汉英中有些名词短语属于超常搭配,表达的复杂概念相当于小句表达的简单判断。若采取直译,可能出现痕迹太浓的译文,则需要将该短语从句中分离出来,并通过增添词语,用译文小句再现其浓缩的语义,消除结构夹缠的译文。例如:

[7]妙得很,人数可凑成两桌而有余,所以除掉吃饭睡觉以外,他们成天赌钱消遣。

As luck would have it, there were more than enough people to set up two tables of mahjong. So, except for eating and sleeping, they spent their entire time gambling.(钱钟书,2003:8,9)

[8]他在柏林大学,听过名闻日本的斯泼朗格教授(Ed Spranger)的爱情(Eros)演讲,明白爱情跟性欲一胞双生,类而不同,⋯⋯

When he was at the University of Berlin, he had heard the lecture on Eros by Ed Spranger, a professor well known in Japan, and so he understood that love and sexual desire are twins which go together but are different.(钱钟书,2003:46,47)

例7,原文句中的形容词"妙得很"是对后面陈述的一种主观评价,既可直译为luckily,也可分化为方式状语从句"as luck would have it",但后者显得更加地道。例8,原文中的名词短语"名闻日本的斯泼朗格教授的爱情演讲"包括三层含义:演讲人(斯泼朗格教授)、演讲人身份或地位(名闻日本)、演讲主题(爱情)。英译时需要遵循英语的形合结构和表达习惯,采用分化机制,逐一传达这三层含义:the lecture on Eros、the lecture by Spranger、a professor(who was)well known in Japan。

各种类型的汉语成语被当作短语,但有时以小句、紧缩复句甚至完整复句的形式出现在句中,不只是表达一个复杂概念,有时形成一个判断或推理,对应于不同语境中的小句甚至复句。因此,有些汉语成语英译时,应根据其句法形式、具体含义、文化内涵以及特定语境,恰当地从句中分离出来,译成英语小句或复句。例如:

[9]"欲速则不达",这不是说不要速,而是说不要犯盲动主义,盲动主义是必然要失败的。(用例源于《毛泽东选集》汉英平行语料库)

The saying"Haste does not bring success"does not mean that we should not make haste, but that we should not be impetuous; impetuosity leads only to failure.

[10]不然欲速则不达,越催生产越上不去。

Otherwise, as the saying goes, "More haste, less speed"—the more we are in a hurry, the less production will be raised.(用例源于《邓小平文选》汉英平行语料库)

例9中,复句型成语"欲速则不达"单用,加上引号,其功能相当于名词,做句中主语,英译时分化为小句"Haste does not bring success",充当新增名词短语 the saying 的同位语;例10中,该成语没有加引号,其功能相当于复句,英译时分化为复句"More haste, less speed",成为新增状语从句 as the saying goes 的主句。

(三)小句分化

小句分化,指将原文小句中的单词或短语中分离出来之后,原文小句就分解为译文复句甚至句群,或者将小句从原文复句中分离出来,重组为一个译文单句之后,原文复句就分解为译文句群。小句分化以单词和短语的分化为前提和基础,是二者综合运用的结果,包括原文单句的分化和原文复句中分句的分化。小句之所以能够分化,是因为其中的部分单词或短语表达的简单/复杂概念实际上是一个小句表达的简单判断,分离为相对独立的短语或一个小句,这样整个小句表达的简单判断实际上容纳一个复句表达的复合判断甚至一个句群表达的推理,就需要用译文中的复句或句群再现其基本含义。

1.单句分化

单句分化,指将单词或短语从原文单句中分化之后,该单句就分解、扩充为译文复句甚至句群。单句中的主谓、动宾之间有时不是陈述和被陈述、动作与对象的简单关系,而是蕴含小句之间较为深层的逻辑-语义关系,如条件、假设、因果、并列、让步、转折等。英语中形容词与抽象名词、副词与动词以及各种短语之间的语义关系有时也很复杂,需要借助语法、语义、语用环境加以分析。单句分化包括原文单句在译文中的复句化和句群化:单句的复句化指将原文单句中的单词或短语分离出来之后,重组为译文中相对独立的短语甚至小句,原文单句就自然分解为译文复句,或者通过增添词语,将原文单句整体上分化为译文复句;单句的句群化指将原文单句中的短语(大多由小句减压而来)分离出来之后,重组为译文的独立小句即单句,原文单句就自然分解为译文句群。例如:

[11]The Prof. was overflowing with information with regard to everything knowable and unknowable.

滔滔汩汩,横流肆溢,事物之可知与夫不可知者,盖无所不知。(钱钟书,1986:660)

[12]现在全明白了,她那句话根本是引诱。

Now he understood everything. That remark of hers was nothing but a"come-on". (钱钟书,2003:50,51)

例 11,钱氏发挥汉语流水小句的优势,将谓语动词 was overflowing 分化为两个并列的四字词语"滔滔汩汩""横流肆溢",将嵌套定语的名词短语 information with regard to everything knowable and unknowable 分化为"盖无所不知""事物之可知与夫不可知者",并调整顺序,最终将稍显复杂的英语单句分化为汉语复句。例 12,原文的背景是:鲍小姐在旅途中为了勾引方鸿渐,说他像自己的未婚夫,可她一回国就将鸿渐抛到九霄云外;鸿渐看到鲍小姐"半秃顶、戴大眼镜的黑胖子"未婚夫时,才恍然大悟,意识到鲍小姐说的是"谎言"。原文单句中的宾语由主谓短语"她那句话根本是引诱"充当。译者为了突出方鸿渐在事实面前的恍然大悟,将这个充当宾语的主谓短语分化为另一个单句,并采用 nothing but 这一强调格式,从而将原文单句分化为英译句群。

2.复句中的小句分化

复句中的小句分化,指将某一分句从原文复句中分离出来,重组为译文单句甚至复句。原文复句中的某一分句表达的含义较为丰富,将其中的单词或短语分离出来之后,该分句在语表上相对独立,可能分解、扩展为译文单句。有时原文复句的结构比较复杂,或者是汉语复句中的多重结构,或者是英语中的嵌套型从句,将其中的次级分句或分句中的单词和短语分离出来之后,导致该分句逐步独立,最终分解、扩展为译文复句。例如:

[13]I have three blessings: first, that I was born a human being and not one of the brutes; next, that I was born a man and not a woman; thirdly, a Greek and not a barbarian.

吾有三福:吾生得为人而不为畜,是一福也;得为男而不为女,是二福也;得为希腊上国之民而不为蛮夷,是三福也。(钱钟书,1986:478)

[14]当然,①文艺批评史很可能成为一门自给自足的学问,②学者们要集中心力,保卫专门研究的纯粹性,③把批评史上涉及的文艺作

品,也作为干扰物而排除,不去理会,也不能鉴别。(钱锺书,2002a:1)

Of course,it is quite possible for the history of artistic or literary criticism to become a completely autonomous branch of learning. Those involved in such an enterprise will concentrate upon preserving the sanctity of their own specialized research topics,and the literary or artistic works touched upon in their studies will be regarded as mere hindrances,to be cast aside,ignored and left undifferentiated. (Qian,2014:29)

例 13,英语原文为并列复合句,first、next 和 thirdly 列举的"三福"之间又可视为并列句,合在一起充当前面主句中 three blessings 的同位语从句。钱氏深谙汉语小句的优势和表达习惯,将三个序数词从 that 引导的分句中剥离出来,扩展为三个并列句"得为……是一/二/三福也",进而将英语复合句分化为汉语句群。例 14,汉语原文为三重复句:分句①跟②③之间构成第一重并列,②跟③之间构成第二重并列。译者根据原文语义传达的需要,结合译文的表达习惯,将分句①从句子中分离出来,译为一个英语单句,将分句②③整合为一个并列复句,从而将汉语多重复句分化为英语句群。

（四）复句分化

复句分化,指将原文复句中的分句剥离、重组为译语单句或复句之后,该复句就自然分化为译文中更复杂的复句甚至句群。英语中往往将具有多种逻辑-语义关系的从句嵌套在一起,形成葡萄串似的复杂句式,通常需要在单词、短语或小句的分化基础上,将整个复句分化为由若干流水小句构成的汉语多重复句或句群。汉语借助流水小句,将多种语义关系分层排列,形成竹节式的短句联合,所以在英译时,除了进行部分合并(详见本章第七节"合化机制"的相关内容)之外,有时需要视具体情况进行分化。

1.英语复句的分化

英语复句的分化,指将从句从英语复句中分离出来,译成相对独立的汉语小句之后,整个复句就重组为汉语中更加复杂的复句甚至句群,包括单重复句分化为汉语多重复句、多重复句分化为汉语句群。

英语中有时出现从句嵌套从句,语义层次复杂,常借助关联词准确区分主句和从句。英语复句汉译时,需要根据汉语流水小句的特点,将从句中的单词或短语分离出来之后,按结构层次逐一分解,译成汉语的分句或单句。汉语复句和句群之间的划界并非严格,有时通过句末点号将某些复句断开为句群,因此英语复句可分化为汉语多重复句(如例 15)或句群(如例 16)。

[15]But the gold from which this diverse coinage is struck is always the same precious metal.

黄金可铸各种货币,通用虽异,而本质无殊。(钱锺书,1984:601)

[16]We have had the *brow* and the *eye* of the moon before;but what have we reserved for human beings,if their features and organs are to be lavished on objects without feeling and intelligence?

语已有月眉、月眼矣。复欲以五官百体尽予此等无知无情之物,吾人独不为己身地耶。(钱锺书,1984:344)

2.汉语复句的分化

汉语复句的分化,指将某分句从汉语复句中分离出来,重组为英译中相对独立的单句或复句,从而将汉语复句分解为英语句群。

汉语中的小句联结,既可构成复句,也可组成句群,复句和句群既相互区别,又存在纠葛。一方面,复句由语义不能独立的分句构成,句群则由语义相对独立的句子(包括单句和复句)组成,句群是比复句更大,有时甚至包容复句的单位;另一方面,复句和句群都以固定语序和特定关系词语为组合手段,在一定情况下同一关系类别的复句和句群可以互换。现代汉语中复句和句群的区分,书写形式上在于句末点号或句中点号,尤其是句号跟逗号、分号的区分,口语中在于停顿时间的长短。现代汉语中有些多重复句在形式上可以用句末点号加以断开,从而成为句群,有些复句表达的复合判断可以借助句群表达的推理表示出来,复句和句群之间不仅可以互换,有时甚至难以"一刀两断"。因此,分化机制也适用于某些汉语复句的英译,尤其是语义关系复杂的意合型复句,有助于消除语表形式的肿胀、语义表达的隔膜,确保译文层次分明、语义清晰。

汉语复句的分化主要包括以下四种情况:① 汉语中较长的因果复句英译时,有时需要将原因分句与结果分句分开,以确保译文总分有序、层次清楚;②包含语气或话题转折的汉语复句英译时,为避免英译句子的结构臃肿、层次混乱,通常需要在转折处加以分化;③ 包含举例、说明、解释之类小句的汉语复句英译时,为了英语行文的方便,通常需要进行分化;④包含疑问,反诘、感叹之类小句的汉语复句英译时,根据英语句式结构的需要,通常

将这类小句分开,以单句的形式再现。例如:

[17]换句话说,林纾认为原文美中不足,这里补充一下,那里润饰一下,因而语言更具体,情景更活泼,整个描述笔酣墨饱。(钱锺书,2002a:84)

In other words, Lin Shu found the original somewhat imperfect and underdeveloped. He added to it here and embellished it there. In the process, the language employed in the passage becomes more concrete, the scene more lively, and the depiction overall far more substantial and effective. (Qian, 2014:149)

例17,原文是一个二重复句:"因而"前后为因果复句(第一重);原因分句中又包含一个因果复句(第二重,在"这里"断开),结果分句是由三个小句构成的并列复句。译者将原因分句与结果分句断开,再将原因分句中的原因和结果分开,从而将原文复句拆分为由三个句子构成的英译句群。

[18]不过,近来觉得献书也像"致身于国"、"还政于民"等等佳话,只是语言幻成的空花泡影,名说交付出去,其实只仿佛魔术家玩的飞刀,放手而并没有脱手。

But lately it seems to me that dedicating a book is like the fine rhetoric about offering one's life to one's country, or handing the reins of the government back to the people. This is but the vain and empty juggling of language. Despite all the talk about handing it over, the book remains like the flying knife of the magician—released without ever leaving the hand. (钱钟书,2003:4,5)

例18,译者根据分句之间的逻辑-语义关系,将原文复句分化为由三句子组成的句群。

[19]①诗、画作为孪生姐妹是西方古代文艺理论的一块奠基石,②也就是莱辛所要扫除的一块绊脚石,③因为由他看来,诗、画各有各的面貌衣饰,④是"绝不争风吃醋的姊妹"(keine eifersüchtige Schwestern)。(钱锺书,2002a:7)

To regard poetry and painting as twin sisters is a concept that was to become a cornerstone of Western literary and artistic theory. Indeed,it was precisely this concept that Lessing sought to sweep away as he viewed it as a stumbling block. To his mind both poetry and painting embodied their own particular aspects and outward features—they were "un-jealous sisters" (*keine eifersüchtige Schwestern*).(Qian,2014:39)

例19,原文复句的四个分句中,②是对①所做的进一步说明和解释,③④构成并列,又是对②的原因解释;译者将其一分为三,以单句形式清晰明了地传达了原文语义。

[20](艮其止,止其所也。)释氏只曰止,安知止乎?(钱锺书,2005:366)

(*The Book of Changes* also teaches the doctrine of 'stop' or 'rest'; but one stops and rests where one ought to stop and rest.) The Buddhists only say 'rest!' 'stop!' without specifying where. Do they really understand the meaning of 'rest' or 'stop'? (钱锺书,2005:358)

例20,"释氏只曰止"和"安知止乎?"实际上说的是表示转折的两种情形,前者为陈述句,后者为疑问句,英译时如果不用 but 连接,就需要分化为两个句子。

值得注意的是,复句合化与本章第三节提到的复句简化存在交叉,但不同的是:复句合化旨在化零为整,运用合并手段,通过整合原文结构,重新安排译文语序,有时需要增添连接词,将原文复句融合为译文单句;复句简化旨在化繁为简,运用删减手段,通过省略或替代原文的某些小句、短语或词语,将繁长的原文复句压缩为简短的译文复句甚至小句。

(五) 句群分化

句群分化,指在复句分化的基础上,将个别句子从句群中分开和重组之后,一个原语句群拆分为两个或以上的译语句群。句群分化通常以复句分化为前提,以段落分化为结果。根据译语的行文习惯,译者有时需要对原文句群中的句子进行分离,重组为结构相对独立的两个译语句群,即将一个原文段落拆分为两个或两个以上的译文段落。

一方面,英语复句分化之后,一个英语句群可能进一步分化为多个汉语句群,多个汉语句群进一步拆分,最终导致段落的分化。另一方面,汉语作品中的有些段落显得冗长,尤其是文学作品中对话描写有时采取连贯的话轮模式,将不同人物的对话置于一个段落之中,读者可以借助动作、心理、神态等描写方式加以区分。但是,英语作品中有时采取较短的段落,其中的人物对话往往采取单独成段的推进方式。这种行文差异决定了汉译英时并非必须采取复句分化,但可根据需要将段落进行拆分,以符合英语形合的表意习惯,从而导致句群或段落的分化。仅以《围城》第一章的统计为例(见表4-11):中英文本的长度之比为1.21∶1,句子数量之比为1∶1,段落数量之比为0.54∶1,即英译本的段落数几乎扩大了一倍,汉译英时的段落分化由此可见一斑。

表4-11　《围城》第一章中英文本的长度、句子和段落情况对比

长度 (字/词)	中文本	14,423	句子 (个)	中文本	410	段落 (个)	中文本	68
	英译本	11,922		英译本	411		英译本	126
	中英 之比	1.21∶1		中英 之比	1∶1		中英 之比	0.54∶1

第七节　合化机制

合化机制作为一种全译求化单一机制,因原文的语值再现和语义传达之需,同时顺应译语表达规范,对原文的语表形式采取整合手段、合并策略和合译方法,执行"合形不漏义不偏值"的操作法则,即:合并原文的语表形式,不遗漏其语里意义,不偏离其语用价值,同时确保译文符合译语规范。根据操作目的,合化机制分为语法性、语义性、语用性三种类型,其中语法性合化是强制性的,语义性合化和语用性合化是选择性的。合化机制根据操作单位可分为四种类型:短语合化、小句合化、复句合化和句群合化。低层级单位的合化是高层级单位合化的基础和前提,短语和小句的合化多用于单句内部,为复句合化创造条件,单句和复句的合化又为句群合化创造条件。

一、合化机制的界定

(一)合化机制的内涵

"合化"原理来自《黄帝内经》中的天干五合:"甲己之岁,土运统之;乙庚

之岁,金运统之;丙辛之岁,水运统之;丁壬之岁,木运统之;戊癸之岁,火运统之。"(姚春鹏,2010:154)天干五合,是指十个天干中有五个相合的情况。两个天干相合,可能出现两种情况:第一是合而成化,即两个天干化为某一类五行,如:在辰、巳、午、未、戌、丑六个月令的地支时间内,甲己合化为土;第二是合而不化,即两个天干虽然合化,却不能成为一个整体,如:不是在上述六个月令的地支时间内,甲己虽合化土,却仍然相克,只有相合的现象,却没有相合的结果。但是,合而不化的关系在一定条件下也可变为合而成化的关系。因此,化的前提是合,只有相合才有可能化,合的结果是只有符合条件才能真正化。翻译中的合化不仅遵循天干五合的哲学原理,还移情于美学原理:将原文中两个及以上语言单位合并为译语中一个语言单位,以两个文本的语表相合为前提,语里近似为基础、语值趋同为关键,同时符合译语规范。

合化由合译方法提升而来,是整合手段、合并策略与合译方法的综合运用。"合译"兼具二义:作为一种翻译模式,合译即"合作翻译"(cooperative translation),跟独译相对,出现在佛经翻译、科技翻译、文学翻译和当下的中国文学文化外译之中;作为全译七法之一,合译即"合并翻译"(combination),跟分译相对,是指"译者根据原文语用价值和语里意义以及译文语表形式的需要,将原文的某些语言单位合并为译文中一个单位的全译方法"(余承法,2014b:308)。截至 2018 年 12 月 31 日,中国知网中以"合译"为篇名的中文论文有 60 篇,其中 42 篇研究合作翻译,只有 18 篇论及作为与"分译"相对的合译方法或技巧;以"合译法"为关键词的论文有 73 篇,多为翻译硕士专业学位论文。俞凯俐(1986)曾提出"分译""合译"概念:分译是将限制性定语从句分为一个单独句子,合译是将定语从句译为一个定语。乔海清(1998)首次对"合译"进行正名,分析其性质、地位及其相关问题。翻译教材大多将合译作为一种翻译方法或技巧进行实例分析。黄忠廉等在论著中对合译方法进行了系统阐述,不仅分析同层合译的类型(黄忠廉、李亚舒,2004:53-56;黄忠廉等,2009:89-93;黄忠廉、方梦之、李亚舒等,2013:87-89),还对(词素与单词的)跨层合译进行语义-认知诠释(黄忠廉、倪璐璐,2016)。笔者(2014b:307-324)进一步探究合译的内涵和外延,确立了较为完备的合译方法体系。

上述这些探讨和研究为进一步基于中西语言、文化和思维模式的差异,将合译方法提升为合化机制奠定了坚实基础,据此可定义如下:合化机制(英译为 combination),即合而化之,是指译者根据原文语用再现、语义传达和译文语法规范的需要,整合原文语表形式时所采取的一系列程序、手段、策略、方法之间相互组合和相互联系的全译行为。合化机制采取化零为整手段、合并策略和合译方法,将原文中的大语言单位融合为译文中的小语言单位,从而将短小、零散的原文结构整合为繁长、紧凑的译文句子,使译文表意精准、形式洗练、表达规范。合化机制的操作准则是"合形不漏义不偏值",即合并原文的语表形式,但不遗漏其语里意义,不偏离其语用价值,译文符合译语表达规范,这正是为了实现语义保真、语值求善、语表造美的目的。

合化机制跟分化机制操作的语言对相反,过程相似,也分为三个阶段和八个步骤。1)原文理解阶段,包括三个步骤:①整体把握,全局勾勒;②弄清关系,区分层次;③基于分析,初步整合;2)语际转化阶段,包括两个步骤:④语言转换,思维单位(如:原语单词→简单概念,原语短语→复合概念,原语小句→简单判断,原语复句→复合判断,原语句群→推理);⑤思维外化,逐一对应(如:简单概念→译语单词,复合概念→译语短语,简单判断→译语小句,复合判断→译语复句,推理→译语句群);3)译文表达阶段,包括三个步骤:⑥基于语义,部分整合;⑦依据规范,组织译文;⑧比读双语,润校译文。

（二）合化机制的外延

合化机制跟简化机制既相联系又相区别。一方面,两种机制存在部分重合:运用合化机制,将原文句群、复句、小句、短语、单词分别整合成译文复句、小句、短语、单词和词素,不同程度地删减译语单位,这跟简化机制中小句、短语、单词的简化是相通的。另一方面,两种机制的操作手段和单位不同:简化机制采取删减手段,主要是删减小句及以下语言单位,在简化机制的四种类型中,复句简化的概率最低、难度最大,删减短语、单词或词素等语言单位时并非必然合并句子;合化机制采取化零为整手段,运用合并方法,实际操作在小句及以上单位,主要是复句和句群,将原语句群整合为译语复句时,不一定删减语言单位,有时通过改变标点符号将原语单位合多为一,原文的语言单位在译文中得以保留,但形式更加简洁、结构更加紧凑。

合化机制有时跟移化机制、换化机制组合运用:合并原语单位时,有时需要根据译语习惯加以调整,就需要运用移化机制;原文句群、复句、小句、短语整合为译文复句、小句、短语和单词时,需要运用换化机制,将原语中较大的语言单位换化为译语中较小的语言单位;运用移化机制将原语句群中的某一句子从原来位置移走之后,其余的句子成分之间可能需要重组,从而将原语句群合化为译语复句;或者将原语复句中的某一分句从原有位置移走之后,其他语言单位之间可能需要重组,从而将原语复句合化为译语单句;或者将小句成分从其原有位置移走之后,其他成分之间可能出现重组、融合,从而将原语短语合化为译语单词。

合化机制有时跟分化机制组配运用,形成分中有合、合中有分、分分合合的局面,正如钱锺书(1984:615)在论述分、合的辩证关系时所言:"盖无分之事,则不复见合之能,故奏合之功,必常蓄分之势也"。

分化、合化有时与动静换化的哲学原理密不可分,其中蕴含的美学原理不仅坐实在英汉互译的语言艺术之中,也融合在人类对于山水的艺术欣赏之中:"仁者知者于山静水动中,见仁见智,彼此有合,故乐。然山之静非即仁,水之动非即智,彼此仍分,故可得而乐。"(钱锺书,1984:53)因此,按照不同操作需要,受多种语境与非语境因素的共同影响,合化机制跟移化机制、换化机制和分化机制有时组合运用,可能同时操作于原文句中同一单位,也可能操作于不同单位,相得益彰地实现译文的求化目的。

二、合化机制的理据

根据分化、合化的内涵和外延以及二者之间的辩证关系可知,合化机制的理据与分化机制相同:汉英两种语言存在诸多差异(主要表现在句法结构上);汉民族与英美民族存在不同的思维方式;符合人类逻辑思维转换的规律;遵循完整再现原文语值、准确传达原文语义并确保译文简练清畅的全译目的与要求。分化机制与合化机制的语言方向和操作程序正好相反:分化机制旨在化整为零,将原语中结合较紧的小语言单位逐一切分为译语中稍显分散的大语言单位,可以避免译句的结构臃肿;合化机制采取化零为整,将原语中零散的小语言单位融合为译语中紧凑的大语言单位,可以避免译句拖沓松散,确保译文重点突出、表意连贯,如将英语句群、复句分别合化为汉语复句、小句,是为了满足汉语受众求信求简的审美期待。相对而言,分化机制倾向多用于英译汉,合化机制倾向多用于汉译英。

三、合化机制的类型

根据不同操作需要,合化机制分为语法性合化、语义性合化、语用性合化三种类型:语法性合化主要是为了满足译语受众期待、符合译语规范而采取的合化,确保译文不留痕迹、结构完整、表达精准;语义性合化是为了在准确传达原文语义的同时遵循译语规范而采取的合化,实现译文的语意连贯、逻辑清晰;语用性合化是为了完整再现原文语值、更好表达译文效果而采取的合化,否则译文生硬突兀,成为不合常规的译语形式。语法性和语义性合化是译文保真的需要,是强制性的,语用性合化属于译文造美的需要,是选择性的。不同层次的译者运用合化机制时存在差异：资深翻译家如庖丁解牛般游刃有余，普通译者能够熟练掌握，初学译者可能捉襟见肘，在提升理论素养和丰富实践经验的过程中追求尽善尽美。

根据操作的语言单位，合化机制分为四种基本类型：短语合化、小句合化、复句合化和句群合化。大语言单位的合化以小语言单位的合化为前提和基础，短语和小句的合化多用于单句内部，是复句合化的基础和前提，单句和复句的合化是句群合化的前提，有时多个段落也整合化为一个段落。这些是属于同一层级（同一语言单位）的合化类型。另外，黄忠廉、倪璐璐（2016）以俄/英语词素与单词合译成汉字为例，研究了跨层合译即跨层合化的语义传递过程和认知机理，可以启发我们进一步思考合化机制的跨层类型，探究原语概念、判断和推理在译语中如何整合和优化，力求译文化零为整、以简驭繁。

（一）短语合化

短语合化，指将原语短语整合为译语单词，或者将几个同义或近义的原语短语压缩、整合为一个译语短语。

1.短语合化为单词

单语内部的短语合化为单词，尤其是合成词，跟合成词自身的构成和演变密切相关。现代汉语中的复合式合成词，都是由短语减去短语常备因素（包括结构因素和音节因素）而形成的（邢福义，2016：31），如：全国人民代表大会和中国人民政治协商会议（两个全称构成的并列短语）→全国人大和人民政协（压缩而成的定型短语）→两会（近似短语词的专名，通常译为 two sessions，有些驻华的外国记者干脆音译为 *lianghui*，值得玩味）。语际转换中的短语合化为单词，有时经过单语内部的压缩，再采用译语中相应的单词，有时可根据译语表达习惯直接进行合化。双语/翻译词典中通常用短语甚至小句来解释单词的含义，二者虽然在形式上有长短和繁简之别，但表达的含义完全相同，可以进行等值代换。例如，"汇集截至出版年为止（着重最近一年）的各方面或某一方面的情况、统计等资料的参考书"，用来释义"年鉴"一词，英译时既可采用等化机制，给出详细解释：reference book carrying reports and statistics on various fields or a particular field of endeavor by the year of its publication，也可采用合化机制，整合为相应的英语单词 almanac 或 yearbook。

汉语中的联合短语，尤其是名词、动词和形容词构成的联合短语，英语中大量的动词短语、介词短语以及联合型名词短语和形容词短语，表达的复杂概念可在语内替换为词表达的简单概念,全译时可将原语短语合化为译语的单词。例如,名词短语 husband and wife 可在语内替换为名词 couple,汉译时既可等化为名词短语"丈夫和妻子",也可合化为名词"夫妻",而后者言简意赅、文从字顺。短语合化为单词,跟简化机制中的短语简化异曲同工:从短语中单词的数量来看,属于短语减译为单词;从短语结构来看,属于短语合化为单词。都是将原语短语压缩为译语单词,短语简化还包括原语短语在译语中的语表省略、语义保留或蕴含;短语合化为单词是将原语短语表达的复杂概念替换为译语单词表达的简单概念,或者将短语与其他语言单位合并在一起,有时并不存在形式简化的情况。例如:

[1]窗外站一个短衣褴褛的老头子,目不转睛地看窗里的东西,……

Outside the window stood an old man in a tattered jacket staring fixedly at the cakes in the window.(钱钟书,2003:682,683)

[2](There are)three kinds of cognition. The first is physical. The second is intellectual and is much higher. The third signifies a nobler power of the soul which is so high and so noble that it apprehends God in His own naked being.

学有上中下三等:下学以身;中学以心知;上学以神,绝伦造极,对越上帝。(钱锺书,1984:365-366)

例 1,"目不转睛"为动词短语,词典释义为"不转眼珠地(看),形容注意力集中",可分别对译为动词短语 to look in fixed gaze、regard with rapt attention,但在原文中修饰动词"看",与"看"之间构成语义重叠。译者将它们合并、换化为现在分词短语 staring fixedly at,其中的"目不转睛"合化为副词 fixedly,译文结构得以简化,语义却丝毫未减。例 2,钱氏根据行文表述的需要,将三个省略型名词短语 the first、the second 和 the third 分别合化为"下学""中学""上学",而且是依次递增排列,其中 higher 和 nobler 的含义不言而喻,而将 so high and so noble 简化并合化为"绝伦造极",删除了 in His own naked being 的语表形式。

2.多个短语合化为一个短语或单词

说写者有时为了吸引注意、突出效果或者加强语气,将几个同义或近义的短语排列在一起,其意义实为其中某个短语,或者可以概括为一个表意抽象的短语。互译时可根据需要,将多个短语合化为一个短语甚至单词,以满足译文表达的简洁、顺畅之需。例如:

[3]……文雅点就开什么销寒会、销夏会,在席上传观法书名画……
(钱锺书,2002b:29)

When we want to be even more refined we throw parties to pass the season or admire calligraphy and famous paintings at banquets. (Qian,2010:51)

[4]And everybody asks me,"which is the better way,this way or that way?"

大家都会问:"这两种世界观,哪一种比较好?"("多语种在线语料库检索平台 BFSU CQPweb")

例 3,"销寒会""销夏会"是人们为请客吃饭所列的名目,这种宴会一年四季都有。译者深谙其道,用 season 来概括两个名词短语中"寒""夏"的含义,将"开销寒会""(开)销夏会"合化为一个动词短语 throw parties to pass the season。例 4,原文的选择问句中有三个带 way 的名词短语,this way or that way 表达的是一种选择或可能性,译者将其合化为一个名词短语"这两种世界观",若机械对译为"这种方式还是那种方式,哪种是更好的方式?"则显得拖沓、别扭。

(二) 小句合化

小句合化,指将原语小句整合为译语短语或单词,将原语小句表达的一个简单判断压缩、整合为一个译语短语表达的复杂概念,甚至一个译语单词表达的简单概念。

汉语中,"小句-短语-合成词"的结构关系基本一致,"短语-合成词"的结构关系可视为小句结构关系的投影(邢福义,2016:26)。如:祈使句"去吃饭!"去掉其后的感叹号"!"就成为一个动词短语"去吃饭",根据具体语境可英译为 Let's go to eat 和 go to have dinner。就语言单位与思维单位、逻辑单位的对应关系而言,小句表达的简单判断往往对应于逻辑思维中的简单命题,有时也可转换为概念。简单命题可以是判断,借助语言表达出来,赋予不同的语气时,就成为不同的小句;尚未赋予语气时,就是成句单位的短语或单词,因为有些判断就是聚合而成的概念。因此,判断转换为概念,外化在语言中就是小句整合为短语或单词。

1.小句合化为短语

单语内部的小句合化为短语,需要减去五种句子特有因素:句子语气(包括陈述、疑问、祈使、感叹,有时外化为句末标点符号)、典型的复句关系词语(如汉语复句中的关联词、英语复合句中从句的关系代词或副词等)、语用成分(包括独立成分和外位成分)、成分逆置现象、成分共用法所造成的特殊现象。英汉互译中的小句合化为短语,除了按照单语内部的操作之外,还应注意双语的形义差异和译语规范。汉语以形散神聚的流水小句见长,英语复合句中包含相当于汉语单句成分的各种从句:名词性从句对应于汉语主谓短语,定语从句对应于定语短语,状语从句对应于状语短语。因此,英译汉时,需要将英语的名词性从句、定语从句、状语从句分别合化为汉语的主谓短语、形容词短语和状语短语。例如:

[5]Annie asked them how they were getting on, and when they would like to be eaten. Then she came back with foolish tears, for thinking of that necessity.

(英小说中一女郎牧猪,)晨入牢必起居群猪,叩问何日愿为俎上肉,归舍尚泪淋浪,哀其不免供人口腹。(钱锺书,1986:999)

例5,asked后的两个宾语从句分别由how和when引导,这是英语中常见的从句类型。汉语中没有类似的名词性从句,多为由主谓短语充当的主语、宾语、定语等句子成分。钱氏深谙于此,将这两个从句分别合化为"起居群猪"(动词短语)和"何日愿为俎上肉"(主谓短语),既简洁达意,又贯通一气。

2. 小句合化为单词

小句合化为单词,指将原语小句(多为简短小句)表达的意义整合为一个译语单词,即将原语的简单判断压缩为译语的简单概念。小句合化为单词主要操作于英译汉:从语表形式看,是英语复句中的从句在汉语中的单词化过程;从语里意义看,是英语小句表达的判断/命题在汉语中经过浓缩之后的概念化或范畴化过程。如,香港特别行政区第五任行政长官林郑月娥的英文竞选口号是"We Connect",包括三个小口号:"We Care. We Listen. We Act."这是由四个主谓短语构成的短小单句,相应的汉语口号则为四个动词——"同行、关爱、聆听、行动",是四个言简意赅、好懂易记的关键词。英语小句合化为汉语单词,可先将小句在语内浓缩为短语,再将英语短语对译为汉语短语,然后压缩为汉语单词(多为文言词语)。例如:

[6]In separation the one who goes away suffers less than the one who stays behind.

行行生别离,去者不如留者神伤之甚也。(钱锺书,1984:541)

例 6,钱氏将带有定语从句的词语 the one who goes away 和 the one who stays behind 分别合化为自造词"去者"和"留者",显得古朴典雅,既切合英语原文的语体风格,又与该句出现的上下文保持风格一致。

(三) 复句合化

复句合化,指将原语复句中的分句整合为译语的单词或短语之后,原语复句就自动融合为译语单句,或将原语的多重复句整合、压缩为层次较少的译语复句甚至是单重复句。

原语复句中分句之间存在的逻辑-语义关系,可通过在译文中增加连词,从而将原文复句融合为单句;原文多重复句之间的层次关系,可通过压缩、合并的方式加以整合,或者将英语复句中的一个分句压缩为起修饰、限定作用的形容词、副词、介词(短语),通过移位将其转换为另一分句的某个成分,或者将汉语复句中某一简短分句浓缩为英语名词短语或主谓短语,充当另一分句中的成分。

1.原语复句合化为译语单句

原语复句合化为译语单句,指将原语复句的分句整体融合为译语的短语或单词之后,原语复句就相应地合并为译语单句。复句中的分句既相互独立,又相互依存,在一定的格局之中可以相互依赖而有所简省(邢福义,2016:271 - 272)。复句中的某个分句成分承前、蒙后省略时,有时可以与另一分句融合,形成更加紧凑的语义表达形式。判断或命题既可用单句表达为简单判断或命题,也可用复句表达为复杂判断或命题。简单与复杂的判断或命题之间,在不影响整体语义和总体语值的前提下,可进行语表之间的互换。英汉互译时,原语复句融合为译语单句,主要是打破原文语表形式的束缚,以传达原文语义为中心,充分发挥译语优势:利用英语的形合特点,将汉语短句融合为英语词语,从而将复句合化为单句;充分借助紧缩复句、"把"字句、"被"字句、连动句、兼语句、判断句、存现句、主谓短语等汉语特殊句式,将英语并列句或复合句整合为汉语单句。例如:

[7]①青年人的偏激使他对他的主人不留情地鄙视;②他看到了建侯的无聊、虚荣、理智上的贫乏,③忽视了建侯为人和待人的好处。(钱锺书,2002c:28)

Youthful extremism caused him to despise his master,seeing only Jianhou's dullness,vanity,and lack of intellect and overlooking his amiable nature.(Qian,2010:117)

[8]The nearer the bone,the better the meat.

好肉在骨边。（钱锺书,2002b:154）

例7,原文为二重复句:①与②③构成因果复句(第一重),②与③构成并列复句(第二重),都是表达青年人对其主人建侯的态度和看法。鉴于并列复句中后分句的主语承前省略、结构相似,译者将其融合为小句 he saw only Jianhou's dullness,vanity,and lack of intellect and overlooked his amiable nature,而该小句实际上表达的是一个结果,译者根据英语组句的习惯,将其进一步融合为两个现在分词短语,充当谓语短语 caused him to despise his master 的结果状语,从而将汉语二重复句合化为英语单句。例8,原文为"the...,the..."的缩略型复合句,通常译成汉语紧缩复句"越……越……",即:"肉越靠近骨头,就越是好肉。"钱氏将其进一步融合为单句"好肉在骨边",将英语的复合判断表达为汉语的简单判断,结构大大简化,而意义丝毫未损。

汉语典型单句和典型复句之间既有明显对立,有时又存在纠结。一方面,典型单句是单核句,包括由动词、形容词、名词等构成的短语结构,不管有无结构层,有多少结构层,都是单句(邢福义,2001:549),如"欣赏他的为人""我们非常欣赏他的为人""我们非常欣赏他的诚实友善、吃苦耐劳"等,前加、后加的结构核均为典型单句;典型复句是"核同质、有核距、无共同包核层的多核句"(邢福义,2001:554),两个或多个结构核具有相同的性质,相互之间存在明显的间距,表现为口头上的语音停顿或书面中的标点符号,如:"蓝天白云"为典型单句,而"蓝天,白云,青山,绿水"为典型复句。另一方面,汉语单句和复句在界限上存在纠葛:跟单核的典型单句相对而言,纠结在于多核,如"一声闷雷,大雨来了";跟多核的典型复句相对而言,纠结在于"核异质、无核距、有共同结构层、加特定关系标记"(邢福义,2001:558),如:你去还是我去? vs.你去,还是我去? 汉语中类似的单句与复句纠结现象,只是在语表上的差异,在语里和语值上并无实际区分,译者可根据具体情况将汉语复句整合为英语单句。如例9,译者将后置的原因分句"因为他虚心"简化为介词短语 for his modesty,从而将汉语复句合化为英语单句。

[9]文人是可嘉奖的,因为他虚心……（钱锺书,2002b:52）
The writer is commendable for his modesty.(Qian,2010:70)

2.原语多重复句合化为译语少重复句

原语多重复句合化为译语少重复句,指在原语某一复句整合为译语单句甚至短语之后,原语中较为复杂的几重复句就合并、简化为译语中层次关系简单的少重甚至一重复句。复句中有时包含多层逻辑-语义关系,英语复合句中有时出现从句嵌套从句的叠床架屋现象,汉语复句中有时可多达七八重关系,通过流水小句逐一铺排下去,分句之间有时甚至省略关联词语,这些都给汉英互译带来较大难度。译者必须分清主次、理顺层次,根据分句之间的语义关系,将它们抽丝剥茧般地提取出来,再融合、重组为相应的单词或短语,从而将原文复句中的多层次语义关系压缩、融合为译文复句中的少层次语义关系。例如:

[10]①那只祖传的老钟从容自在地打起来,②仿佛积蓄了半天的时间,③等夜深人静,④搬出来一一细数:"当、当、当、当、当、当"响了六下。

The old ancestral clock began chiming away as though it had stored up half a day's time to ring it out carefully in the still of the night,counting"One,two,three,four,five,six."(钱钟书,2003:694,695)①

[11]For men who are fortunate all life is short,but for those who fall into misfortune one night is infinite time.

幸运者一生忽忽,厄运者一夜漫漫。(钱锺书,1986:671-672)

例10,原文为二重复句:①②与③④构成并列复句(第一重),①与②构成解注式并列复句(第二重),③与④构成连贯式并列复句(第二重)。译者基于这些语义关系,结合英语的表达习惯,将②降格为 as though 引导的让步状语从句,将④融合为不定式短语 to ring it out,其中的"细数"换化为现在分词短语做状语,将③合化为介词短语 in the still of the night,并转化为 ring it out 的时间状语,从而将汉语二重复句合化为英语一重复句。例11,原文为并列复合句,并列句的两个分句中的主语分别带有一个定语从句。钱氏将定语从句 who are fortune 和 who fall into misfortune 分别合化为名词"幸运""厄运",再跟其先行词 men 和 those 一起合化为名词"幸运者""厄运者",将原文主句 all life is short 和 one night is infinite time 分别合化为主谓短语"一生忽忽""一夜漫漫",再分别与"幸运者""厄运者"一起组合成为小句,从而将英语并列复合句合化为汉语中只有一层关系的并列复句。

---

① 此例来自人民文学出版社 2003 年版的《围城》汉英对照本,但珍妮·凯莉和茅国权的英译本以《围城》1947 年版为底本,其最初表述如下:"那只祖传的老钟当当打起来,……'一,二,三,四,五,六'。"

译文言简意明,构思精巧,对仗工整,堪称合化的典范。

(四)句群合化

句群合化,指在原语小句合化为译语短语或单词、原语复句合化为译语小句或短语的基础上,将原语句群压缩、整合为译语单句或复句,即将原语句群表达的推理压缩、融合为译语复句或单句表达的复合判断或简单判断。

几个汉语小句相互联结,构成复句或句群,决定因素是说写者的主观认定(借助语音停顿或标点符号)和客观上的格式规约(邢福义,2016:378-381),如:遵从"点号标句"的从众性原则可以断定,"到底A呢,还是B?"是复句,"到底是A呢?还是B呢?"是句群。复句和句群有时并没有严格的界限,因为口头上的语音停顿并没有明显标记,书面中句子和标点符号的联系虽然存在一定的必然性,但也有很大的灵活性,如果将句中的句号改为逗号或分号,句群就变为复句。汉语句群关系跟复句关系的类别大致相同,都包括因果、并列、转折三类,经过语句和标点符号的适当调整,句群和复句之间可以互换,尤其是并列复句和并列句群之间,有时在书面上就是逗号和句号的区别,在口语中停顿的时间长短差异并不明显,这体现了原文说写者和译者在语言运用中的灵活性和创造性,也表明抽象思维单位中的复合判断和推理、命题单位中的复合命题和命题群之间是可以通约和转换的。原语句群合化为译语复句时,多为繁长句群,但有时简短句群也需要合化为复句或单句,主要考虑是语义传达和语值再现的方式,以及译语的表达规范和习惯。例如:

[12]方鸿渐闻所未闻,甚感兴味。只奇怪这样一个英年洋派的人,何以口气活像遗少,也许是学同光体诗的缘故。

Never having heard anything like this before, Fang Hung-chien was quite intrigued, though he wondered how someone that young and Westernized could sound so much as though he lived in a bygone era. Maybe it came from imitating the poetry written in the T'ung-kuang style.(钱钟书,2003:174,175)

例12,原文为并列句群,但中间的句号完全可以改成逗号,这样句群就变为复句。译者根据"甚感兴味"和"只奇怪……"之间顺承、连贯的语义关系,将后者译为though引导的让步状语从句,就自然将原语句群合化为英译复句,同时采取分化机制,将最后一个分句从中分离开来。

1.原语句群合化为译语复句

原语句群合化为译语复句,是基于原语句子(多为单句或简短复句)之间的逻辑-语义关系,将其中一个换化为独立分句(即主句),另外一个或多个单句压缩、简化为非独立小句(即分句),从而将原文由句群融合为译文复句。例如:

　　[13]苏小姐只等他正式求爱,心里怪他太浮太慢。他只等机会向她声明并不爱她,恨自己心肠太软,没有快刀斩乱丝的勇气。

　　Waiting for him to make his formal declaration of love,Miss Su inwardly faulted him for being so frivolous and tardy;he,on the other hand,was waiting for a chance to explain that he did not love her,and wished he weren't so tenderhearted and could be courageous enough to cut the Gordian knot.(钱钟书,2003:164,165)

　　[14]His wife did not write,said the old gentleman,because he had forbidden it,she being indisposed with a sprained ankle,which(he said)incapacitated her from holding a pen.

　　勿许其妻作书,因妻足踝扭筋,握管不便。(钱锺书,1986:740)

例13,原文为并列句群,分别描写苏小姐和方鸿渐于对方的态度和心理,这种格式在英语中常用 while、whereas、on the other hand 等连接两方面的对照情况,还可以采用分词短语、不定式短语将有些分句结构化长为短、化繁为简,从而将语义关系密切的汉语句群合化为复句。例14,原文为并列句群,陈述妻子没有写信的原因:妻子脚踝扭伤→不方便手握笔管→丈夫不允许她用笔→她没有写信。钱锺书(1986:740)在阐述"伤足妨手书"时,引用了盖斯基尔夫人小说《乡镇旧闻》中的这个例子,按照先果后因的表达习惯,调整了原文语序,整合了原文结构,将英语句群合化为汉语复句,使得译文表意更加精准和畅通。

2.原语句群合化为译语单句

原语句群合化为译语单句,是指基于原语句子之间的逻辑-语义关系,将其中的单句或复句进行概念整合和范畴调整,融合为单词或短语,再重组为一个译语单句,或者提取原语句群中的主要信息,通过形式压缩和结构优化,整体融合为一个译语单句。原语句群合化为译语单句的难度很大、概率很低,取决于原语内容的表达密度和结构松散情况,也归功于译者化零为整、化繁为简的高超求化艺术。例如:

[15]Such words as"chain"or"train"do not describe it fitly.It is nothing jointed;it flows.

"链"、"串"等字众不足以示心形之无缝而泻注。(钱锺书,1986:618)

例15,原语句群中的句号和分号完全可以分别改为分号和逗号(也可在其前加上 but),这样句群变为复句。钱氏根据语义传达的需要,将第二个句子(复句)中的语义融合为"示心形之无缝而泻注",再与前面一句整合为一个单句,结构得以精简,语义依然丰足。

第五章　全译求化组合机制论

全译求化组合机制,指译者因原文语值再现和语义传达之需,围绕两种或以上求化手段,对两种或多种求化方法组合运用的求化机制。全译求化组合机制主要是从繁化、简化、移化、换化、分化、合化 6 种非等化的单一机制中任选 2 种、3 种、4 种、5 种、6 种,由组合公式可知,$C_6^2 \approx 15$,$C_6^3 \approx 20$,$C_6^4 \approx 15$,$C_6^5 \approx 6$,$C_6^6 \approx 1$,于是就有五类 57 种组合机制:15 种二合机制、20 种三合机制、15 种四合机制、6 种五合机制和 1 种六合机制。为了全面考察全译求化组合机制的总体情况和具体运用,本章采用实证研究和语料库统计分析,选取自建语料库中的四个典型文本,即:钱锺书作品自译语料库中的"希罗多德《史记》趣闻"(英译汉,以下简称"《史记》趣闻")①、《在中美双边比较文学讨论会上的发言》(英汉双语稿,简称"钱氏发言")②、《天择与种变》(英汉节译本)③、钱锺书作品他译语料库中的《论快乐》(汉译英)④,以句子(根据原文的句末标点符号确定的单句和复句)为统计单位,对每句运用的组合机制进行人工标注和数据统计(文本信息见表 5 - 1),并结合实例加以具体分析,以期在定量统计的基础上得出定性结论。

---

① "希罗多德《史记》趣闻"英文源自希罗多德《史记》第 2 卷第 121 章,见 Chapter 121, Book II, *Herodotus* with an English translation by A. D. Godley, Cambridge, MA/London: Harvard University Press/William Heinemann Ltd., 1975, pp.415 - 423;汉译源自《一节历史掌故、一个宗教寓言、一篇小说》一文,见钱锺书著《七缀集》,北京,生活·读书·新知三联书店,2002 年,第 168 - 170 页。

② 《在中美双边比较文学讨论会上的发言》英文源自钱锺书著《钱锺书英文文集》,北京,外语教学与研究出版社,2005 年,第 416 - 418 页;汉译源自钱锺书著《写在人生边上　人生边上的边上　石语》,北京,生活·读书·新知三联书店,2002 年,第 198 - 199 页。

③ 《天择与种变》英文源自 *The Outline of History: Being a Plain History of Life and Mankind* by H.G.Wells, New York: The Macmillan Company, 1921, pp.13 - 18;汉译源自钱锺书《天择与种变》,《桃坞学期报》,1926 年第 2 期第 24 - 33 页。

④ 《论快乐》中文源自钱锺书著《写在人生边上　人生边上的边上　石语》,北京,生活·读书·新知三联书店,2002 年,第 19 - 22 页;英译源自 *Humans, Beasts and Ghosts: Stories and Essays*, by Qian Zhongshu; edited with an introduction by Christopher G.Rea; with translations by Dennis T. Hu, et al., New York: Columbia University Press, 2010, pp 43 - 46.

表 5 - 1　四篇文章原文和译文的基本信息

文本信息\文本名称	原文长度（字/词）	原文句子数量	原文平均句子长度	译文长度（字/词）	译文句子数量	译文平均句子长度	文本类型	全译类型
"《史记》趣闻"	1162	28	41.50	965	40	24.13	文学类	英译汉
《天择与种变》	1580	62	25.49	2424	34	71.29	科技类	英译汉
"钱氏发言"	529	21	25.19	919	23	39.96	社科类	英译汉
《论快乐》	2187	68	32.16	2446	71	34.45	社科类	汉译英

第一节　机制间性

机制间性，指全译求化单一机制在操作中的相对独立性和相互关联性。只有掌握 7 种全译求化单一机制的内涵、理据和类型，明确它们的区别和联系，才能弄清相互之间在全译过程中组合运用的必要性、可能性和可操作性。

一、两种机制的间性

通过分析 7 种全译求化单一机制的内涵、理据和类型，发现它们两两之间对全译单位的操作既互相区别，又彼此联系：区别表明每种单一机制的相对独立性和具体适用性，联系表明它们之间进行两两组合的可能性和现实性，即全译求化二合机制的运用条件和规律。

（一）等化机制与非等化机制

在相似度方面，7 种全译求化单一机制旨在化解语际内容与形式之间的"一意多言"式矛盾，等化机制通过译文和原文的语表形式对应、语里意义相符实现语用价值趋同，追求在形似和意似基础上的神似，繁化、简化、移化、换化、分化、合化分别通过增加、删减、移位、交换、拆分、合并原文的语表形式来再现其语用价值（保真）、传达其语里意义（求善），实现基于意似基础上的神似。等化机制在确保译文跟原文意似的前提下，尽可能保留原文的语形，追求"表-里-值"三个角度的极似；繁化、简化、移化、换化、分化、合化可合称为非等化机制，以译文跟原文的意似为核心和基础，不以形似作为必要条件，实现译文跟原文的语里和语值相似，需要采取变形、舍形、换形、增形、整形等手段。因此，全译求化组合机制通常是指 6 种非等化的单一机制之间的组合和综合运用。

（二）　繁简机制、移换机制与分合机制

在译文和原文的形式量变方面,繁化、简化、移化、换化、分化、合化 6 种非等化的单一机制各有侧重:繁化和简化着眼于原文单位的数量增减,合称繁简机制,通常操作于不同语言单位,运用于不同语言对方向,如,英译汉时增加的语言单位,汉译英时需要删减;移化和换化着眼于原文单位的位置移动和方式交换,合称移换机制,有时配合运用,操作于同一语言单位,有时操作于不同语言单位;分化和合化着眼于对原文结构的拆分和合并,多以小句为轴心进行上下延伸,合称分合机制,通常操作于不同的原文单位,在不同语言对中有所侧重,如合化机制多用于汉译英,分化机制多用于英译汉。

（三）　扩充机制与压缩机制

在原文语言单位的数量增减和句法结构的分合方面,繁化和分化、简化和合化存在部分相同或相通的情况。增补原文中没有或省略的语言单位时,可能引起某些单位从句中分离出来并与其他单位重组,导致原文结构的分化,这是繁化机制伴随分化机制;切分原文结构时,有时需要增补译文必须出现的单位,这是分化机制伴随繁化机制。因此,繁化和分化有时共同操作于同一原文单位,导致原文语表在译文中的数量增加和结构扩展,合称为扩充机制。删减原文单位时,可能引起结构的合并、重组,这是简化机制伴随合化机制;合并原文结构时,可能删减原文出现而译文不必甚至不能出现的语言单位,这是合化机制伴随简化机制。因此,简化和合化有时共同操作于原文的同一单位,导致原文语表在译文中的数量减少和结构合并,合称压缩机制。

（四）　移换机制与繁简机制

在原文单位的数量增减、位置移动和方式变动等方面,移化、换化分别与繁化和简化存在关联:转移原文单位时,可能出现结构重组,引起其他语言单位的增减,导致移化与繁化/简化之间的交叉或重叠;同样,改变原文中的表达方式时,可能出现数量的增减,导致换化跟繁化/简化之间的交叉或重叠。

（五）　移换机制与分合机制

在原文语言单位的位置移动、方式变动和结构分合等方面,移化、换化

分别跟分化和合化存在一定联系：运用移化机制转移原文单位时，可能出现结构的分合、重组，导致移化跟分化、合化之间的相通共融；同样，在运用换化机制交换原文的表达方式时，会出现结构的分合、重组，导致换化跟分化、合化之间的殊途同归。

　　繁化与简化、分化与合化的操作理据相同，语言对方向相反，移化与合化往往相伴而随、组合共用，繁化与分化、简化与合化存在重叠，移化与繁化/简化、换化与繁化/简化存在交叉，移化与分化/合化、换化与分化/合化存在共融（余承法，2017）。操作于原文某一句子时，6种非等化的单一机制之间的两两组合情况并不相同，理论上存在15种可能性，是三种及以上机制之间组合的前提和基础。因此，二合机制是多合机制的基础和支柱，是组合机制研究中的主体。

二、多种机制的间性

　　6种非等化的单一机制之间存在相对、相伴、重叠、交叉、共融等关系，除了两两组合之外，还可将其中的3种、4种、5种、6种进行组合，用来处理同一问题，即纽马克比喻的"一个樱桃咬两口或多口"（Newmark，2001：91），构成全译求化多合机制，正如维内和达贝尔内（Vinay & Darbelnet，1995：31，40）指出，"几种翻译方法或程序在实践中既可单独使用，也可组合使用"，"可以操作于同一句子，使得相互之间难以截然分开"。6种非等化的单一机制之间进行多合的可能性为：20种三合机制、15种四合机制、6种五合机制、1种六合机制。进行组合的单一机制数量越多，相互之间的牵制力量越大，组合的难度越大、概率越低。如：由于繁化和简化往往相互对立和排斥，操作于原文同一语言单位的可能性很小，而移化和换化往往相伴而随，操作于原文同一单位的可能性很大，因此包含"繁化＋简化"的三合机制的运用频率小于包含"移化＋换化"的三合机制。又如：分化和合化通常针对繁复的原文长句，操作于小句及以上语言单位，它们之间的二合频率最低，所以包含"分化＋合化"的多合机制的频率很低。任意3种单一机制之间的组合决定了它们跟另外一种或几种机制组合的可能性。换言之，三合机制是多合机制的基础和支柱，是多合机制研究的主体，四合机制、五合机制、六合机制是次体。

第二节　二合机制

　　二合机制，指译者在处理原文某一/几个句子（合化机制有时操作于原

文两个或以上句子,下同)时,组合运用繁化、简化、移化、换化、分化、合化 6
种单一机制中的任意两种,以便准确传达原文语义,完整再现原文语值,真
实保存原文风味,即达意、现值、存味,同时确保译文规范、地道、通畅。从 6
种单一机制中任选两种进行组合,理论上有 15 种可能性,即 15 种二合机制
(详见表 5 - 2)。

表 5 - 2　二合机制概览

	繁化	简化	移化	换化	分化	合化
繁化	－	＋	＋	＋	＋	＋
简化	重	－	＋	＋	＋	＋
移化	重	重	－	＋	＋	＋
换化	重	重	重	－	＋	＋
分化	重	重	重	重	－	＋
合化	重	重	重	重	重	－

注:"＋"表示两种机制可以进行二合;"－"表示排除某种单一机制跟其自身的组合(因
为该单一机制可以操作于句中不同单位);"重"表示已经统计的二合机制,不再累计。

由于每种单一机制的运用理据不同,使用频率不一,两种机制的间性不
同,相互组合的可能性和频率也不相同,15 种二合机制在全译实践中存在差
异性。基于四篇译文的统计结果,15 种二合机制(共 46 例)按照运用频率依
次排序为:繁化＋换化(11 例)＞繁化＋移化(10 例)＞简化＋换化≈移化＋换
化(均为 6 例)＞繁化＋简化≈简化＋合化(均为 4 例)＞简化＋移化(3 例)＞
繁化＋分化≈分化＋合化(均为 1 例)＞繁化＋合化≈简化＋分化≈移化＋
分化≈移化＋合化≈换化＋分化≈换化＋合化(均为 0 例)(详见表 5 - 3)。

表 5 - 3　四篇译文中的二合机制统计(单位:例)

二合机制种类	全译类型	英译汉			汉译英	小计
		"《史记》趣闻"	《天择与种变》	"钱氏发言"	《论快乐》	
繁化＋ (26 例, 56.52%)	简化	0	1	2	1	4
	移化	0	1	0	9	10
	换化	0	3	2	6	11
	分化	0	1	0	0	1
	合化	0	0	0	0	0
简化＋ (13 例, 28.26%)	移化	1	1	0	1	3
	换化	3	0	1	2	6
	分化	0	0	0	0	0
	合化	1	1	0	2	4

（续表）

移化＋ （6例， 13.04％）	换化	0	1	3	2	6
	分化	0	0	0	0	0
	合化	0	0	0	0	0
换化＋ （0例）	分化	0	0	0	0	0
	合化	0	0	0	0	0
分化＋ （1例， 2.17％）	合化	0	0	0	1	1
总计		5	9	8	24	46

一、"繁化＋"二合机制

"繁化＋"二合机制,指译者在处理原文句子时,将繁化分别与简化、移化、换化、分化、合化进行两两组合,形成包含繁化的 5 种二合机制。据统计,这 5 种二合机制共有 26 例,占比为 56.52％,按运用频率依次排列为:繁化＋换化(11 例)＞繁化＋移化(10 例)＞繁化＋简化(4 例)＞繁化＋分化(1 例)＞繁化＋合化(0 例)(详见表 5－3)。

(一) 繁化＋换化

"繁化＋换化"二合机制,指译者组合运用繁化和换化来处理原文某个句子。据统计,"繁化＋换化"共有 11 例,在二合机制中的运用频率最高,汉译英(6 例)稍多于英译汉(5 例)。繁化是高频的单一机制,多用于汉译英,在增添或扩充语言单位时可能涉及表达方式的互换,换化是频率极高、手段多样(有 6 个小类)的单一机制,表达方式的互换可能涉及语言单位的增添或扩充,繁化与换化可能同时操作于原文句中某个单词、短语或小句,如在译文中增添词语或小句时,可能需要进行两个文本中词类、小句成分、表达方式之间的互换。仅就词类而言,将汉语甲类词与英语乙类词进行交换时,可能需要将它扩充为英语的短语或小句。繁化和换化有时分别操作于原文句中不同的单词、短语或小句,共同地推进译文句子的成型与成活。例如:

[1]He,so to speak,issued to Ezra Pound a patent of"the inventor of Chinese poetry for our time".

艾略特差不多发给庞特一张专利证,说他"为我们的时代发明了中国诗歌"。("钱氏发言")

例 1,钱氏分别采用繁化和换化处理原文句中的不同语言单位:通过增添量词"张"和名词"证",将 a patent 繁化为"一张专利证",增添动词短语"说他",将原文单句繁化为译文复句;将代词 he 换化为名词"艾略特",以便与下文的人名"庞特"(现通译为"庞德")相区分,将不定式短语 so to speak 换化为副词"差不多",将名词短语 the inventor of Chinese poetry of our time 换化为"为我们的时代发明了中国诗歌"。

(二)　繁化＋移化

"繁化＋移化"二合机制,指译者组合运用繁化和移化来处理原文某个句子,既可同时操作于原文句中同一较小的语言单位,也可操作于句中的不同单位。据统计,"繁化＋移化"共有 10 例,在二合机制中的运用频率排序第二,汉译英(9 例)多于英译汉(1 例)。一方面,繁化是汉译英中高频的单一机制,与移化具有内在关联,操作于同一语言单位的可能性较大,增译某个语言单位时还需要进行移位,以确保译句结构完整、表达地道、表义准确。另一方面,繁化和移化还可操作于原文句中不同的较小语言单位,共同推进译句成活。例如:

　　[2]像浮士德那样,我们空对瞬息即逝的时间喊着说:"逗留一会儿罢! 你太美了!"《论快乐》

　　Like Dr.Faustus,we call out in vain to time that vanishes in the blink of an eye:"Linger a while! So fair thou art!"* (Qian,2010:44)

　　* The line is drawn from Johann Wolfgang von Goethe's(1749 – 1832)*Faust*,part 1(first published in 1808).A translation by Bayard Taylor is available at http://www. gutenberg. org/dirs/etexto2/faust10.txt.In the 1941 edition,Qian refers to blink-of-an-eye time as *Augenblick*.(Qian,2010:78)

例 2,译者采用繁化和移化处理原文句中三处:将"空对"中的"空"增译为介词短语 in vain,并后移为 call out 的方式状语;将定语短语"瞬息即逝的"增译为定语从句 that vanishes in the blink of an eye,并移到修饰语之后;遵循英语感叹句的语序,将"你太美了!"中的"太美了"(so fair)前移,同时增添与 thou 对应的系动词 art。另外,译者还采用脚注解释钱氏借用浮士德的话,并说明如此英译的原因。

(三)　繁化＋简化

"繁化＋简化"二合机制,指译者在处理原文某个句子时,组合运用繁化和简化并操作于不同语言单位。繁化和简化是运用理据相同、语言方向相反的一对单一机制，通常不会同时操作于原文句中同一单位，但可操作于不同单位，如在甲处增添一个单位，而在乙处删除另一个单位。何时、何处、如何增减语言单位，需要结合文本类型、作者的遣词造句、原文句子的语境及其表意方式等具体情况，有时也体现译者因难见巧的求化艺术。据统计，"繁化＋简化"的实际操作共有4例，而且英译汉（3例）多于汉译英（1例）。一方面，繁化和简化往往相互排斥，通常不会同时操作于原文句中的同一语言单位；另一方面，繁化与分化、简化与合化、移化和换化往往组合运用，"繁化＋简化"往往与移化和/或换化、分化和/或合化组合运用，这可从"繁化＋""简化＋"的二合机制、"繁化＋简化"的三合、四合、五合、六合机制中看出，也可从相关译例中得到验证。例如：

[3]This conference will serve a twofold purpose：comparing the literature and，inevitably，comparing the comparatists，i. e. comparing the American comparatists' way or ways with the way or ways of their Chinese opposite members.

原译：这个会议有双重目的：比较文学，同时也必然比较比较文学学者，就是说，对照美国学者研究比较文学的途径和中国对等学者研究比较文学的途径。（"钱氏发言"）

试译：这个会议有双重目的：比较文学，同时也必然比较比较文学学者，就是说，对照美国学者及其中国同仁研究比较文学的途径。

例3，钱氏采用繁化机制处理 the American comparatists' way or ways，将其增译为"美国学者研究比较文学的途径"，英语中同时采用名词的单复数 way、ways，汉语名词并无这种区分，因此简化为"途径"。汉语中的动词没有时态的屈折变化，因此译者将 will serve 简化为"有"，并减译英语句中的冠词a、the。当然，为了译文的尽善尽美，原译还可进一步简化，如试译。

（四）繁化＋分化

"繁化＋分化"二合机制，指译者在处理原文某个句子时，组合运用繁化和分化两种单一机制，通常同时操作于原文句中同一语言单位，也可分别操作于不同单位。第四章第六节"分化机制"指出：分化与繁化有时存在部分重叠，采用分化机制将词、短语从原文小句中分离出来时，可能增加相应的词素、单词或短语,将小句从原文复句中分离、译成单句或复句时,可能需要增加新的小句,这跟词素、单词、短语和小句的繁化是相通的。据统计,"繁化＋分化"的操作只有 1 例,而且是英译汉,这主要是因为:"繁化＋分化"往往跟移化或换化组合,形成三合、四合、五合、六合的情况,这可从后面多合机制中的统计结果得到证实。由于分化是一种低频的单一机制,操作单位往往在小句及以上单位,跟其他单一机制组合的可能性相对较小。例如:

[4]There will be a weeding out of the white in favour of the brown in each generation.

毛色之度,每历一裔纪,反渐变棕薄,顾使气候之变也。(《天择与种变》)

例 4,原文虽为 there be 型单句,但不只一层语义关系,因此译者采用分化机制,分开表述毛色变化的结果和原因(根据上下文补充),将名词短语 a weeding out of the white in favour of the brown 繁化为小句"毛色之度,……反渐变棕薄",就理顺了原文的结构和语义关系,确保译句的完整和顺畅。

(五) 繁化＋合化

"繁化＋合化"二合机制,指译者在处理原文某一/几个句子时,组合运用繁化和合化两种单一机制。"繁化＋合化"在理论上有运用的可能性,但实际统计用例为 0。这是因为:一方面,繁化机制的操作单位多在小句之内,主要是在译文中增添词语,合化机制的操作单位多为小句及以上单位,因此两种机制操作单位的交集不多;另一方面,繁化与合化是相互排斥的一对单一机制,很少对同一语言单位进行操作,繁化与分化、简化与合化往往共融,"繁化＋合化"有时还跟其他机制一起形成多合机制,分别操作于原文句中的不同单位。本章选取语料的文本类型相对单一,句子长度不够,不能涵盖"繁化＋合化"的更多译例。只有扩大语料搜索的范围,充分地观察全译事实,才可能得出可靠结论。例如:

[5]"葡萄牙人的血"这句话等于日本人说有本位文化,或私行改编外国剧本的作者声明他的改本"有著作权,不许翻译"。因为葡萄牙人血里根本就混有中国成分。

To say she had"Portuguese blood"was the same as for the Japanese to claim they have native culture,or for an author who has plagiarized a foreign play to declare in his revised version, "copyright reserved, translations forbidden", since the Portuguese blood had Chinese ingredients mixed in it from the start.(钱钟书,2003:30,31)

例 5,原文是一个包含因果关系的句群,"因为"将两个句子连接起来,但"因为"前的句号也可改成逗号,这样因果句群就压缩为因果复句。鉴于此,译者运用合化机制,将汉语句群合成由 since 连接的英语复合句,还运用繁化机制,增添 to say that she had 和 from the start,将定语短语"私行改编外国剧本的"繁化为定语从句 who has plagiarized a foreign play。

二、"简化+"二合机制

"简化+"二合机制,指译者在处理原文句子时,将简化分别与移化、换化、分化、合化进行两两组合,形成包含简化的 4 种二合机制。根据 4 篇译文的统计,这 4 种二合机制共有 13 例,占比为 28.26%,按运用频率依次排序为:简化+换化(6 例)>简化+合化(4 例)>简化+移化(3 例)>简化+分化(0 例)(详见表 5-3)。

(一) 简化+换化

"简化+换化"二合机制,指译者组合运用简化和换化来处理原文某个句子。据统计,"简化+换化"的运用频率在所有二合机制中并列第三,共有 6 例,而且英译汉(4 例)多于汉译英(2 例)。由于英汉词类的划分不尽一致,各种词类的使用频率不同,换化是汉英互译中频率较高、小类较多的单一机制;英语虚词的种类繁多、使用普遍,英译汉时往往需要删减某些词语。因此,"简化+换化"二合机制多用于英译汉。例如:

[6]Seeing his evil plight, he straightway called to his brother, and, showing him how matters stood, "Creep in quickly," said he, "and cut off my head, lest I be seen and recognized and so bring you too to ruin."

急呼厥昆,示己处困,而谓之曰:"趣断我首,免人辨认,殃及汝身。"("《史记》趣闻")

例 6,钱氏将浅近的现代英语译为四字一句的佛经体汉语文言,语言的简洁性可见一斑,可以说简化机制运用得炉火纯青,如将 seeing his evil plight 和 showing him how matters stood 合为"示已处困",将 he straight-way called to his brother 压缩为"急呼厥昆",将 creep in quickly 和 and cut off my head 减译为"趣断我首",并对 be seen and recognized 同时施以简化和换化：变被动为主动,省译 seen,将两个动词简化为"辨认"。

（二）简化＋合化

"简化＋合化"二合机制,是指译者在处理原文某一/几个句子时,组合运用简化和合化两种单一机制。据统计,"简化＋合化"共有 4 例,英译汉、汉译英各 2 例。简化跟合化存在部分重合,尤其是在长句中,合并小句通常简省语言单位,而在逻辑语义关系密切的紧凑句群中,句子之间的合并跟复句的小句化、小句的短语化往往殊途同归。例如：

[7] The brother consented and did this, thinking the counsel good. Then he set the stone in place again, and went away home, carrying his brother's head.

弟解其意,依言而行,还石原处,携头回家。（"《史记》趣闻"）

例 7,原文为并列复句,但两个句子本身较为简短,都是叙述 the broth-er 的行为或心理。钱氏将原文句子合二为一：将现在分词表达的语义融进所修饰的谓语动词,thinking the counsel good 就是 consented 的原因,减译为"解其意";因 carrying his brother's head 是 went away home 的方式,故将其合并为"携头回家"。

（三）简化＋移化

"简化＋移化"二合机制,是指译者在处理原文某个句子时,组合运用简化和移化两种单一机制。据统计,"简化＋移化"的运用有 3 例,英译汉（2例）多于汉译英（1 例）。在简化原文单位时,如将原文小句简化为短语或单词时,有时还进行移位;对某个单位移位时,有时需要减译相邻单位;在简化甲单位时,可能需要移动乙单位,反之亦然。简化和移化可操作于原文句中的同一单位,也可操作于不同单位,都是追求译文简洁明快、尽善尽美。例如：

[8] The fur of this species will thicken and its whiteness increase with every generation, until there is no advantage in carrying any more fur.

故每历一裔纪,毛色将益加厚白。（《天择与种变》）

例 8，原文来自风行于 20 世纪的威尔斯著作《世界史纲》，文字简洁、笔调轻快的风格在钱锺书译本中得以完美再现。他采用简化机制将并列复句 the fur of this species will thicken and its whiteness increase 合译为"毛色将益加厚白"，省译其中的 of this species，将介词短语 with every generation 译为"每历一裔纪"，并移至句首，省译 until 引导的时间状语从句，"因行文之便，故于无关紧要之辞句，悉略而不译"。（钱锺书，1926:25）

（四）简化＋分化

"简化＋分化"二合机制，指译者在处理原文某个句子时，组合运用简化和分化两种单一机制。"简化＋分化"有理论上的可能，但语料统计结果为 0。这主要是因为：一方面，简化往往操作于小句及以下语言单位，如单词和短语，分化多用于小句以上的语言单位，如复句和句群，它们共同操作的单位层级不多；另一方面，简化与分化是相互对立的一对单一机制，很少同时操作于同一单位，而且"简化＋分化"有时跟其他机制一起形成多合机制，分别操作于原文句中的不同单位。当然，笔者这里选取的文本类型和数量有限，不足以涵盖"简化＋分化"的更多译例。如果扩大语料范围，就有可能发现相关译例。例如：

[9]Now if nature makes...nothing in vain, the inference must be that she has made all animals for the sake of man.

苟物不虚生者，则天生禽兽，端为人故。（钱锺书，1986:418）

例 9 是钱氏在论述"目的论"时引用亚里士多德的一句话。原文复合句中的主句是一个嵌套型复句，其中主句 the inference must be... 的意义已包含在上下文的推断之中。钱氏将其简化，并将 that she has made all animals for the sake of man 一分为二："天生禽兽""端为人故"。译文既简洁省力，又周转灵活，与钱氏上文引用的汉语文言风格一致。

三、"移化＋"二合机制

"移化＋"二合机制，指译者在处理原文句子时，将移化分别与换化、分化、合化进行两两组合，形成包含移化的 3 种二合机制。根据四篇译文的统计，这 3 种二合机制共有 6 例，占比为 13.04%，皆为"移化＋换化"，而"移化＋分化""移化＋合化"的用例均为 0。

（一）移化＋换化

"移化＋换化"二合机制，指译者组合运用移化和换化来处理原文某个句子。据统计,"移化＋换化"在 15 种二合机制中并列第三,共有 6 例,英译汉(4 例)多于汉译英(2 例)。移化与换化往往相伴而随,相向而行,相得益彰,既可同时操作于原文句中同一单位,也可操作于不同单位,共同推进译文的成型成活。例如:

[10]Early Chinese translators and writers, in their fashion, "invented" European and American literature, and our professional students have since set about industriously discovering it.

早期的中国翻译家和作家各出心裁,"发明"了欧美文学,多年来我们的专业学者辛勤地从事于"发现"欧美文学。("钱氏发言")

例 10,钱氏将时间副词 since 换译为名词短语"多年来",并移至句首,将副词 industriously 换译为形容词"辛勤(地)",并移到动词短语"从事于"之前,这两处都是典型的"移化＋换化"机制,符合汉语的表达规范与习惯。

(二) 移化＋分化

"移化＋分化"二合机制,指译者在处理原文同一句子时,组合运用移化和分化两种机制,可操作于原文句中同一单位,也可操作于不同单位。"移化＋分化"有理论上操作的可能。因为在拆分原文句子时,有时需要运用移化机制,但实际统计用例为 0。这主要是因为:一方面,移化主要操作于小句之内,而分化多操作于小句及以上语言单位,两种机制操作的语言单位交集不多;另一方面,移化跟换化往往相伴而随,分化跟繁化经常操作于同一单位,"移化＋分化"还与其他机制形成多合的情况。如果扩大取例范围,就有可能发现"移化＋分化"的实例。例如:

[11]A fireside general loses no battles.
火炉边大将,从不打败仗。(钱锺书,1984:460)

例 11 为钱氏论及"文士笔尖杀贼,书生纸上谈兵"时引用的一句英谚。他采用"移化＋分化"二合机制,将原文短小的单句分化为汉语复句,形成押韵的诗化语言,并根据汉语表达习惯,将原文的否定结构 loses no battle(＝does not lose any battle)进行移位。

(三) 移化＋合化

"移化＋合化"二合机制,指译者在处理原文某一/几个句子时,组合运用移化与合化两种单一机制。"移化＋合化"在理论上有操作的可能性,但实际统计用例均为0,这跟"移化＋合化"的情况类似:一方面,移化主要操作于小句之内,而合化多操作于小句之间,二者操作的语言单位交集不多;另一方面,移化跟换化往往相伴而随,合化往往跟简化同时操作于同一单位,"移化＋换化"还与其他机制形成多合的情况。如果扩大取例范围、增加语料数量,就有可能找到"移化＋合化"的实例。例如:

> [12]A response is sentimental if it is too great for the occasion.
>
> 感伤主义是对于一桩事物过量的反应。(钱锺书,2002b:68)

例12是钱氏在论述俗气时引用英国文学批评家、美学家瑞恰慈(I.A. Richards)的一句话。他将原文复合句合为汉语单句,交换其中 response、sentimental 的位置,并将 it is too great for the occasion 对应的"对于一桩事物过量"前移,作为"反应"的定语。

四、"换化＋"二合机制

"换化＋"二合机制,指译者在处理原文句子时,将换化与分化、合化进行两两组合,形成"换化＋分化""换化＋合化"两种二合机制。换化与分化、合化在理论上存在二合的可能性,因为在对原文句子进行拆分或合并时,有时需要变换原文某个语言单位的表达形式,但实际的语料统计用例均为0。这种情况跟"移化＋分化""移化＋合化"的二合机制类似,因为移化、换化通常操作于小句及以下语言单位,而分化、合化多操作于小句及以上语言单位,移化/换化跟分化/合化操作的语言单位交集并不多。另一方面,移化与换化往往配合使用,分化与繁化、合化与简化通常是异曲同工,移化/换化跟分化/合化二合的概率远远小于"换化＋分化""换化＋合化"跟其他单一机制进行多合的概率,这可从后面包含"换化＋分化""换化＋合化"的多合机制的统计结果得到证实。如果扩大语料范围,就可能发现"换化＋分化""换化＋合化"的译例。例如:

> [13]Like a purge which drives the substance out and then in its turn is itself eliminated.
>
> 譬如泻药,腹中物除,药亦泄尽。(钱锺书,1986:13)
>
> [14]Without contraries is no progression. Attraction and repulsion, Reason and Energy, Love and Hate, are necessary to Human existence.

无反则无动:引与拒、智与力、爱与憎,无之人不能生存。(钱锺书,
1986:446-447)

例13是钱氏采用"换化+分化"的译例。他引用古希腊怀疑派论"反言
破正,还复自破",将名词短语与其后的定语从句分开,从而将英语的复杂短
语扩展为汉语复句,并将其中的被动语态 then in its turn is itself elimina-
ted 换化为主动语态"药亦泄尽"。例14是钱氏采用"换化+合化"的译例。
他在论述老子"反者,道之动"时,引用英国诗人勃莱克(William Blake,现
通译为"布莱克")诗中的两句。他将英语句群合为汉语复句,用引号表明两
个分句之间的解注关系,并将其中的介词 without 和限定词 no 都换译为动
词"无",从而将英语单句"Without contraries is no progression."换化为汉
语的压缩型复句"无反则无动",并将肯定结构 are necessary to Human ex-
istence 换化为双重否定结构"无之人不能生存"。

五、"分化+"二合机制

"分化+"二合机制,除了上面统计和分析的二合机制之外,就只剩下
"分化+合化",指译者组合运用分化与合化两种单一机制来处理原文句子。
理论上,"分化+合化"的操作可能性很小,因为这两种机制的操作理据相
同、语言方向相反,如英译汉多用分化,汉译英多用合化,二者很少操作于同
一句子。实际上,语料统计中"分化+合化"的用例为0。当然,"分化+合
化"有时可能操作于复杂长句甚至句群,而且跟其他机制一起形成多合机
制,这可在后面多合机制的统计分析中得到印证。例如:

[15]...as straight and flexible as the line you stretch between
pear trees,with your linen on drying.
……既直且柔,如挂于两树间之晒衣绳然。(钱锺书,1994:136)

例15是钱氏采用"分化+合化"的译例。鉴于原文短语稍长,他先将其
中的 as... as...短语分开,分别译为:"既直且柔""如挂于……",又将第二部
分的 with 介词短语与其前面的修饰语 pear trees 合并译出。

第三节　多合机制

多合机制,指译者为了实现译文对原文的达意、保值、存味,在处理原文

某一句子(合化机制有时操作于一个或以上句子,下同)时,组合运用繁化、简化、移化、换化、分化、合化 6 种单一机制中的任意 3 种、5 种、4 种甚至 6 种,形成三合机制、四合机制、五合机制、六合机制。一般而言,进行组合的单一机制数量越多,相互牵制的因素越多,组合的要求越高、难度越大、频率越低。

一、三合机制

三合机制,指译者为了达到求化效果,组合运用繁化、简化、移化、换化、分化、合化 6 种单一机制中的任意三种。三合机制是多合机制的主体,按照组合规律,从 6 种单一机制中任取三种进行组合,理论上有 20 种可能性,即 20 种三合机制(详见表 5-4)。

表 5-4　全译求化三合机制概览

		繁化	简化	移化	换化	分化	合化
繁化	简化	−	重	+	+	+	+
	移化	−	重	−	+	+	+
	换化	−	−	重	−	+	+
	分化	−	重	重	重	−	+
	合化	−	重	重	重	重	−
简化	移化	重	−	−	+	+	+
	换化	重	−	−	−	+	+
	分化	重	−	重	重	−	+
	合化	重	−	重	重	重	−
移化	换化	重	重	−	−	+	+
	分化	重	重	−	重	−	+
	合化	重	重	−	重	重	−
换化	分化	重	重	重	−	−	+
	合化	重	重	重	−	重	−
分化	合化	重	重	重	重	−	−

注:"+"表示可操作、需统计的三种机制;"−"表示排除某种单一机制跟其自身的组合(因为该单一机制可以操作于句中不同单位);"重"表示已经统计的三合机制,不再累计。

由于每种单一机制的运用理据不同,使用频率有别,相互组合的可能性存在较大差异,因此每种三合机制的运用频率不同。据统计,20 种三合机制按使用频率依次排序为:繁化+移化+换化(19 例)>简化+移化+换化(11 例)>繁化+简化+分化(5 例)>繁化+移化+分化≈繁化+换化+合化(4 例)>繁化+简化+移化≈简化+移化+合化≈繁化+分化+合化(3 例)>繁化+简化+换化≈简化+移化+分化(2 例)>繁化+简化+合化≈

简化＋换化＋分化≈简化＋换化＋合化≈简化＋分化＋合化(1例)＞繁化＋
移化＋合化≈繁化＋换化＋分化≈移化＋换化＋分化≈移化＋换化＋合
化≈移化＋分化＋合化≈换化＋分化＋合化(0例)(详见表5-5)。三合机
制的运用包括三种操作模式:①"1＋1＋1"模式,即三种机制分别操作于原
文句中的不同单位;②"2＋1"模式,即两种机制同时操作于原文句中同一单
位,另一种机制操作于另一单位;③"三合一"模式,即三种机制同时操作于
句中同一单位。一般而言,三种模式的操作难度依次加大,概率依次递减。

(一)"繁化＋"三合机制

"繁化＋"三合机制,指译者将繁化分别与简化、移化、换化、分化、合化
的任意两种进行组合,形成包含繁化的10种三合机制。据统计,这种三合
机制在四篇译文中共有41例,根据运用频率依次排序为:繁化＋移化＋换
化(19例)＞繁化＋简化＋分化(5例)＞繁化＋移化＋分化≈繁化＋换化＋合
化(4例)＞繁化＋简化＋移化≈繁化＋分化＋合化(3例)＞繁化＋简化＋换
化(2例)＞繁化＋简化＋合化(1例)＞繁化＋移化＋合化≈繁化＋换化＋
分化(0例)(详见表5-5)。

表5-5　四篇译文中的三合机制统计(单位:例)

三合机 制种类	文本 	英译汉			汉译英	小计
		"《史记》趣闻"	《天择与种变》	"钱氏发言"	《论快乐》	
繁化＋ (41例, 68.33%)	简化＋移化	0	0	0	3	3
	简化＋换化	2	0	0	0	2
	简化＋分化	1	3	0	1	5
	简化＋合化	0	0	0	1	1
	移化＋换化	0	0	3	16	19
	移化＋分化	0	2	1	1	4
	移化＋合化	0	0	0	0	0
	换化＋分化	0	0	0	0	0
	换化＋合化	0	1	0	3	4
	分化＋合化	1	1	0	1	3
简化＋ (19例, 31.67%)	移化＋换化	4	2	3	2	11
	移化＋分化	2	0	0	0	2
	移化＋合化	0	3	0	0	3
	换化＋分化	0	0	0	1	1
	换化＋合化	1	0	0	0	1
	分化＋合化	0	0	0	1	1

（续表）

移化＋ （0例）	换化＋分化	0	0	0	0	0
	换化＋合化	0	0	0	0	0
	分化＋合化	0	0	0	0	0
换化＋ （0例）	分化＋合化	0	0	0	0	0
	总计	11	12	7	30	60

1.繁化＋移化＋换化

"繁化＋移化＋换化"三合机制,指译者在处理原文某个句子时,组合运用繁化、移化和换化三种单一机制。据统计,"繁化＋移化＋换化"在所有三合机制中排序第一,共有19例,汉译英（16例）远远多于英译汉（3例）。繁化是一种高频的单一机制,移化和换化往往相伴而随,而且繁化跟移化、换化两两组合的频率都较高,因此三者组合的频率最高。由于汉语注重意合、英语注重形合,汉译英中较多采用繁化机制,增添最多的是各种虚词,如冠词、连接词、介词、副词等,有时也需要将单词或词语小句化、小句复句化,因此"繁化＋移化＋换化"三合机制在汉译英中的运用频率通常高于英译汉。例如:

[1]因为人在高兴的时候,活得太快,一到困苦无聊,愈觉得日脚像跛了似的,走得特别慢。（《论快乐》）

For when a person is happy life passes too quickly,but as soon as he encounters difficulty or boredom,time seems to move painfully slowly,as if dragging a lame foot.

例1,译者采用繁化机制,依次增添连接副词when、名词life、连词but、代词he、动词encounter、seems（to）、副词painfully、现在分词dragging,将名词短语"人在高兴的时候"扩展为时间状语从句when a person is happy,将动词短语"活得"增译为主谓短语life passes;采用移化机制,将"日脚像跛了似的""走得特别慢"互相移位;采用换化机制,将作补语的"太快""特别慢"分别换译为状语too quickly、slowly,将形容词短语"困苦无聊"换译为名词短语difficulty or boredom,以便与增添的动词encounter形成动宾搭配,将主谓短语"脚……跛……"换译为动宾短语dragging a lame foot。

2.繁化＋简化＋分化

"繁化＋简化＋分化"三合机制,指译者在求化过程中,组合运用繁化、简化和移化来处理原文某一句子。据统计,"繁化＋简化＋分化"在三合机制中排序比较靠前,共有 5 例,英译汉(4 例)多于汉译英(1 例)。在操作原文句中的同一单位时,简化跟繁化、分化通常不兼容,但繁化与分化往往属于殊途同归,合用的可能性较大,因此"繁化＋简化＋分化"的运用概率较高,通常采取"2＋1"或"三合一"模式。例如:

[2]Among very small and simple living things,such as that microscopic blob of living matter the *Amoeba*,an individual may grow and then divide completely into two new individuals,which again may divide in their turn.

即如组织最简单形体极纤细之生物 Amoeba 者,长至一定限度时,必分裂为二;此二新个体,复能继续分裂。(《天择与种变》)

例 2,钱氏采用繁化机制,增添副词"最"、名词"组织"和"形体"、短语"至一定限度时";采用简化机制,将 very small and simple 减译为"简单",名词短语 living things 减译为名词"生物",承前简省 such as、that microscopic blob of living matter、in their turn,省译名词短语 an individual,将 two new individuals 减译为"二";采用分化机制,将 which 引导的定语从句与主句断开,译为半独立小句"复能继续分裂",并用分号与前面句子断开。

3.繁化＋换化＋合化

"繁化＋换化＋合化"三合机制,指译者组合运用繁化、换化和合化处理原文句子。据统计,"繁化＋换化＋合化"在三合机制中排序相对靠前,共有 4 例,汉译英(3 例)多于英译汉(1 例)。虽然繁化和合化通常不兼容,但并不影响它们分别操作于原文句中的不同单位,繁化跟换化合用的可能性较大,而且繁化在汉译英中的运用多于英译汉,所以"繁化＋换化＋合化"三合机制的运用频率相对较高,多采用"2＋1"模式。例如:

[3]《西游记》里小猴子对孙行者说:"天上一日,下界一年。"这种神话,确反映着人类的心理。天上比人间舒服欢乐,所以神仙活得快,人间一年在天上只当一日过。(《论快乐》)

In *Journey to the West*,the little monkeys tell Traveler Sun that "a day in Heaven lasts as long as a year on earth"* ,a myth which,as it turns out,perfectly mirrors the human psyche;Heaven is a happier and more comfortable place than earth;therefore immortals live more quickly than humans, and a year on earth is equal to a single day in Heaven.

　　＊ *Journey to the West*, chap.4.

　　例 3，译者将"这种神话"译为 a myth 之后，将其后的谓语结构处理为 which 引导的定语从句，再根据语义传达，将原文第三句处理为对"心理"的解释，用冒号连接，采用合化机制将原文包含三个句子的句群整合为一个复合句；增添动词短语 lasts as long as 将"天上一日，下界一年"译为小句，作为 tell 的宾语从句（增补连接代词 that），并以脚注的形式表明这一引语的来源，还增补小句 as it turns out，更准确地传达了"这种神话"与"确反映着人类的心理"之间的逻辑语义关系。他还采用换化机制，将做谓语的"舒服欢乐"换译为做定语的形容词短语 happier and more comfortable，修饰增添名词 place，将做补语的"（活得快）"换译为做状语的 more quickly，并增补 than humans，达意更准。

4.繁化＋移化＋分化

　　"繁化＋移化＋分化"三合机制，指译者组合运用繁化、移化和分化处理原文句子。据统计，"繁化＋移化＋分化"在三合机制中排序靠前，共有 4 例，英译汉（3 例）多于汉译英（1 例）。如前所示，"繁化＋移化"属于高频组合，繁化和分化有时是异曲同工，移化和分化也有一定组合，可同时操作于某一原语单位。这种三合机制多操作于繁长复句，将原文句子切分时，增译部分词语或小句，同时进行移位，以确保译句成型成活、达意传神。例如：

　　[4]If this change of climate come about too quickly, it may of course exterminate the species altogether; but if it come about gradually, the species, although it may have a hard time, may yet be able to change itself and adapt itself generation by generation.

　　渐则是种生物虽暂时有诸多困难，然尚能父传之子，子传之孙，稍稍变异以适环境。反是则斯种生物，将因气候骤变之故荡然无存，靡有子遗矣。（《天择与种变》）

　　例 4，原文为稍长的并列复合句：but 连接两个复合句，第二个复合句中的主句包含 if 和 although 引导的条件状语从句和让步状语从句，分别说明物种不同条件下进化和遗传的情况。钱氏先采用分化机制，分开说明这两种情况，用"反是则"进行语形和语义的关联，将"渐变"的恶劣气候前移，而将"骤变"的恶劣气候后移,这一调整更符合中国人的思维模式。他将 change itself and adapt itself generation by generation 进行移位,并将 generation by generation 形象地扩展为"父传之子,子传之孙",他还将 it may of course exterminate the species altogether 做类似的形象扩展——"荡然无存,靡有子遗矣"。经过这种繁化处理,原文有关进化的知识更易于为汉语读者理解和接受,能更好地进行科学普及。

5.繁化+简化+移化

"繁化+简化+移化"三合机制,指译者组合运用繁化、简化和移化处理原文某个句子。据统计,"繁化+简化+移化"共有 3 例,且均为汉译英。虽然繁化与简化通常不会操作于同一单位,但移化与繁化的高频组合再加上简化的较多运用,或者移化与简化的较高频组合再加上繁化在汉译英中的广泛运用,使得这种三合机制有一定概率。另外,在处理长句时,三者也有单用的可能性,这种三合机制多采取"2+1"或"三合一"模式。例如:

[5]不讲别的,只要一个失眠的晚上,或者有约不来的下午,或者一课沉闷的听讲——这许多,比一切宗教信仰更有效力,能使你尝到什么叫做"永生"的滋味。(《论快乐》)

Leave the rest aside:a sleepless night,an afternoon date that never shows,or a tedious lecture will let one taste"eternal life"better than any religious faith.

例 5 是"繁化+简化+移化"的典型例子。译者将"只要……这许多……"的原文复句简化为一个英语单句,减译连词"只要""或者",将前置的定语短语"有约不来的"繁化为后置的定语从句 that never shows,将"这许多,比一切宗教信仰更有效力,……"简化为 let one taste...,减译其中的"这许多",将跟"比一切宗教信仰更有效力"对应的 better than any religious faith 进行移位。译文形式简洁,既准确达意,又契合原文风格,堪称与原文媲美的入"化"译作。

6.繁化+分化+合化

"繁化+分化+合化"三合机制,指译者在处理原文某句子时,组合运用繁化、分化和合化三种单一机制。据统计,"繁化+分化+合化"共有 3 例,英译汉(2 例)多于汉译英(1 例)。如前所述,虽然繁化与合化、分化与合化是操作理据类似、语言对方向相反的一对单一机制,但繁化与分化有异曲同工之妙,在拆分原文句子时,可能需要增添语言单位;或者在拆分某一长句

时,需要将部分语言单位进行重组、合并。因此,这种三合机制既有理论上操作的可能,也有实际中运用的例子。例如:

[6]The young which a living thing produces are either directly, or after some intermediate stages and changes(such as the changes of a caterpillar and butterfly),like the parent living thing.But they are never exactly like it or like each other.

夫产生之新个体,或则直接或则经历若干时期后,(七)(如蝴蝶必须经 marva、pupa 等期是也。)(八)(按此即 metamorphosis)与其亲体相似,然无论如何,终有丝毫之不同,未能全肖。(《天择与种变》)

例6,原文为 but 连接的并列句群:第一句为带定语从句的复合句,说明新个体的产生及其与亲体的相似;第二句为单句,说明新个体与亲体、新个体之间不完全相同。钱氏考虑到这层逻辑-语义关系,将原文句群在 like 处拆分,前一句重在说明新个体的产生,后一句强调新个体与亲体以及新个体之间的似与不似。他将原文第一句中的 such as the changes of a caterpillar and butterfly 增译为"如蝴蝶必须经 marva、pupa 等期是也",还增添解释性内容"按此即 metamorphosis",自成一句,与前面内容断开。他将 like the parent living thing 与原文第二句(即译文第三句)合并,并增添"然无论如何",将 never exactly like it or like each other 分开表述为"终有丝毫之不同""未能全肖"。总之,英语原文经过三次繁化、两次分化、一次合化,成为达意准确、现值完整、符合规范的汉语译文。

7.繁化＋简化＋换化

"繁化＋简化＋换化"三合机制,指译者组合运用繁化、简化和换化对原文句子进行全译操作。据统计,"繁化＋简化＋换化"在20种三合机制中排序居中,虽然只有2例,但这种三合机制还是有一定的运用概率,用例不多可能由于笔者统计的语料范围不够广、数量不够大,未能发现这类三合机制的更多译例。虽然繁化和简化是操作理据相同、语言方向相反的一对单一机制,二者操作于句中同一单位的可能性不大,但"繁化＋换化""简化＋换化"属于高频组合,可能同时操作于居中某一单位,另外一种机制操作于另一单位,因此这种三合机制往往采用"2＋1"模式。如:

[7]When the king was told of the stealing away of the dead thief's body he was very angry,and re-solved by all means to find who

it was that had plotted the deed.

　　王闻失尸,赫然震怒,殚思尽力,必获巨猾。("《史记》趣闻")

　　例7是一个"繁化＋简化＋换化"的典型例子:was told——闻,属于换化机制(被动→主动);the stealing away of the dead thief's body——失尸,将较长的动名词短语简化并换译为较短的动宾短语,属于"换化＋简化";he was very angry——赫然震怒,属于"繁化"＋"简化"机制(小句短语化);resolved by all means——殚思尽力,属于"换化(被动→主动)＋繁化(将by all means的语义更加形象化)";who it was that had plotted the deed——巨猾,将内嵌表语从句的宾语从句压缩为短语,属于简化机制。

8.繁化＋简化＋合化

　　"繁化＋简化＋合化"三合机制,指译者综合运用繁化、简化和合化处理原文中某一/几个句子。据统计,"繁化＋简化＋合化"三合机制的实际运用只有1例,且为汉译英。繁化、简化是运用理据相同、语言方向相反的一对单一机制,通常不会操作于原文句中同一单位,简化与合化虽然异曲同工,但在操作单位的层级上存在差异:简化多操作于小句及以下单位,合化多操作于小句及以上单位,因此这种三合机制的运用概率不高。例如:

　　[8]罗登巴煦(Rodenbach)的诗集《禁锢的生活》(*Les Vies Encloses*)里有专咏病味的一卷,说病是"灵魂的洗涤(épuration)"。(《论快乐》)
　　Rodenbach's poetry anthology *Les Vies Encloses* includes a section dedicated to extolling illness as"cleansing of the soul(*épuration*)"* .
　　＊ The Belgian symbolist poet and novelist Georges Rodenbach (1855 - 1898)published eight collections of poetry and four novels during his lifetime. The reference to *épuration* can be found in the opening poem in part 4("Les Malades aux fenêtres")of *Les Vies Encloses* (1896),which was published near the end of his life.

　　例8,译者将"有专咏病味的一卷,说病是……"合译为includes a section dedicated to…,从而将汉语复句合化为英语单句,同时将汉语小句"说病是'灵魂的洗涤(épuration)'"简化为动名词短语extolling illness as "cleansing of the soul (*épuration*)";译者还通过增添尾注,向译文读者介绍罗登巴煦诗集《禁锢的生活》的版本情况以及épuration的用典和含义。

该例属于"繁化＋简化＋合化"的"三合一"模式,即三种单一机制同时操作于原文的同一小句"说病是'灵魂的洗涤(épuration)'"。

9.繁化＋移化＋合化

"繁化＋移化＋合化"三合机制,指译者在全译求化过程中操作原文句子时,组合运用繁化、移化和合化。据统计,"繁化＋移化＋合化"在全译语料中的实际用例为0。虽然"繁化＋移化"是较高频的二合机制,但繁化与合化共同操作的语言单位交集不多,而且操作的语言方向相反,运用合化机制合并复句或小句时,不一定移动语言单位。同时,这三种单一机制可能还与另外某一/几种合用,形成四合或五合机制。因此,"繁化＋移化＋合化"三合机制的使用频率不高。其用例为0,可能是因为笔者选取的语料范围不够广、数量不够多,还不足以囊括更多译例。

10.繁化＋换化＋分化

"繁化＋换化＋分化"三合机制,指译者在全译求化过程中操作原文某一句子时,组合运用繁化、换化和分化。据统计,"繁化＋换化＋分化"在全译语料中的实际用例为0。虽然"繁化＋换化"是最高频的二合机制,但"繁化＋分化""换化＋分化"都是低频的二合机制,最主要的是,繁化、换化多操作于小句及以下语言单位,而分化多操作于结构复杂、层次繁多的长句,而且这三种单一机制可能还与另外某一/几种合用,形成四合或五合机制。因此,"繁化＋换化＋分化"三合机制的运用频率不高。

(二)"简化＋"三合机制

"简化＋"三合机制,指译者将简化分别与移化、换化、分化、合化中的任意两种机制进行组合运用,形成包含简化的6种三合机制。"简化＋"三合机制在实际语料中共有18例,按照运用频率排序为:简化＋移化＋换化(11例)＞简化＋移化＋合化(3例)＞简化＋移化＋分化(2例)＞简化＋换化＋分化≈简化＋换化＋合化≈简化＋分化＋合化(1例)(详见表5-5)。

1.简化＋移化＋换化

"简化＋移化＋换化"三合机制,指译者组合运用简化、移化和换化处理原文某一句子。据统计,"简化＋移化＋换化"在20种三合机制中排序第二,仅次于"繁化＋移化＋合化",共有11例,英译汉(9例)多于汉译英(2例)。一方面,"移化＋换化"较高频率的二合机制,相对容易地跟另外某种单一机制组合运用;另一方面,简化是英译汉中比较频繁使用的一种单一机制,"简化＋移化""简化＋换化"也都属于较高频的二合机制。因此,"简化＋移化＋换化"的运用频率较高,而且多用于英译汉。例如:

[9]When the king opened the building, he was amazed to see the vessels lacking their full tale of treasure; yet he knew not whom to accuse, seeing that the seals were unbroken and the chamber fast shut.

王后启藏,睹贮银箧,不复满溢,遂大惊怪,而门密闭,封缄未损,无可归罪。("《史记》趣闻")

例 9 是"简化＋移化＋换化"三合机制的典型用例。钱氏根据汉语的思维和表达习惯,调整 he was amazed to see...中的语序,先叙述国王所见("睹贮银箧,不复满溢"),再描写其情绪变化("遂大惊怪"),并且将肯定形式、否定意义的 lacking the full tale of treasure 换译为"不复满溢"。他还采用简化机制,省译原文中的关联词 when、yet、that 和 and、冠词 the、名词 building,还采用换化机制,将被动语态 were unbroken 和 fast shut 分别换译为汉语中形式上的主动结构"门密闭"和"封缄未损"(同时属于肯否换译)。

2.简化＋移化＋合化

"简化＋移化＋合化"三合机制,指译者组合运用简化、移化和合化处理原文某一/几个句子。这种三合机制在全译语料中的实际运用虽然只有 3 例,且均为英译汉,但在 20 种三合机制中的排序比较靠前,表明其运用概率较高。这主要是因为"简化＋合化""简化＋移化"都是高频运用的二合机制,既可操作于原文句中不同单位,也可操作于同一单位,分别跟移化、合化组合的可能性比较大,而且简化多用于英译汉。例如:

[10]①After the individual has lived and produced offspring for some time, it ages and dies. ②It does so by a sort of necessity. ③There is a practical limit to its life as well as to its growth. ④These things are as true of plants as they are of animals. ⑤And they are not true of things that do not live.

生物产子之后即老衰而死。此种程序实出诸不得不然。其生命与生长皆有实限。此生长之限,动植物皆有之。无生物则不然。(梁思成等译《天择与种变》)

例 10,原文是由五个句子组成的句群,旨在说明动植物产子后衰老而死的自然规律,但语言不够简洁。译文采取"简化＋移化＋合化"三合机制,将原文五句合为一句,同时进行结构简化和位置调整,其操作过程可归纳如下:

(1)简化机制：压缩①的结构，做简化处理：After the individual has lived and produced offspring for some time, it ages and dies. →After having lived and producing offspring for some time, the individual ages and dies. →生物个体产子之后即衰老、死亡。

(2)合并机制：合并①②，稍微调整语序：After the individual has lived and produced offspring for some time, it ages and dies. It does so by a sort of necessity. →After having lived and producing offspring for some time, the individual ages and dies by a sort of necessity. →生物个体产子之后，因自然规律而衰老、死亡。

(3)合化机制：将③糅进合并后的①②：因③是对②中 a sort of necessity 进行具体解释的内容，"生长极限"即为"自然规律"，可译为"生物个体产子之后，因生长极限之自然规律，而衰老、死亡。"

(4)移化机制：④⑤本身存在语义重复，其中的 plants 和 animals 即为前面提到的 individuals，用"动植物"即可概括其意，其他冗余部分可直接省略。

3.简化＋移化＋分化

"简化＋移化＋分化"三合机制，指译者组合运用简化、移化和分化处理原文某个句子。据统计，"简化＋移化＋分化"的实际用例有 2 处，为来自同一篇文章的英译汉。"简化＋移化"不是高频的二合机制，"移化＋分化"是低频的二合机制(用例为 0)，分化多用于小句及以上语言单位，移化多与换化同时使用，而且简化与分化是操作语言对相反的一对单一机制，具有较强的排他性，因此这种三合机制的运用频率不高。例如：

[11]Hearing this, the princess would have laid hands on him, but the thief in the darkness giving her the dead man's arm, she seized that, thinking that she was grasping the arm of the thief, who, having given it to her, made his escape by way of the door.

王女闻已，伸手急捉，于黑夜中，持死人臂，以为得贼。贼由户遁。("《史记》趣闻")

例 11，原文为叠床架屋的并列复合句，记叙了王女抓到贼的手臂、贼使计逃脱的过程。钱氏结合汉语中"花开两朵，各表一枝"的叙事特点，在定语从句的 who 处将原文一分为二，先描写王女的行为和心理，再叙述贼如何逃脱。他将 she seized that 前移，并与 the thief in the darkness giving her the dead man's arm 一起简化为"于黑夜中,持死人臂",省译 thinking that she was grasping the arm of the thief 中的 grasping the arm,将整个现在分词短语简化为"以为得贼",并省译其后重复出现的 having given it to her。钱氏将自成一句的 he made his escape by way of door 译为"贼由户遁",并对其中的 by way of door 进行简化和移化。

4.简化＋换化＋分化

"简化＋换化＋分化"三合机制,指译者在处理原文某个句子时组合运用简化、换化和分化。与"简化＋移化＋分化"三合机制的情况类似,"简化＋换化＋分化"的实际运用并不多见,语料统计中只有 1 例,且为汉译英。这是因为:虽然"简化＋换化"是高频的二合机制,但简化与分化通常相互排斥,换化往往与移化组合运用,而且分化跟简化、换化所操作语言单位层级的交集不多。例如:

[12]也许我们只是时间消费的筹码,活了一世不过是为那一世的岁月充当殉葬品,根本不会享到快乐。(《论快乐》)

Perhaps we are no more than tickers counting the passage of time.Perhaps to live a lifetime is but to serve as a funerary object for the years of that lifetime without any prospect of happiness.

例 12 是"简化＋换化＋分化"的例子。译者采用分化机制,将原文复句分为两个句子,将"我们只是时间消费的筹码"移位、换化为 we are no more than tickers counting the passage of time,将"为那一世的岁月充当殉葬品"中的定语进行后置,并将小句"根本不会享到快乐"减译为 without any prospect of happiness,其中的动词"不会""想到"分别换译为介词 without 和名词 prospect。

5.简化＋换化＋合化

"简化＋换化＋合化"三合机制,指译者组合运用简化、换化和合化三种单一机制处理原文某一/几个句子。据统计,"简化＋换化＋合化"只有 1 例,且为汉译英。虽然"简化＋换化"是高频的二合机制,简化与合化有时是异曲同工,但合化与简化、换化同时操作的语言单位交集并不多见,而且换化往往与移化同时运用,形成四合或五合机制。因而,"简化＋换化＋合化"三合机制的运用频率并不高。例如:

[13]When it was morning the king came to the chamber,and was

amazed to see the thief's headless body in the trap, yet the chamber un-broken, with no way of passing in or out; and he knew not what to do.

　　诘旦王来,睹无头尸,落机关中,户键依然,无出入处,惶惑罔措。("《史记》趣闻")

　　例 13,钱氏采用简化机制,将原文复合句 when it was morning the king came to the chamber 小句化为"诘旦王来",其中,when it was morning 译为"诘旦"(小句单词化),the king came to the chamber 译为"王来"(省略 the、to the chamber),还省略句中两个连词 and、连接副词 yet 以及出现几处的冠词 the;采用换化机制,将 unbroken 译为"依然",属于词类换化(过去分词→副词)和主被换化(被动→主动),with no way of passing in or out 译为"无出入处",属于词类换化(介词短语→动词短语);采用合化机制,将 he was amazed 与 he knew not what to do 合译为"惶惑罔措"。

6.简化+分化+合化

　　"简化+分化+合化"三合机制,是指译者在处理原文某一/几个句子时,组合运用简化、分化和合化,确保译文达意、传神,并在译语中成型与成活。据统计,"简化+分化+合化"在语料中的用例为 1,且为英译汉。虽然简化与合化有时是异曲同工,但分化、合化都是低频的单一机制,主要操作于结构稍微繁长的小句及以上单位,而且分化与合化、分化与简化是互相排斥的两对单一机制,"简化+分化""分化+合化"都是低频的二合机制(用例均为 0),因此"简化+分化+合化"三合机制的用例不多。例如:

　　[14]①Consider, then, what must happen to a new-born genera-tion of living things of any species.②Some of the individuals will be stronger or sturdier or better suited to succeed in life in some way than the rest, many individuals will be weaker or less suited.③In par-ticular single cases any sort of luck or accident may occur, but *on the whole* the better equipped individuals will live and grow up and repro-duce themselves and the weaker will *as a rule* go under.

　　无论何种生物之新生裔纪(New-born generation)中,必有三数个体,较余者为强壮而适合环境,易取得存活之需要,遂能生存、生长而生殖。其裔以蕃,余者因体弱而不甚与环境适合之故……《天择与种变》)

例 14，钱氏先将①和②的前半部合并为小句"无论何种生物之新生裔纪（New-born generation）中，必有三数个体"，省略①中无关紧要的"consider，then，what must happen to"；省略②③中比较中的弱者，仅用"较余者"加以概括；简化、合并②中的比较状语从句；将 *on the whole* the better equipped individuals will live and grow up and reproduce themselves 分化为两个小句："易取得存活之需要"和"遂能生存、生长而生殖"，并将 many individuals will be weaker or less suited 分化为一句："余者因体弱而不甚与环境适合之故"。总之，钱氏采用"简化＋分化＋合化"三合机制，如他本人坦言，"因欲使读者明了之故"，"与前后文相系属处悉略而不译"，旨在避免"死译式（?）的保存原文风味译法"（钱锺书，1926：32；钱之俊：2001：23）。

（三）"移化＋"三合机制

"移化＋"三合机制，指除了上面讨论的包括繁化、简化的三合机制之外，还有另外 3 种三合机制：移化＋换化＋分化、移化＋换化＋合化、移化＋分化＋合化。

1.移化＋换化＋分化

"移化＋换化＋分化"，指译者处理原文某一句子时，组合运用移化、换化和分化。虽然移化、换化有时相伴而用，"移化＋换化"是比较高频的组合机制，但分化往往与移化、换化操作的语言单位不同，"移化＋分化""换化＋分化"都是低频的二合机制（统计用例均为 0），而且这三种单一机制有可能与其他机制一起组合，形成四合、五合甚至六合机制。因此"移化＋换化＋合化"的运用频率不高，但统计用例为 0 并不表示没有运用的可能，或可在更大的语料范围中找到用例。例如：

[15]The parts of human learning have reference to the three parts of man's understanding，which is the seat of learning：history to his memory，poesy to his imagination，and philosophy to his reason.（Bacon，1994：57）

人的智力是学问的基础。学问的不同部门和人的三种智力互相关连：历史和记忆、诗和想像、哲学和理智是各各关联的。（钱锺书，2002b：397）

例 15 是钱锺书采用"移化＋换化＋分化"三合机制来翻译培根

Advancement of Learning(《学问的进展》)中的一句。他运用分化机制将定语从句 which is the seat of learning 从主句中分开,并移至句首为"人的智力是学问的基础",从而将原文复句切分为由两个句子组成的句群;采用移化机制,将英语句中的后置定语译为汉译的前置定语,如:the parts of human learning→学问的不同部门,the three parts of man's understanding→人的三种智力;他还采用换化机制,将介词宾语 the three parts of man's understanding 换译为名词短语"人的三种智力,将名词 reference 换译为动词"。

2.移化+换化+合化

"移化+换化+合化"三合机制,指译者组合运用移化、换化和合化处理原文某一/几个句子。跟"移化+换化+分化"的情况类似,"移化+换化+合化"不是高频的三合机制,因为合化通常不跟移化、换化同时操作于句中某一单位,而且合化多用于处理繁长复句,往往与简化合用,可能形成四合或五合机制。"移化+换化+合化"的统计用例为 0,但并不表示这种三合机制没有运用的可能,如果扩大取例范围,可能会找到用例。例如:

[16]Neither by nature nor contrary to nature do the virtues arise in us;rather we are adapted by nature to receive them,and are made perfect by habit.

人之美德既非全出乎性,亦非一反乎性,乃适性而缮,结习以成。
(钱锺书,1986:1167)

例 16,原文是由分号连接而成的复句,实则相当于一个句群,两个句子的主语分别是 the virtues 和 we。钱氏采用合化机制,将其整合为一个并列复句,都用"人之美德"做主语;采用移化机制,将原文的否定倒装调整为正常语序的否定句;采用换化机制,将介词短语 by nature 和形容词短语 contrary to nature 分别换化为动词短语"出乎性"和"反乎性",将被动语态 are adapted by nature 和 are made by habit 分别换化为主动语态"适性"和"结习"。

3.移化+分化+合化

"移化+分化+合化"三合机制,指译者在处理原文某一个/几个句子时组合运用移化、分化和合化。这种三合机制有理论上的可能性,但实际语料统计为 0。这主要是因为：分化与合化多操作于小句及以上单位，"分化＋合化""移化＋分化""移化＋合化""分化＋合化"都是低频的二合机制，三者合用的概率更低。可能因为选取的语料有限，没有涵盖"移化＋分化＋合化"三合机制的更多用例，需要扩大语料范围和数量。例如：

[17]①The English envoy to China Thomas Francis Wade（英吉利使臣威妥玛）once translated into Chinese nine poems（诗九首）by a European named Tall-Friend（欧罗巴人长友）.②The number of sentences（句数）varies in different poems, a characteristic suggestive of our ancient irregular odes.③Wade rendered the poems literally, giving stanzaic divisions but no rhyme（有章无韵）, and submitted his version to His Excellency Kan Chu'üan（甘泉尚书）to be reduced into the pattern of the seven-word stop-short（裁以七言绝句）.（钱锺书,2005:376）

A.英吉利使臣威妥玛尝译欧罗巴人长友诗九首，句数或多或少，大约古人长短篇耳；然译以汉字，有章无韵。B.请于甘泉尚书，就长友底本，裁以七言绝句。（钱锺书,2002a:135－136）

例 17 是源自钱氏论述晚清输入西洋文学的一篇文章，英语原文和汉语译文分别发表于 1948 和 1982 年（见钱锺书,2005:374－387;2002:133－163）。英语原文是由三个句子组成的句群，还保留部分汉语，汉译采用分化和合化将原文句群进行调整：将原文句①、句②合并为译文 A 句前半部，将原文句③的前半部合为译文 A 句后半部，将句③的后半部分为译文 B 句，其中的 to be reduced into the pattern of the seven-word stop-short 分化为汉语小句"就长友底本，裁以七言绝句"。他还采用移化机制，将原文句①中 nine poems 中做前置定语的数词 nine 译为后置定语"九首"，其中的后置定语 by a European named Tall-Friend 译为前置定语"欧罗巴人长友"。

（四）"换化＋"三合机制

"换化＋"三合机制，除了上面讨论的几种情况之外，只剩下"换化＋分化＋合化"三合机制，指译者组合运用换化、分化和合化处理原文某个句子或句群。这种三合机制在理论上存在运用的可能，但实际语料中的统计用例均为0,主要原因跟"移化＋分化＋合化"三合机制大致相同,"换化＋分化""换化＋合化""分化＋合化"都是低频的二合机制,所以三者合用的概率较低。当然,需要进一步扩大语料范围和数量,才能对这种三合机制的具体运用形成更加准确、全面的认识。例如:

[18](王肯堂《郁冈斋笔尘》卷二:)"惜他尚涉程途,未到得家耳。今人但知圣贤终身从事于学而不知自有大休歇之地,则止字不明故也。"(钱锺书,2005:366)

"Yen Yüan is to be pitied because his very advance shows that he is still a traveler on the road and has not reached home. The wise, with all their zeal for knowledge, have a place where their mind takes its final rest. People do not understand this, and have failed to see what Confucius meant by the word 'stop'."(钱锺书,2005:357-358)

例18来自钱氏在 The Return of the Native 一文中翻译的两句话。他采取"换化＋分化",将原文第一句中的主动句"惜他尚涉程途……"换译为被动句"Yen Yüan is to be pitied",其中的宾语"尚涉程途……"分化并换化为原因状语从句"because his very advance shows that...";他还采取"分化＋合化",先将原文第二句的前一分句"今人但知圣贤终身从事丁学而不知自有大休歇之地"分化为译文两个句子,再将"圣贤终身从事于学"与"自有大休歇之地"合为一个单句"The wise, with all their zeal for knowledge, have a place where their mind takes its final rest.",将"今人不知"与"则止字不明故也"合为一个并列句"People do not understand this, and have failed to see what Confucius meant by the word 'stop'."。

二、四合机制

四合机制,指译者在处理原文某一个句子(合化机制有时操作于原文一个或以上句子)时,组合运用繁化、简化、移化、换化、分化、合化6种单一机制中的任意4种,以便达意、传神、现值,确保译文成型成活、顺畅地道。按照组合规律,从6种非等化的单一机制中任意选取4种进行组合,即 $C_6^4 \approx$ 15,共有15种四合机制类型(见表5-6)。

表 5-6　全译求化四合机制概览

			换化	分化	合化
繁化	简化	移化	+	+	+
		换化	−	+	+
		分化	重	−	+
		合化	重	重	+
	移化	换化	−	+	+
		分化	重	−	+
		合化	重	重	−
	换化	分化	−	−	−
		合化	−	重	−
简化	移化	换化	−	+	+
		分化	重	−	+
		合化	重	重	+
	换化	分化	−	−	+
移化	换化	分化	−	−	+
		合化	−	重	−

注："+"表示可操作、需统计的四种机制；"−"表示排除其中单一机制跟其自身的组合（因为该单一机制可以操作于句中不同单位）；"重"表示已经统计的四合机制，不再累计。

基于对原文句子的具体操作，四合机制通常采取以下 5 种基本模式：①"1+1+1+1"模式，即 4 种单一机制分别操作于原文句中的不同单位；②"2+2"模式，即两种机制同时操作于同一语言单位，另外两种机制同时操作于另一语言单位；③"2+1+1"模式，即两种机制同时操作于同一语言单位，另外两种机制分别操作于不同单位；④"3+1"模式，即 3 种机制同时操作于同一语言单位，另外一种操作于另一语言单位；⑤"4+0"或"四合一"模式，即 4 种机制同时操作于原文句中同一单位。一般而言，这 5 种模式的操作难度逐渐增大，使用频率依次递减。每种单一机制的操作理据不同，使用频率不同，相互组合的可能性差异较大，因此四合机制的运用频率各不相同。根据统计结果，20 种四合机制按使用频率依次排序为：繁化+简化+移化+换化≈繁化+移化+换化+分化（5 例）>繁化+简化+换化+分化≈繁化+移化+换化+合化≈简化+移化+换化+分化（3 例）>繁化+简化+换化+合化（2 例）>繁化+简化+移化+分化≈繁化+移化+分化+合化≈简化+移化+分化+合化（1 例）>繁化+简化+移化+合化≈繁化+简化+分化+合化≈繁化+换化+分化+合化≈繁化+移化+换化+合化≈简化+换化+分化+合化≈移化+换化+分化+合化（0 例）（详见表 5-7）。

表 5-7　四篇译文中的四合机制统计(单位:例)

全译类型 四合机制种类		英译汉			汉译英	小计
		"《史记》趣闻"	《天择与种变》	"钱氏发言"	《论快乐》	
繁化+	简化+移化+换化	2	1	1	1	5
	简化+移化+分化	1	0	0	0	1
	简化+移化+合化	0	0	0	0	0
	简化+换化+分化	2	0	0	1	3
	简化+换化+合化	0	1	0	1	2
	简化+分化+合化	0	0	0	0	0
	移化+换化+分化	1	0	2	2	5
	移化+换化+合化	0	0	0	3	3
	移化+分化+合化	0	0	0	1	1
	换化+分化+合化	0	0	0	0	0
简化+	移化+换化+分化	2	0	1	0	3
	移化+换化+合化	0	0	0	0	0
	移化+分化+合化	0	1	0	0	1
	换化+分化+合化	0	0	0	0	0
移化+	换化+分化+合化	0	0	0	0	0
总计		8	3	4	9	24

(一)"繁化+"四合机制

"繁化+"四合机制,指译者将繁化分别与简化、移化、换化、分化、合化 5 种单一机制中的任意 3 种进行组合,形成包含繁化的 10 种四合机制,根据统计用例的多少依次排序为:繁化+简化+移化+换化≈繁化+移化+换化+分化(5 例)>繁化+简化+换化+分化≈繁化+移化+换化+分化≈繁化+移化+换化+合化(3 例)>繁化+简化+换化+合化(2 例)>繁化+简化+移化+分化≈繁化+移化+分化+合化≈简化+移化+分化+合化(1 例)>繁化+简化+移化+合化≈繁化+换化+分化+合化≈繁化+简化+分化+合化(0 例)。

1.繁化+简化+移化+换化

"繁化+简化+移化+换化"四合机制,指译者在处理原文某个句子时组合运用繁化、简化、移化和换化。据统计,"繁化+简化+移化+换化"共有 5 例,在四合机制中出现频率为并列第一,英译汉(4 例)多于汉译英(1 例)。这四种单一机制都属于高频机制,相互二合、三合的概率都较高,移化与换化往往配合而用,"繁化+移化+换化""简化+移化+换化"在三合机制中分别排序第一、第二,因此这种四合机制的可能性很大。这种四合机制

的使用在汉译英中多于英译汉,主要是因为汉译英中繁化往往多于简化,大多体现于句法性繁化中的增词。例如:

[19]So when he was dead,his sons set to work with no long delay:coming to the palace by night,they easily found and handled the stone in the building,and took away much of the treasure.

父殁不久,二子黑夜,潜至宫外,按乃父教,即得其石,如意施为,窃取多银。("《史记》趣闻")

例 19 中采用的四合机制分别为:1)换化:dead→殁(词类换化);2)移化＋换化:介词短语 with no long delay 换化为副词"不久",并移至"父殁"之后,介词短语 by night 换化为名词"黑夜",并移至"二子"之后;3)简化:省译连词 so、关联副词 when、动词短语 set to work、冠词 the、代词 they;4)繁化:根据上下文增添"按乃父教";5)繁化＋移化:easily 繁化为短语"如意施为",并移至"即得其石"之后;6)简化＋繁化:his sons 译为"二子",省译 his,增译"二",found and handled the stone in the building 译为"即得其石",found and handled 译为"即得",属于简化,the stone in the building 译为"其石",属于简化＋繁化,省译冠词 the 和介词短语 in the building,增译代词"其"。总之,钱氏用三个单一机制和三个二合机制分别操作于原文句中不同单位。

2.繁化＋移化＋换化＋分化

"繁化＋移化＋换化＋分化"四合机制,指译者在操作原文某个句子时组合运用繁化、移化、换化、分化。据统计,"繁化＋移化＋换化＋分化"在四合机制中出现频率并列第一,共有 5 例,英译汉(3 例)多于汉译英(2 例)。繁化和分化有时存在重叠,共同操作于同一语言单位,移化和换化往往配合运用,繁化＋换化、繁化＋移化、移化＋换化是高频的二合机制,繁化＋移化＋换化、繁化＋移化＋分化是高频的三合机制,因此它们之间可能用来操作原文句中的不同单位,形成四合机制。例如:

[20]This conference,sponsored by the Institute of Foreign Literature and the Institute of Literature in my Academy in conjunction with the American Committee on Scholarly Communications with the People's Republic of China,is the first ever of its kind held here.

这个会议是我院的外国文学研究所和文学研究所协同美中学术交

流委员会举办的。举行这样性质的讨论会在此地还是空前第一次。("钱氏发言")

例20,钱氏采用的四合机制包括:1)分化:将原文单句分化为由两个句子组成的汉语句群:前一句介绍会议的举办方,后一句简评会议的作用;2)换化:sponsored by(被动)→"是……举办的"(主动),held(被动)→"举行……"(主动),in conjunction with(介词短语)→"协同"(动词),here(副词)→"在此地"(介词短语);3)换化+移化:将做定语的过去分词短语 sponsored by...换译为谓语"是……举办",并移动其位置,将做定语的介词短语 in my Academy 换译为名词短语"我院",并移为前置定语,将做定语的过去分词短语 held here 换译为充当主语的动词"举行",并移动其位置;4)移化:将做后置定语的介词短语 ever of its kind 移为前置定语短语"这样性质的"。

3.繁化+简化+换化+分化

"繁化+简化+换化+分化"四合机制,是指译者在全译求化过程中处理原文某一句子时,组合运用繁化、简化、换化、分化。据统计,"繁化+简化+换化+分化"虽然只有 3 例,且全部为英译汉,但在 15 种四合机制中排序第三。"繁化+换化"是最高频的二合机制,"简化+换化""繁化+简化"是次高频的二合机制,而且繁化与分化有时也是异曲同工,"繁化+简化+分化"是高频的三合机制,因此这四种单一机制有较大的组合概率。这种四合机制主要用于英译汉,主要是因为分化多用于英译汉,将结构繁复的英语复合句切分为形式简短的汉语小句。例如:

[21]But the builder of it craftily contrived that one stone should be so placed as to be easily removed by two men or even by one.

筑室匠狡,虚砌一石,二人协力,即可移动,一人独力,亦能集事。("《史记》趣闻")

例21是"繁化+简化+换化+分化"四合机制的用例。钱氏采取的四合机制分述如下:1)分化:将原文复合句进行拆分,整合为六个四字结构的小句,将副词 craftily 与其修饰的动词 contrived 分开,并与 the builder of it 组成小句"筑室匠狡";2)繁化+分化:将介词短语 by two men 和 by one 分别扩展为小句"二人协力"和"一人独力";3)繁化+换化:将不定式短语 to be easily removed 分别扩展为小句"既可移动"和"亦能集事",同时将被动换译为主动;4)简化:减译英语句中的连词 but、冠词 the、关系代词 that、连词 or,将谓语动词 contrived 及其宾语从句 that one stone should be so placed as to...减译为小句"虚砌一石"。译文简洁省力、朗朗上口,准确传达原文语义,完整再现其语值。

4.繁化＋移化＋换化＋合化

"繁化＋移化＋换化＋合化"四合机制,指译者在全译求化过程中处理原文时,组合运用繁化、移化、换化、合化。据语料统计,"繁化＋移化＋换化＋合化"虽然只有 3 例,且均为汉译英,但在四合机制中并列第三。这种四合机制的运用频率较高,主要是因为:"繁化＋换化""繁化＋移化"分别是最高频、次高频的二合机制,移化和换化往往配合而用,"繁化＋移化＋换化"是最高频的三合机制。这种四合机制多用于汉译英,主要是因为繁化、合化多用于汉译英,增加汉语中没有的词语,或者将形式简短的汉语小句合成结构复杂的英语复合句。例如:

[22]①你看,②快乐的引诱,③不仅像电兔子和方糖,④使我们忍受了人生,⑤而且仿佛钓钩上的鱼饵,⑥竟使我们甘心去死。(《论快乐》)

So you see, the lure of happiness is not merely like the electric rabbit or the sugar cube in making us endure life; it is also like bait on a fishhook in that it lets us die willingly.

例 22,汉语原文是由六个小句组成的一个二重复句:②③④和⑤⑥构成并列复句,其内部结构比较相似。译者采用的四合机制分述如下:1)合化:将②③④合成一个相对复杂的小句,将⑤⑥合成一个带有原因状语从句的复合句;2)繁化:增加连词 so,与上文形成连贯,增加系动词 be,增加汉语中承前省略的主语"快乐的引诱",并将其换译为代词 it,还增加表示原因的介词 in 和关系代词 that;3)换化:"引诱"(动词)→lure(名词);4)移化＋换化:将前置定语"快乐"换译为名词 happiness,并移为后置定语,将前置定语"钓钩上"换译为介词短语 on a fishhook,并移为后置定语,将动词"甘心"换译为副词 willingly,并后移作为 die 的状语。

5.繁化＋简化＋换化＋合化

"繁化＋简化＋换化＋合化"四合机制,指译者组合运用繁化、简化、换化、合化处理原文某一/几个句子。据语料统计,"繁化＋简化＋换化＋合化"在四合机制中排序第六,共有 2 例,英译汉、汉译英各 1 例。这种四合机制的运用频率相对较高,这是因为:"繁化＋换化"是最高频的二合机制,"简化＋换化""繁化＋简化""简化＋合化"是比较高频的二合机制,而且"繁化

＋简化＋换化""繁化＋换化＋合化"是比较高频的三合机制。例如：

[23]And what is true of men and butterflies is true of every sort of living thing,of plants as of animals.Every species changes all its individualities in each generation.That is true of all the minute creatures that swarmed and reproduced and died in the Archaeozoic and Proterozoic seas,as it is of men to-day.Every species of living things is continually dying and being born again,as a multitude of fresh individuals.

呜呼！人蝶为然,他种生物亦何独不然,于以见生物之种类,不独个个以殊异,亦且代代而不同也。(《天择与种变》)

例23,译文采用的四合机制分别为:1)简化＋合化:将由四个句子组成的原文句群整合为由两个句子组成的译文句群,将相对繁长的复合句简化、合并为小句,减译句中前后重复的信息,如文中多次提到的 is true of、as it is(true)of men to-day、living thing(s)、individuals/individualities,不太重要的相关信息如 swarmed、reproduced、died、continually dying and being born again、in the Archaeozoic and Proterozoic seas,并将 plants、animals、creatures 等多个单词减译为"生物";2)繁化:根据上下文增添表达作者情感的叹词"呜呼",并单独作为一句;3)换化:true of→"何独不然"(肯定换译为双重否定),all the minute creatures、every species of living things→"不独个个"(肯定换译为双重否定)。

6.繁化＋简化＋移化＋分化

"繁化＋简化＋移化＋分化"四合机制,指译者在全译求化过程中操作原文某一句子时,组合运用繁化、简化、移化、分化。据语料统计,"繁化＋简化＋移化＋分化"在四合机制中并列第七,但只有1例。虽然"繁化＋移化"是高频的二合机制,"繁化＋简化""简化＋移化"也有一定的概率,"繁化＋简化＋移化""繁化＋简化＋分化"是比较高频的三合机制,但因为繁化、简化、移化多操作于小句及以下单位,分化多操作于结构繁长的小句及以上单位,前三种机制与分化之间所操作的语言单位层级的交集不多。因此,这种四合机制的总体运用频率不高。例如:

[24]So he bade his daughter(such is the story,but I myself do not believe it)to sit in a certain room and receive alike all who came;before she had intercourse with any,she should compel him to tell her

what was the cleverest trick and the greatest crime of his life;then if
any told her the story of the thief she must seize him and not suffer
him to pass out.The girl did as her father bade her.

乃构一策,如是云云,我斯未信。王命其女,处一室中,男子求欢,
有来不拒;先问彼男,作何罪过,何事最恶,何事最黠,听其道已,方与行
欲;如其所述,有同前事,即急执持,无使逸脱。("《史记》趣闻")

例24,原文第一句是一个相当繁复的复合句,中间还插入一个复合句,
第二句是一个简短的复合句。钱氏采用的四合机制包括:1)移化＋分化＋
繁化:将原文第一句中的插入句"such is the story,…"前移,增添"乃构一
策",并分化为单句;2)分化:将 so he bade his daughter to sit in 中的不定式
与其前面的动词短语分开,并将原文第一句中的各种从句都与主句分离开
来,译为相对独立的四字小句,如:receive alike all whom came→男子求欢,
有来不拒(还采用移化机制),she should compel him to tell her what was the
cleverest trick and the greatest crime of his life→先问彼男,作何罪过,何事最
恶,何事最黠(也运用移化机制);3)简化:减译原文句中的代词 his、she、him、
her 等,根据上下文语义,省译原文第二句。

7.繁化＋移化＋分化＋合化

"繁化＋移化＋分化＋合化"四合机制,指译者组合运用繁化、移化、分
化、合化来处理原文某一/几个句子。据语料统计,"繁化＋移化＋分化＋合
化"在四合机制中并列第七,但只有 1 例,且为汉译英。虽然"繁化＋移化"
是次高频的二合机制,但"繁化＋分化""繁化＋合化""移化＋分化""移化＋
合化""分化＋合化"都是低频的二合机制,而且"繁化＋移化＋合化""移化
＋分化＋合化"都是低频的三合机制。因此,"繁化＋移化＋分化＋合化"四
合机制的总体运用频率不高,可能由于笔者的语料范围和数量有限,不能涵
盖更多这种四合机制的译例。例如:

[25]这种快乐把忍受变为享受,是精神对于物质的大胜利。灵魂
可以自主——同时也许是自欺。(《论快乐》)

This sort of happiness that transforms suffering into enjoyment
is a great victory of mind over matter since it affords the soul its own
autonomy.Then again,this may also be self-deception.

例25,译者采用的四合机制包括:1)合化:将原文第一句的并列复句整合

为英语的主从复合句,并与原文第二句中的前分句合成为一个英语复合句;2)换化:快乐→happiness,忍受→suffering,享受→enjoyment,自欺→self-deception;3)繁化:将小句"灵魂可以自主"繁化为复句 it affords the soul its own autonomy,增添关系代词 that、连词 since、副词 then 和 again;4)繁化+分化:将小句"同时也许是自欺"扩展为独立的句子,从句中分离开来。

8.繁化+简化+移化+合化、繁化+简化+分化+合化、繁化+换化+分化+合化

"繁化+简化+移化+合化"四合机制,指译者在处理原文某一/几个句子时,组合运用繁化、简化、移化、合化,统计结果显示用例为 0。虽然简化和合化有时出现重叠,但繁化与简化、繁化与合化是相互排斥的两对单一机制,最主要的是,合化多操作于小句及以上单位,跟其他机制组合的频率都不太高。虽然这可能是因为语料的范围和数量有限,但总体排序和用例情况表明,带有合化的四合机制的总体运用不多。

"繁化+简化+分化+合化"四合机制,是指译者组合运用繁化、简化、分化、合化四种单一机制。这种四合机制存在理论上的可能性,但实际语料用例为 0。这是因为:繁化与简化、分化与合化是运用理据相同、操作手段相反而且相互排斥的两对单一机制,"繁化+合化""简化+分化"是低频的二合机制,而且分化、合化通常操作于小句及以上语言单位,这四种单一机制合用的可能性大大降低。

"繁化+换化+分化+合化"四合机制,指译者组合运用繁化、换化、分化和合化四种单一机制。这 4 种四合机制有理论上的可能性,但实际语料用例为 0。跟"繁化+简化+分化+合化"类似,虽然"繁化+换化"是最高频的二合机制,但其他几种都是低频的二合机制,而且分化与合化是操作理据相同、语言方向相反而且互相排斥的一对单一机制,因而这种四合机制的运用频率很低。

(二)"简化+"四合机制

"简化+"四合机制,是指译者将简化分别与移化、换化、分化、合化中任意三个机制组合使用,形成包含简化的 4 种四合机制,按照统计结果依次排序为:简化+移化+换化+分化(3 例)>简化+移化+分化+合化(1 例)>简化+移化+换化+合化≈简化+换化+分化+合化(0 例)。

1.简化+移化+换化+分化

"简化+移化+换化+分化"四合机制,指译者在全译求化过程中处理原文某一句子时,组合运用简化、移化、换化、分化。据语料统计,"简化＋移化＋换化＋分化"在 15 种四合机制中并列第三,共有 3 例,均为英译汉。"移化＋换化"是次高频的二合机制,"简化＋换化""移化＋换化""简化＋移化"是相对高频的二合机制,"简化＋移化＋换化"是非常高频的三合机制。因此,这种四合机制的总体运用频率较高,多用于英译汉。例如:

[26]Now that the Saussurian dictum,"c'est le point de vue qui crée l'objet",has been widely embraced in the West as an open invitation to invent and intuit in reading and interpreting literary texts,the distinction between the two has presumably become one without much difference.

索绪尔的那句话:"观点创造事物",已在西方被广泛接受,在阅读和阐释作品时,凭主观直觉来创造已是文学研究者的职责,"发明"和"发现"也就无甚差异而只能算多余的区别了。("钱氏发言")

例 26 是采用"简化＋移化＋换化＋分化"四合机制的例子:1)分化＋移化:将原文句中做状语的介词短语 as an open invitation to invent and intuit in reading and interpreting literary texts 与主谓短语分开,单独译成一个小句"在阅读和阐释作品时,凭主观直觉来创造已是文学研究者的职责",并将其中做状语的介词短语 in reading and interpreting literary texts 移到小句前面;2)简化:省译连词 now that、冠词 the、an,将索绪尔的那句话"c'est le point de vue qui crée l'objet"(法语复合句,相当于英语中的 it's the point of view that creates the object)简化为小句"观点创造事物";3)换化:distinction(主语)→"区别"(宾语),属于小句成分换化,between the two(介宾短语做状语)分别换化为动词"发明"和"发现",without much difference(介词短语做状语)→"无甚差异"(动词短语做谓语和宾语),属于词类和小句成分的换化。

2.简化＋移化＋分化＋合化

"简化＋移化＋分化＋合化"四合机制,指译者组合运用简化、移化、分化、合化四种单一机制,操作于原文某一/几个句子。这种四合机制在理论上有运用的可能性,但实际语料统计只有 1 例,在 15 种四合机制中排序并列第七、倒数第二,且为英译汉。虽然"简化＋合化""简化＋移化"属于相对高频的二合机制,但"简化＋分化""移化＋分化""移化＋合化""分化＋合化"是非常低频的二合机制(用例均为 0),而且"简化＋移化＋分化"(2 例)、

"简化＋分化＋合化"(1 例)、"移化＋分化＋合化"(0 例)都是低频的三合机制,因此这四种单一机制同时组合运用的可能性不大。可能因为统计的译例范围和数量有限,但排序靠后、用例较少的统计结果表明,这种四合机制的运用频率较低。例如:

[27]Among more complex creatures the reproduction is not usually such simple division,though division does occur even in the case of many creatures big enough to be visible to the unassisted eye.But the rule with almost all larger beings is that the individual grows up to a certain limit of size.Then,before it becomes unwieldy,its growth declines and stops.

然组织较复杂,形体较巨大,不必恃他物之助而可得见之动物,虽亦有分裂,然其生殖方法,决不止简单分裂而已也,顾无论如何,较大之生物,终不能出一法则之外,即生长有一定限度,长至此限度时,生长力即减少以至停止。(《天择与种变》)

例 27 是"简化＋移化＋分化＋合化"四合机制的译例:1)分化:钱氏将由 3 个句子组成的原文句群合成由 12 个小句组成的汉语复句;2)简化＋移化＋合化:将"虽亦有分裂"(与原文第一句中的让步状语从句 though division does occur...对应)前移,其中做状语的介词短语 even in the case of many creatures big enough to be visible to the unassisted eye 前移,减译其中的 even in the case of,并与句首的 among the more complex creatures 合并,译为"组织较复杂,形体较巨大,不必恃他物之助而可得见之动物";3)简化:减译介词 among、冠词 the、关联代词 that、副词 then。钱氏充分发挥汉语小句的优势,通过对原文结构的合并、切分、简化和移位,使得译文结构简洁、语义明了。

3.简化＋移化＋换化＋合化、简化＋换化＋分化＋合化

"简化＋移化＋换化＋合化"四合机制,指译者组合运用简化、移化、换化、合化操作于原文某一/几个句子。这种四合机制有理论上运用的可能,但实际统计用例为 0。虽然"简化＋换化""移化＋换化""简化＋合化""简化＋移化"属于较高频的二合机制,但"移化＋合化""换化＋合化"属于低频的二合机制,用例均为 0;虽然"简化＋移化＋换化"是非常高频的三合机制,"简化＋移化＋合化"也是比较高频的三合机制,但"简化＋

换化＋合化"（1 例）、"移化＋换化＋合化"（0 例）是非常低频的三合机制,而且合化大多操作于句子以上的语言单位,跟其他三种单一机制形成二合、三合的可能性都相对较小。因此,总体而言,这四种机制同时组合运用的概率不高。

"简化＋换化＋分化＋合化"四合机制,是指译者组合运用简化、换化、分化、合化来操作原文某一个/几个句子。这种四合机制在理论上有运用的可能,但实际用例为 0。虽然"简化＋换化""简化＋合化"是比较高频的二合机制,但"简化＋分化""换化＋分化""换化＋合化"是非常低频的二合机制,用例均为 0,而且分化和合化是相对低频使用、绝对低频组合的一对单一机制,因此这 4 种机制同时合用的可能性不大。

（三）"移化＋"四合机制

"移化＋"四合机制,除了上述的四合机制之外,剩下的就只有一种,即"移化＋换化＋分化＋合化",是指译者组合运用移化、换化、分化、合化四种单一机制操作于某一个/几个原文句子。理论上,这种四合机制存在运用的可能性,但实际用例为 0。虽然移化与换化是往往配合运用的一对机制,"移化＋换化"属于比较高频的二合机制,但"移化＋分化""移化＋合化""换化＋分化""换化＋合化""分化＋合化"都是最低频的二合机制,统计用例均为 0,而且它们之间组合而成的 4 种三合机制的概率也都很低,统计用例均为 0,因此这四种单一机制同时合用的可能性就更小。

三、五合机制

五合机制,指译者对繁化、简化、移化、换化、分化、合化 6 种单一机制中的任意 5 种进行组合,确保译文实现达意、现值、传神,同时符合译语规范。根据组合公式可知,$C_6^5 \approx 6$,即理论上有 6 种五合机制。5 种单一机制很少单独操作于原文某个句子或句群中五个不同的语言单位,往往是二合、三合、四合的扩展与综合,呈现出较多组合模式。由于每种单一机制的运用频率不同,组合的难度很大,总体运用频率不高,具体运用存在差异,根据统计结果依次排序为:繁化＋简化＋移化＋换化＋分化（4 例）＞繁化＋简化＋移化＋换化＋合化（3 例）＞繁化＋简化＋移化＋分化＋合化≈简化＋移化＋换化＋分化＋合化（1 例）＞繁化＋移化＋换化＋分化＋合化≈繁化＋简化＋换化＋分化＋合化（0 例）（具体统计见表 5-8）。

表5-8　四篇译文中的五合机制统计(单位:例)

全译类型 五合机制种类	英译汉			汉译英	小计
	"《史记》趣闻"	《天择与种变》	"钱氏发言"	《论快乐》	
繁化＋简化＋移化＋换化＋分化	2	0	2	0	4
繁化＋简化＋移化＋换化＋合化	0	2	0	1	3
繁化＋简化＋移化＋分化＋合化	0	1	0	0	1
繁化＋简化＋换化＋分化＋合化	0	0	0	0	0
繁化＋移化＋换化＋分化＋合化	0	0	0	0	0
简化＋移化＋换化＋分化＋合化	0	1	0	0	1
总计	2	4	2	1	9

(一) 繁化＋简化＋移化＋换化＋分化

"繁化＋简化＋移化＋换化＋分化"五合机制,指译者组合运用繁化、简化、移化、换化、分化操作原文某一句子或句群。据统计结果,"繁化＋简化＋移化＋换化＋分化"在五合机制中排序第一,几乎占五合机制所有用例的一半(9例中的4例),且均为英译汉。繁化与简化、移化与换化是高频的两对单一机制;"繁化＋换化""繁化＋移化"分别是最高频、次高频的二合机制,"简化＋换化""移化＋分化"是非常高频的二合机制,"繁化＋简化""简化＋合化"也是比较高频的二合机制;"繁化＋移化＋换化""简化＋移化＋换化"分别是最高频、次高频的三合机制;"繁化＋简化＋移化＋分化""繁化＋移化＋换化＋分化"是最高频的四合机制。只要原文较长,结构稍微复杂,就有可能运用分化机制,并跟另外一种/几种机制同时操作于某一语言单位。因此,"繁化＋简化＋移化＋换化＋分化"是最高频的五合机制。例如:

> [28]The thief trusted the king and came before him;Rhampsinitus admired him greatly and gave him his daughter to wife for his surpassing cleverness,for as the Egyptians(said he)excelled all others in craft,so did he excel the Egyptians.
>
> 贼遂叩见,王大称许,嘉其慧黠,以女妻之。王因谕众:"以智故论,万国之中,埃及为首,埃及国中,斯人为首。"("《史记》趣闻")

例28,钱氏运用的五合机制包括:1)分化:钱氏将英语原文的并列复合句分化为汉语中由两个句子组成的句群,在 for 处断开,前面一句是讲国王实现对贼许下的承诺,后一句是国王对此所做的评价,符合汉语中先述后评的记叙顺序,同时他还采用拆分手段,将原文中的小句和复句一律译为四字小句;2)简化:将 the thief trusted the king and came before him 简化为"贼遂叩见",减省其中的 trusted the king,直接用"遂"连贯起来,也省略代词him,将 give him his daughter 简化为"以女妻之",还减译原文中的冠词the,代词 him、his,连词 and、for、as、so 以及助动词 did;3)繁化+简化+移化+换化:将充当原因状语的介词短语 for his surpassing cleverness 繁化为小句"嘉其慧黠",其中的介词 for 换译为动词"嘉",名词 cleverness 换化为形容词"慧黠",并依据上下文增添"黠",省译其中的 surpassing,并将这一小句前移,放在"以女妻之"之前,二者构成因果复句;4)繁化+移化+换化:将 the Egyptians excelled all others 增译为"万国之中,埃及为首",将小句宾语 all others 换译为状语"万国之中",并进行移位,将 in crafts 换译为"以智故论",并移至句首,将 so did he excel the Egyptians 增译为"埃及国中,斯人为首",将小句宾语 the Egyptians 换译为状语"埃及国中",并进行移位。总之,译者分别运用两个单一机制、一个三合机制、一个四合机制处理原文句中的不同单位,确保译文达意传神、译句成型成活。

(二) 繁化+简化+移化+换化+合化

"繁化+简化+移化+换化+合化"五合机制,指译者组合运用繁化、简化、移化、换化和合化来操作原文某个句子或句群。据统计,"繁化+简化+移化+换化+合化"在 6 种五合机制中排序第二,共有 3 例,英译汉多于汉译英 1 例。跟"繁化+简化+移化+换化+分化"的情况类似,繁化、简化、移化、换化都是高频的单一机制,"繁化+换化""繁化+移化""繁化+简化""简化+合化"是高频的二合机制,"繁化+移化+换化""简化+移化+换化"是高频的三合机制,"繁化+简化+移化+分化""繁化+移化+换化+分化"。因此,只要原文句子稍长,就可能运用合化机制,或者原文句群内的句子较短,而且语义紧凑、密切,可进行句群合化,再跟其他 4 种单一机制组合运用,或操作于同一单位,或操作于不同单位,推进译文句子的成型成活。例如:

[29]It is hard for us to see individuality in butterflies because we do not observe them very closely, but it is easy for us to see it in men. All the men and women in the world now are descended from the men and women of A.D.1800, but not one of us now is exactly the same as one of that vanished generation.

夫欲辨别蝶之个性,非细心考察不为功,其事颇难,顾欲辨别人之个性,则为事甚易,试取人人而较之,复与其祖先相较,则各有各之个性,无一能雷同者,所谓人心之不同,各如其面也。(《天择与种变》)

例29,钱氏运用的五合机制包括:1)合化:将由两个句子组成的原文句群合化为汉语译文中的一个复句;2)繁化+移化+换化:将"it is hard for us to see individuality in butterflies because we do not observe them very closely"中的 it is hard for us 移位,将不定式短语 to see individuality in butterflies 繁化为条件分句"夫欲辨别蝶之个性",并前移至句首,将原因状语从句 because we do not observe them very closely 换化为双重否定的紧缩复句"非细心考察不为功";3)繁化+移化:将 it is easy for us to see it in men 中的不定式短语繁化为条件分句"欲辨别人之个性",并前移;4)繁化+简化:汉译"all the men and women in the world now are descended from the men and women of A.D.1800"时,既增添词语"试取""较之""相较",又将 the men and women of A.D.1800 简化为"其祖先",将 but not one of us now is exactly the same as one of that vanished generation 译为"则各有各之个性,无一能雷同者",既增译小句"各有各之个性"、复句"所谓人心之不同,各如其面也",又减译小句 as one of that vanished generation。

(三) 繁化+简化+移化+分化+合化、简化+移化+换化+分化+合化

"繁化+简化+移化+分化+合化"五合机制,指译者组合运用繁化、简化、移化、分化、合化操作原文某一个句子或句群;"简化+移化+换化+分化+合化"五合机制,指译者组合运用简化、移化、换化、分化、合化操作原文某一/几个句子。据统计结果,这两种五合机制在6种五合机制中并列第三,都只有1例,且为英译汉。这是因为:分化、合化是频率相对较低、运用理据相同但操作语言对相反的一对单一机制,往往同时操作于繁长的原文句子,或语义密切、语形紧凑的原文句群;包含分化、合化的二合、三合、四合的运用频率都非常低,如"分化+合化"0例,在包含分化、合化的4种三合机制中,"繁化+分化+合化"3例,而"简化+分化+合化""移化+分化+合化""换化+分化+合化"均为0例;在包含分化、合化的6种四合机制中,"繁化+移化+分化+合化""简化+移化+分化+合化"各1例,而"繁化+简化+分化+合化""繁化+换化+分化+合化""简化+移化+分化+合化""移化+换化+分化+合化"均为0例。因此,包含分化、合化的这两种五合机制的运用频率低于不包含分化、合化的其他五合机制,也低于六合机

制。例如：

[30]As it reaches its full size it *matures*, it begins to produce young, which are either born alive or hatched from eggs.But all of its body does not produce young.Only a special part does that.

及至长足而成熟，即能生殖；然仅全体中之一部分，能为此项工作而已，顾有或则直接产生新个体，(三)(按即 Viviparous)或则产生后尚须经一番孵翼之手续，(四)(按此即 Ovliparous)新个体方能出自卵中之别耳。(《天择与种变》)

例30是运用"繁化＋简化＋移化＋分化＋合化"五合机制的译例，具体如下：1)简化＋合化：将原文由三个句子组成的句群整合为一个译文复句，将原文第一句中的主从复合句"as it reaches its full size it *matures*, it begins to produce young"合成并简化为"及至长足而成熟"，将 it begins to produce young 简化为"即能生殖"，同时简化从句嵌套从句的复合句；2)简化＋移化＋合化：鉴于原文第二、三句属于同义反复，钱氏将其合并，减译为"然仅全体中之一部分，能为此项工作而已"，并且移位；3)繁化＋分化：将 which 引导的定语从句与主句分化，并通过增添相关内容，再将定语从句进一步分化为两个小句："顾有或则直接产生新个体，(三)(按即 Viviparous)"；"或则产生后尚须经一番孵翼之手续，(四)(按此即 Ovliparous)"；4)简化机制：省译原文句中的连词 as，关系代词 which，代词 it、its。又如：

[31]①Then on the cold side this species will still be going on to its utmost possible furriness and whiteness and on the other side it will be modifying towards brownness and a thinner coat.②At the same time there will probably be other changes going on；a difference in the paws perhaps，because one half of the species will be frequently scratching through snow for its food，while the other will be scampering over brown earth.③Probably also the difference of climate will mean differences in the sort of food available，and that may produce differences in the teeth and the digestive organs.④And there may be changes in the sweat and oil glands of the skin due to the changes in the fur，and these will affect the excretory organs and all the internal chemistry of the body.⑤And so through all the structure of the crea-

ture.⑥A time will come when the two separated varieties of this for-
merly single species will become so unlike each other as to be recog-
nizably different species. ⑦ Such a splitting up of a species in the
course of generations into two or more species is called the *Differen-
tiation of Species*.

A.职是此气候未改变之一方面,上述之一种生物(指白熊)将仍使
其毛色增加厚白之度,而他方面——气候改变之一方面——则厚白之
毛色渐成棕薄,且因一须抉食于白雪之中,一须奔走乎黄土之上。B.其
需要不同,故足趾乃以之殊异,复缘气候相歧,取得之食料亦随之而改
变。C.于是消化器官以及牙齿,遂亦不同,皮肤之汗腺又因体毛厚薄之
关系,以致大相径庭,随即影响至于排泄器官与体内之化合作用,结果
遂至同源一类之动物,显然不同,截分为二,有若鸿沟。D.此等一种生
物之后裔,忽分为二种,或二种以上之现象,名曰种歧(Differentiation
of species)。(《天择与种变》)

例 31 是"简化＋移化＋换化＋分化＋合化"五合机制的译例。

(1)分化＋合化:对原文句群进行总体合化和部分分化,将由七个句子
组成的原文句群合成由 3 个句子组成的译文句群。将原文句①②整体上合
成为译文 A 句,将句②中的 a difference in the paws perhaps 分化,成为译
文 B 句前半部"其需要不同,故足趾乃以之殊异"(B1),将原文句②分化为
译文 B 句后半部"复缘气候相歧,取得之食料亦随之而改变"(B2)和译文 C
句前半部分"于是消化器官以及牙齿,遂亦不同",再将 B1 和 B2 合成 B 句;
将原文句③中的两个并列分句断开,并将后分句 and that may produce
differences in the teeth and the digestive organs 译为"于是消化器官以及
牙齿,遂亦不同",成为 C 句的一个小句;再将原文④⑤⑥⑦整体上合成 C、
D 句;

(2)简化:处理句①时,将 will still be going on to its utmost possible
furriness and whiteness 简化为"仍使其毛色增加厚白之度",减译其中的 to
its utmost possible,将 it will be modifying towards brownness and a thin-
ner coat 简化为"厚白之毛色渐成棕薄"。

(3)简化＋移化:处理句②时,将"at the same time there will probably
be other changes going on; a difference in the paws perhaps"简化为"故足
趾乃以之殊异,复缘气候相歧",并移到 B 句,将 because one half of the
species will be frequently scratching through snow for its food, while the

other will be scampering over brown earth,简化为"因一须抉食于白雪之中",将其中的 scratching through snow for its food 移位,译成"抉食于白雪之中"。

（4）简化＋分化＋换化：处理句③时,采用分化机制,将并列句的前后分句断开,将前分句中的 probably also the difference of climate 简化为"亦随之",将 will mean differences 简化为"改变",将做状语的介词短语 in the sort of food available 换化为主语"取得之食料",将后分句分化为 C 句的一个小句"于是消化器官以及牙齿,遂亦不同",同时将 and that may produce differences 简化为"遂亦不同",将做状语的介词短语 in the teeth and the digestive organs 换化为充当主语的名词短语"消化器官以及牙齿",同时对 teeth and the digestive organs 进行内部移位,并将这个主语移到句首。

（5）简化＋移化＋换化＋分化：处理句④时,将 and there may be changes...结构简化为"大相径庭",将做状语的介词短语 in the sweat and oil glands of the skin 简化并换化为充当主语的名词短语"皮肤之汗腺",并进行内部移位;采用移化机制,将 all the internal chemistry of the body 译为"体内之化合作用"。

（6）简化：省略句⑤,因为其义已包含在句④后半部。

（7）简化＋换化＋分化＋合化：处理句⑥⑦时,将句⑥的嵌套型复合句简化和分化为由三个小句构成的复句,减译 a time will come,将 two separated varieties of this formerly single species 分化为"同源一类之动物"和"截分为二",将 will become so unlike each other as to be recognizably different species 简化和分化为"显然不同"和"有若沟鸿";将作为单句的句⑦分化为汉语复句,将名词短语 a splitting up 换化为谓语动词"分化",将被动语态 is called 换化为主动语态"名曰",将名词短语 Differentiation of Species 简化为术语"种歧"。

（四）繁化＋简化＋换化＋分化＋合化、繁化＋移化＋换化＋
　　　分化＋合化

"繁化＋简化＋换化＋分化＋合化"五合机制,指译者组合运用繁化、简化、换化、分化、合化操作原文某一个句子或句群;"繁化＋移化＋换化＋分化＋合化"五合机制,指译者组合运用繁化、移化、换化、分化、合化操作原文某一个句子或句群。这两种五合机制有理论上运用的可能,但在实际语料中的用例为 0,这是因为"分化＋合化"是低频的二合机制,包含"换化＋分化＋合化"的三合、四合机制的概率极低,在操作繁长的复句或语形紧凑、语义密切的句群时,可能同时运用6种非等化的单一机制,即这种五合机制的使用频率远远低于六合机制(详见下节分析,此处用例从略)。

四、六合机制

六合机制,指译者在处理原文某一个句子或句群时,组合运用6种非等化的单一机制,以确保译文准确传达语义、完整再现语值,并在译语中成型成活。6种单一机制很少单独操作于原文句子/句群中的六个语言单位,往往是二合、三合、四合、五合的扩展与综合,呈现出较多组合模式。需要指出的是,机制运用的数量跟求化效果并不一定构成正比关系,并非机制组合越多,求化效果就越好。机制组合的多少取决于全译过程中的"语-思-文""表-里-值"六个角度中面临的各种主客观因素,包括钱氏提出的"三种距离",也有其他一些因素:遣词造句、句子长短、结构繁简等语表因素,信息内容的疏密程度和逻辑语义关系等语里因素,语境值、修辞值、文化值等语值因素。要跨越这些距离,应对这些不利因素,最终落脚在如何化解原文和译文表里之间的"一意多言"式矛盾。

据语料统计,四篇译文中共有4例运用六合机制,英译汉(3例)多于汉译英(1例),可见其运用频率并不高。如上所述,分化、合化多操作于结构繁长的复句或语义密切、语形紧凑的句群,处理简短句子时通常只会在繁化、简化、移化、换化四种单一机制中进行选择或组合,包含"分化＋合化"的多合机制的总体运用频率不高。六合机制跟文本类型、句式结构、作者的遣词造句、译者的求化艺术等因素相关,这些相关因素需要通过更大的语料库支撑和更多的个案研究进行验证。下面通过实例分析六合机制的具体运用情况。

[32]But the thief's mother, when the body had been so hung, was greatly moved: she talked with her surviving son, and bade him contrive by whatever means to loose and bring her his brother's body, threatening that if he would not obey her she would go to the king and lay an information that he had the treasure.

死者有母,痛子陈尸,幸一子存,促其善巧,速取尸归。且恫吓言:"苟违吾志,将告发汝,坐窝主罪。"("《史记》趣闻")

例32是运用六合机制的英汉译例。1)分化:钱氏将原文中繁复的嵌套

型复合句在 body 与 threatening 之间进行切分,分化为译文中分别包含 5
个和 4 个四字小句的两个句子,第一句叙述贼被杀后其母的反应和想法,第
二句借助语言描写表达她为了急切见"死子",威胁"存子"必须照办;2)繁化
＋简化＋移化＋换化:将名词短语 the thief's mother 繁化为四字小句"死
者有母",将两个小句 when the body had been so hung 和 was greatly
moved 简化为一个小句"痛苦陈尸",并将其中的两个被动语态换化为主动
语态,同时移位;3)繁化＋简化:减译 she talked with,将其后的名词短语
her surviving son 繁化为"幸一子存",将 bade him contrive by whatever
means 简化为"促其善巧",省译 loose and bring her his brother's body 中
的 loose,将 bring her his brother's body 译为"速取尸归",属于繁化(增加
"速")＋简化(减译 his brother's);4)繁化＋简化＋换化:将 threatening 增
译为小句"且恫吓言",将其后做宾语的间接引语换化为直接引语,将 if he
would not obey her 译为"苟违吾志",属于简化(减译代词 he)＋繁化(增加
"志");5)简化机制:将 she would go to the king and lay an information
that he had the treasure 简化为"将告发汝,坐窝主罪",减译 she would go
to the king,将定语从句简化为"坐窝主罪"。又如:

[33]洗一个澡,看一朵花,吃一顿饭,假使你觉得快活,并非全因为
澡洗得干净,花开得好,或者菜合你口味,主要因为你心上没有挂碍,轻
松的灵魂可以专注肉体的感觉,来欣赏,来审定。(《论快乐》)

Should you feel happy taking a bath,looking at a flower,or eat-
ing a meal,it is not simply because the bath gets you clean,the flower
blooms prettily,or the flavor of the food tickles your taste buds.In
large part it is because your heart is unfettered and your soul is relax-
ed enough to focus on enjoying the corporeal sensation.

例 33 是运用六合机制的汉英译例,具体如下:1)分化:将原文的繁长复句
在"主要因为"那里切分为由两个句子构成的句群;2)简化＋移化:将放在句首
的三个并列小句"洗一个澡,看一朵花,吃一顿饭"简化为三个并列的-ing 分词
短语:taking a bath、looking at a flower、eating a meal,并移至谓语之后,将
"假使你觉得快活"译为 should you feel happy,进行小句内移位(should 在
you 之前,形成虚拟性倒装分句)和小句外移位(将其移至句首);3)繁化＋
换化:增译 it is,将"澡洗得干净"繁化为 the bath gets you clean,并换化为
主动结构,增译 taste buds 将"菜合你口味"繁化为 the flavor of the food

tickles your taste buds；4）繁化＋简化＋移化＋换化＋合化：增添主谓短语 it is 和连词 and，将副词"主要"换化为介词短语 in large part，将主动结构"你心上没有挂碍"换化为被动结构 your heart is unfettered，将"轻松的灵魂可以专注肉体的感觉，来欣赏，来审定"合化为 your soul is relaxed enough to focus on enjoying the corporeal sensation，并将其中的动词短语"来欣赏，来审定"简化并换化为动名词 enjoying，并移至 the corporeal sensation（肉体的感觉）之前。

第六章　结论

本书以钱锺书"化境"译论与译艺为考察中心,以"小句中枢说"及其衍生的"小句中枢全译说"为理论指导,基于"表-里-值"和"语-思-文"两个三角的研究思路,遵循描写充分、观察充分、解释充分的"三个充分"的研究要求,采取语料库研究、文本考据、对比分析、正误分析、定量与定性相结合等研究方法,对"化境"进行源流考证,论述"化"体现为全译本质。基于此,建构以全译事实为基础、以求化原则为指导、以求化过程为导向的全译求化机制体系,进而丰富和完善"化境说"体系,以期深入、系统地进行翻译家译论与译艺的互动研究。

第一节　"化境说"体系建构

钱锺书受到中国传统哲学和古典文艺美学的影响,借助感性认识发表对文学翻译尤其是林纾的翻译的看法,尚未将"化境说"发展成为卓然一体的理论,因为他(钱锺书,2002a:34)认为"往往整个理论系统剩下来的有价值东西只是一些片段思想"。这就需要后人立足其译言译行,观照中西古今,取法先贤时人,借鉴跨学科成果,考察"化境"的源流变迁,对"化境说"进行现代诠释,以便发扬光大钱氏翻译思想。本书采取"以钱解钱""以钱证钱",通过自建钱锺书作品全译语料库,阐释"化境"的内涵与实质,确立了求化的规律、原则、过程、机制,丰富和完善了"化境说"体系(见表6-1)。

表6-1　"化境说"体系

"化境"的内涵	钱锺书翻译思想的集大成,求"化"为核心,入"境"为结果									
"化境"的实质	"化"体现为全译的本质									
全译求化原则	语用价值优先、语里意义次之、语表形式第三的三位一体原则									
全译求化过程	引"诱" (目的)	做"媒" (功能)	避"讹" (手段)	求"化" (操作)	入"境" (结果)		打"通" (理想)			
全译求化机制	单一机制						组合机制			
	等化	繁化	简化	移化	换化	分化	合化	二合	三合	四合	五合	六合

一、"化境"的内涵

根据翻译范畴的二分,钱锺书的翻译思想归属于全译思想,"化境说"是其大成。"化境说"坚持以求"化"为核心、入"境"为结果的全译观,追求译文跟原文"状变而实无别而为异者",即"化",力图实现译文对原文的变量保质、去痕存味,体现两个文本在文化信息上的"极似",包括意似、形似、神似。"化境说"的内涵包括词源学上一脉通连、意义上彼此呼应的五个字:译——翻译(作为人类重要的跨文化交际行为)的根本;诱/媒——翻译的作用或功能,分为正诱(引导读者跟原作发生直接关系,缔结文学姻缘)和负诱(无形之中消灭原作,导致冰雪因缘);讹——全译中难以避免的毛病,分为积极性、创造性的"讹"(添改润饰,使得译著出原著头地)和消极性、破坏性的"讹"(任意删节、胡乱猜测,译者成为"反逆者");化——翻译(尤其是全译)的最高标准和最高理想,包括:彻底和全部的"化"(理想之"化"),以及某些方面、某种程度的不完美之"化"(现实之"讹")。

二、"化境"的实质

全译旨在通过保留或更换原文的语言形式,转移原文的信息内容,再现其语用价值,确保异域文化为译语读者理解和接受。"化境说"的核心和精髓是"化","化"包含并行分训的两种含义:作为动词,"化"是译者为消除语际内容和形式之间的"一意多言"式矛盾,得原文之意、存原文之味、成译文之行的双语转换行为:作为名词,"化"是译文追求的最高境界或达到的最高标准。这一界定跟其文字学原解(化生、变化)、哲学通解(渐化、量变)、美学专解(物化、化境)和钱氏自解(去痕、存味)一脉相通。"化"在宏观上着眼于"语-思-文"大三角,在微观上操作于"表-里-值"小三角,贯穿于全译活动的始终,旨在化解双语的语义内容(里)与语表形式(表)之间的矛盾,是全译最高标准与最高理想的通约、全译目的与手段的统一、全译主体与客体的融合、原文保真与译文求美的结晶、原文和译文艺术价值的再现,因而体现为全译的本质。

三、全译求化原则

全译的内涵与"化"的界定是一种内在统一。"化"不仅是全译转换的精髓,更是体现为全译的本质,符合以求化为核心的全译观。由于中外语言文字、思维方式、文化背景的诸多差异,汉外互译很难做到真正的"等值""等效",必须反映全译求化的内在规律——极似律,包括意义极似(意似)、形式极似(形似)以及在二者基础上的风格极似(神似),分别对应译文与原文在语里意义、语表形式和语用价值上的极似。三"似"之中,神似居于统帅地位,由意似这一基础和前提决定,通过形似这一外化手段得以体现,包括两个实现途径:一是通过语用价值驱动语里意义,再由语里意义决定语表形式,即值→里→表;二是语里意义决定语表形式,再附之以语用价值,即里→表(←值)。因此,全译求化遵循语用价值优先、语里意义次之、语表形式第三的原则,形成以语用价值为核心和统领、语里意义为基础和前提、语表形式为结果和外化的三位一体,共同推进译文尽善尽美、出神入化。

四、全译求化过程

在全译微观过程的三个阶段即原语理解、语际转化、译语表达中,原语理解和译语表达多在单语交际(包括语内全译)中即可完成,而语际转化需要在语际交流中得以完成。语际转化是以思维为主、语言为辅的活动,前涉原语理解,后涉译语表达,因而居于轴心环节。转化包括转换和求化,求化既是转换的目的,也是转换的结果,旨在化解语际内容与形式之间的"一意多言"式矛盾,转换成功即为求化——既消除译痕,又保留风味。因此,求化是全译微观过程的轴心环节,即转化的核心和精髓。根据钱氏对"译""诱/媒""讹""化"的解释,结合他终身追求的"打通"理想,可将全译求化过程概括为:引"诱"(目的)——做"媒"(功能)——避"讹"(手段)——求"化"(操作)——入"境"(结果)——打"通"(理想)。

五、全译求化机制

全译求化的关键和核心是建立求化机制。全译求化机制是译者(人和/或机器)因原文语用价值再现和语里意义传达之需,对原文语表形式进行数量增减、位置移动、方式变换、结构分合时所遵循的原则、执行的程序、运用的策略、手段、方法之间相互联系、相互作用的语际对比、思维转换和文化交流活动,包括单一机制和组合机制,单一机制是组合机制的前提和基础,组合机制是单一机制的扩展和综合。

(一) 单一机制的单用具有倾向性

等化、繁化、简化、移化、换化、分化、合化等 7 种全译求化单一机制既互相区别,又互相联系:区别在于各自不同的内涵、外延、理据和类别,确保每种机制运用的必要性和操作性;联系往往表现为两种机制之间的重叠、交叉或合用,促成机制组合的可能性和可行性。概言之,7种单一机制按运用频率依次排序如下:繁化/简化>移化/换化>分化/合化>等化。具言之,7种单一机制的单独运用跟语言对、操作准则和单位密切相关,具体表现如下:

(1)等化机制倾向于亲属语言之间的互译,在汉外互译中表现为原文与译文的思维顺序同构、表达顺序相同、表达方式具有互文性和兼容性,执行"对形等义同值"的操作准则,多操作于小句及以下语言单位。

(2)繁化和简化是运用理据相同、操作方式相反的一对单一机制,多操作于单词和短语,很少操作于复句及以上单位。繁化机制执行"繁形不添义不增值"的操作准则,多用于汉译英;简化机制执行"简形不损义不贬值"的操作准则,多用于英译汉。

(3)移化、换化是操作方式不同、往往相伴而用的一对机制:移化机制涉及原文单位的移位,执行"移形不易义不变值"的操作准则,多操作于小句之内;换化机制涉及译文跟原文表达方式的交换,执行"换形不改义不动值"的操作准则,以小句之内的操作为主,有时也涉及句类之间的交换。两种机制往往相伴而生、相得益彰,推进译文尽善尽美。

(4)分化和合化是运用理据相同、操作手段相反的一对单一机制,多以句子为操作单位,有时也涉句群。分化机制执行"分形不断义不损值"的操作准则,多用于英译汉;合化机制执行"合形不漏义不偏值"的操作准则,多用于汉译英。

(二) 单一机制的组合存在差异性

由于每种单一机制的运用理据、操作单位及其间性关系不同,各自的组合能力存在差异,等化机制跟其他6种单一机制往往不能同时操作于某一语言单位,不具备组合能力。6种非等化的单一机制的组合频率跟全译类型(口译或笔译)、语言对(汉译外或外译汉)、文本/文体类型、原文的遣词造句成段谋篇、译者运用求化机制的偏好或习惯等主客观因素有关,按组合能力依次排序为:繁化/简化>换化>移化>分化/合化。具体表现如下:

(1)繁化、简化涉及原文单词、短语甚至小句的增减,运用频率很高,可以跟移化、换化共融,可以分别跟分化、合化相通,因而成为组合能力最强的两种单一机制。

(2)换化机制的小类最多,操作于各种语言单位,往往跟移化相伴,不排斥跟繁化/简化、分化/合化的组合,成为组合能力较强的一种单一机制。

(3)移化机制中,原形移化(即零翻译)和无形移化(即引申)的操作单位主要是单词,其次是短语,一般不涉及小句及以上单位;有形移化(即移位)的操作单位涉及词素、单词、短语、小句甚至复句,除了与换化相伴而用之外(有时也从属换化机制),跟繁化/简化、分化/合化之间组合的可能性相对较低。

(4)分化、合化的运用场合受限,多操作于小句及以上语言单位,除了分别跟繁化、合化有时可以相通之外,跟其他单一机制组合的可能性最低。

(三)组合机制的运用存在失衡性

根据实际运用数量,将组合机制的类型依次排序如下:三合机制(20种)>二合机制=四合机制(15 种)>五合机制(6 种)>六合机制(1 种),按照总体运用频率排序:三合机制(61 例)>二合机制(46 例)>四合机制(24例)>五合机制(9例)>六合机制(4 例)(见表 6 - 2)。由此可见,机制组合的数量越多,牵制因素越多,组合难度越大,运用频率越低。

表 6 - 2 四篇译文中的组合机制统计(单位:例)

文本 机制类型	英译汉			汉译英	小计
	《史记》趣闻	《天择与种变》	《钱氏发言》	《论快乐》	(用例;占比)
二合机制	5	9	8	24	46;31.94%
三合机制	12	13	7	29	61;42.36%
四合机制	8	3	4	9	24;16.67%
五合机制	2	4	2	1	9;6.25%
六合机制	1	2	0	1	4;2.78%
总计	28	31	21	64	144;100%
机制排序	三四二五六	三二五四六	二三四五六	三二四五六	三二四五六

注:"机制排序"一行中,第二至五列中的"三四二五六""三二五四六""二三四五六""三二四五六"分别指二合机制、三合机制、四合机制、五合机制、六合机制在本书案例的四篇译文中运用频率的单独排序,第六列中的"三二四五六"是指这五类组合机制在四篇译文中运用频率的总体排序。

由于各种单一机制的组合能力不同,相互组合的关系有别,导致 57 种组合机制在相应类别中的运用频率存在失衡,根据语料统计排序如下:

(1)15 种二合机制按运用频率排序:繁化+换化>繁化+移化>简化+换化≈移化+换化>繁化+简化≈简化+合化>简化+移化>繁化+分化≈分化+合化>繁化+合化≈简化+分化≈移化+分化≈移化+合化≈换化+分化≈换化+合化;

(2)20 种三合机制按运用频率排序:繁化+移化+换化>简化+移化+换化>繁化+简化+分化>繁化+移化+分化≈繁化+换化+合化>繁化+简化+移化≈简化+移化+合化≈繁化+分化+合化>繁化+简化+换化≈简化+移化+分化>繁化+简化+合化≈简化+换化+分化≈简

＋换化＋合化≈简化＋分化＋合化＞繁化＋移化＋合化≈繁化＋换化＋分化≈移化＋换化＋分化≈移化＋换化＋合化≈移化＋分化＋合化≈换化＋分化＋合化；

(3)15种四合机制按运用频率排序：繁化＋简化＋移化＋换化≈繁化＋移化＋换化＋分化＞繁化＋简化＋换化＋分化≈繁化＋移化＋换化＋合化≈简化＋移化＋换化＋分化＞繁化＋简化＋换化＋合化＞繁化＋简化＋移化＋分化≈繁化＋移化＋分化＋合化≈简化＋移化＋分化＋合化＞繁化＋简化＋移化＋合化≈繁化＋简化＋分化＋合化≈繁化＋换化＋分化＋合化≈繁化＋移化＋换化＋合化≈简化＋换化＋分化＋合化≈移化＋换化＋分化＋合化；

(4)6种五合机制按运用频率排序：繁化＋简化＋移化＋换化＋分化＞繁化＋简化＋移化＋换化＋合化＞繁化＋简化＋移化＋分化＋合化≈简化＋移化＋换化＋分化＋合化＞繁化＋移化＋换化＋分化＋合化≈繁化＋简化＋换化＋分化＋合化；

(5)1种六合机制，即繁化＋简化＋移化＋换化＋分化＋合化，语料统计只有4例，在组合机制中的运用频率最低。

(四) 全译求化机制是一个完整、客观、能操作、可验证的体系

全译求化机制不是以往翻译方法研究中策略、方法和技巧的简单提升，而是按照"两个三角"的研究思路，遵循"三个充分"的研究要求，取自"语-思-文"和"表-里-值"六个考察视角，建构了7种单一机制和5类57种组合机制，每种机制还可细分为若干小类。全译求化机制以自建全译语料库中的全译事实为依据，以求化原则为指导，以求化过程为导向，具有很强的可操作性，可用于全译实践、教学和批评，以检验译者是否运用了恰当的求化机制、是否达到了良好的求化效果。因此，全译求化机制源于实践又反作用于实践，是一个完整、客观、能操作、可验证的体系。

第二节 "化境说"研究展望

钱锺书的"化境说"自提出以来就备受学界关注，学者们从不同学科视角、理论维度、研究范式、考察层面进行了解读、诠释、探源、例证、比照、赏析，取得了一些突破性进展，但重复性、思辨性、赏析性、定性的研究多，严谨的逻辑推导、数据的实证支撑、完善的体系建构较少，结果是人云亦云，"化"

来"化"去让人不得要领,形而上之"化"无法进行操作。本书基于文献爬梳进行了理论阐述,借助自建语料库进行了实证研究,不仅仅是对前人研究照着说、跟着说,而且是接着说、对着说,尝试构建了全译求化机制,进而完善"化境说"体系。但由于笔者的学术视野、理论储备、实践积累、研究水平等多种主客观因素的限制,未能进行更深更全更宽更细的"化境说"研究。只有对"化境说"进行更深入细致的探究,才能发扬光大钱氏的翻译思想,推进全译的理论建设和学科建构。

一、研究思路有待突破

本书主要遵循文献阅读→理论思辨→语料实证→体系建构的研究思路,探究了"化境"的源流演变,对"化"进行了多学科、多层面的解读,论证了"化"如何体现为全译的本质,通过"两个三角"的动态分析和事实验证,厘定了全译求化的三位一体原则和三阶六段的过程,最终确立了全译求化单一机制和组合机制,从而完善了"化境说"体系。但是,这种研究思路大多是单向度的,感性认识和理性分析、理论阐述和语料实证之间存在不太完美的结合,多向度的论证和验证"说来容易做来难"。因此,"化境说"研究需要做到"以钱解钱"但不囿于钱,"以钱证钱"但不限于钱,在读其译论、听其译言的同时,着重观其译行、析其译效。"化境说"研究只有基于有理有据的观察、分析、描述和阐释,基于"让事实说话、用数据支撑"的实证研究,才有可能走出传统窠臼,跨越学科之间的壁垒,打破理论与实践的藩篱,唯有"打通"才能"拈出新意";唯有突破研究思路,方能拨开"化境"的迷雾,真正实现传统译论的现代诠释,真正发扬光大钱氏的学术思想。

二、研究方法有待完善

除了运用常规的文本细读、理论思辨、正误分析、平行比较等研究方法之外,本书采取的语料库实证是对"化境说"研究的一种方法创新,但是否还可以进行多学科、多语种、多维度的综合研究方法?能否通过翻译技术、大数据推进现有研究?TAPs实证研究尽管面临诸多困难,受到主客观因素的限制,但为了揭示口笔译者在翻译过程中的语言、思维活动,研究者必须想方设法"渗入"译者的大脑,借助生物-信息技术真实记录脑电波曲线,分析译者运用求化机制时的心理偏好和认知反应,以帮助译者尽量减少弯路,做出快速、实效的选择。除了借助现有全译语料库(均为名篇佳译)验证求化机制的运用是否恰当之外,还可以考虑搜集英语专业八级考试中的翻译部分、全国翻译专业资格(水平)考试(CATTI)备类翻译试题,创建大规模的全译试题动态数据库,全面统计和分析习译者和普通译者求化机制的运用情况和求化效果,进行更大范围的全译教学和全译批评,进而推进求化机制的理论建构和实践运用。本书考察了7种全译求化单一机制和57种组合机制及其小类,尽可能进行了静态多样性的描写和动态多层面的验证,但对每种单一机制的倾向性规律考察不够深入、论证不够充分,对全译事实的解释仍然不到位。如果能够结合静态分析和动态验证,综合定量统计与定性分析,就可为全译求化机制研究提供新的方法,推进"化境说"研究,助力全译理论建设。

三、研究领域有待开拓

本书通过全面梳理和述评过往的"化境说"研究,采取"以钱解钱""以钱证钱",阐述了翻译"化境"的内涵和实质,但翻译艺术中的"化境",与文学、绘画、书法、建筑、音乐等艺术领域的"化境"究竟是否存在异同?不同领域的"化境"在艺术追求和理论建构中如何一脉通连、彼此呼应,而又各有侧重、别具千秋?回答这些问题,还需要扩大到钱氏在哲学、宗教、心理学、文化学、社会学等更多学科领域的言论和全译实践,需要对"化境说"进行更多领域、方位和角度的透视。本书建立的全译求化机制,旨在拓宽"化境说"的研究领域,推动全译理论建设,用来指导全译实践、教学和批评,但是否可以设计更多研究目的、开拓更多研究领域?例如,跟踪语料库翻译学的最新研究成果,通过创建涵盖钱氏所有语种和文本类型的全译语料库,追踪其研究风格、写作风格和翻译风格之间的良性循环与互动互补,深究翻译共性问题,历时考察和共时分析他运用求化机制的总体情况和具体效果,并将研究思路和对象延伸到身兼学者、作者和译者的杨绛、鲁迅、周作人、郭沫若、茅盾、林语堂等,由点连线,由线到面,由面及体,可为"化境说"研究、全译研究和翻译家研究扩大新的研究增长点。

四、研究内容有待深化

本书考察的钱氏翻译思想聚集于其译论和译艺,以《七缀集》《谈艺录》《管锥编》为主,以《钱锺书英文文集》《人·兽·鬼》《宋诗选注》为辅,较少涉及《写在人生边上 人生边上的边上 石语》《围城》《槐聚诗存》,更少触及洋洋洒洒的《钱锺书手稿集》,因而对于博大精深的"钱学"只能望书兴叹。若假以时日,广读书,深挖掘,厚积淀,开展多学科领域的对话与合作,研读钱氏的所有相关论述,穷尽他的翻译实践,"化境说"研究或许能够取得新进展,将全面认识钱氏翻译思想和实践乃至"钱学"体系,细致考察钱氏所有作品的对外翻译和国际传播,也将为新时代中华文化走出去带来新的启迪。

　　就全译求化机制而言,还有更多更细的内容值得深究。如:关于单一机制的运用倾向性,目前只有一个笼统的结论,还需要具体考察不同全译类别、语言方向、文本/文体类型中,7种单一机制优先序列和组合能力的差异性。又如:对于组合机制的失衡性研究,虽然对57种组合机制按照运用频率进行了排序,但小类组合机制并列或用例为0的情况较多,说明语料范围和数量还有限,还需要扩容现有语料库,创建多语种平行语料库(如《围城》的英、法、俄、德、意等多语种平行语料库)、类比语料库(如钱氏写作与翻译的类比语料库),以及真实场景中的口译语料库,并在全译语料库中对求化机制进行机器自动标注和检索,真正发挥全译求化机制的理论意义和实践价值。

附录:钱锺书作品全译语料库来源

钱锺书自译作品语料库:

钱锺书(译):《天择与种变》,《桃坞学期报》,1926 年第 2 期。(书中用例之后标注为"钱锺书,1926:页码")

钱锺书:《谈艺录》(补订本),北京,中华书局,1984 年第 1 版。(书中用例之后标注为"钱锺书,1984:页码")

钱锺书:《管锥编》(第一至四册),北京,中华书局,1986 年第 2 版。(书中用例之后标注为"钱锺书,1986:页码")

钱锺书:《围城》,北京,人民文学出版社,1991 年第 2 版。(书中用例之后标注为"钱锺书,1991:页码")

钱锺书:《管锥编》(第五册),北京,中华书局,1994 年第 3 版。(书中用例之后标注为"钱锺书,1994:页码")

钱锺书:《七缀集》,北京,生活·读书·新知三联书店,2002 年第 1 版。(书中用例之后标注为"钱锺书,2002a:页码")

钱锺书:《写在人生边上 人生边上的边上 石语》,北京,生活·读书·新知三联书店,2002 年第 1 版。(书中用例之后标注为"钱锺书,2002b:页码")

钱锺书:《人·兽·鬼》,北京,生活·读书·新知三联书店,2002 年第 1 版。(书中用例之后标注为"钱锺书,2002c:页码")

钱锺书:《钱锺书英文文集》(*A Collection of Qian Zhongshu's English Essays*),北京,外语教学与研究出版社,2005 年第 1 版。(书中用例之后标注为"钱锺书,2005:页码")

钱锺书作品他译语料库：

Qian, Zhongshu, *Limited Views : Essays on Ideas and Letters*, selected and translated by Ronald Egan. Cambridge (MA)/London：Harvard University Press, 1998.（书中用例之后标注为"Qian, 1998：页码"）

钱钟书：《围城》（汉英对照），〔美〕珍妮·凯利、茅国权译，北京，人民文学出版社，2003 年第 1 版。（书中用例之后标注为"钱钟书, 2003：页码"）

Qian, Zhongshu, *Humans, Beasts, and Ghosts : Stories and Essays*, edited with an introduction by Christopher G. Rea. New York：Columbia University Press, 2010.（书中用例之后标注为"Qian, 2010：页码"）

Qian, Zhongshu, *Patchwork : Seven Essays on Art and Literature*, translated by Duncan M. Campbell. Leiden / Boston：Brill, 2014.（书中用例之后标注为"Qian, 2014：页码"）

参 考 文 献

外文部分

Appiah,Kwame Anthony."Thick Translation". *Callaloo*,1993,16(4).

Austin,John L.*How to Do Things with Words*(2nd edition).Oxford:Clarendon Press, 1962.

Bacon,Francis.The Advancement of Learning.Gloucester:Dodo Press,1994.

Baker,Mona.*In Other Words:A Coursebook on Translation*.London/New York:Rout-ledge,1992.

Baker,Mona. "Corpus Linguistics and Translation Studies:Implications and Applica-tions".In Mona Baker,Gill Francis & Elena Tognini-Bonelli(eds.),*Text and Technol-ogy:In Honor of John Sinclair*.Amsterdam/Philadelphia:John Benjamins,1993.

Baker,Mona. "Corpus-based Translation Studies:The Challenges That Lie Ahead". In Harold Somers (ed.), *Terminology, LSP and Translation:Studies in Language Engineering,in Honour of Juan C.Sager*.Amsterdam/Philadelphia:John Benjamins, 1996.

Baker,Mona(ed.). *Routledge Encyclopedia of Translation Studies*.London/New York: Routledge,1998.

Baker,Mona & Gabriela Saldanha(eds.). *Routledge Encyclopedia of Translation Stud-ies* (2nd edition).London/New York:Routledge,2009.

Baumgarten,Nicole,Bernd Meyer & Demet Özçetin."Explicitness in Translation and In-terpreting:A Critical Review and Some Empirical Evidence(of an Elusive Concept)". *Across Languages and Cultures*,2008,9(2):177 – 203.

Becher,Viktor."Abandoning the Notion of 'Translation-Inherent' Explicitation:Against a Dogma of Translation Studies". *Across Languages and Cultures*,2010,11(1).

Blum-Kulka,Shoshana & Eddie A. Levenston. "Universals of Lexical Simplification". *Language Learning*,1978,28(2).

Blum-Kulka, Shoshana. "Shifts of Cohesion and Coherence in Translation". In Juliane House & Shoshana Blum-Kulka(eds.),*Interlingual and Intercultural Communica-

tion:*Discourse and Cognition in Translation and Second Language Acquisition Studies*.Tübingen:Gunter Narr,1986.

Broeck,Raymond van den. "The Concept of Equivalence in Translation Theory: Some Critical Reflections".In James S.Holmes,José Lambert & Raymond van den Broeck (eds.),*Literature and Translation*.Leuven:Acco,1978.

Carreres,Ángeles."Translation as a Means and as an End:Reassessing the Divide". *The Interpreter and Translator Trainer*,2014,8(1).

Catford,J.C. *A Linguistic Theory of Translation*:*An Essay in Applied Linguistics*. Oxford:Oxford University Press,1965.

Ch'ien,Chung-shu."Lin Ch'in-nan revisited".Trans.by George Kao. *Renditions*,1975,(5).

Cheung,Martha P.Y."Representation,mediation,and intervention:A translation anthologist's preliminary reflections on three key issues in cross-cultural understanding". Hong Kong:David C.Lam Institute for East-West Studies,2003.LEWI Working Paper Series No.14.

Cheung,Martha P.Y."Reconceptualizing Translation—Some Chinese Endeavours".*Meta*:*journal des traducteurs*/*Meta*:*Translators' Journal*,2011,56(1).

Englund Dimitrova,Birgitta. *Expertise and Explicitation in the Translation Process*. Amsterdam/Philadelphia:John Benjamins,2005.

Even-Zohar,Itamar. "Translation and Transfer". *Polysystem Studies*,*Poetics Today*, 1990,11(1).

Fowler,H.W. *A Dictionary of Modern English Usage* (2nd Edition). Oxford:Oxford University Press,1965.

Gellerstam,Martin."Translations as a Source for Cross-linguistic Studies".In Karin Aijmer,Bengt Altenberg & Mats Johansson(eds.),*Languages in Contrast*:*Papers from a Symposium on Text-Based Cross-linguistic Studies*.Lund:Lund University Press, 1996.

Godley,A.D.*Herodotus*(with an English translation).Cambridge,MA/London:Harvard University Press/William Heinemann Ltd.,1975.

Göpferich,Susanne. "Transfer and Transfer Studies". In Yves Gambier & Luc van Doorslaer(eds.), *Handbook of Translation Studies*. Amsterdam/Philadelphia:John Benjamins,2010.

Hermans,Theo."Translational Norms and Correct Translations".In Kitty M.van Leuven-Zwart & Ton Naaijkens(eds.), *Translation Studies*:*The State of the Art*.*Proceedings of the First James S.Holmes Symposium on Translation Studies*.Amsterdam:Rodopi,1991.

Hervey,Sandor & Ian Higgins.*Thinking Translation*:*A Course in Translation Method*: *French to English*. London/New York:Routledge,1992.

Holmes,James S.*Translated*!*Papers on Literary Translation and Translation Studies*. Beijing:Foreign Language Teaching and Research Press,2007.

Jaszczolt,Katarzyna M. *Default Semantics*:*Foundations of a Compositional Theory of*

Acts of Communication.Oxford:Oxford University Press,2005.

Jesperson,Otto. *Language:Its Nature,Development and Origin*. London:George Allen and Unwin Ltd.,1954.

Kade,Otto.*Zufall und Gesetzmäßigkeit in der Übersetzung*.Leipzig:VEB Enzyklopädie, 1968.

Klaudy,Kinga."The Asymmetry Hypothesis.Testing the Asymmetric Relationship between Explicitations and Implicitations".Paper presented to the Third International Congress of EST "Claims,Changes and Challenges in Translation Studies".Copenhagen,30 August – 1 September,2001.

Klaudy,Kinga."Explicitation".In Mona Baker and Gabriela Saldanha(eds.),*Routledge Encyclopedia of Translation Studies* (2nd edition).London/New York:Routledge, 2008:106 – 107.

Klaudy,Kinga & Krisztina Károly."Implicitation in Translation:Empirical Evidence for Operational Asymmetry in Translation". *Across Languages and Cultures*,2005,6(1).

Krüger,Ralph."A Cognitive Linguistic Perspective on Explicitation and Implicitation in Scientific and Technical Translation".*Trans-kom*,2013,6(2).

Laviosa,Sara."Core Patterns of Lexical Use in a Comparable Corpus of English Narrative Prose". *Meta*,1998,43(4).

Leuven-Zwart,Kitty van. "Translation and Original:Similarities and Dissimilarities,I, II".*Target*,1989,1(2),1990,2(1).

Lindberg-Wada,Gunilla."Chapter 4 China and Japan:Dichotomies and Diglossia in Japanese Literary History".In Qian Suoqiao(ed.),*Cross-cultural Studies:China and the World—A Festschrift in Honor of Professor Zhang Longxi*. Leiden/Boston:Brill, 2015.

Mauranen,Anna. "Strange Strings in Translated Language:A Study on Corpora". In Maeve Olohan(ed.),*Intercultural Faultlines:Research Models in Translation Studies 1:Textual and Cognitive Aspects*. Manchester:St.Jerome,2000:119 – 141.

Mo,Timothy."Epilogue:The Saintly and the Suborned".In Qian Suoqiao(ed.),*Cross-cultural Studies:China and the World—A Festschrift in Honor of Professor Zhang Longxi*.Leiden/Boston:Brill,2015.

Murtisari,Elisabet Titik."A Relevance-based Framework for Explicitation and Implicitation in Translation:An Alternative Typology".*Trans-kom*,2013,6(2).

Newmark,Peter. *Approaches to Translation*.Shanghai:Shanghai Foreign Language Education Press,2001.

Newmark,Peter. *A Textbook of Translation*. Shanghai:Shanghai Foreign Language Education Press,2001.

Nida,Eugene A.*Toward a Science of Translating:With Special Reference to Principles and Procedures Involved in Bible Translating*. Leiden:E.J. Brill,1964.

Nida,Eugene A.& Charles R.Taber.*The Theory and Practice of Translation*. Leiden: E.J. Brill,1982.

Nord, Christiane. *Translating as a Purposeful Activity : Functionalist Approaches Explained*. Shanghai : Shanghai Foreign Language Education Press, 2001.

Olohan, Maeve & Mona Baker. "Reporting that in Translated English : Evidence for Subconscious Processes of Explicitation?". *Across Languages and Cultures*, 2000, 1(2).

Pápai, Vilma. "Explicitation : A Universal of Translated Text?". In Anna Mauranen & Pekka Kujamäki (eds.), *Translation Universals : Do They Exist?* Amsterdam/Philadelphia : John Benjamins, 2004.

Perego, Elisa. "Evidence of Explicitation in Subtitling : Towards a Categorisation". *Across Languages and Cultures*, 2003, 4(1).

Pinkham, Joan (ed.). *The Translator's Guide to Chinglish*. Beijing : Foreign Language Teaching and Research Press, 2000.

Popovič, Anton. "The Concept 'Shift of Expression' in Translation Analysis". In James S. Holmes, Frans de Haan & Anton Popovič (eds.), *The Nature of Translation : Essays on the Theory and Practice of Literary Translation*. The Hague and Paris : Mouton, 1971.

Popovič, Anton. *Dictionary for the Analysis of Literary Translation*. Edmonton : The University of Alberta, 1975.

Pym, Anthony. *Translation and Text Transfer*. Frankfurt am Main : Peter Lang, 1992.

Pym, Anthony. "Explaining Explicitation". In Károly Krisztina and Fóris Ágota (eds.), *New Trends in Translation Studies : In Honour of Kinga Klaudy*. Budapest : Akadémiai Kiadó, 2005.

Pym, Anthony. *Translation and Text Transfer : An Essay on the Principles of Intercultural Communication* (revised version). Tarragona : Intercultural Studies Group, 2010.

Qian, Zhongshu. *Human, Beasts and Ghosts : Stories and Essays*. Edited by Christopher G. Rea. New York : Columbia University Press, 2010.

Qian, Zhongshu. *Limited Views : Essays on Ideas and Letters*. Selected and translated by Ronald Egan. Cambridge (MA) /London : Harvard University Press, 1998.

Qian, Zhongshu. *Patchwork : Seven Essays on Art and Literature*. Translated by Duncan M. Campbell. Leiden/Boston : Brill, 2014.

Qian, Zhongshu. "Lin Shu's Translations". Trans. by Duncan M. Campbell, in Qian Zhongshu, *Patchwork : Seven Essays on Art and Literature*. Trans. by Duncan M. Campbell. Leiden/Boston : Brill, 2014.

Reiss, Katharina & Hans J. Vermeer. *Grundlegung einer allgemeinen Translationstheorie*. Tübingen : Niemeyer, 1984.

Schmied, Josef & Hildegard Schäffler. "Explicitness as a Universal Feature of Translation". In Magnus Ljung (ed.), *Corpus-Based Studies in English : Papers from the Seventeenth International Conference on English Language Research on Computerized Corpora* (ICAME 17). Amsterdam : Rodopi, 1997.

Séguinot, Candace. "Pragmatics and the Explicitation Hypothesis". *TTR : Traduction, Terminologie, Redaction*, 1988, 1(2).

Shuttleworth, Mark & Moira Cowie. *Dictionary of Translation Studies*. Shanghai: Shanghai Foreign Language Education Press, 2004.

Snell-Hornby, Mary. *Translation Studies: An Integrated Approach*. Amsterdam/Philadelphia: John Benjamins, 1988.

Steiner, George. *After Babel: Aspects of Language and Translation* (3rd edition). Shanghai: Shanghai Foreign Language Education Press, 2001

Strunk, William Jr. & E. B. White. *The Elements of Style* (3rd edition). New York: Macmillan Publishing Co. Inc., 1979.

Toury, Gideon. *In Search of a Theory of Translation*. Tel Aviv: The Porter Institute for Poetics and Semiotics, 1980.

Vanderauwera, Ria. *Dutch Novels Translated into English: The Transformation of a "Minority" Literature*. Amsterdam: Rodopi, 1985.

Vinay, Jean-Paul & Jean Darbelnet. *Comparative Stylistics of French and English: A Methodology for Translation*. Translated and edited by Juan C. Sager and M.-J. Hamel. Amsterdam/Philadelphia: John Benjamins, 1995.

Warmington, Eric Herbert (ed.). *Remains of Old Latin* (Vol. I). Cambridge/London: Harvard University Press/William Heinemann Ltd., 1935.

Wells, H. G. *The Outline of History: Being a Plain History of Life and Mankind*. New York: The Macmillan Company, 1921.

Wilss, Wolfram. *The Science of Translation: Problems and Methods*. Shanghai: Shanghai Foreign Language Education Press, 2001.

Xiao, Richard, Tony McEnery & Yufang Qian. "Passive Constructions in English and Chinese: A Corpus-based Contrastive Study". *Languages in Contrast*, 2006, 6(1).

Yu, Chengfa. "On Qian Zhongshu's Theory of 'Sublimity'". *Perspectives: Studies in Translatology*, 2006, 14(3).

Zipf, George Kingsley. *Human Behavior and the Principle of Least Effort: An Introduction to Human Ecology*. Cambridge: Addison-Wesley Press, Inc., 1949.

中文部分

艾迪生·维斯理·朗文出版公司辞典部(编):《朗文当代英语大辞典》(英英·英汉双解),朱原等译,北京,商务印书馆,1998年。

爱如生中国基本古籍库,网址:http://dh.ersjk.com/spring/front/read。

包通法:《"雅"译观的历史与现实》,《江南学院学报》,2001年第3期。

薄振杰、谭业升:《"化境"论的认知阐释》,《外语学刊》,2015年第3期。

薄振杰、徐莉娜:《钱钟书"化境"说再阐释》,《西安外国语大学学报》,2013年第1期。

蔡新乐:《试论"化境"的反翻译倾向及"不隔"的理论意义》,《外语与翻译》,2000年第1期。

蔡新乐:《文学翻译的艺术哲学》,开封,河南大学出版社,2001年。

蔡宗魁:《深入学习马、恩关于翻译标准的论述》,《翻译通讯》,1985年第6期。

曹大铁、包立民(编):《张大千诗文集编年》,北京,荣宝斋,1990 年。

陈大亮:《重新认识钱钟书的"化境"理论》,《上海翻译》,2006 年第 4 期。

陈福康:《中国译学史》,上海,上海人民出版社,2010 年。

陈鼓应、赵建伟(注译):《周易今注今译》,北京,商务印书馆,2005 年。

陈建生、崔亚妮:《基于语料库的中国〈政府工作报告〉英译本词汇特征研究》,《当代外语研究》,2010 年第 6 期。

陈望衡:《"天人合一"的美学意义》,《武汉大学学报》(哲学社会科学版),1998 年第 3 期。

陈西滢:《论翻译》,罗新璋(编),《翻译论集》,北京,商务印书馆,1984 年。

陈竹、曾祖荫:《中国古代艺术范畴体系》,武汉,华中师范大学出版社,2003 年。

楚小庆:《王国维"境界"论的理论根源及其现代审美转换》,《艺术百家》,2013 年第 5 期。

崔永禄:《传统的断裂——围绕钱钟书先生"化境"理论的思考》,《外语与外语教学》,2006 年第 3 期。

党争胜:《"三化"并举译"长恨","三美"齐备诗如"歌"——许渊冲英译〈长恨歌〉赏评》,《外语教学》,2008 年第 1 期。

道安:《鞞婆沙序》《合放光光赞随略解序》《摩诃钵罗若波罗蜜经钞序》,罗新璋(编),《翻译论集》,北京,商务印书馆,1984 年。

邓东亮:《许渊冲英译〈长恨歌〉评析》,北京,北京第二外国语学院硕士学位论文,2010 年。

邓仁晖:《入"化"浅谈》,《外语与翻译》,2002 年第 1 期。

迪里索、利加恩克、科米尔(编著):《翻译研究关键词》,孙艺风、仲伟合(编译),北京,外语教学与研究出版社,2004 年。

丁福保(编):《佛学大辞典(下)》,上海,上海书店,1991 年。

[明]董其昌:《画禅室随笔》,毛万宝、黄君(编),《中国古代书论类编》,合肥,安徽教育出版社,2009 年。

董秀芳:《论句法结构的词汇化》,《语言研究》,2002 年第 3 期。

[汉]董仲舒:《春秋繁露·天人三策》,长沙,岳麓书社,1997 年。

段彦艳、李晓亮:《"化境说"的传统译论基础及其美学渊源》,《石家庄学院学报》,2009 年第 2 期。

樊家勇、郑淑园:《尤金·奈达与钱钟书翻译理论研究》,《科技创新导报》,2010 年第 5 期。

方梦之:《翻译中科学和艺术的再现——兼评〈科技翻译的艺术性及其艺术论〉》,《外国语》,2002 年第 2 期。

冯立新:《钱钟书翻译思想探微——以解构主义为视角》,《社会科学家》,2012 年第 4 期。

冯世则:《解读严复、鲁迅、钱钟书三家言:"信、达、雅"》,《清华大学学报》(哲学社会科学版),2001 年第 2 期。

[唐]符载:《观张员外画松石序》,俞剑华(编),《中国画论类编》,北京,人民美术出版社,1986 年。

傅雷:《论文学翻译书》,罗新璋(编),《翻译论集》,北京,商务印书馆,1984 年。

高佳艳:《"化境"=解构?——比较钱钟书"化境"说与解构主义翻译观》,《北京第二外国语学院学报》,2017 年第 3 期。

葛校琴:《翻译"神似"论的哲学-美学基础》,《中国翻译》,1999 年第 4 期。

葛中俊:《"化境"背后:钱钟书的文本价值论》,《云南民族大学学报》(哲学社会科学版),

2007 年第 1 期。

葛中俊：《"失本成译"和译之"化境"：钱钟书的翻译文本观》，《同济大学学报》（社会科学版），2012 年第 4 期。

辜正坤：《翻译标准多元互补论》，《中国翻译》，1989 年第 1 期。

辜正坤：《译学津原》，郑州，文心出版社，2005 年。

顾群超、杨坚定、孙鸿仁：《邓小平文选》汉英平行语料库，网址：http://corpus.usx.edu.cn/dengxiaoping/index.asp。

桂诗春（编）：《新编心理语言学》，上海，上海外语教育出版社，2000 年。

郭宏安、许钧：《自设藩篱，循迹而行——谈翻译风格》，许钧等，《文学翻译的理论与实践——翻译对话录》，南京，译林出版社，2001 年。

韩倩：《俄汉全译之分译研究》，哈尔滨，黑龙江大学硕士学位论文，2014 年。

何红斌：《中医翻译的原则和策略探讨》，《广州中医药大学学报》，2005 年第 2 期。

何加红：《跨越文本的障碍——解构主义对翻译学理论的启示》，《西南民族学院学报》（哲学社会科学版），1999 第 S1 期。

何加红：《"化境"说理论基点初探》，《四川外语学院学报》，2000 年第 1 期。

贺显斌：《英汉翻译过程中的明晰化现象》，《解放军外国语学院学报》，2003 年第 4 期。

［清］贺贻孙：《诗筏》，郭绍虞（编选），富寿荪（校点），《清诗话续编》（上），上海，上海古籍出版社，1983 年。

黑格尔：《小逻辑》，贺麟（译），北京，商务印书馆，2004 年。

黑格尔：《美学》（第三卷），朱光潜（译），北京，商务印书馆，1979 年。

胡德香：《解读钱钟书的文化翻译批评》，《山东外语教学》，2006 年第 3 期。

胡范铸：《翻译：语言墙壁的凿通与人类文化的互文——钱锺书学术与艺术思想研究之五》，《暨南学报》（哲学社会科学版），1991 年第 3 期。

胡庚申：《"省译"与"对译"——重复词语的口译方法（之二）》，《上海科技翻译》，1990 年第 1 期。

胡锦涛：《在庆祝中国共产党成立 90 周年大会上的讲话》（2011－07－01），网址：http://www.doc88.com/p-3357972800821.html。

胡开宝、陶庆：《汉英会议口译中语篇意义显化及其动因研究——一项基于平行语料库的研究》，《解放军外国语学院学报》，2009 年第 4 期。

胡开宝、朱一凡：《基于语料库的莎剧〈哈姆雷特〉汉译文本中显化现象及其动因研究》，《外语研究》，2008 年第 2 期。

胡显耀：《基于语料库的汉语翻译小说词语特征研究》，《外语教学与研究》，2007 年第 3 期。

胡显耀、曾佳：《对翻译小说语法标记显化的语料库研究》，《外语研究》，2009 年第 5 期。

胡以鲁：《论译名》，《翻译研究论文集（1894—1948）》，中国翻译工作者协会《翻译通讯》编辑部（编），北京，外语教学与研究出版社，1984 年。

［明］胡应麟：《诗薮》，上海，上海古籍出版社，1979 年。

胡志国：《"化境"说翻译理想的哲学基础及再阐释》，《西南科技大学学报》（哲学社会科学版），2006 年第 3 期。

黄邦杰：《译艺谭》，香港，生活·读书·新知三联书店香港分店，1986 年。

黄国文、余娟:《功能语篇分析视角下的翻译显化研究》,《外语与外语教学》,2015 年第 3 期。

黄汉平:《文学翻译:"删节"和"增补"原作现象的文化透视——兼论钱钟书〈林纾的翻译〉》,《中国翻译》,2003 年第 4 期。

黄立波:《英汉翻译中人称代词主语的显化——基于语料库的考察》,《外语教学与研究》,2008 年第 6 期。

黄振定:《科技翻译的艺术性及其艺术论》,《外国语》,2001 年第 11 期。

黄忠廉:《翻译本质论》,武汉,华中师范大学出版社,2000 年。

黄忠廉:《小句中枢全译说》,武汉,华中师范大学出版社,2008 年。

黄忠廉:《小句全译语气转化研析》,《外国语》,2010 年第 6 期。(正文中夹注为"2010a")

黄忠廉:《翻译"变""化"观》,《外语学刊》,2010 年第 6 期。(正文中夹注为"2010b")

黄忠廉:《全译:同义选择艺术研察——以"It is better X than Y"类汉译为例》,《外语与外语教学》,2011 年第 1 期。

黄忠廉:《"翻译"新解——兼答周领顺先生论"变译"》,《外语研究》,2012 年第 1 期。

黄忠廉:《"翻译"定位及其名实谈》,《东方翻译》,2015 年第 3 期。

黄忠廉等:《翻译方法论》,北京,中国社会科学出版社,2009 年。

黄忠廉、方梦之、李亚舒:《应用翻译学》,北京,国防工业出版社,2013 年。

黄忠廉、贾明秀:《释"对译"》,《上海翻译》,2013 年第 2 期。

黄忠廉、李亚舒:《科学翻译学》,北京,中国对外翻译出版公司,2004 年。

黄忠廉、倪璐璐:《跨层合译的语义—认知诠释——以俄/英语词素与词合译成汉字为例》,《外语学刊》,2016 年第 6 期。

黄忠廉、袁湘生:《翻译观认识论过程例话》,《外国语言与文化》,2017 年第 1 期。

霍秋:《"化境文库"将于明年问世 翻译家倡议"化境"标准》,网址:http://www.sohu.com/a/204252492_115376。

季进:《简论钱钟书与翻译》,《镇江师专学报》(社会科学版),1999 年第 4 期。

季进:《钱锺书与现代西学》,上海,上海三联书店,2002 年。

贾明秀:《俄汉全译之对译探析》,哈尔滨,黑龙江大学硕士学位论文,2012 年。

贾兴蓉:《化境:译作应比原作更好——从〈林纾的翻译〉说开去》,《上海翻译》,2012 年第 3 期。

江帆:《"化境"的再阐释——评杨宪益、戴乃迭所译鲁迅散文〈江雪〉》,《中国翻译》,2001 年第 4 期。

姜子夫(主编):《仁王经》,北京,大众文艺出版社,2005 年。

蒋寅:《原始与会通:"意境"概念的古与今——兼论王国维对"意境"的曲解》,《北京大学学报》(哲学社会科学版),2007 年第 3 期。

蒋跃:《人工译本与机器在线译本的语言计量特征对比——以 5 届韩素音翻译竞赛英译汉人工译本和在线译本为例》,《外语教学》,2014 年第 5 期。

[清]金圣叹:《金圣叹文集》,艾舒仁(编次),冉苒(校点),成都,巴蜀书社,2003 年。

柯飞:《翻译中的隐和显》,《外语教学与研究》,2005 年第 4 期。

[明]来知德:《周易集注》,上海,上海古籍出版社,1990 年。

蓝红军、穆雷:《论钱钟书翻译思想的西方哲学基础》,《外语与外语教学》,2009 年第

12 期。

[宋]黎靖德(编):《朱子语类》(1—4 册),杨绳其、周娴君(校点),长沙,岳麓书社,1997 年。

李山(译注):《管子》,北京,中华书局,2009 年。

李田心:《钱钟书为翻译学定位》,《韩山师范学院学报》,2003 年第 1 期。

李文革:《语用合一 意境再现——"化境"的符号学途径阐释》,《外语教学》,2003 年第 1 期。

李文革、王瑞芳:《中国式的"解构"翻译思想——重释钱钟书的"化境说"》,《海南大学学报》(人文社会科学版),2010 年第 4 期。

[明]李贽:《李贽文集》(第一卷),张建业(主编),北京,社会科学文献出版社,2000 年。

李晓霞、周文:《钱钟书翻译美学思想初探》,《张家口师专学报》(社会科学版),1995 年第 1 期。

连淑能:《论中西思维方式》,《外语与外语教学》,2002 年第 2 期。

连淑能:《英汉对比研究》,北京,高等教育出版社,1993 年。

连淑能(编):《英译汉教程》,北京,高等教育出版社,2006 年。

梁启超:《论译书》,中国翻译工作者协会《翻译通讯》编辑部(编),《翻译研究论文集(1894—1948)》,北京,外语教学与研究出版社,1984 年。

廖秋忠:《廖秋忠文集》,北京,北京语言学院出版社,1992 年。

林克难:《隐性翻译不是翻译吗——兼与张春柏先生商榷》,《中国翻译》,2004 年第 3 期。

刘宝银:《关于汉历藏历的对译问题》,《青海民族学院学报》,1979 年第 2 期。

刘靖之(主编):《翻译论集》,香港,生活·读书·新知三联书店,1981 年。

刘宓庆:《翻译美学导论》(修订本),北京,中国对外翻译出版公司,2005 年。

刘宓庆:《新编汉英对比与翻译》,北京,中国对外翻译出版公司,2006 年。

刘全福:《当"信"与"化境"被消解时——解构主义翻译观质疑》,《中国翻译》,2005 年第 4 期。

刘绍铭:《情到浓时》,上海,上海三联书店,2000 年。

刘文典:《淮南鸿烈集解(上)》,冯毅、乔华(点校),北京,中华书局,1989 年。

[汉]刘向:《新序译注》,马达(译注),武汉,湖北人民出版社,1986 年。

柳鸣九:《化境:一个"中国制造"的学术徽号》,《文艺报》,2017 年 12 月 11 日。

卢国荣:《入于"化境"——评〈汤姆大伯的小屋〉中译本》,《内蒙古民族大学学报》,2005 年第 2 期。

陆文虎:《钱钟书论翻译》,《语言教学与研究》,1992 年第 1 期。

陆文虎:《"围城"内外——钱锺书的文学世界》,北京,解放军出版社,1992 年。

陆云、刘昌海:《从"信"的角度看翻译中的明晰化倾向》,《广西师院学报》(哲学社会科学版),1999 年第 4 期。

[宋]罗大经:《鹤林玉露》,上海,上海古籍出版社,2009 年。

罗新璋:《我国自成体系的翻译理论》,罗新璋(编),《翻译论集》,北京,商务印书馆,1984 年。

罗新璋:《钱锺书的译艺谈》,《中国翻译》,1990 年第 6 期。

罗新璋:《钱锺书的译艺谈》,范旭仑、李洪岩(编),《钱锺书评论》(卷一),北京,社会科学文献出版社,1996 年。

罗新璋:《化境说的理论与实践》,《文汇报》,2018 年 1 月 26 日。

吕瑞昌等(编):《汉英翻译教程》,西安,陕西人民出版社,1983 年。

吕叔湘(编):《现代汉语八百词》(增订本),北京,商务印书馆,1999 年。

马骅:《俄汉全译之减译探究》,哈尔滨,黑龙江大学硕士学位论文,2010 年。

马红军:《从文学翻译到翻译文学》,上海,上海译文出版社,2006 年。

倪璐璐:《俄汉全译之换译探析》,哈尔滨,黑龙江大学硕士学位论文,2011 年。

倪璐璐:《"换译"符号学诠释》,《中国科技翻译》,2016 年第 2 期。

聂友军:《钱锺书翻译理论与实践研究》,苏州,苏州大学硕士学位论文,2007 年。

聂友军:《钱钟书翻译实践论》,《中国比较文学》,2008 年第 3 期。

聂友军:《〈林纾的翻译〉与钱锺书的翻译观》,《粤海风》,2015 年第 2 期。

欧阳利锋、尚敏锐:《以西方观点解读二十世纪中国翻译理论》,《语言与翻译》,2002 年第
    1 期。

彭长江:《翻译标准多,何以断是非》,《外国语》,2000 年第 5 期。

彭发胜:《融通化生——翻译过程的现象学描述》,《中国翻译》,2006 年第 5 期。

彭开明:《融会贯通,出神入化——〈被出卖的春天〉译文赏析》,《中国翻译》,1995 年第
    3 期。

钱歌川:《翻译漫谈》,北京,中国对外翻译出版公司,1980 年。

钱之俊:《钱锺书生平十二讲》,上海,上海社会科学院出版社,2013 年。

钱钟书:《钱锺书论学文选》(第四卷),舒展(选编),广州,花城出版社,1990 年。

钱锺书:《谈艺录》(补订本),北京,中华书局,1984 年。

钱锺书:《管锥编》(一至四册),北京,中华书局,1986 年。

钱锺书:《围城》,北京,人民文学出版社,1991 年。

钱锺书:《管锥编》(第五册),北京,中华书局,1994 年。

钱锺书:《七缀集》,北京,生活·读书·新知三联书店,2002 年。(正文中夹注为
    "2002a")

钱锺书:《写在人生边上 人生边上的边上 石语》,北京,生活·读书·新知三联书店,
    2002 年。(正文中夹注为"2002b")

钱锺书:《人·兽·鬼》,北京,生活·读书·新知三联书店,2002 年。(正文中夹注为
    "2002c")

钱锺书:《宋诗选注》,北京,生活·读书·新知三联书店,2002 年,第 12 页。(正文中夹
    注为"2002d")

钱锺书:《钱锺书英文文集》(*A Collection of Qian Zhongshu's English Essays*),北京,外
    语教学与研究出版社,2005 年。

钱锺书(译):《天择与种变》,《桃坞学期报》,1926 年第 2 期。

乔曾锐:《译论:翻译经验与翻译艺术的评论和探讨》,北京,中华工商联合出版社,
    2000 年。

乔海清:《为合译正名》,《上海科技翻译》,1998 年第 4 期。

秦洪武、王克非:《基于对应语料库的英译汉语言特征分析》,《外语教学与研究》,2009 年
    第 2 期。

覃江华、许钧:《许渊冲翻译思想的学术渊源考略》,《中国文化研究》,2017 年第 2 期。

任淑坤:《鲁迅、钱钟书翻译思想比较》,《河北大学学报》(哲学社会科学版),2003年第4期。

[魏]阮籍:《阮籍集校注》,郭光(校注),郑州,中州古籍出版社,1991年。

邵志洪:《汉英对比翻译导论》,上海,华东理工大学出版社,2005年。

佘协斌等:《钱钟书的翻译理论与西语雅译》,《长沙铁道学院学报》(社会科学版),2004年第3期。

沈苏儒:《论信达雅——严复翻译理论研究》,北京,商务印书馆,1998年。

施佳胜、王心洁:《超越"化境",一分为三——对钱锺书翻译思想的再思考》,《外语研究》,2013年第1期。

[唐]司空图:《诗品集解》,郭绍虞(辑注),北京,人民文学出版社,1963年。

宋华、王正仁:《从中国传统美学看中国翻译理论的"向心"文化特征》,《太原师范学院学报》(社会科学版),2004年第1期。

[宋元]宋元人(注):《四书五经》(全三册),北京,中国书店,1985年。

[宋]苏轼:《东坡诗话全编笺评》,王文龙(编撰),重庆,西南师范大学出版社,1996年。

[唐]孙光宪:《〈白莲集〉序》,郑佳明(主编),《历代名人记长沙文选》,长沙,湖南文艺出版社,1998年。

谭福民:《钱钟书的"化"论及其翻译实践》,《湖南师范大学社会科学学报》,1997年第2期。

谭建香、唐述宗:《钱钟书先生"化境说"之我见》,《语言与翻译》,2010年第1期。

[五代]谭峭:《化书》,丁祯彦、李似珍(点校),北京,中华书局,1996年。

谭载喜:《新编奈达论翻译》,北京,中国对外翻译出版公司,1999年。

唐芳、李德超:《汉英交替传译中的显化特征——职业译员与学生译员对比研究》,《外语教学与研究》,2013年第3期。

万光荣、余承法:《科技翻译中的全译求化机制》,《中国科技翻译》,2015年第1期。

万光荣、余承法:《全译繁化机制的内涵、理据与类型》,《语言与翻译》,2015年第1期。

[魏]王弼(注)孔颖达(疏),《周易正义》,北京,北京大学出版社,1999年。

[唐]王冰:《黄帝内经素问》,北京,人民卫生出版社,1963年。

王秉钦:《20世纪中国翻译思想史》,天津,南开大学出版社,2004年。

[唐]王昌龄:《王昌龄集编年校注》,胡问涛、罗琴(校注),成都,巴蜀书社,2000年。

[汉]王充:《论衡》,上海,上海人民出版社,1974年。

[清]王夫之:《庄子解》,王孝鱼(点校),北京,中华书局,1964年。

[清]王夫之:《张子正蒙注》,北京,中华书局,1975年。

[清]王夫之:《姜斋诗话》,《清诗话》,王夫之等,上海,上海古籍出版社,1996年。

王国栋:《英语深层语法》,北京,商务印书馆国际有限公司,2004年。

王国维:《人间词话译注》,施议对(译注),上海,上海古籍出版社,2016年。

王宏印:《中国传统译论经典诠释——从道安到傅雷》,武汉,湖北教育出版社,2003年。

王克非:《英汉/汉英语句对应的语料库考察》,《外语教学与研究》,2003年第6期。

王克非、胡显耀:《基于语料库的翻译汉语词汇特征研究》,《中国翻译》,2008年第6期。

王力:《王力文集》(第一卷·中国语法理论),济南,山东教育出版社,1984年。

王密卿、赵长江:《"神似"与"化境"何为文学翻译的最高标准考辨》,《河北大学学报》(哲学社会科学版),2012年第4期。

王敏会:《鲁迅与钱钟书翻译思想比较》,保定,河北大学硕士学位论文,2007年。

王明:《抱朴子内篇校释》(增订本),北京,中华书局,1985年第2版。

王青:《〈尤利西斯〉汉译本简化特征研究》,《山东外语教学》,2013年第2期。

［清］王士禛:《香祖笔记》,湛之(点校),上海,上海古籍出版社,1982年。

［清］王先谦:《荀子集解》(全二册),沈啸寰、王星贤(点校),北京,中华书局,1988年。

王向远:《翻译文学导论》,北京,北京师范大学出版社,2004年。

王以铸(译):《希罗多德历史》(全两册),北京,商务印书馆,1959年。

王占斌:《中国传统翻译理论与古典文艺美学的不解之缘》,《北京第二外国语学院学报》,2008年第8期。

王振复:《唐王昌龄"意境"说的佛学解》,《复旦学报》(社会科学版),2006年第2期。

王佐良:《英语文体学论文集》,北京,外语教学与研究出版社,1980年。

温秀颖:《翻译批评——从理论到实践》,天津,南开大学出版社,2007年。

吴克礼(主编):《俄苏翻译理论流派述评》,上海,上海外语教育出版社,2006年。

吴小林、杨坚定、孙鸿仁:《三国演义》汉英平行语料库,网址:http://corpus.usx.edu.cn/sanguo/index.asp。

肖明翰:《文学作品翻译的忠实问题——谈〈喧嚣与骚动〉的李译本中的明晰化倾向》,《中国翻译》,1992年第3期。

肖忠华、戴光荣:《寻求"第三语码"——基于汉语译文语料库的翻译共性研究》,《外语教学与研究》,2010年第1期。

谢天振:《三读钱锺书〈林纾的翻译〉》,《东方翻译》,2013年第6期。

谢天振:《译介学》,上海,上海外语教育出版社,1999年。

邢福义:《小句中枢说》,《中国语文》,1995年第6期。

邢福义:《汉语语法学》,长春,东北师范大学出版社,1996年。

邢福义:《汉语语法结构的兼容性和趋简性》,《世界汉语教学》,1997年第3期。

邢福义:《汉语复句研究》,北京,商务印书馆,2001年。

邢福义:《邢福义论著选》,武汉,华中师范大学出版社,2003年。

邢福义:《承赐型"被"字句》,《语言研究》,2004年第1期。

邢福义:《汉语语法学》(修订本),北京,商务印书馆,2016年。

邢福义、汪国胜(主编):《现代汉语》,武汉,华中师范大学出版社,2003年。

熊文华:《汉英名词的对译》,《语言教学与研究》,1979年第2期。

［清］徐灏:《说文解字注笺》(二),上海,上海古籍出版社,1992年。

徐元诰:《国语集解》,王树民、沈长云(点校),北京,中华书局,2002年。

许家金、徐秀玲:《基于可比语料库的翻译英语衔接显化研究》,《外语与外语教学》,2016年第6期。

许家金等:多语种在线语料库检索平台BFSU CQPweb,网址:http://111.200.194.212。

许建平:《钱钟书"化境"说新释》,《清华大学学报》(哲学社会科学版),1997年第1期。

许钧:《翻译论》,武汉,湖北教育出版社,2003年。

［汉］许慎:《说文解字》(附检字),北京,中华书局,1963年。

［汉］许慎(撰),［清］段玉裁(注):《说文解字注》,上海,上海古籍出版社,1981年。

［汉］许慎:《说文解字注》(上下),［清］段玉裁注;许惟贤整理,南京,凤凰出版社,2015年

第 2 版。

［明］许学夷：《诗源辩体》，杜维沫（校点），北京，人民文学出版社，1987 年。

许渊冲：《扬长避短，发挥译文优势》，《翻译通讯》，1982 年第 4 期。

许渊冲：《翻译的艺术》，北京，中国对外翻译出版公司，1984 年。

许渊冲：《钱锺书先生及译诗》，《钱锺书研究》编委会（编），《钱锺书研究》（第二辑），北京，文化艺术出版社，1990 年。

许渊冲：《读钱漫笔》，《钱锺书研究》编委会（编），《钱锺书研究》（第三辑），北京，文化艺术出版社，1992 年。

许渊冲：《一弦一柱思年华》，牟晓朋、范旭仑（主编），《记钱锺书先生》，大连，大连出版社，1995 年。

许渊冲：《中国学派的古典诗词翻译理论》，《外语与外语教学》，2005 年第 11 期。

许渊冲：《翻译的艺术》（增订本），北京，五洲传播出版社，2006 年。

许渊冲：《任尔东西南北风：许渊冲中外经典译著前言后语集锦》，北京，清华大学出版社，2014 年。

许渊冲、许钧：《翻译："美化之艺术"——新旧世纪交谈录》，《文学翻译的理论与实践——翻译对话录》，许钧等，南京，译林出版社，2001 年。

［宋］严羽：《沧浪诗话校释》，郭绍虞（校释），北京，人民文学出版社，1983 年。

颜林海：《翻译认知心理学》，北京，科学出版社，2008 年。

杨伯峻：《列子集释》，北京，中华书局，1979 年。

杨成虎：《钱锺书的诗译论》，《天津工业大学学报》，2001 年第 2 期。

杨承淑：《从"经济性原则"探讨"顺译"的运用》，《中国翻译》，2002 年第 6 期。

杨国萍：《话语标记语"你懂的"的演变及功能研究》，《华文教学与研究》，2016 年第 2 期。

杨绛：《失败的经验（试谈翻译）》，《中国翻译》，1986 年第 5 期。

杨林成：《钱钟书论翻译修辞》，《修辞学习》，1998 年第 4 期。

杨全红：《化境："理想"耶？"标准"耶？》，《四川外语学院学报》，2008 年第 1 期。

杨全红：《钱锺书译论译艺研究》，北京，商务印书馆，2019 年。

杨晓静：《歌曲翻译三符变化说——以俄语歌曲汉译为例》，哈尔滨，黑龙江大学博士学位论文，2012 年。

杨玉玲：《钱钟书与许渊冲翻译观点比较》，《中共福建省委党校学报》，2005 年第 9 期。

姚春鹏（译注）：《黄帝内经》，北京，中华书局，2010 年。

叶子南：《回旋在语言与文化之间 谈翻译的两难境地》，《博览群书》，2002 年第 10 期。

英国培生教育出版亚洲有限公司（编）：《朗文当代高级英语辞典》（英英·英汉双解）（第 4 版），北京：外语教学与研究出版社，2009 年。

于德英：《"隔"与"不隔"的循环：钱锺书"化境"论的再阐释》，上海，上海译文出版社，2009 年。

于红：《基于语料库的政府公文翻译"简化"趋势考察——以白皮书〈2010 年中国的国防〉英译文为例》，《外语研究》，2016 年第 3 期。

余承法：《释"化"》，武汉，华中师范大学硕士学位论文，2003 年。

余承法：《释"化"》，《河南科技大学学报》（社会科学版），2006 年第 2 期。

余承法：《基于辞书和语料库的"哲"的语义考察》，《江汉论坛》，2011 年第 9 期。

余承法:《全译求化机制论》,武汉,华中师范大学博士学位论文,2013年。

余承法:《从全译之"化"看变译之"变"》,《外语学刊》,2014年第1期。(正文中夹注为"2014a")

余承法:《全译方法论》,北京,中国社会科学出版社,2014年。(正文中夹注为"2014b")

余承法:《全译求化的三位一体原则》,《中南民族大学学报》(人文社会科学版),2014年第3期。(正文中夹注为"2014c")

余承法:《全译本质"化"论》,《中国外语》,2016年第2期。(正文中夹注为"2016a")

余承法:《移化机制的内涵、类型与理据——全译求化机制系列研究之六》,《外国语文研究》,2016年第2期。(正文中夹注为"2016b")

余承法:《全译求化二合机制研究——求化系列之八》,《外国语文研究》,2017年第6期。

余承法、黄忠廉:《化——全译转换的精髓》,《华中科技大学学报》(社会科学版),2006年第2期。

俞凯俐:《定语从句分译与合译的三要素》,《上海科技翻译》,1986年第2期。

查正贤:《论"境"作为中国古代诗学概念的含义——从该词的梵汉翻译问题入手》,《文艺研究》,2015年第5期。

詹卫东、郭锐、谌贻荣:北京大学中国语言学研究中心CCL语料库(2003),网址:http://ccl.pku.edu.cn:8080/ccl_corpus。

张必隐:《阅读心理学》,北京,北京师范大学出版社,2002年。

张柏然、张思洁:《中国传统译论的美学辨》,《现代外语》,1997年第2期。

张德劭:《钱钟书的翻译思想》,《语言与翻译》,1995年第3期。

张今:《文学翻译原理》,开封,河南大学出版社,1987年。

张丽娥:《英译汉中分译法的研究》,长沙,湖南师范大学硕士学位论文,2011年。

张立文:《中国哲学范畴发展史》(天道篇),北京,中国人民大学出版社,1988年。

张隆溪:《一毂集》,上海,复旦大学出版社,2011年。

张璐:《从东西南北谈汉英语语序所反映的认知过程》,《语言研究》,2002年第4期。

张培基等(编):《英汉翻译教程》,上海,上海外语教育出版社,1980年。

张佩瑶:《钱钟书对翻译概念的阐释及其对翻译研究的启示》,《中国翻译》,2009年第5期。

[宋]张载:《张载集》,章锡琛(点校),北京,中华书局,1978年。

章振邦(编著):《新编英语语法教程》(第三版),上海,上海外语教育出版社,2000年。

章振群:《论文学翻译"化境"说》,《抚州师专学报》,1995年第3期。

张智中:《异化·归化·等化·恶化》,《四川外语学院学报》,2005年第6期。

赵巍:《重新解读钱钟书的翻译思想》,《北京航空航天大学学报》(社会科学版),2009年第4期。

赵秀明、姜春兰:《佛教与中国翻译学》,《上海翻译》,2006年第2期。

郑海凌:《翻译风格浅说》,《中国翻译》,1989年第3页。

郑海凌:《文学翻译学》,郑州,文心出版社,2000年。

郑海凌:《钱钟书"化境说"的创新意识》,《北京师范大学学报》(人文社会科学版),2001年第3期。

郑海凌:《译理浅说》,郑州,文心出版社,2005年。

郑诗鼎：《语境与文学翻译》，重庆，西南师范大学出版社，1997年。

郑延国：《下笔妍雅 片言生辉——〈管锥编〉译句赏析》，《中国翻译》，1990年第2期。

郑延国：《钱锺书"化境"论与〈谈艺录〉译句管窥》，《翻译学报》，1999年第3期。

郑延国：《钱钟书译艺举隅》，《上海科技翻译》，2001年第1期。

郑延国：《钱钟书诗中论译》，《上海科技翻译》，2003年第1期。

支谦：《法句经序》，罗新璋（编），《翻译论集》，北京，商务印书馆，1984年。

中国社会科学院语言研究所词典编辑室（编）：《现代汉语词典》（英汉双语），北京，外语教学与研究出版社，2002年。

中国社会科学院语言研究所词典编辑室（编）：《现代汉语词典》（第7版），北京，商务印书馆，2016年。

周领顺：《新史料求证严复的翻译思想——从发展的角度看"信、达、雅"的包容性和解释力》，《四川外语学院学报》，2006年第3期。

周领顺：《"神似"、"化境"之辨的译者行为视角——译者行为研究（其八）》，《外国语言文学》，2011年第4期。

周仕宝、杨坚定、孙鸿仁：《毛泽东选集》汉英平行语料库，网址：http://corpus.usx.edu.cn/maozedong/index.asp。

周煦良：《翻译三论》，《翻译通讯》，1982年第6期。

周振甫：《文心雕龙今译》（附词语简释），北京，中华书局，1986年。

周忠良：《类比简化抑或语际简化——一项基于〈兄弟〉语料库的研究》，《语言教育》，2016年第4期。

朱冬怡：《话语标记语"你懂的"的缺省语义观》，《外语教学》，2015年第2期。

朱宏清：《从〈林纾的翻译〉看钱钟书先生的翻译观》，《东南大学学报》（哲学社会科学版），2001年第2期。

朱鸿亮：《化境的缺席与在场》，《解放军外国语学院学报》，2006年第2期。

［宋］朱熹（注）：《〈中庸〉章句集注》，宋元人（注），《四书五经》（上册），北京，中国书店，1984年，第12页。

朱湘华、杨坚定、孙鸿仁：《西游记》汉英平行语料库，网址：http://corpus.usx.edu.cn/xiyouji/index.asp。

朱晓敏：《基于自建语料库的政治文本英译特点研究》，《解放军外国语学院学报》，2011年第3期。

朱英丽：《俄汉全译之增译研究》，哈尔滨，黑龙江大学硕士学位论文，2010年。

朱志瑜：《中国传统翻译思想："神化说"（前期）》，《中国翻译》，2001年第2期。

朱自清：《译名》，《翻译研究论文集（1894—1948）》，中国翻译工作者协会《翻译通讯》编辑部（编），北京，外语教学与研究出版社，1984年。

自正权：《基于语料库的〈道德经〉英译本的显化和简化特征研究》，重庆，西南大学硕士学位论文，2010年。

后 记

《全译求化机制论——基于钱锺书"化境"译论与译艺的考察》终将付梓。回望报项、写书、结项、修改的心路历程，我无比感激前行路上的诸位师友、同事和亲人。

我首先向恩师黄忠廉教授致以深深的敬意和浓浓的谢意。自我读硕士以来，他就对我关爱有加、指导有方，在全译研究领域为我留出了"三分地"，鼓励我在硕士论文释"化"的基础上，思考如何求"化"并建构全译"化境"理论体系。在我彷徨、失望甚至绝望之时，黄师的耳提面命让我醍醐灌顶，热切鼓励令我重拾信心，谆谆教诲帮我渡过论文写作的每个"难产期"。我终于在照着说、跟着说的咿呀学步中，学会接着说，斗胆领着说，完成了博士论文，发表了全译研究系列论著。师母刘丽芬教授是我学习的楷模和敬仰的人师，经常关心我和夫人的学业和工作，并以她特有的温柔和细腻关爱犬子的成长。

华中师范大学是我硕士和博士阶段的母校。资深教授邢福义的座右铭"抬头是山，路在脚下"鼓励我学会走路爬山，他提出的"两个三角"、"三个充分"的研究思路和要求指引我从事汉外对比和翻译研究。翻译启蒙老师廖美珍教授一直关爱我的学业，经常给我提供文献资料和学术指导。硕士导师华先发教授带领我走进翻译研究的大门，精心指导我完成的硕士学位论文为我的全译研究奠定了良好基础。储泽祥教授是我的授课老师和我夫人的博导，他言简意赅、斩钉截铁的鼓励和指导，让我们信心百倍、感激万分。李丹弟、刘清平、黄广芳、张媛媛、司罗红等博士同学跟我探讨交流，为我提供学术信息，让我感受到桂子山浓厚的学术氛围和温馨的同窗情谊。

中南民族大学、湖南师范大学的各位领导和同事在不同时期、以不同方式给予我的厚爱、关心和支持，让我感受人情、温暖和大爱，增强归属感、荣誉感和责任感。

国家社科基金后期资助项目的匿名评审专家对选题的肯定、研究的指导、成果的认同，增添了我的学术自信和理论自信，让我感激不尽。

中国科学院李亚舒教授的关爱、长沙理工大学郑延国教授的指点、香港城市大学张隆溪教授的鼓励和指导、澳门大学龚刚教授的鼎力支持,让我铭记在脑、感怀于心。王宏印、杨全红、陈大亮等学人的"化境"研究论著带给我的深刻启迪,李正栓、许明武、王树槐、田传茂、范武邱、胡强等师友多年的鼓励和支持,苏艳、张永中、杨荣广、信娜、关秀娟、顾俊玲等同门的关爱和帮助,让我感激感怀,催我砥砺前行。

在我的人生道路中,我最要感谢我的至亲:父母的言传身教、岳父岳母的勤扒苦做、兄弟姐妹的理解与支持、妻子的默默奉献和并肩战斗、儿子的积极阳光和不断上进,我都牢记在脑海中、感激在心里。

我一路走来,一路备受呵护与厚爱,也在一路默默回报他人。我深知:唯有生命不息、奋斗不止,才能报答恩情、不负厚望。在母亲 85 岁高寿之际,谨以此书作为献给她的生日礼物,祝她健康长寿!

余承法

2021 年 7 月 27 日

长沙岳麓山游学庵